ESTUDOS SOBRE A GLOBALIZAÇÃO

Título original:
Estudos sobre a Globalização

Capítulos de Pedro Lains e de Jessica Hallet: tradução do inglês por Inês Guarda

Revisão: Inês Guerreiro

Índices da autoria de Paula Gonçalves

Capa: FBA

Depósito Legal n.º

Biblioteca Nacional de Portugal – Catalogação na Publicação

ESTUDOS SOBRE A GLOBALIZAÇÃO

Estudos sobre a globalização / org. Diogo
Ramada Curto. - (História & sociedade; 13)
ISBN 978-972-44-1904-6

I – CURTO, Diogo Ramada, 1959-

CDU 94(100)"19/20"(042)

Paginação:

Impressão e acabamento:

para
EDIÇÕES 70

EDIÇÕES 70, uma chancela de Edições Almedina, S.A.
Avenida Engenheiro Arantes e Oliveira, 11 – 3.º C – 1900-221 Lisboa / Portugal
e-mail: geral@edicoes70.pt

www.edicoes70.pt

ESTUDOS SOBRE A GLOBALIZAÇÃO

DIOGO RAMADA CURTO
ORG.

70

Índice

5
PERCURSOS E USOS DO PASSADO

6
ÍNDICES REMISSIVOS

Introdução: a globalização hoje

DIOGO RAMADA CURTO
(IPRI – UNL)

A globalização está na ordem do dia. Enquanto processo envolvendo formas de interdependência e de integração, a uma escala que ultrapassa os Estados nacionais, a presença da globalização afigura-se tentacular desde, pelo menos, o final da década de oitenta do século XX. Uma reflexão sobre os problemas do presente interessada em explorar o impacto dos temas e dos processos de competição entre Estados ou da expansão colonial e imperial terá de reconhecer a importância dos mesmos temas da globalização e de cartografar as suas áreas de expressão. Assim, se o estudo dos impérios pode servir para explicar como operaram diferentes tipos de dominação a uma escala global – transcendendo as fronteiras entre os Estados e construindo escalas de análise transnacionais e transculturais –, uma análise dos diferentes processos de globalização implica, por sua vez, que se reconstituam alguns processos de expansão imperial e colonial. A centralidade destes últimos passa, em muitos dos casos, a ser avaliada em função da existência de outros processos globais, tais como o comércio mundial, o alargamento dos sistemas de crédito, as migrações, forçadas ou não, que geram fluxos de mão de obra, as transferências tecnológicas, de saberes e de ideias, as redes e circuitos de informação ou comunicação, a difusão e apropriação de crenças e religiões, etc. Curiosamente, os estudos interessados nos processos de globalização têm vindo a orientar-se, cada vez mais, para alguns destes últimos temas – muito em especial para a compreensão de redes e circuitos de comunicação, que correspondem ao chamado «capitalismo eletrónico», para a circulação de pessoas, que pertencem a uma tipologia compósita de migrantes, e para os modos de aproveitamento de cenários de profunda desigualdade –, sem necessariamente privilegiar uma história dos impérios, das formas de dominação colonial e das suas consequências, sobretudo sob o ponto de vista das guerras internacionais.

Porém, a discussão sobre muitos processos de globalização, tal como se apresenta nas obras de muitos sociólogos contemporâneos, parece retomar as discussões sugeridas pela história imperial e colonial, mesmo quando esta última é pensada como uma variante da competição entre Estados(1). No essencial, são de três tipos as discussões suscitadas pelos diferentes modos de conceber os processos globais. Primeiro, a globalização pode ser tomada como um processo de difusão de modelos e de experiências conduzindo a uma espécie de homogeneização, tanto de aspetos de organização institucional como de modelação dos comportamentos. Um dos exemplos mais conhecidos desta forma de homogeneização foi constituído pela chamada «McDonaldização» do mundo(2). Mas, se das realidades do consumo e do mercado se passarem a considerar os próprios processos políticos, afigura-se pertinente o questionamento de Ulrich Beck quando afirmou: «a questão-chave com que nos defrontamos, atualmente, é a de saber até que ponto a simbiose histórica entre o capitalismo e a democracia, que caterizou o Ocidente, poderá ser generalizada a uma escala global, sem desgastar os seus fundamentos físicos, culturais e sociais»(3).

---

(1) Bruce Mazlish, *The New Global History* (Nova Iorque e Londres: Routledge, 2006), p. 13; Saskia Sassen, *Territory, Authority, Rights: from medieval to global assemblages* (Princeton: Princeton University Press, 2006), pp. 29-30.

(2) George Ritzer, *The McDonaldization of Society: an investigation into the changing character of contemporary social life* (Newbury Park, California: Pine Forge Press, 1993); *Idem, The McDonaldization thesis: explorations and extensions* (Thousand Oaks, Califórnia: Sage Publications, 1998); *Idem, McDonaldization: the reader* (Thousand Oaks, Califórnia: Pine Forge Press, 2002).

(3) Ulrich Beck, «A reinvenção da política. Rumo a uma teoria da modernização reflexiva», in U. Beck, A. Giddens e Scott Lash, *Modernização reflexiva. Política, tradição e estética no mundo moderno*, trad. Maria Amélia Augusto (Oeiras: Celta, 2000), p. 1.

É a difusão de modelos de representação política democráticos, elaborados em articulação com o alargamento das economias capitalistas de mercado, debatendo-se com as reações provenientes do nacionalismo e do racismo, criadores de modos de resistência aos processos de unificação globais que nos introduz numa segunda discussão.

Na verdade, importa considerar que, em reação a esses mesmos processos de homogeneização manifestados a uma escala global, se desenvolveram outros de compartimentação, segregação, separação e exclusão. Tal reação manifesta-se, na opinião de alguns cientistas sociais, sob a forma de tendências neotribais e fundamentalistas, conduzindo a uma rutura de comunicação entre circuitos de comunicação cada vez mais globais e extraterritoriais – envolvendo sobretudo a circulação das elites, o controlo exercido por empresas multinacionais, o referido capitalismo eletrónico e a importância ascendente exercida por organizações internacionais ou não governamentais – e as características cada vez mais localizadas de uma população mais indiferenciada(4). A este respeito, Anthony Giddens anunciou, numa passagem pseudoprofética – de onde não está ausente um certo exagero reacionário, com o qual não concordamos –, que o século em que vivemos seria, a uma escala global, «o campo de batalha em que o fundamentalismo» se iria «defrontar com a tolerância cosmopolita»; ou, noutra formulação, o fundamentalismo seria «filho da globalização», surgindo associado à violência e opondo-se pura e simplesmente aos valores cosmopolitas(5). Espartilhados entre estas duas tendências, mas constituindo de certeza muitas outras variantes que alteram as simples antinomias ou choques, os Estados ainda desempenham um papel regulador, protecionista e intervencionista, num mundo em que as formas de geopolítica são cada vez mais globais.

---

(4) Zygmunt Bauman, *Globalization: the human consequences* (Cambridge: Polity Press, 1998).

(5) Anthony Giddens, *O mundo na era da globalização*, trad. de Saul Barata (Lisboa: Editorial Presença, 2000), pp. 18, 55.

Paralelamente, a reflexão sobre as questões da globalização trouxe consigo também a consideração de riscos que se encontram tanto nas mudanças climatéricas, caso do aquecimento global, como nos desastres nucleares ou nas crises económicas a uma escala mundial. Em qualquer dos casos, trata-se de situações que envolvem forças que ultrapassam as dos Estados nacionais, tais como as que podem ser associadas ao ambiente e às questões da sustentabilidade, às epidemias e às questões da saúde global, às redes de comunicação, a organizações não governamentais e a movimentos políticos de defesa dos direitos humanos(6). Neste sentido, será de reconhecer que os riscos escapam, em geral, «às instituições dc monitorização e proteção da sociedade industrial» (7). E acrescente-se, ainda que de passagem, que «o risco está estreitamente ligado à inovação», mas, frente à incapacidade de calcular e de prever os riscos, não é de estranhar que se assista a um ressurgir de religiões e de filosofias anticientíficas(8). O já referido fundamentalismo encontra, aqui, a sua razão de ser, pois, como perguntou Giddens: «Será que é possível viver num mundo em que nada é sagrado?» (9).

Em terceiro e último lugar, a globalização também pode ser considerada como um processo de hibridação, onde os produtos e os comportamentos difundidos a uma escala global se misturam e recompõem localmente, através de um sem-número de leituras, combinações e adaptações. A este respeito, a comunicação em rede favorece uma abordagem bastante eufemística do modo como circulam pessoas e bens(10). Figuras híbridas e comunicação em rede são assim termos de um programa de investigação, que conheceu especial ímpeto durante as décadas de oitenta e noventa do século XX, quando o termo globaliza-

(6) Ulrich Beck, «From industrial society to the risk society», *Theory, Culture and Society*, vol. 9 (1992), pp. 98, 102.

(7) *Idem*, «A reinvenção da política. Rumo a uma teoria da modernização reflexiva», in *op. cit.*, p. 5.

(8) Giddens, *O mundo na era da globalização, op. cit.*, pp. 17, 42.

(9) *Idem, ibidem*, p. 55.

(10) Roland Robertson, *Globalization: social theory and global culture* (Thousand Oaks, Califórnia: Sage, 1992).

ção se difundiu, correspondendo tanto à difusão do capitalismo eletrónico como a intensas discussões académicas acerca do pós-modernismo. Pode, ainda, acrescentar-se que as visões dos impérios e da colonização valorizadoras dos processos de contacto por adaptação, das relações de colaboração, das hibridações e das comunicações em rede têm implicado uma versão eufemística dos mesmos processos, excluindo do seu horizonte os mecanismos da dominação, as lógicas mais concentracionárias e da exploração e os diversos tipos de segregação racial. É por este mesmo motivo que será importante ter presente as construções ideológicas baseadas na imagem de colonialismos excecionais, porque interessados em tipos sociais híbridos e numa aptidão quase natural para a mistura racial – num dos seus casos mais particulares, a miscigenação, associada à assimilação e à integração, cara ao chamado luso-tropicalismo. Que tais construções serviram em Portugal os propósitos da ditadura de Salazar, em busca de uma ideologia colonial capaz de justificar o império no período posterior à Segunda Guerra Mundial, é um dado conhecido. Menos evidente é o facto de as mesmas imagens eufemísticas relativas a um império colonial excecional, pacífico e não violento, como aconteceria com todos os outros, investirem hoje a noção de rede de comunicação, na qual se descobre idêntica capacidade para produzir o mesmo efeito de suavidade acomodatícia. Mais complicado, mas não menos interessante, é estabelecer as ligações entre as figuras sociais híbridas, capazes de mostrar uma grande flexibilidade, e as novas formas de praticar a sexualidade, o casamento e a família. Sobretudo a crescente disjunção entre vida sexual, vida matrimonial e função reprodutora criou espaço para práticas mais flexíveis e híbridas, que nada têm a ver com o modelo da família tradicional([11]).

Todas as discussões acerca da globalização acabadas de referir são atravessadas pela consciência de uma grande rutura estabelecida em torno da década de oitenta do século XX. Uma rutura, aliás, assinalada a partir de múltiplos indicadores. E, se,

---

([11]) Giddens, *O mundo na era da globalização, op. cit.*, p. 61

no século XIX ou mesmo até Bretton Woods, a globalização conduziu ao reforço do poder por parte dos Estados ocidentais, nos dias de hoje, a globalização parece levar ao enfraquecimento dos Estados([12]). Neste sentido, a globalização dos dias de hoje pode ser pensada como um processo de integração em aceleração crescente derivado de uma redução dos custos de transporte e comunicação, acompanhado da destruição de barreiras que ativam a circulação de bens, mercadorias, serviços, capitais, conhecimentos e – como sublinhou Joseph Stiglitz –, em menor escala, pessoas([13]). Empresas multinacionais e instituições internacionais, tais como o Fundo Monetário Internacional, acompanharam a mesma aceleração da globalização. Porém, como mais uma vez notou Stiglitz, a orientação keynesiana do FMI, centrada no papel regulador dos Estados, deu lugar, a partir da década de oitenta do século XX, à ideologia do mercado livre e ao denominado Consenso de Washington. Um consenso entre o FMI, o Banco Mundial e o Tesouro dos Estados Unidos acerca das políticas «certas» para os países em desenvolvimento([14]). Por último, Stiglitz considerou que, neste processo de globalização, de que os países da Ásia Oriental foram os grandes beneficiários, os Estados, ao retirarem-se das políticas de emprego, para fazer funcionar os mercados livremente, acabaram por acentuar as desigualdades entre ricos e pobres. Mais: «em muitos casos, os interesses e os valores comerciais sobrepuseram-se às preocupações ambientais, à democracia, aos direitos humanos e à justiça social»([15]).

O inventário de temas e de problemas colocados pelo processo multiforme da globalização – de que este livro pretende ser um roteiro, organizado de forma analítica e sistemática, mas

---

([12]) Charles Tilly, «Globalization threatens labor's rights», *International Labor and Working-Class History*, n.º 47 (1995), pp. 1-23; Sassen, *Territory, Authority, Rights…*, *op. cit.*, p. 16.

([13]) Joseph Stiglitz, *Globalização. A grande desilusão*, trad. de Maria Filomena Duarte, pref. de António Simões Lopes (Lisboa: Terramar, 2002), p. 46.

([14]) *Idem, ibidem*, p. 54.

([15]) *Idem, ibidem*, p. 58.

sem nunca derrapar nos fechamentos teóricos ou doutrinais de um qualquer *esprit de système* – não ficaria completo sem uma referência explícita a uma tensão muito concreta. Trata-se de uma espécie de oposição entre os processos de engenharia social e aquilo a que Arjun Appadurai chamou «uma prática cultural de todos os dias através da qual se transforma a obra de imaginação» ([16]). Os primeiros correspondem a uma herança das ideologias e das práticas da modernização, associadas às lógicas de planeamento protagonizadas pelos Estados nacionais e progressivamente transferidas para os processos de tomada de decisão de organizações internacionais, de que participam elites tecnocráticas e cosmopolitas. Enquanto as práticas culturais em causa – potenciadas por uma globalização tanto dos meios de comunicação ligados ao capitalismo eletrónico como dos movimentos populacionais e migrações – dificilmente se podem reduzir a mais uma etapa da modernização, enquanto receita que «há de produzir universalmente racionalidade, pontualidade, democracia, mercados livres e um Produto Nacional Bruto maior» ([17]). Assim, seguir os resultados necessariamente ambivalentes da construção de novos significados, que mobilizam tanto geografias não ocidentais como o comportamento de grupos que se encontram longe dos centros nacionais e internacionais de tomada de posição oficial, constitui – talvez – a melhor forma de ultrapassar uma abordagem da globalização excessivamente concentrada na economia política dos mercados, incluindo neles a construção de sistemas de crédito, e das expansões imperiais.

*

* *

Este livro tem a sua própria história. Nasceu de um convite formulado por Margarida Santos Ferraz, administradora da Culturgest e Diretora do Gabinete de Património Histórico da

([16]) Appadurai, *Dimensões culturais da globalização: a modernidade sem peias*, trad. Telma Costa (Lisboa: Teorema, 2004), p. 22.

([17]) *Idem, ibidem.*

Caixa Geral de Depósitos, no sentido de pensar um museu da globalização financiado pela Caixa Geral de Depósitos. Agradecemos-lhe profundamente o convite e sublinhamos a sua visão e interesse em associar projetos de natureza cultural, orientados para públicos alargados, a novas questões de investigação.

Numa primeira fase, foi em conjunto com Joaquim Pais de Brito, diretor do Museu Nacional de Etnologia, com uma larga experiência de aconselhamento internacional na área da museologia, que procurámos pensar semelhante projeto. A existência no acervo museológico da CGD de uma extraordinária tapeçaria quinhentista, tecida na Flandres, nas oficinas de Tournai, comemorando a chegada de Vasco da Gama à Índia, mais concretamente a Calicute, sugeria um programa de investigação que adotasse, como fio condutor, mais uma vez, os descobrimentos, a expansão imperial dos portugueses ou o contacto de culturas a uma escala mundial e global. No fundo, uma revisitação do mundo que os portugueses criaram. O desafio que se colocou foi, então, o de romper com tal fio condutor, demasiado óbvio e repetitivo em relação às comemorações de 1892, 1898, 1934, 1940, 1960, 1992 e 1998 para se constituir, mais uma vez, em tema principal de um modo português de pensar a globalização.

O contraponto foi encontrado com base nas possibilidades abertas pela CGD, no sentido de reunir um grupo de investigadores capazes de pensar a globalização a partir de uma série de problemas do presente, a começar pelo funcionamento do capitalismo eletrónico e pela organização de sistemas financeiros e de crédito concebidos a uma escala global. A crise financeira de 2008 impunha, quase como uma urgência, um programa dessa natureza. Um conjunto de economistas, sociólogos, antropólogos e historiadores, com diferentes áreas de interesse, procurou dar conta de diferentes modos de pensar a globalização. Com base no presente, mas sem cair em anacronismos ou falsas projeções, foram cinco as áreas disciplinares em que os nossos esforços convergiram: (i) economia e sociologia; (ii) dinâmicas políticas e relações internacionais; (iii) história dos impérios e história global; (iv) circulação de objetos e práticas de identidade; (v) percursos e usos do passado. A definição de tais áreas não tem um valor exaustivo. Pelo contrário, trata-se de uma tentativa, com um elevado teor experimental, destinada a criar objetos e laboratórios de análise. À luz da crescente bibliografia sobre a globalização, existem áreas que não estão cobertas e que, hoje, fazem parte dos programas de investigação orientados para uma escala global: das questões da sustentabilidade e da alteração climática aos problemas suscitados pela saúde, dos direitos humanos e sociais aos sistemas de segurança e vigilância, das formas de organização de novos espaços públicos transnacionais à resistência aos modos de dominação neocolonial.

1.

Economia e sociologia

A globalização económica, história e atualidade

ÁLVARO FERREIRA DA SILVA
(Universidade Nova de Lisboa, Faculdade de Economia)

I

Este texto manteria as suas linhas essenciais em 2007, quando ainda mal se notavam os efeitos da crise financeira que abalou a economia mundial nos últimos anos. Hoje, contém, provavelmente, algumas diferenças de ênfase e de alinhamento do argumento, mas as ideias fundamentais seriam idênticas. Esta é uma inegável vantagem da história, económica ou outra. Quem a estuda tende a ver mais do que a espuma do imediato e do curto prazo, mesmo quando as preocupações analíticas são sobretudo contemporâneas.

Há poucos anos, um dos livros que avaliava o desenvolvimento da economia internacional nos últimos dois séculos acentuava o contributo da história, não apenas para um entendimento prospetivo da globalização, mas também para a construção de políticas económicas mais eficazes no sentido de sustentar a desejada integração dos mercados: «quanto melhor conhecermos a economia política da globalização, tanto melhor estaremos equipados para enfrentar qualquer retrocesso futuro na globalização», sintetizava-se (Bordo, Taylor & Williamson, 2005). Um dos historiadores económicos que há cerca de 50 anos realçou a importância da diversidade das experiências de crescimento económico sublinhava uma função mais modesta da história. Para Alexander Gerschenkron (1962), o conhecimento da história permitia tão-só um olhar mais inteligente sobre o presente e o futuro. É esta a tradição em que se inscreve este texto.

A reflexão que aqui se apresenta está ancorada nas áreas em que me movimento com mais à-vontade a história económica e das empresas. Sem nunca esquecer, porém, que a globalização é um processo multivariado, que a integração económica não existe num vácuo institucional, de ideias e escolhas políticas. Atrevo-me a dizer que esta é uma ideia fundamental para a compreensão do que está em causa quando se analisa a globalização económica. Esta perspetiva deve ser hoje acentuada, pelo menos tanto quanto em épocas de desafios semelhantes no passado.

Situemo-nos em 2007. Quando a primeira década do século XXI se aproximava do seu fim, a integração económica à escala global parecia inelutável. A intensificação das trocas comerciais e dos movimentos financeiros, o incremento do fluxo de indivíduos ou de informação surgia como um movimento que parecia superar-se irresistivelmente de ano para ano (Wolf, 2006). Contudo, os processos de integração económica, social e cultural têm sido escolhas, não unicamente fruto de movimentos económicos inelutáveis e muito menos de acasos. Esta constitui uma das linhas de força mais importantes deste texto.

II

Sob o ponto de vista económico, a globalização pode ser definida pela integração à escala da economia mundial dos diferentes mercados de bens, capital e trabalho (Bordo, Taylor & Williamson, 2005). Esta integração não se faz no quadro de uma geografia plana, mas é um produto da diversidade física, económica e política que se projeta sobre o território.

Mesmo existindo entendimento sobre esta definição básica, o modo como a palavra é empregue revela uma maior porosidade. Por vezes, a globalização é equiparada a um sistema económico; outras, interpretada como uma condição, uma etapa, atingida ou a atingir; outras ainda, como um processo. Existem alguns perigos nesta pluralidade de sentidos. Um deles, o de sugerir que existe um sentido imanente ao conceito de globalização e que defini-lo é desnecessário. Outro, o de equiparar-se esta integração dos mercados a uma profecia que se alimenta a si própria. Por último, não raras vezes a globalização é apresentada no quadro simplista de uma filosofia da história, que teria nela o estádio supremo do desenvolvimento humano.

O objetivo deste texto é o de olhar para a dimensão económica da globalização numa perspetiva histórica. Mas quando iniciar esta perspetiva de longo prazo? A partir dos anos de oitenta do século XX, privilegiando uma abordagem das três últimas décadas, em que o próprio conceito ganhou notoriedade? Recuar umas décadas até ao segundo pós-guerra, em que se construíram algumas das instituições de cooperação económica internacional, que ainda hoje têm um papel de relevo? Apontar como horizonte inicial a economia global que se desenvolveu a partir da segunda metade do século XIX? Privilegiar a criação do capitalismo comercial quinhentista, período em que Portugal desempenhou um papel pioneiro na construção de redes mercantis além-mar? Ou ter uma ambição ainda maior e menos eurocêntrica, considerando que redes de comércio intercontinental se iniciaram bem antes do século XVI?

Optou-se por um tempo mais curto do que perspetivas milenares da globalização, como as expressas por Findlay e O'Rourke (2007). Mesmo nestas se considera que existe algo de peculiar nos últimos dois séculos, bem diferentes dos vários ambientes de integração económica que ocorreram ao longo de muitos séculos. Foi nos séculos XIX e XX que o comércio mundial atingiu um peso completamente impensável em períodos anteriores, sendo a resultante convergência de preços à escala da economia mundial o sinal mais evidente da integração atingida (Findlay & O'Rourke, 2005).

Assim, esta reflexão sobre a globalização inicia-se com um olhar sobre a economia global criada no século XIX, nas suas raízes e consequências. Acompanham-se as suas vicissitudes, a sua substituição por um neomercantilismo emergente a partir dos anos vinte do século passado, os compromissos gerados a partir da Segunda Guerra Mundial e o novo impulso à integração económica mundial a partir dos anos de oitenta do século XX.

III

Se recuássemos cerca de 100 anos ao início do século XX, alguns anos antes do início da Primeira Guerra Mundial a perceção de inevitabilidade da globalização seria muito semelhante à que caracterizava o ambiente intelectual no início do terceiro milénio. Também então se acreditava que o destino seria o de economias nacionais interdependentes e que uma visão hobbesiana das relações económicas internacionais, de todos contra todos, havia chegado ao seu fim.

Há cem anos, muito do que era consumido nas economias europeias era importado e muito do que era produzido era exportado. Este zénite na internacionalização do movimento de bens à escala mundial só seria ultrapassado quando o século XXI já houvesse alcançado o seu último quarto. Milhões de europeus ou de asiáticos migravam para o Novo Mundo, em busca de trabalho e oportunidades que as economias da América do Norte e do Sul prometiam. Intensos movimentos de capitais seguiam a mesma direção, dinamizando a construção de infraestruturas ou promovendo de forma acelerada a exploração dos recursos naturais, mineiros ou agrícolas de além-Atlântico. E não se ficava por aí essa intensa circulação de capitais em busca de novas oportunidades de investimento: dos países periféricos da Europa ao Extremo Oriente, observava-se um ritmo de investimento nunca antes visto. Um sistema monetário baseado em câmbios fixos entre as diferentes moedas nacionais constituía a infraestrutura destes movimentos de bens, de capitais ou de mão de obra. O resultado foi o incremento da integração económica e financeira: o comércio internacional representava em 1914 12% do PIB, percentagem que só seria ultrapassada a partir da década de setenta; o *stock* do investimento direto estrangeiro atingia 18%, valor este que apenas mais recentemente seria superado (Crafts, 2000); a importância relativa dos grandes fluxos migratórios do final do século XIX e início do século XX não seria excedida mesmo em anos mais recentes (Chiswick & Hatton, 2005) (Hatton & Williamson, 2005).

Acreditava-se numa evolução para uma crescente integração económica, entendida como uma realidade perene, que não seria posta em causa por qualquer crise económica ou financeira, como as que haviam pontuado a evolução desta economia global ao longo da segunda metade do século XIX. Seria o estado natural das coisas ou – numa visão mais prometeica – o resultado do progresso da humanidade, tal como fora entrevisto por alguma das filosofias da história que caracterizavam o evolucionismo oitocentista. Podia assumir uma feição monotónica, linear, ou formas mais complexas, mas este processo de globalização de diferentes tipos de trocas parecia condizer com a visão de um futuro harmonioso, próspero, pacífico e mais livre. Nas vésperas da «longa guerra civil europeia» (Churchill), que haveria de começar em 1914, Norman Angell (1910) daria uma forma dedutiva ainda mais convincente a esta ideia: a guerra de conquista territorial e o militarismo seriam fúteis no mundo de integração económica que existia no início do século XX. O comércio livre e a prossecução do interesse próprio, na escala doméstica ou nas trocas internacionais, seriam capazes de gerar a prosperidade e um ambiente propício à paz perpétua pretendida por Kant (Schuler, 1995). Karl Polanyi haveria mais tarde de alinhar um argumento semelhante para explicar o século de paz entre o Congresso de Viena de 1815 e o verão de 1914. A alta finança internacional, simbolizada pela Casa Rothschild, seria avessa a conflitos armados como os que haviam assolado a Europa nos séculos anteriores. A globalização financeira que se fazia sentir ao longo do século XIX e a dependência dos diferentes governos dos empréstimos ou da mediação financeira dos Rothschild permitiam que estes exercessem uma ação preventiva de aventuras militares. Bastava-lhes, para tal, proceder ao embargo financeiro ou acenar com o risco de que tal sucederia em caso de conflito (Polanyi, 1944).

IV

Há cem anos ocorreu, porém, um brutal retorno da história. A Primeira Guerra Mundial inicia-se precisamente entre países que haviam criado múltiplas interdependências económicas, financeiras e culturais. Esta irrupção da história foi de tal forma violenta que projetou os seus efeitos ao longo de grande parte do século XX, muito após o final do conflito militar. A Europa que se reconstrói a partir de 1918 tem de lidar com o impacto traumático de milhões de mortos, feridos e incapacitados ou da destruição material em parte do seu território. Mais do que isso: o fim dos impérios da Europa Central e de Leste criou uma instável configuração política e territorial, bem como o primeiro regime comunista, desafios suficientemente importantes para gerarem incerteza sobre a possibilidade de se reporem os mecanismos de integração e cooperação existentes antes da Guerra (Aldcroft, 1987) (Feinstein, Temin & Toniolo, 1997).

Mas o verdadeiro terramoto representado pela Primeira Guerra Mundial afetou de forma ainda mais profunda o modo como o poder era exercido e mediado, devido à introdução praticamente generalizada do sufrágio universal, bem como à necessidade de admitir a importância política de movimentos sociais e sindicais reforçados. O esforço de guerra e o acréscimo de despesas sociais haviam aumentado o défice público. A inflação galopante e a escassez de bens haviam sido duas outras consequências económicas e sociais, capazes de mobilizar os sindicatos para o que haveria de ser um dos conflitos sociais típicos do novo século: a discrepância entre preços e salários reais. Daí que a turbulência monetária e financeira causada pela Guerra não fosse fácil de acomodar com políticas restritivas, deflacionistas, que conseguissem um retorno rápido ao padrão-ouro, o regime monetário de câmbios fixos ancorado no ouro, o qual se tornara o símbolo da economia global que terminara em 1914. Tais políticas tinham graves custos sociais e políticos, que a história dos anos vinte do século passado retrata de forma evidente em diferentes países e já então identificados pelos contemporâneos mais perspicazes (Keynes, 1923).

Os efeitos de diferentes tipos de crises – primeiro, os ajustamentos monetários e financeiros do imediato pós-guerra, depois o impacto da Grande Depressão – parecem fazer emergir uma incompatibilidade entre a prossecução de políticas domésticas promotoras do emprego, do crescimento económico ou do controlo dos agregados monetários e financeiros e o retorno à integração económica anterior à guerra. Trata-se, numa forma adaptada, do dilema apresentado há várias décadas por Robert Mundell e que haveria de lhe valer em 1999 o prémio Nobel em Economia: os países só podem ter dois de três objetivos desejáveis (mobilidade de capitais, estabilidade cambial e independência monetária). O dilema entre integração económica, soberania nacional e sistema político democrático (Rodrik, 2002 e 2011) transporta para o plano da economia política o que Mundell colocara apenas ao nível da economia monetária.

O sucesso do processo de globalização ocorrido a partir da segunda metade do século XIX e que haveria de terminar com a Primeira Guerra Mundial residiria, afinal, em que os governos de então se preocupariam sobretudo em assegurar as condições para a integração na economia global e pouco mais do que isso (Eichengreen, 1998). A abertura dos mercados era sustentada pela peculiar posição da Grã-Bretanha nos movimentos de bens e de capitais, cuja estabilidade contribuía para a de todo o sistema. Por outro lado, as autoridades monetárias davam prioridade absoluta à manutenção da convertibilidade e da estabilidade monetária, isoladas que estavam de preocupações com o emprego ou o crescimento da economia. A partir da Primeira Guerra Mundial e mais tarde da Grande Depressão, a pressão de componentes sociais e políticas internas não pôde deixar os governos indiferentes e apenas preocupados com as exigências de integração na economia internacional.

A economia global de Oitocentos não resistiu a esta mudança. O período que se segue é de ensimesmamento das economias nacionais, de neomercantilismo (Kindleberger, 1973) (Eichengreen, 1992). Outras escolhas, afinal, não apenas respostas inelutáveis às crises económicas e financeiras. Tal como o período anterior não fora fruto de um progresso irresistível, ditado apenas por transformações tecnológicas no domínio dos transportes e comunicações ou da tecnologia de produção, uma visão que por vezes é mais enfatizada do que a componente de escolha. Mais: o que surgira como um teorema de impossível resolução – a compatibilidade entre integração económica internacional, soberania nacional e democracia – acabou por ditar também o fim das experiências democráticas e liberais em muitos países europeus (Blinkhorn, 1990) (Hobsbawm, 1994) (Lee, 1987).

As ondas de choque provocadas pela Primeira Guerra Mundial deram origem ao primeiro regime comunista, estranho a qualquer lógica de integração numa economia global, rejeitando a livre circulação de ideias e de pessoas, que constituem o cimento social e ideológico de qualquer processo de globalização. Como afirmou Jeffrey Frieden (2006), «depois da Segunda Guerra Mundial, o mundo comunista rejeitou o capitalismo global por princípio, enquanto o mundo em desenvolvimento o rejeitava na prática». Mesmo nos países industriais da Europa ocidental, nos Estados Unidos ou no Japão, o Estado não quis largar mão dos meios instituídos durante o período entre as guerras para controlar os movimentos de capitais, os câmbios ou a importação de bens (Eichengreen & Kenen, 1994). É certo que os acordos que se sucederam após Bretton Woods, nos domínios monetário, financeiro ou comercial, se traduziram num acréscimo da integração económica a nível global. O Acordo Geral de Tarifas e Comércio foi criado em 1947 e haveria de dar origem, já nos anos noventa, à Organização Mundial do Comércio. O Fundo Monetário Internacional e o Banco Mundial nasceram também no rescaldo dos arranjos para um segundo pós-guerra, de maior integração monetária e financeira. Mas tratou-se de uma integração controlada e limitada, no que pareceu ser um compromisso conseguido entre soberania nacional, democracia política e reanimação da economia internacional, depois do neomercantilismo de entre as guerras (Boltho, 1982).

V

Baixar as expectativas de integração global das economias nacionais encontrara um equilíbrio duradouro e aceitável. É discutível elevá-lo a elemento causal dos anos de ouro das economias desenvolvidas da Europa ocidental (Temin, 1997 e 2002). O Leviathan mantinha um controlo estreito sobre a economia, nomeadamente no que se referia aos fluxos de bens e ativos entre fronteiras. Este controlo só viria a ser afrouxado quando nos aproximamos do final do século XX, após o período de indecisão e crise que se seguiu ao afundamento do regime de Bretton Woods no início da década de setenta. Foi nas últimas duas décadas do século passado que se procedeu à diminuição da proteção aduaneira. Uma progressiva desregulamentação fez também desaparecer grande parte dos anteriores controlos sobre os movimentos financeiros. Não é por isso de estranhar que nos anos noventa o grau de internacionalização financeira da economia tenha finalmente atingido o limiar que detinha antes da Primeira Guerra Mundial (Bordo, Eichengreen & Irwin, 1999).

Assim, é a partir do final do século passado que um período mais acentuado de integração económica começa a pôr de parte os mecanismos de controlo instaurados pós-Bretton Woods (Frieden, 2006). Uma nova infraestrutura no domínio das tecnologias de transporte, comunicação e informação sustenta esta vaga de globalização – a diminuição do custo do transporte, as inovações no domínio da contentorização e da logística (Levinson, 2006), as inovações nas telecomunicações e na microeletrónica (Cortada, 2010). Em benefício da brevidade, realce-se apenas que estas inovações têm afetado uma redução dos custos dos bens desde a produção até à chegada à prateleira, em que disputam a atenção do consumidor. Pela novidade, acentuem-se os progressos a jusante, em que uma combinação entre tecnologia e inovações organizativas tem permitido uma reengenharia da distribuição, parcialmente contrariando a «doença de Baumol» sobre a falta de acréscimo na produtividade do sector de serviços (Triplett & Bosworth, 2004).

As inovações nas tecnologias de informação e comunicação têm igualmente proporcionado um admirável mundo novo aos movimentos de capitais à escala mundial, bem como à criação de sofisticados instrumentos financeiros (Ferguson, 2009).

Simultaneamente, assistia-se a uma desregulamentação e privatização de partes significativas da economia, onde antes o Estado tinha tido uma participação decisiva – sector financeiro, telecomunicações, energia e outras infraestruturas, indústria pesada. A desregulamentação financeira foi particularmente determinante para o *boom* de crédito mais fácil, em maior volume e a taxas mais baixas que caracterizou o período mais recente, até que a atual crise veio dar origem a uma fase que se adivinhava de crédito mais caro e difícil (Dobbs, 2010). O final do século passado foi também um período de reorganização e concentração empresarial em variados sectores, única possibilidade de sucesso num mercado cada vez mais integrado e global. Em 2000, o volume de fusões alcançou a verba de 3,5 triliões de dólares, cinco vezes superior ao maior nível anteriormente atingido. Estas operações de concentração empresarial, que antes haviam sido sobretudo baseadas em fusões ou aquisições entre empresas dum mesmo país, desenrolavam-se cada vez mais entre empresas de países diferentes (Frieden, 2006, p. 399).

Privatização e desregulamentação são, pois, as palavras-chave que caracterizam as últimas décadas, em que se valorizam as dinâmicas de mercado como conducentes a um acréscimo de eficiência e um maior bem-estar. Os relatórios do Banco Mundial dos últimos 30 anos expressam bem esta mudança de perspetivas (Yusuf, 2009). O fim do comunismo na Rússia e nos anteriores países de Leste e a crise das economias dos países menos desenvolvidos de África ou América Latina, que antes haviam enveredado por formas mais ou menos alinhadas de nacionalismo económico, levam a uma consonância em favor do mercado livre e da integração económica, semelhante à existente antes da Primeira Guerra Mundial.

As histórias de sucesso dos tigres asiáticos ou celta, da Índia ou da China, ilustram o aproveitamento das novas oportunidades criadas pelo desenvolvimento de uma economia mundial mais aberta, tirando partido de vantagens comparativas variadas e distintas de país para país. Nuns casos os custos salariais, noutros a qualidade da mão de obra, noutros a localização, noutros ainda recursos naturais que ficavam muito mais perto de mercados onde a procura aumentava. A integração no mercado global, beneficiando muitas vezes de generosos apoios públicos, obtinha resultados mais eficientes para a convergência rápida com os níveis de bem-estar dos países mais avançados, quando comparada com anteriores políticas económicas nacionalistas e de promoção da substituição de importações.

VI

Uma análise mesmo que cursiva dos dois períodos de globalização económica anteriormente referidos revela semelhanças, mas também algumas diferenças de monta. Estas últimas são, talvez, mais interessantes, de molde a podermos olhar com algum sentido de inteligência prospetiva para este fenómeno. Em primeiro lugar, a inexistência de um sistema monetário de câmbios fixos – ao contrário da globalização oitocentista – torna a economia global contemporânea mais instável, como as recentes *currency wars* parecem revelar. Em segundo lugar, o Estado está singularmente muito mais forte e interventivo do que o era até à Primeira Guerra Mundial: através de uma política económica mais ativa; através do peso económico direto de certos Estados (intervenção direta de fundos soberanos de certos países – golfo Pérsico, China, Rússia – na compra de ativos financeiros; grandes grupos empresariais estatais com uma presença global). Será que esta última dimensão tem uma importância duradoura ou representa apenas uma transição para economias de mercado mais abertas? Eis uma questão em aberto. Em terceiro lugar, existem mais mecanismos de cooperação entre os diferentes agentes económicos no quadro da presente economia global, mesmo que por vezes se lamente a sua aparente ineficácia.

Falar de globalização não é falar de um processo impessoal e sem agentes. Existem agentes óbvios – os Estados, nas macrodecisões; as empresas nas microdecisões (Jones, 2008). A estes devemos acrescentar os consumidores, que constituem uma força de pressão decisiva para o acesso a bens e serviços variados e cuja produção ou provisão não está confinada ao espaço territorial do Estado-nação. Hoje como ontem, múltiplas instituições presidem à definição de normas internacionais, essenciais para o funcionamento de uma economia global. Instituições como a União Internacional de Telégrafo (1865) ou a sua sucessora União Internacional de Telecomunicações (a funcionar hoje no quadro da ONU) constituem apenas dois exemplos das muitas centenas de instituições que definem uma densa malha de padrões e acordos, necessária para a integração económica. As universidades, os órgãos de comunicação de massas, as organizações não governamentais com projetos de cooperação e auxílio à escala global, bem como as redes transnacionais de empresas, juntam-se a esta panóplia de instituições que alicerçam a globalização. Sob diferentes formas, de modo muitas vezes inconsciente e atomístico, constituem agentes poderosos de criação e desenvolvimento de diferentes formas e períodos de integração económica.

A legitimação intelectual – económica, mas também cultural e política – da economia global é igualmente multivariada. Com algumas exceções (Irwin, 1996) (Gomes, 2003), não tem sido um tema particularmente estudado. As raízes intelectuais de um pensamento cosmopolita e de integração económica podem singularmente assumir formas muito diversas: defensoras de raízes multiculturais ou baseadas numa perspetiva geocêntrica.

VIII

Tal como há cem anos, a globalização económica surgia em 2007 como irreversível, quase dotada de um naturalismo inscrito num inelutável desenvolvimento futuro. A globalização, mais do que uma evidência, era um dado adquirido. Embora graves crises económicas e financeiras tivessem atingido a economia global nas décadas mais recentes, como as que se abateram sobre o Extremo Oriente e a América Latina nos anos noventa do século XX, a economia global não recuou. Pelo contrário, após cada nova crise, parecia ter ganho novo alento para uma fase de mais intenso desenvolvimento dos mecanismos de integração.

A interrogação – será a globalização económica irreversível? – ganha uma amplitude inusitada, após vários anos de crise financeira. A perspetiva histórica traz poucas respostas e menos conforto: nem oráculo, nem sacerdote. Mas, se não permite encontrar soluções fáceis, uma dimensão de longo prazo da evolução económica possibilita uma visão mais clara, inteligente e aprofundada dos riscos e compromissos associados ao funcionamento da economia global. Contributo modesto, é certo, mas de alguma utilidade.

Uma perceção de riscos mais inteligível é uma primeira constatação que pode ser facultada pela perspetiva histórica. A sucessão de acontecimentos nos últimos anos é ilustrativa. Em quatro anos, existiu algo de semelhante a um curso avançado de risco de investimentos para executivos, que uma leitura de Charles Kindleberger (1996) poderia ter iluminado. A crise do *subprime* hipotecário, em 2007, revelou como o risco de crédito podia propagar-se à economia mundial. No ano seguinte, a falência do Lehman Brothers e as dificuldades de outras instituições financeiras patentearam a dimensão que podia assumir o risco de liquidez, em que à escala global as instituições de crédito não conseguem financiar-se e perdem a confiança recíproca que sustenta a rede de crédito. Em 2010, foi o risco da dívida soberana a emergir, lançando uma nova onda de choque sobre a economia mundial. Por último, no momento em que estas linhas são escritas, o risco geopolítico passou para primeiro plano, mercê dos recentes acontecimentos nos países árabes do Norte de África e Médio Oriente.

Outra constatação remete para a possibilidade de uma compreensão mais inteligente dos compromissos que estão associados a qualquer integração no quadro da economia mundial. Uma expressão tantas vezes repetida pelos economistas é de que não existem almoços grátis. Aqui é entendida, não na aceção de senso comum, mas na de que não existem escolhas sem custos, mesmo que estes não sejam sempre mensuráveis em termos monetários. O acréscimo do comércio e da integração económica traz inevitavelmente maior concorrência com custos sociais inegáveis. O desenvolvimento financeiro e o investimento não estão isentos de riscos. O recurso às facilidades acrescidas de crédito barato e fácil para famílias, empresas e Estados proporcionou um clima evidente de prosperidade nas últimas décadas, que fez esquecer que existem evidentes compromissos em qualquer economia de mercado e também quando este toma a forma de um mercado global. Sem dúvida que ao longo da história o acréscimo de integração económica tem contribuído para a subida dos rendimentos reais da população, para diminuir a pobreza e aumentar o bem-estar, para ampliar a capacidade de escolha dos agentes económicos. Há, no entanto, perdedores, sejam os trabalhadores das empresas que fecham as suas portas, mercê da perda de competitividade dos seus bens ou serviços, sejam os efeitos da pressão para a desregulamentação, quando põem em causa a segurança do consumidor ou o ambiente. Compromissos e custos que o jargão da economia sintetiza como *trade-offs* e que são um dos aspetos que mais facilmente mobiliza paixões numa ampla fronda antiglobalização.

Por mais absurda que possa parecer a hipótese, poderia sugerir-se um eventual retorno às sociedades mais ou menos liberais da primeira globalização, mas em que largas camadas da população estavam afastadas de qualquer influência nas decisões políticas. No entanto, não é desejável que tal aconteça. Tal coloca na dimensão política (das escolhas, portanto), na utilização dos instrumentos de intervenção dos regimes democráticos, a promoção dos interesses dos que são atingidos pelos efeitos negativos da globalização. Caso contrário, a polarização decorrente da distribuição diferencial dos proveitos da integração económica corre o risco de duradouramente dissociar interesses e se tornar incapaz de promover o bem-estar social e a estabilidade política.

Haverá alternativas a uma integração dos mercados? No passado, as diferentes soluções encontradas revelaram-se escolhas menos ajustadas ao bem-estar e à liberdade. Os propósitos autárquicos e de negação da integração económica, promovidos como resposta a graves crises económicas ou meramente como resultado de uma ideologia, foram uma das saídas procuradas. Os modelos de desenvolvimento baseados em políticas de substituição de importações têm oferecido menores condições de sucesso do que os seguidos por países que escolheram a especialização produtiva e integração no comércio internacional. Os compromissos conseguidos pós-Bretton Woods funcionaram apenas no quadro de uma reduzida integração económica e não conseguiram resistir por muito tempo.

Os desafios seriam hoje os de manter a integração económica, fonte de prosperidade e de bem-estar, mas criando ou reforçando formas de regulação e controlo, num processo semelhante ao que historicamente ocorreu quando os mercados locais e regionais passaram a estar integrados à escala nacional. É aqui que a história da globalização não tem nem soluções, nem sequer o socorro de qualquer crença. Aqui vigoram as intuições individuais – e estas são as de ceticismo face a modelos globais de governação.

Referências bibliográficas

Aldcroft, D. H. (1987). *From Versailles to Wall Street, 1919-1929.* Londres: Penguin.

Angell, N. (1913). *The Great Illusion: a study of the relation of military power to national advantage.* Nova Iorque/Londres: G.P. Putnam's sons.

Blinkhorn, M. (Ed.). (1990). *Fascists and Conservatives: the radical right and the establishment in twentieth-century Europe.* Londres: Unwin Hyman.

Bordo, M. D., Eichengreen, B., & Irwin, D. A. (1999). «Is globalization today really different than globalization a hundred years ago?», in *Brookings Trade Policy Forum.* Cambridge: NBER Working Papers n.º 7195.

Bordo, M. D., Taylor, A. M., & Williamson, J. G. (2005). *Globalization in Historical Perspetive.* Chicago: University of Chicago Press.

Botho, A. (1982). *The European Economy: growth and crisis.* Oxford: Oxford University Press.

Chiswick, B. R., & Hatton, T. J. (2005). «Globalization in Historical Perspetive», in A. M. Michael D., *International Migration and the Integration of Labor Markets* . Chicago: University of Chicago, pp. 13-64.

Cortada, J. (2010). *How Societies Embrace Information Technology: lessons for management and the rest of us.* Hoboken, Nova Jérsia: John Wiley and Sons.

Crafts, N. (2000). *Globalization and Growth in the Twentieth Century* (vol. WP/00/44). Washington DC: FMI, Working Paper.

Dobbs, R., & et. al. (2010). *Farewell to Cheap Capital. The implications of long-term shifts in global investment and saving.* McKinsey Global Institute.

Eichengreen, B. (1998). *Globalizing Capital.* Oxford: Oxford University Press.

Eichengreen, B. (1996). *Golden Fetters: the gold-standard and the Great Depression, 1919-1939.* Oxford: Oxford University Press.

Eichengreen, B., & Kenen, P. (1994). «Managing the world economy under the Bretton Woods system», in P. Kenen, *Managing the World Economy.* Washington DC: Institute for International Economics, pp. 3-57.

Feinstein, C. H., Temin, P., & Toniolo, G. (1997). *The European Economy between the Wars.* Oxford: Oxford University Press.

Ferguson, N. (2009). *The Ascent of Money: a financial history of the world.* Nova Iorque: Penguin Books.

Findlay, R., & O'Rourke, K. H. (2005). «Commodity market integration, 1500-2000», in D. Micheal, A. M. Taylor, & J. G. Williamson, *Globalization in Historical Perspetive.* Chicago: University of Chicago Press, pp. 13-64.

Findlay, R., & O'Rourke, K. H. (2005). *Power and Plenty: trade, war, and the world economy in the second millennium.* Princeton, Nova Jérsia: Princeton University Press.

Frieden, J. (2006). *Global Capitalism. Its fall and rise in the twentieth century.* Nova Iorque: W. W. Norton & Company.

Gerschenkron, A. (1962). *Economic Backwardness in Historical Perspetive: a book of essays.* Cambridge, MA: Belknap Press of Harvard University Press.

Gomes, L. (2003). *The Economics and Ideology of Free Trade: a historical review*. Cheltenham: Edward Elgar Publishing.

Hatton, T. J., & Williamson, J. G. (2005). *Global Migration and the World Economy: two centuries of policy and performance*. Cambridge, Mass.: MIT Press.

Hobsbawm, E. (1994). *The Age of Extremes: the short twentieth century, 1914-1991*. Londres: Michael Joseph.

Irwin, D. A. (1996). *Against the Tide: an intellectual history of free trade*. Princeton Nova Jérsia: Princeton University Press.

Jones, G. (2008). «Globalization», in G. Jones, & J. Zeitlin, *The Oxford Handbook of Business History*. Oxford: Oxford University Press, pp. 141-168.

Keynes, J. M. (1923). *A Tract on Monetary Reform*. Londres: Macmillan and Co.

Kindleberger, C. P. (1996). *Manias, Panics, and Crashes: a history of financial crises*. Londres: Macmillan (1.ª ed. 1978).

Kindleberger, C. P. (1973). *The World in Depression, 1929-1939*. Berkeley: University of California Press.

Lee, S. J. (1987). *The European Dictatorships, 1918-1945*. Londres: Routledge.

Levinson, M. (2006). *The Box: how the shipping container made the world smaller and the world economy bigger*. Princeton, Nova Jérsia: Princeton University Press.

Polanyi, K. (1944). *The Great Transformation*. Nova Iorque: Beacon Press (ed. 2001).

Rodrik, D. (2002). *Feasible Globalizations. NEBR Working Paper w9129*. Cambridge, Mass.: NEBR.

Rodrik, D. (2011). *The Globalization Paradox: why global markets, states, and democracy can't coexist*. Oxford: Oxford University Press.

Temin, P. (1997). *The Golden Age of European Growth: a review essay* (vol. I). European Review of Economic History.

Triplett, J. E., & Bosworth, B. P. (2004). *Productivity in the U.S. Services Sector: new sources of economic growth*. Washington, DC: Brookings Institution Press.

Wolf, M. (2006). *Por que funciona a globalização? Em defesa de uma economia global de mercado*. Lisboa: Publicações Dom Quixote.

Yusuf, S. (2009). *Development Economics through the Decades: a critical look at thirty years of the world development report*. Whashington DC: The World Bank.

Os paradoxos da globalização: mercado, capitalismo e poder

JORGE PEDREIRA
(Universidade Nova de Lisboa, Faculdade de Ciências Sociais e Humanas)

Em pouco mais de um mês, entre setembro e outubro de 2008, numa impressionante sucessão de acontecimentos, a integração internacional dos mercados financeiros, numa palavra, a sua globalização, revelou-se com uma nitidez que só a magnitude das respetivas consequências e da devastadora crise em que se consubstanciaram – reclamando a ampla intervenção dos governos nacionais dos principais países desenvolvidos – lhe poderia emprestar.

Acompanhemos brevemente a sequência dos acontecimentos. No dia 6 de setembro de 2008, o presidente da Agência Federal de Financiamento da Habitação dos Estados Unidos da América anunciou a sua decisão de colocar sob tutela duas empresas patrocinadas pelo Estado (*government sponsored corporations*), popularmente conhecidas como Fannie Mae e Freddie Mac e especialmente vocacionadas para a concessão de crédito hipotecário imobiliário (e sua aquisição no mercado secundário). As duas sociedades detinham então 5,1 biliões de dólares em hipotecas de imóveis residenciais, ou seja, pouco menos de metade do mercado hipotecário norte-americano. A decisão foi prontamente apoiada pelas principais autoridades financeiras americanas, o secretário do Tesouro e o presidente da Reserva Federal, e correspondia, de facto, a uma nacionalização das duas empresas.

A intervenção das autoridades ficava a dever-se a justificados receios de que as duas sociedades financeiras viessem brevemente a encontrar-se na contingência de não poderem honrar os seus compromissos, em consequência do seu envolvimento na concessão e aquisição de empréstimos hipotecários de elevado risco. Eram empréstimos proporcionados a devedores que, sabia-se antecipadamente, não possuíam as melhores condições para satisfazer as obrigações contratualmente assumidas (o chamado mercado *subprime*) e que, com a quebra em mais de 20% do valor de mercado das habitações e a subida das taxas de juro, deixaram efetivamente, numa proporção crescente, de ser capazes de saldar as prestações do crédito contraído nas datas do respetivo vencimento.

Pouco mais de uma semana depois, a 14 de setembro, Merrill Lynch, um banco de investimento norte-americano quase centenário, acordou a sua compra pelo Bank of America, ao preço de 29 dólares por ação, o que representava um ágio de 70% sobre a cotação de fecho na bolsa de Nova Iorque de apenas dois dias antes, mas também um desconto de 60% sobre o valor do ano anterior. Saber-se-ia depois, pela voz dos próprios administradores do Bank of America, em depoimentos prestados perante a comissão de inquérito sobre as circunstâncias da crise que foi constituída pelo Congresso dos Estados Unidos, que o banco foi fortemente pressionado pelas autoridades, tanto através de ameaças como de promessas de apoio, para que levasse a aquisição até ao fim.

No próprio dia em que se anunciou essa operação e após o fracasso de negociações para que se encontrasse uma solução semelhante (designadamente a compra pelo Barclays Bank) para a Lehman Brothers Inc., o quarto maior banco de investimento americano, o governo federal dos Estados Unidos rejeitou o seu pedido de auxílio financeiro direto (isto é, de resgate financeiro). Perante tal recusa e não tendo condições para satisfazer os seus compromissos, o banco solicitou no dia seguinte a proteção legal em caso de insolvência, no sentido de salvaguardar os seus ativos de um ataque dos credores. Poucas horas depois, o secretário do Tesouro, Henry Paulson, em declarações aos jornalistas, afirmava que jamais encarava com ligeireza a questão do risco moral (*moral hazard*) – isto é, a possibilidade de a intervenção das autoridades, protegendo o banco, vir a promover a aceitação irresponsável de riscos por outras instituições financeiras, que assim se julgariam protegidas das suas eventuais consequências. Asseverava também que nunca estivera em causa a possibilidade de usar dinheiro dos contribuintes para acudir às dificuldades da Lehman Brothers e evitar a falência (Transcript of Paulson Briefing, 2008).

Ao justificar a opção do governo com a vontade de evitar a criação de uma situação de risco moral, Paulson ignorava que menos de 48 horas depois teria de passar por cima desse princípio (como fizera já alguns meses antes, em março, de modo a permitir o empréstimo de 29 mil milhões de dólares da Reserva Federal para apoiar a aquisição do banco de investimentos Bear Stearns pela J. P. Morgan Chase, com receio de que a forte depreciação de alguns dos seus ativos contagiasse todo o sistema financeiro). Efetivamente, no dia 16 de setembro, Paulson, que subestimara os efeitos da declaração de insolvência da Lehman Brothers, deu o seu aval à intervenção da Reserva Federal, que, procurando conter a propagação da crise, se viu forçada a conceder um empréstimo de emergência de 85 mil milhões de dólares para evitar a falência da AIG, um dos maiores grupos seguradores do país, que se tornara particularmente vulnerável à crise, por causa da oferta de seguros do crédito hipotecário. A 25 de setembro, a Reserva Federal confiscava também o ramo bancário da Washington Mutual (uma companhia com mais de 130 anos de existência). Assumia-se então de forma clara que, fosse qual fosse o risco moral, havia instituições financeiras que eram simplesmente demasiado grandes para falir.

No dia 3 de outubro, perante a evidência da profundidade e da extensão da crise do sistema financeiro americano, afastando-se de modo radical da orientação que fora prosseguida durante meses relativamente a este problema, o Congresso dos Estados Unidos da América aprovou, não sem resistência, a constituição de um fundo de 700 mil milhões de dólares, proposto pelo secretário do Tesouro, para a aquisição de ativos depreciados, em particular títulos baseados em créditos hipotecários, no sentido de estabilizar o sistema financeiro.

A integração do sistema bancário internacional tornou-se absolutamente evidente nas semanas seguintes. Em rigor, o efeito da concessão temerária de crédito e da prossecução de esquemas especulativos associados (os chamados derivativos) pelos bancos norte-americanos já antes se fizera sentir na Europa. A 10 de dezembro de 2007, a União dos Bancos Suíços surpreendera os mercados ao anunciar um agravamento da depreciação dos seus ativos para 13,4 mil milhões de dólares, e, em fevereiro de 2008, o governo britânico decidira nacionalizar o banco Northern Rock, para evitar a sua falência e prevenir o possível efeito de contágio a outras instituições. Agora, porém, a sucessão dos acontecimentos adquiria outra dimensão e uma nova celeridade. A 28 de setembro, apenas duas semanas depois da falência da Lehman Brothers, o governo dos Países Baixos decretou o controlo, pelo Estado, dos ativos holandeses da seguradora Fortis (incluindo o banco ABN AMRO) por mais de 11 mil milhões de euros. Dois dias depois, numa operação conjunta, os Estados da Bélgica, França e Luxemburgo procederam de igual modo relativamente à sociedade financeira Dexia. Nesse mesmo dia, o governo irlandês decidiu garantir a totalidade dos depósitos dos seus maiores bancos, criando para o efeito um fundo de 400 mil milhões de euros. Entre 7 e 9 de outubro, em três dias consecutivos, a autoridade de supervisão financeira da Islândia adquiriu os três principais bancos comerciais do país.

Nesse mesmo momento, a 8 de outubro de 2008, o governo do Reino Unido, na sequência da maior falência diária da bolsa de valores de Londres em mais de vinte anos, anunciou um plano de resgate do sistema bancário no montante de mais de 500 mil milhões de libras, 10% dos quais através do investimento direto do Estado nos próprios bancos. Cinco dias depois, o Tesouro adquiria posições significativas (mais de 40%) em três bancos (no caso do Royal Bank of Scotland, a participação era mesmo superior a 60%), no valor total de 37 mil milhões de libras.

A 17 de outubro, o Parlamento alemão aprovou um plano de garantia de empréstimos interbancários e de recapitalização dos bancos no valor de 500 mil milhões de euros, um exemplo seguido pela França três dias mais tarde, mobilizando 360 mil milhões, no quadro de um esforço coordenado da União Europeia, que reuniu 2,7 biliões de euros para sustentar o sistema financeiro. A propagação das ondas de choque da crise financeira norte-americana não ficou contudo por aqui. Em Portugal, no início de novembro, o Governo decretou a nacionalização do Banco Português de Negócios, anunciando ao mesmo tempo a disponibilidade de uma linha de crédito de 4 mil milhões de euros para apoio ao sistema financeiro. A 15 de janeiro de 2009, o Governo da República da Irlanda nacionalizou o Anglo-Irish Bank. Quatro dias depois conhecia-se um segundo programa de assistência ao sistema bancário britânico.

A 3 de fevereiro, foi a vez das autoridades do Cazaquistão nacionalizarem dois bancos. A 21 de fevereiro, o Banco Central das Caraíbas Orientais tomou o controlo do Banco de Antígua e, pouco mais de um mês depois, o Banco de Espanha procedeu do mesmo modo relativamente à Caja de Ahorros de Castilla La Mancha.

Os programas de assistência ao sistema financeiro prosseguiram até ao presente. O fundamento das nacionalizações, das tomadas de controlo, da aquisição de ativos depreciados, da concessão de garantias públicas ou de empréstimos em condições favoráveis, a instituições individuais ou aos sistemas financeiros nacionais no seu conjunto, tanto por meio de intervenções diretas dos Estados como dos respetivos bancos centrais, foi geralmente o mesmo: o risco sistémico, isto é, a possibilidade de a falência de um banco ou de uma sociedade financeira se propagar a todo o sistema, seja pelo seu elevado nível de interdependência e integração, seja pela desconfiança que poderia gerar nas famílias e nas empresas, originando uma corrida aos depósitos. Esse fundamento era especialmente plausível quando estavam em causa grandes instituições financeiras, geralmente consideradas «demasiado grandes para falir». Assim, o risco sistémico era geralmente considerado mais ameaçador do que o risco moral.

Os meses que se seguiram foram férteis para análises e reflexões sobre as origens da crise e para a avaliação das medidas entretanto tomadas para a debelar. A desregulação dos mercados e da atividade financeira foi apontada, em primeiro lugar, como a condição que mais contribuiu para a crise, não só porque propiciara a adoção de comportamentos menos rigorosos no que diz respeito à avaliação dos riscos das operações financeiras, mas porque permitira o desenvolvimento de um sistema financeiro paralelo, com instituições mais voláteis, ao lado dos bancos e empresas mais tradicionais e consolidados. Proporcionara também o crescimento de algumas instituições que adquiram uma tal dimensão e uma tal diversificação de operações que se tornaram, de facto, «demasiado grandes para falir», ficando desse modo expostas ao «risco moral», pois adquiriram a expectativa de que, em caso de dificuldade, o Estado suportaria as consequências dos riscos por elas assumidos.

Em conformidade com esta análise, algumas das críticas dirigidas aos instrumentos políticos utilizados para superar a crise sublinhavam justamente que esses instrumentos não resolviam nem a questão da dimensão – pelo contrário, pelo jogo da consolidação e das aquisições patrocinadas pelos Estados, registou-se uma maior concentração no sector financeiro –, nem a questão do «risco moral», pois a intervenção generalizada dos Estados parecia reforçar as garantias contra os riscos de investimentos menos responsáveis.

Quando se assinalou a passagem de um ano sobre a falência da Lehman Brothers, ocasião especialmente propícia para a expressão de opiniões sobre o assunto, as observações críticas de destacados comentadores convergiam nesse sentido. Alguns sustentavam mesmo que em 2009 a situação era pior do que um ano antes. Neste contexto, é de relevar o comentário do reputado historiador britânico Niall Ferguson, professor da Universidade de Harvard. Em artigo publicado no *Financial Times*, em que examinava as condições de possibilidade e as consequências que teriam provavelmente advindo de uma decisão da administração americana no sentido de salvar a Lehman Brothers da insolvência, Ferguson sustentava que essa decisão não teria evitado a crise, pois a Lehman Brothers era apenas um caso extremo de um fenómeno geral. Um número relativamente pequeno de instituições financeiras muito grandes financiara as suas operações através do recurso a capitais alheios, a um ponto que se tornava perigoso para a sua sustentabilidade e que as colocava rapidamente no caminho da insolvência logo que os seus investimentos imobiliários implodiam. Por esse motivo, o resgate pelo Governo de um único banco não teria resolvido o problema. A falência da Lehman Brothers teria cumprido uma missão, tendo demonstrado aos outros banqueiros que necessitavam de uma injeção de capitais públicos e aos membros do Congresso que tinham de autorizar essa injeção, na base de um plano de apoio geral ao sector financeiro, como o que foi aprovado em outubro de 2008.

Esse plano não permitiu, porém, como seria desejável, que seis meses mais tarde se pudesse afirmar com perfeita clareza que nenhum banco seria demasiado grande para falir. Pelo contrário, a verdadeira tragédia, segundo Ferguson, residia no facto de o caso Lehman Brothers ter deixado as grandes instituições de Wall Street ainda maiores e politicamente mais seguras. Ora, enquanto os grandes bancos contassem com o resgate dos Governos dos Estados nacionais em caso de dificuldade, poderiam continuar a ignorar os apelos para mudarem de comportamento relativamente aos riscos que assumem. E Niall Ferguson concluía que, se da falência da Lehman Brothers se tivesse retirado efetivamente a lição de que não há banco que seja demasiado grande para falir, poderíamos ainda ter um verdadeiro sistema capitalista, em vez da monstruosidade protegida pelo Estado que constitui o legado da crise de 2008([1]).

Mas não será precisamente neste ponto que se estabelece um equívoco? O verdadeiro sistema capitalista e a monstruosidade protegida pelo Estado de que fala Ferguson não serão afinal uma e a mesma coisa? Mais de dois séculos depois de a economia política moderna ter procurado separar os procedimentos analíticos dos juízos morais, continua a pretender-se a existência de um capitalismo moral, baseado nas virtudes do mercado, distinto e eventualmente até oposto ao comportamento individual dos capitalistas. É certo que já Adam Smith,

---

([1]) «Why a Lehman deal would not have saved us», *Financial Times*, 2009 (14 de setembro).

um dos primeiros e principais responsáveis pela emergência dessa economia política nova, cometeu esse mesmo pecado, estabelecendo uma diferenciação entre a liberdade de comércio e a liberdade dos comerciantes. Em *The Wealth of Nations*, uma das obras que mais longe levou no século XVIII a defesa dos benefícios da livre operação dos interesses individuais, Adam Smith propugna o levantamento dos constrangimentos à prossecução do interesse próprio nos mercados, de onde resultaria afinal o interesse da sociedade. Ao seguirem o mais elementar dos princípios mercantis, procurando ganhar um cêntimo, onde um cêntimo pudesse ser ganho, negociantes e artífices serviam o público, mesmo que não tivessem a menor intenção de o fazer (Smith, 1776, vol. III).

Ao longo da sua obra, porém, Smith expressa por diversas vezes a sua desconfiança relativamente aos negociantes, que acusa de serem os principais promotores do mercantilismo (sistema restritivo a que se opunha) e, em particular, de aconselharem os Governos a adotarem as regras de condicionamento do comércio, em particular do comércio colonial. Denuncia com veemência a sua avidez e espírito de monopólio, que os levava, sempre que podiam, a conspirar contra o público para subir os preços (Smith, 1776, vol. I e IV). Chega a sustentar que a sua cobiça não fora menos fatal ao sossego da Europa do que os caprichos da ambição, da violência e da injustiça dos governantes.

Nem sempre, pois, embora Smith nunca o admita expressamente, a prossecução do interesse próprio nos mercados gerava benefícios públicos([2]). Assim, a obra que marcou uma nova era na defesa do capitalismo e da livre operação dos interesses acaba por se manifestar paradoxalmente contra os capitalistas do tempo, que eram os grandes negociantes, por estes prosseguirem os seus próprios interesses, buscando para tanto o amparo dos Estados.

É neste ponto que convém revisitar a obra do grande historiador francês Fernand Braudel. Como Braudel mostrou, contra

---

([2]) A este propósito, veja-se J. Viner, «Adam Smith and laissez-faire», in *Essays on the Intellectual History of Economics* (Princeton: 1991), pp. 97-101.

imagens correntes que geralmente identificam capitalismo e economia de mercado, durante séculos o capitalismo ocupou um estreito patamar da vida económica e social na Europa e, por maioria de razão, fora dela. O seu domínio não era a produção, mas a circulação, mas não a incorporava por completo, distinguindo-se do mercado. O capitalismo instalara-se numa posição cimeira do mundo dos negócios, onde imperavam os monopólios de direito ou de facto e a manipulação dos preços. O comércio a longa distância, o crédito, a banca e a especulação financeira – muito mais complexa e sofisticada do que poderia supor-se – eram as suas áreas de eleição, e a sua personagem central era o negociante polivalente, que encimava a hierarquia da sociedade mercantil e deixava aos outros mercadores, mais especializados, as tarefas simples, relativas ao funcionamento do mercado propriamente dito. Neste cenário, o Estado figurava mais como cúmplice do que como obstáculo (Braudel, 1979, vol. II).

Num salto de mais de dois séculos, poderíamos evocar aqui as declarações de Joseph Stiglitz perante a comissão de inquérito sobre a crise financeira do Congresso dos Estados da América. Dizia ele que, no sector bancário, a maioria dos agentes fazia o seu trabalho, fora apenas o topo, com a sua inadequada estrutura de incentivos, que gerara toda a perturbação (Stiglitz, 2009).

Os homens de negócio de hoje, há que dizê-lo, não gostam nem mais nem menos que os de ontem de se protegerem dos riscos, levando outros, por exemplo o Estado, a suportá-los (*moral hazard*), nem gostam nem mais nem menos da obtenção de lucros excecionais gerados pela introdução de dispositivos limitadores da concorrência (*rent seeking*). É esta a razão do capitalismo. E só é diferente quando as circunstâncias sociais e institucionais são tais que o interesse dos próprios homens de negócio ou dos capitalistas (o mesmo interesse que os faz transmitir os riscos e procurar ganhos superiores ao normal) os manda proceder de outro modo[3].

([3]) A este propósito, veja-se A. O. Hirschmann, *The Passions and the Interests. Political arguments for capitalism before its triumph* (Princeton: 1977), em particular as páginas dedicadas ao pensamento de Montesquieu, no cap. 2.

Foi este o capitalismo – que não se confunde com o mercado, embora possa operar e geralmente opere através dele – que construiu a globalização e que se construiu com a globalização. Privilégios, monopólios, a promessa de ganhos excecionais, várias formas de proteção contra os riscos, incluindo a proteção armada, atraíram capitais e talentos a empreendimentos que de outro modo seriam absolutamente temerários e alimentaram a expansão marítima europeia que criou os alicerces da economia global. Essa longa primeira fase da globalização, que consistiu na criação das suas condições geográficas, no simples estabelecimento de relações comerciais diretas e regulares, fez-se por iniciativa, por vontade e muitas vezes por força (e por isso sob o controlo) de europeus – portugueses, espanhóis, italianos, franceses, ingleses, holandeses, dinamarqueses. Não foi a liberdade de comércio que teceu a rede de relações por onde correram as transações intercontinentais que iniciaram a construção da globalização, mas essa capacidade e essa força que muitas vezes assumiram um carácter abertamente militar e mesmo violento.

Muito se tem discutido sobre os fundamentos e a cronologia da ascendência económica europeia ou mais geralmente do triunfo do Ocidente. Diversos autores têm procurado demonstrar que a comparação entre a capacidade económica da Europa e, por exemplo, a das civilizações orientais, da China, da Índia e até do Japão, nem sempre foi favorável aos europeus, pelo contrário, só em vésperas da Revolução Industrial o começou a ser e terá sido a industrialização o principal fator de consolidação da superioridade europeia[4]. Mesmo as diferenças institucionais com relevância para o desenvolvimento económico – por

---

([4]) Vejam-se, por exemplo, J. Goldstone, *Why Europe? The rise of the West in world history 1500-1850* [Nova Iorque: 2008 (tradução portuguesa, *História global da ascensão do Ocidente 1500-1850*, Lisboa: 2011)] e K. Pomeranz, *The great divergence. China, Europe and the making of the modern world economy* [Princeton/Oxford: 2000 (tradução portuguesa, *A grande divergência. A China, a Europa e a formação da economia mundial moderna*, Lisboa: Edições 70, 2013)].).

exemplo a segurança dos direitos de propriedade – entre a civilização europeia e essas civilizações não seriam tão profundas como durante muito tempo se pensou. É certo que as medidas em que se expressam tais comparações, a que faltam muitas vezes informações elementares e instrumentos rigorosos, se prestam facilmente à controvérsia. Não surpreende que avaliações mais recentes tenham vindo novamente ampliar a magnitude e recuar no tempo a superioridade económica da Europa relativamente à China (Ferguson, 2011). Seja como for, mesmo aqueles que mais longe foram na desvalorização dessas diferenças sublinham principalmente a distinção criada por instituições criadas no quadro da competição entre Estados sequiosos de receitas e operando através da outorga de privilégios. Essas instituições, características do capitalismo segundo a definição de Braudel, tais como a adjudicação de monopólios (designadamente às companhias majestáticas) e o arrendamento da cobrança de impostos, criaram as condições para a expansão europeia no Novo Mundo (Pomeranz, 2000). A proteção concedida pelos Estados (quando não a sua própria iniciativa) tornou essa expansão possível e conferiu consistência às iniciativas internacionais – transoceânicas – dos homens de negócio.

Das razias dos portugueses para obtenção de escravos, na costa ocidental da África, ainda na primeira metade do século XV, à abertura do Japão ao comércio internacional, inclinando-se perante a exibição de força da esquadra norte-americana comandada pelo comodoro Matthew Perry, em 1854, ou ainda ao colonialismo europeu em África no século XIX, passando pela conquista das Américas ou pelo controlo da navegação oceânica no Índico, a sucessiva incorporação de novos territórios, de novas rotas e de novos produtos numa rede de relações comerciais que se vai alargando à escala mundial – englobando por vezes de um golpe outras redes preexistentes de grande envergadura, como aconteceu justamente no Índico após a chegada dos Portugueses – fez-se por ação de mercadores ou homens de negócio, militares, aventureiros e até padres ocidentais, que seguiam ordens dos seus superiores ou simplesmente o impulso da sua própria ambição. Nessa incorporação, o comércio armado, ainda em plena era do liberalismo, desempenhou um papel fundamental.

Poderá afigurar-se paradoxal que instituições como os monopólios e, em particular, as companhias monopolistas por ações, estruturas políticas como os impérios coloniais e agentes como os homens de negócio, cujos objetivos eram afastar tanto quanto possível a concorrência e obter, pela utilização de dispositivos político-militares, condições especialmente vantajosas que lhes assegurassem ganhos muito superiores aos normais, tenham contribuído tanto para criar redes comerciais e financeiras internacionais que adquiriram uma dimensão verdadeiramente global. Mas foi assim que se constituíram essas redes, e é difícil supor que, sem essas instituições, estruturas e agentes, elas tivessem chegado a existir.

É certo que abordagens unidimensionais da globalização podem afastar tal paradoxo ao considerar essa longa fase de construção e a expressão geográfica das redes comerciais a que deu lugar como pouco relevantes. Buscando uma resposta estatística para a questão «Quando começou a globalização?», autores tão reconhecidos como Kevin O'Rourke e Jeffrey Williamson varrem da história da globalização aquilo a que chamam os relatos coloridos de exploradores, descobridores, batalhas marítimas, pilhagens, piratas, fluxos de moeda metálica, a dimensão dos lucros do comércio das especiarias, bolhas e colapsos financeiros que enchem os nossos livros de história. Esses relatos diriam respeito ao esforço para a obtenção de ganhos excecionais por meio de dispositivos extraeconómicos de limitação da concorrência (*rent-seeking*) e não à integração de mercados globais (O'Rourke & Williamson, 2000).

Nesta perspetiva, a integração dos mercados globais de bens constituiria a verdadeira definição de globalização, pois só ela permitiria processar a influência das forças impulsionadoras do comércio a longa distância na alteração dos preços internos e através desta na própria estrutura das economias. Essa integração ocorreria justamente à medida que fossem desaparecendo os agentes, instituições e comportamentos que costumam ser associados a uma fase inicial da globalização.

A medida estatística apropriada da integração dos mercados de bens seria a redução das diferenças dos preços respetivos, isto é, a sua convergência. O aumento do volume ou do valor do tráfego, ainda que superior ao do produto, poderia corresponder a outros fatores (por exemplo ao aumento da população), não sendo por isso um bom indicador da integração dos mercados, ao contrário da convergência dos preços. Munidos deste instrumento de medição, O'Rourke e Williamson identificam o século XIX como o período áureo da integração dos mercados. A informação sobre os preços sugere-lhes uma brutal descontinuidade nas primeiras décadas do século XIX, fundadora da globalização, que se apressam a associar à navegação a vapor, ao caminho de ferro, à quebra do mercantilismo, ao avanço da liberalização do comércio e ao desaparecimento dos monopólios. Em suma, uma verdadeira revolução dos transportes, com a correspondente queda dos custos, e o liberalismo teriam feito a globalização depois do primeiro quartel de Oitocentos. Antes não houvera significativa convergência dos preços, e o comércio internacional, baseado em produtos que não concorriam uns com os outros (troca das manufaturas da Europa pelas matérias-primas, géneros tropicais e artigos de luxo dos outros continentes) pouco afetava a vida das populações, com exceção dos mais ricos, e condicionava escassamente a estrutura interna das economias dos países, mesmo daqueles que mais participavam nesse comércio.

O argumento exposto, sedutor pela sua consistência pelo menos aparente, suscita alguns comentários que, afinal, acabam por versar a associação entre globalização e liberalização. A noção de que os monopólios e a limitação da concorrência impedem a globalização e de que, por esse motivo, esta não poderia desenvolver-se sob o regime dos monopólios merece uma análise mais pormenorizada. E para tanto cumpre regressar, uma vez mais, a Fernand Braudel. O que está em causa nessa primeira fase, plurissecular, da globalização não é tanto que os mercados construídos pelo comércio a longa distância se encontrem plenamente integrados, mas que existam. Mas, ainda relativamente à integração dos mercados, a medida exata, tanto ou mais do que a convergência de preços (relativamente à qual se pode usar um argumento semelhante ao que é usado por O'Rourke e Wiiliamson para o aumento do volume do comércio, pois pode resultar de evoluções paralelas sem relação entre si), será a covariação dos preços num mesmo sentido. E, neste ponto, Braudel detetou a propagação, desde o século XVI, de ondas de variação dos preços que, partindo da Europa Ocidental, de Antuérpia em particular, se transmitem por efeito da monetarização da economia a Moscovo e ao Extremo Oriente, a Manila e a Macau (Braudel, 1979, vol. III). Para tanto, muito contribuiu a importância dos metais preciosos da América. Antes de 1700, todas as moedas dos maiores Estados da Europa e da Ásia dependiam de importações do México e do Peru (Bayly, 2002).

A continuidade está justamente na construção das redes comerciais à escala mundial, feita à sombra da proteção político-militar, que mitiga os riscos exorbitantes e proporciona lucros fabulosos. Apenas a uns quantos. Por isso, não seria de esperar que toda a atividade económica e social fosse condicionada por esse desenvolvimento. O capitalismo – e a globalização – acham-se ainda confinados à cúspide dessa atividade. Mas a globalização, como a própria designação indicia, é um processo. Um processo que, a partir dessa cúspide, alarga a mais domínios da vida e à vida de mais gente a influência do que ocorre à escala global.

A este propósito e ainda também a respeito dos metais preciosos, não pode deixar de estranhar-se, como já notou Paul Bairoch, que O'Rourke e Williamson tenham omitido a integração do sistema financeiro internacional e da sua ligação com os Estados na sua análise das origens da globalização. O crédito, a circulação fiduciária, os mercados de capitais constituíram lugares por excelência da internacionalização precoce e fatores da criação de uma economia capitalista à escala mundial (Kozul-Wright, 1996). Neste ponto, mais uma vez, cruzam-se os destinos do capitalismo e do Estado. Nesta perspetiva, há mais continuidade entre o século XVIII e o século XIX do que poderia supor-se, a ajuizar pela importância atribuída à liberalização como fator da globalização.

A liberalização no século XIX não foi nem tão extensa, nem tão profunda, nem tão longa como muitas vezes se quer fazer crer. A remoção de uma série de constrangimentos à liberdade de iniciativa e de comércio foi lenta, difícil e conflituosa porque, ao contrário do que algumas doutrinas supõem, não existe uma ordem natural para a economia, mas apenas uma ordem social e política e por isso também institucional, em que, com raras exceções apenas, predomina a vontade de ordenar, de comandar, de regulamentar. Desarmar essa vontade e todos os institutos em que ela se vertera era, paradoxalmente, uma tarefa para Governos fortes e ambiciosos. E arrojados também, porque, no século XIX, ao contrário do que aconteceu recentemente, não havia memória que pudesse facultar a base para a previsão dos efeitos da desregulamentação da atividade económica que se queria empreender. Era a experiência de uns países que mostrava a outros as possíveis consequências, mas eram também os argumentos de um debate político-ideológico em que se entrelaçavam ideias e interesses, nem sempre de forma consistente.

A ocasião era propícia para reivindicar a manutenção ou até o reforço dos regulamentos favoráveis e exigir a derrogação dos inconvenientes. O liberalismo europeu deixou, por esse motivo, de pé monopólios e privilégios corporativos e foi menos livre-cambista e durante menos tempo do que se julga. Com a exceção da Grã-Bretanha, onde uma coligação de interesses entre os porta-vozes dos trabalhadores e dos industriais – confiantes na sua produtividade superior – derrotou a resistência dos partidários dos interesses agrários, eliminando a proteção alfandegária contra a importação de cereais, o livre-câmbio foi efémero e limitado. De um modo que é apenas aparentemente paradoxal, o rearmamento alfandegário não deteve o crescimento do comércio internacional, que foi até mais forte do que nas breves décadas de maior liberdade (Kozul-Wright, 1996) (Bairoch, 1976).

A presença dos Estados não inibiu, portanto, a expansão do comércio internacional. Por vezes até, a sua intervenção segundo modelos anteriores alargou o espaço da economia mundial. Já em pleno período de expansão da globalização, a plena incorporação da China e do Japão nos mercados internacionais não resultou da pressão de fatores económicos, mas das exigências colocadas pelas principais potências ocidentais – patrocinando os interesses dos seus homens de negócio –, por meio do expediente que ficaria conhecido como diplomacia da canhoneira. A incorporação da África no último terço do século XIX fez-se pela competição entre Estados europeus que retomam os expedientes mercantilistas.

Se a presença dos Estados se manteve no capítulo comercial, foi decisiva no domínio financeiro. O movimento de capitais foi mais importante do que o movimento comercial e, dentro desse movimento, uma fração muito significativa foi canalizada para o financiamento dos Estados (Kozul-Wright, 1996, p. 11), que começam a investir direta ou indiretamente (por exemplo, assegurando um rendimento mínimo ao capital) nas infraestruturas (em parte responsáveis pela redução dos custos de transportes) e na criação de cidadãos (por meio da educação e de outras instituições de integração social e económica). Entre o sistema financeiro e os Estados teceram-se relações essenciais ao funcionamento da economia – o caso da Alemanha é a este título paradigmático. Alguns bancos, aparentemente comerciais, outra atividade não tiveram que não fosse financiar os Estados. E, como acontecia desde o século XVI na Europa, o financiamento dos Estados foi conduzido (ou pelo menos mediado) pelas grandes casas financeiras internacionais. A parte da dívida pública e das aplicações em sectores protegidos pelos Estados, como os caminhos de ferro, dominava o investimento estrangeiro das grandes potências internacionais (Kozul-Wright, 1996, p. 13). Por vezes, os grandes bancos fizeram investimentos de elevado risco (que prometiam ganhos igualmente elevados) e contavam com a proteção, por vezes vigorosa, dos respetivos Estados. Um dos últimos exemplos da diplomacia da canhoneira, já no início do século XX (em 1902-1903), foi a ameaça do recurso à força armada usada contra a Venezuela, em defesa dos interesses dos seus credores.

Os Governos de hoje não precisam de ir tão longe na proteção dos bancos, que, paradoxalmente, apesar da globalização do sistema financeiro, continuam a ostentar, para todos os feitos políticos, uma bandeira nacional. O papel dos Estados, tanto para a coordenação das economias nacionais como para a expansão da economia global, não constitui um fator extrínseco, pelo contrário, faz parte integrante do capitalismo. Numa perspetiva histórica, a sua retração tem sido apenas transitória, durando até que a crise do próprio sistema e os interesses dos homens de negócio exijam a sua intervenção reforçada. A desregulação das últimas décadas e a crise que desencadeou são disso um bom exemplo. O aparente triunfo do mercado deu lugar a uma série de perversões e abusos do próprio mercado, na busca de ganhos excecionais. Os prémios e bónus exorbitantes pagos aos gestores de algumas grandes corporações financeiras, mesmo quando estas se encontravam em manifestas dificuldades provocadas pelas suas decisões, outra coisa não são que uma forma de *rent-seeking* perfeitamente inserida no sistema. E assim seria enquanto as circunstâncias político-institucionais (ou, como veio a acontecer, económico-financeiras) não determinassem que outro fosse o interesse dos homens de negócio. Afinal, acabou por ser a crise a determinar essa mudança, reclamando uma ampla intervenção do Estado.

Referências bibliográficas

Bairoch, P. (1976). *Commerce extérieur et développement économique de l'Europe au* XIXème *siècle*. Paris e Haia: Mounton.

Bayly, C. (2002). «'Archaic" and "Modern" globalization in the Eurasian and African arena, c. 1750-1850», in A. Hopkins, *Globalization in World History*. Londres, p. 54.

Big Banks Should Be Allowed to Fail: Stiglitz. (22 de abril de 2009). Obtido de CNBC: http://www.cnbc.com/id/30346240/Big_Banks_Should_be_Allowed_to_Fail_Stiglitz

Braudel, F. (1979). *Civilisation matérielle, économie et capitalisme,* XVe-XVIIIe *siècles* (vol. II). Paris: Les Jeux de l'échange.

Braudel, F. (1979). *Civilisation matérielle, économie et capitalisme* (vol. III). Paris: Le Temps du Monde.

Ferguson, N. (2011). *Civilization. The West and the rest.* Londres: Penguin.

Goldstone, J. (2011). *História Global da Ascensão do Ocidente.* Lisboa: Edições 70.

Kozul-Wright, P. B. (1996). «Globalization myths: some historical reflections on integration, industrialization and growth in the world economy», in *UNCTAD Discussion Papers*, p. 113.

O'Rourke, K. H., & Williamson, J. G. (2000). «When Did Globalization Begin?», in *NBER Working Papers* 7632, pp. 23-50.

Pomeranz, K. (2000). *The Great Divergence: China, Europe and the Making of the modern world economy.* Los Angeles: EH.NET (tradução portuguesa: *A grande divergência. A China, a Europa e a formação da economia mundial moderna.* Lisboa: Edições 70, 2013).

Smith, A. (1776). *The Wealth of Nation* (vol. 1, cap. 10, parte 2, § 27.). Londres: W. Strahan and T. Cadell.

Smith, A. (1776). *The Wealth of Nation* (vol. 4, cap. 3, § 38). Londres: W. Strahan and T. Cadell.

Smith, A. (1776). *The Wealth of Nations* (vol. 3, cap. 4, § 17). Londres: W. Strahan and T. Cadell.

«Why a Lehman deal would not have saved us», in (14 de setembro de 2009). *Financial Times.*

A globalização e o crescimento económico das nações

PEDRO LAINS
(Instituto de Ciências Sociais da Universidade de Lisboa;
Faculdade de Economia da Universidade Católica Portuguesa)

I – Introdução

Estamos hoje mais perto de uma economia global do que nunca, tendo os preços de produção e dos produtos convergido e cruzado o mundo e estando os mercados internacionais mais unidos. É aquilo que se denomina por globalização económica, que «pode ser vista em todo o lado» (Dorwick & De Long, 2003, p. 191). A globalização é o resultado de um longo processo marcado, em grande medida, pelos altos e baixos da história política mundial. Foi dando os seus primeiros passos ao longo do século XIX, e, por volta de 1914, o comércio internacional, os fluxos de capital e a migração em massa atingiram níveis inéditos. A Primeira Guerra Mundial conduziu à rotura do comércio internacional e do sistema monetário, e nas décadas seguintes a globalização retrocedeu. Após 1950, o crescimento do comércio internacional e os fluxos de capital recomeçaram, e, nas últimas décadas do século XX, os valores anteriores à Segunda Guerra Mundial haviam sido ultrapassados. Há, todavia, ainda um longo caminho a percorrer, particularmente nos mercados internacionais de trabalho, que permanecem menos globais do que os restantes, e ainda no que concerne à persistência de «descontinuidades institucionais» entre os países (Rodrick, 2004).

O mundo tomado como um todo está incomensuravelmente melhor hoje do que estava há dois séculos, e muito se deve à globalização. A expansão massiva da troca internacional de bens, serviços, capital e trabalho tornou possível o incremento de uma especialização económica das nações e continentes, a qual contribuiu para mudanças estruturais em toda a parte. No entanto, a globalização não conduziu a uma igual expansão de crescimento e riqueza, havendo muitas diferenças no que respeita a quanto cada economia nacional se tornou mais global. É uma questão em aberto saber se a desigualdade entre as economias mundiais vai encontrar um limite e, se tal acontecer, quando e de que forma irá diminuir essa desigualdade no futuro.

Há fatores díspares para uma explicação sobre o crescimento e o atraso económico, além do incremento internacional das transações de bens, capitais, pessoas, nomeadamente os relacionados com o desenvolvimento dos fatores de abastecimento e das tecnologias no interior das fronteiras nacionais. A globalização pode ser vista como uma *consequência* do crescimento económico e de alterações tecnológicas. De facto, a descida nos custos de transporte devida às inovações tecnológicas foi um elemento fundamental para o crescimento do comércio mundial. Nesta sequência, o crescimento do comércio da indústria interna, característica principal do crescimento comercial entre as economias desenvolvidas, presta igualmente tributo à transição tecnológica.

Posto isto, até que ponto a globalização realmente importa? E até que ponto foi a globalização a causa ou a consequência do crescimento económico mundial? O mundo enriqueceu devido à globalização ou ocorreu o inverso? terá sido esta relação causal, qualquer que fosse a direção, estável ou terá mudado ao longo do tempo e do espaço? Estará a globalização relacionada com as mudanças na distribuição dos rendimentos mundiais?

Tais questões sobre a relação entre a globalização e o crescimento económico e sobre a direção da causalidade podem ser relacionadas com discussões anteriores respeitantes aos efeitos do comércio em crescimento ao nível nacional. O comércio estrangeiro foi considerado a *causa* do crescimento, devido ao mecanismo de especialização internacional. Contudo, essa relação causal tem sido muito debatida e empiricamente investigada, com resultados que, em alguns casos, apontam para a conclusão de que a relação entre o comércio e o crescimento pode ser tanto falaciosa como mais bem definida pela dualidade dos efeitos de causalidade.

II – Avaliando a globalização

A globalização é difícil de avaliar, sobretudo se pretendermos fazê-lo na multiplicidade dos seus aspetos. A globalização significa a integração dos mercados de produção e de consumo, mas significa igualmente a integração política e social a uma escala global. Os índices existentes de uma globalização sofisticada incluem dados da troca de bens e serviços, finança, assim como contactos pessoais e transferências tecnológicas. Dreher (2006) considera três índices para uma globalização económica, política e social. A globalização política é definida como a difusão das políticas de Governo. O autor constrói um índice baseado em variáveis *proxy*, que calcula o número de embaixadas num país, o número de organizações internacionais a que um país pertence e o número de missões de paz das Nações Unidas em que o mesmo país tem participado. O índice da globalização social prende-se com a «expansão de ideias, informação, imagens e pessoas», e as variáveis *proxy* utilizadas são os fluxos do turismo internacional, o número dos utilizadores da Internet, o número de rádios e o número de McDonald's num dado país. Finalmente, o índice de globalização económica é aquele que utiliza variáveis *proxy* mais próximas das verdadeiras variáveis, nomeadamente os fluxos atuais de comércio, investimentos diretos no estrangeiro, bolsas de investimento e restrições de comércio e capital baseadas na avaliação do controlo de capitais feita pelo FMI (Dreher, 2006, pp. 1092-1093). As estatísticas são sempre problemáticas, mas, no que concerne à avaliação da globalização política e social, é evidente que há ainda um longo caminho a percorrer.

Os problemas em avaliar corretamente os níveis políticos e sociais da globalização constituem, provavelmente, a principal razão por que os índices de Dreher (2006) são inconsistentes, pelo menos num aspeto crucial. De facto, os três índices correlacionam-se de forma positiva se tomarmos a amostra total de 123 países. Ainda para a pequena amostra dos 25 países mais ricos, o que inclui a maioria dos membros da OCDE, a matriz da correlação é negativa nos três pares, como indicado na Tabela 1. Poderia esperar-se que quanto mais alto fosse o nível da globalização económica mais elevados seriam os níveis de integração política e social. Este aspeto é ainda mais provável para os países da União Europeia, os quais abriram as suas fronteiras e simultaneamente coordenaram as suas políticas públicas. O facto de os índices de Dreher se encontrarem numa correlação negativa é, assim, inesperado e pode fornecer outra via para expressar as dificuldades no cálculo da globalização num sentido mais abrangente([1]).

TABELA 1 – ***Ranking* das correlações dos valores de globalização de Dreher para 2000**

	Económico	**Político**	**Social**
123 países			
Económico	1,000	0,298	0,693
Político		1,000	0,394
Social			1,000
Os 25 mais ricos			
Económico	1,000	- 0,514	- 0,015
Político		1,000	- 0,135
Social			1,000

FONTE: Informatizado a partir de Dreher (2006). Os valores são atribuídos numa escala de 0 a 10.

([1]) O índice da globalização de A. T. Kearny, «Política estrangeira é também um índice "global"» (Dreher: 2006), p. 1092 critica o índice devido «ao seu procedimento *ad hoc* de determinar os pesos dos seus componentes». [Consultar, todavia, as correlações entre a globalização social, política e económica fornecidas pelo índice de A.T. Kearney, 2005].

Quando se analisam os índices económicos de globalização, persistem ainda muitos problemas, mas mais fáceis de resolver. Para calcular a globalização económica, é necessário levar em conta variáveis que comportam o comércio externo, fluxos internacionais de capital e migrações internacionais, que são medidos em relação, respetivamente, ao total do PIB, investimento e força de trabalho. Andersen e Herbertsson (2005) fornecem um índice da globalização para os 25 países da OCDE para o período de 1979 a 2000, sendo as variáveis *proxy* utilizadas as seguintes: relativa liberdade para usar moeda alternativa e para o intercâmbio de capital estrangeiro e dos mercados financeiros; fluxos do capital privado em bruto; investimento externo direto; exportações e importações; e os fatores dos rendimentos recebidos e pagos a estrangeiros. Todas estas variáveis são definidas como rácios do PIB ou do PNB. São igualmente tidas em conta as modificações nas condições comerciais dos países (p. 1092). O índice de globalização é informatizado pelo fator de análise como a melhor combinação dos índices das variáveis acima, pretendendo o índice resultante apreender a integração nos mercados de produtos e de capital.

Uma das principais conclusões do índice de Andersen e Herbertsson (2005) é que o nível de acesso aos mercados internacionais e a verdadeira utilização destes por cada país pode ser diferente (pp. 1096–7). Assim, o grau de globalização potencial pode diferir do da verdadeira globalização. Uma segunda grande conclusão é a de que há uma elevada correlação entre o *ranking* dos 25 países da OCDE de acordo com o índice de Andersen e Herbertsson (2005) e o *ranking* respeitante ao cálculo da abertura comercial (exportações + importações/PIB). O simples fator de correlação para os dois *rankings*, tendo médias de 1979-98, é de 0,73([2]). Este elevado nível de correlação implica que o grau de abertura seja um bom indicador para a evolução da globalização, e essa conclusão é particularmente importante

---

([2]) Informatizado a partir de Andersen e Herbertsson, Tabela 4, 2005, p. 1095.

para os períodos anteriores, para os quais a informação acerca dessa abertura é fácil de obter.

Contudo, a utilização de percentagens mundiais do comércio para inferir acerca da globalização comporta um novo conjunto de dificuldades. O grau de abertura das economias pode ser afetado por mudanças na estrutura da produção mundial, seguindo o que tem vindo a acontecer a níveis nacionais. De facto, como as percentagens comerciais na agricultura, na indústria e nos serviços tendem a ser diferentes, as mudanças na estrutura da produção vão afetar as quotas de comércio agregadas a nível nacional e, por conseguinte, a nível global. Se assim é, o aumento do ritmo da industrialização da economia mundial observado durante a época dourada de 1950–73 afetou positivamente as percentagens comerciais mundiais e, portanto, o nosso indicador de globalização. Contrariamente, o aumento das percentagens dos serviços nas economias mais desenvolvidas desde os anos de setenta ou de oitenta do século XX afetou negativamente as percentagens do comércio mundial.

De forma a perceber como as alterações estruturais podem afetar os índices de globalização baseados nas percentagens do comércio mundial, as Figuras 1 a 6 apresentam a evolução do valor total e desagregado das exportações de mercadorias no mundo. A Figura 1 mostra claramente que o crescimento das exportações mundiais foi possibilitado pelas exportações das manufaturas ao longo do período de 1950-2004. O crescimento do total de exportações mundiais decresceu depois de 1973, e o principal fator foi o abrandamento do crescimento das exportações mundiais dos combustíveis e dos produtos mineiros, apesar de as exportações das manufaturas terem igualmente abrandado. A evolução das exportações dos produtos agrícolas foi em geral menos drástica do que a dos outros sectores. Conclui-se, então, que as tendências do crescimento das exportações mundiais de mercadorias se encontram intimamente relacionadas com as alterações nas estruturas do total de exportações e, assim, na industrialização da economia mundial. A Figura 1 mostra ainda que o abrandamento das exportações mundiais após 1973 se deveu, maioritariamente, a um longo período de estagnação nas exportações mundiais de combustíveis e produtos mineiros, os quais regressaram a uma tendência ascendente apenas após 1985. As Figuras 3 e 6 comparam a evolução das exportações mundiais e das produções mundiais para o conjunto percentual e para os três principais sectores, sendo visível que as parcelas comerciais mundiais têm aumentado em todos os níveis, mas com diversos graus de intensidade.

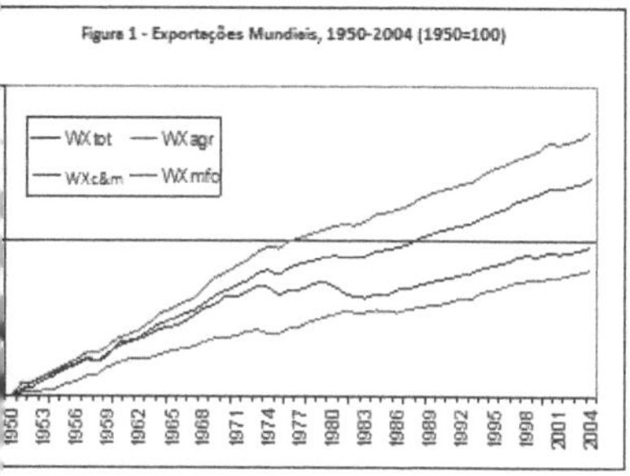

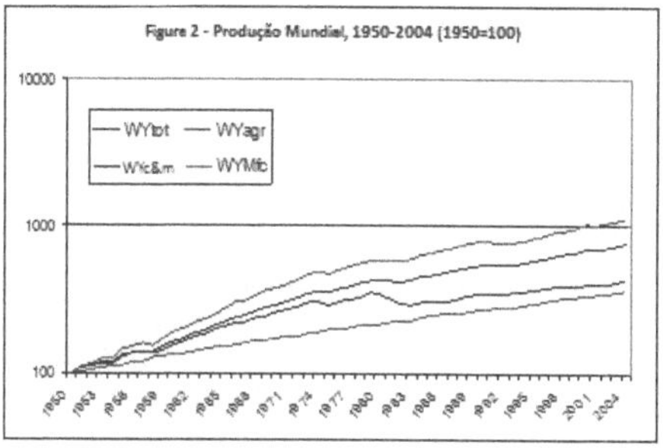

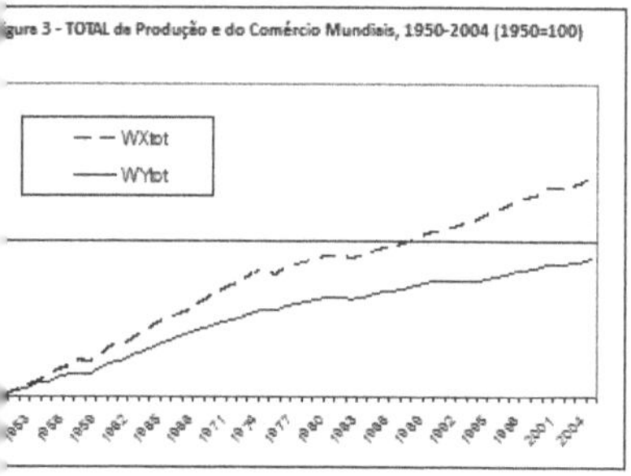

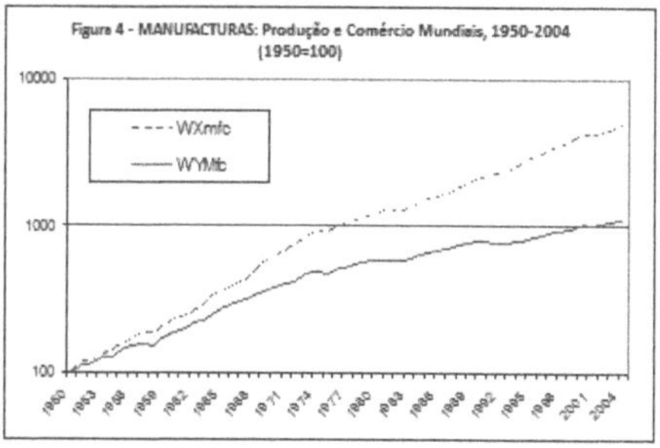

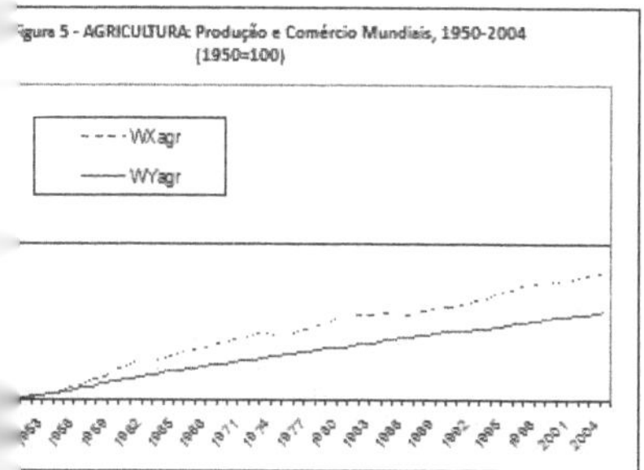

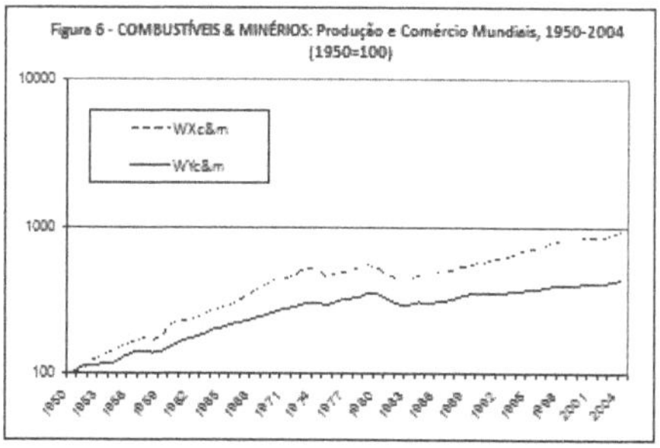

FONTE: Informatizado a partir das estatísticas WTO. Os valores correspondem ao volume.

O ritmo da globalização está então dependente de mudanças na estrutura da economia mundial. O facto de uma grande parte do mundo estar ainda submetida a um processo de intensa industrialização implica que os impulsos para uma globalização a um nível mundial são relativamente fortes. No entanto, a percentagem do sector industrial atingiu o seu limite superior nas economias mais desenvolvidas, que se encontram num rápido processo para se tornarem as principais economias de serviços. Como a percentagem do comércio internacional nos serviços pode ser menor do que nos outros sectores económicos, este tipo de mudança estrutural não traz necessariamente uma maior globalização.

Pode inferir-se a relevância dos efeitos do crescimento do sector dos serviços nos países industrializados apenas indiretamente, pois a informação sobre o comércio mundial nos serviços é mais difícil de obter. A Tabela 2 mostra a evolução do rácio do comércio de mercadorias para o PIB em alguns países industrializados desde 1890 e também para o mundo. Esta Tabela fornece um indicador de tendências da globalização e contextualiza o rápido crescimento do comércio mundial retratado para o período posterior à Segunda Guerra Mundial. De acordo com este indicador, o mundo está apenas ligeiramente mais global em 1990 do que estava em 1913. Além do mais, a participação do comércio no PIB a nível mundial é relativamente pequena, sendo de apenas 13% em 1990. A conclusão principal a retirar destes valores é a de que, de acordo com este indicador, o mundo total se encontra apenas mais globalizado em 1990 do que estava em 1913. Se se tomar a média simples das participações dos países industrializados representada na tabela, podemos ver que a participação do comércio no PIB é aproximadamente a mesma em 1913 e em 1990, cerca de 19% (3).

(3) A média simples das ações é um indicador aproximado mas esclarecedor, sobretudo para a comparação das informações nas Tabelas 2 e 3.

TABELA 2 – **Rácios do comércio de mercadorias em relação ao PIB (percentagem)**

	1890	**1913**	**1960**	**1970**	**1980**	**1990**
Austrália	15,7	21,0	13,0	11,5	13,6	13,4
Canadá	12,8	17,0	14,5	18,0	24,1	22,0
Dinamarca	24,0	30,7	26,9	23,3	26,8	24,3
França	14,2	15,5	9,9	11,9	16,7	17,1
Alemanha	15,9	19,9	14,5	16,5	21,6	24,0
Itália	9,7	14,4	10,0	12,8	19,3	15,9
Japão	5,1	12,5	8,8	8,3	11,8	8,4
Noruega	21,8	25,5	24,9	27,6	30,8	28,8
Suécia	23,6	21,2	18,8	19,7	25,0	23,5
Reino Unido	27,3	29,8	15,3	16,5	20,3	20,6
EUA	5,6	6,1	3,4	4,1	8,8	8,0
Média (1)	***16,0***	***19,4***	***14,5***	***15,5***	***19,9***	***18,7***
MUNDO (2)	**6,0**	**9,0**	**8,0**	**10,0**	**n.a.**	**13,0**

O comércio é a média das importações e das exportações.
(1) Média simples. (2) Inclui 134 países [consultar Maddison].
FONTE: Feenstra (1998) e, para os valores mundiais, Crafts (2000, p. 26) baseado em Maddison (1995).

A Tabela 3 permite uma análise diferente. Esta leva em conta o rácio das exportações de mercadorias para o valor adicionado apenas às mercadorias. Mostra que os rácios são muito mais elevados em todos os casos e que a sua média simples tem aumentado de forma significativa, particularmente de 1970, quando a quota se situou em 37,9%, até 1980, quando aumentou para 2,4%.(4)

(4) O mesmo ponto é igualmente realçado por Rodrik, 1998.

TABELA 3 – **Rácio do comércio de mercadorias sobre o valor acrescentado de mercadorias (em percentagem)**

	1890	1913	1960	1970	1980	1990
Austrália	27,2	35,6	24,4	25,6	32,4	38,7
Canadá	29,7	39,4	37,6	50,5	65,6	69,8
Dinamarca	47,4	66,2	60,2	65,9	90,0	85,9
França	18,5	23,3	16,8	25,7	44,0	53,5
Alemanha	22,7	29,2	24,6	31,3	48,5	57,8
Itália	14,4	21,9	19,2	26,0	43,1	43,9
Japão	10,2	23,9	15,3	15,7	25,8	18,9
Noruega	46,2	55,2	60,0	73,2	70,9	74,8
Suécia	42,5	37,5	39,7	48,8	72,9	73,1
Reino Unido	61,5	76,3	33,8	40,7	52,6	62,8
EUA	14,3	13,2	9,6	13,7	30,9	35,8
Média (1)	***30,4***	***38,3***	***31,0***	***37,9***	***52,4***	***55,9***

O comércio é a média das importações e das exportações.
(1) Média simples.
FONTE: Feenstra (1998).

Outra amostra das tendências da globalização é fornecida pela estimativa para as percentagens de bens estrangeiros no PIB mundial. Como mostrado na Tabela 4, em 1980, a percentagem dos bens estrangeiros no PIB mundial atingira o valor de 1914 e em 1995 já triplicara esse valor.

TABELA 4 – **Ativos no estrangeiro / PIB mundial (percentagem)**

1870	6,9	**1945**	4,9
1900	18,6	**1960**	6,4
1914	17,5	**1980**	17,7
1930	8,4	**1995**	56,8

FONTE: Crafts (2000), baseado em Obstfeld e Taylor (1999).

O aumento da percentagem do comércio internacional das economias mais industrializadas é explicado pela liberalização comercial, pela diminuição dos custos de transporte e pelo aumento no comércio da indústria interna. Um fator adicional que contribuiu para o crescimento desse comércio é a «desintegração da produção» (Feenstra, 1998), relacionada com as fontes externas ou com a distribuição da produção de grandes empresas além-fronteiras. Assim sendo, mudanças na composição da produção mundial podem afetar as percentagens mundiais do comércio e, portanto, constituem uma das amostras da globalização (Crafts, 2000).

Temos visto nesta secção como é difícil avaliar a globalização aos níveis político e social. De facto, um dos dois índices disponíveis que têm em conta tais dimensões é inconsistente, pois implica que as globalizações económica, social e política estejam negativamente correlacionadas no conjunto dos 25 países mais ricos do mundo. A globalização económica tem de ter em conta os três principais níveis de transações económicas internacionais, nomeadamente bens, capitais e pessoas, e a construção de indicadores para três destas dimensões é menos problemática. Contudo, um estudo aponta para o facto de a correlação entre as três ser elevada e, portanto, a percentagem do comércio mundial na produção mundial poder ser usada como variável para a globalização económica. Tem de haver cuidado no uso desse indicador, porque o mesmo é afetado pelas mudanças na estrutura da produção mundial.

III – Globalização, divergência e convergência

Assim, a globalização tem marcado os últimos 150 anos da história mundial. Contudo, o mesmo tem ocorrido com a divergência nos níveis de rendimento mundial. Ambos os factos não se encontram necessariamente relacionados de uma forma direta, e, se o estão, a direção da causalidade deve de ser investigada, como será discutido na secção 4. Antes disso, nesta secção, estabeleceremos as provas das fases da evolução dos valores mundiais de rendimento *per capita* e das taxas de convergência (a serem posteriormente adicionadas), as quais precisam de ser relacionadas com as épocas da globalização.

A Tabela 5 apresenta duas amostras diferentes do crescimento conjunto do PIB mundial pesado de acordo com a dimensão da população e com a dimensão do PIB de cada nação individualizada. Qualquer que seja a amostra tomada, pode concluir-se que o crescimento do PIB mundial aumentou no último quartel do século XIX, num período em que, como temos visto, a globalização cresceu. Durante o período entre guerras, todavia, as duas amostras permitem uma perspetiva diferente, mas, em todo o caso, o crescimento do PIB *per capita* entre 1914 e 1950 foi muito semelhante ao do período de 1870-1914. De facto, o crescimento, mesmo que ligeiramente, aumentou de 1,7 para 1,8 por cento por ano, ou declinou igualmente de forma ligeira de 1,2 para 1,0 por ano. Após 1950, todavia, o crescimento do PIB mundial *per capita* aumentou de forma considerável, precisamente quando a globalização estava a ganhar força. Após 1973, o crescimento declinou pela primeira vez nos dois séculos abrangidos pela tabela. Durante o período de 1973-2001, verificou-se um aumento na globalização como foi demonstrado na secção anterior e então, também pela primeira vez, há uma correlação negativa entre o crescimento e a globalização ao nível mundial([5]).

([5]) Foldvaria e van Zanden, 2006 fornecem igualmente um indicador de globalização baseado no número de países e percentagens de população mundial pertencente ao clube de convergência. Por exemplo, países com taxas de crescimento superiores aos líderes (RU o de 1914 e EUA. o posterior) e/ou com PNB *per capita* 80% acima do líder (há, todavia, exceções a esta regra, como explicado no artigo deles). Após 1973, a população a viver no clube de países de convergência aumentou rapidamente como consequência direta do facto de a China e a Índia se terem juntado ao clube (ver p. 10). As suas informações (das Figuras 1 e 3; baseada em Maddison, 2001, e em Holtz, 2006, para a China) são:

TABELA 5 – **Crescimento do PIB mundial *per capita* (percentagem)**

	Maddison (2003)	**Foldvaria e van Zanden (2006)**	
	Ponderado pela população	Ponderado pela População	Ponderado pelo PIB
1820-1870	0,54	0,53	1,11
1870-1913	1,30	1,22	1,70
1913-1950	0,88	1,01	1,81
1950-1973	2,92	2,67	2,70
1973-2001	1,41	1,47	1,44

NOTA: Foldvaria e van Zanden utilizam as estimativas de Maddison exceto para a China, as quais são retiradas de Holtz (2006). Esta é a origem das diferenças entre as colunas 1 e 2.

FONTES: Maddison (2003, Tabela 8b) e Foldvaria e van Zanden (2006).

A Tabela 6 apresenta as estimativas de Maddison para o crescimento *per capita* do PIB regional, o qual mostra que as flutuações nas taxas de crescimento estão longe se ser homogéneas em todo o mundo. Primeiro, durante o período dos níveis crescentes da globalização, de 1870-1913, a Ásia e África tiveram taxas de crescimento relativamente baixas. Segundo, durante o

	Número de países		**Valores da população mundial (%)**	
	Clube de convergência	**Fora do Clube de convergência**	**Clube de Convergência**	**Fora do Clube de Convergência**
1820-1870	9	130	5,9	94,1
1871-1913	49	90	36,7	63,3
1914-1950	44	95	38,2	61,8
1951-1973	77	62	47,2	52,8
1974-2001	40	99	61,9	38,1

período contrário à globalização, de 1913-1950, o declínio das taxas de crescimento foi mais severo na Europa e no Japão, em comparação com o resto do mundo. O período de globalização mais intensa de 1950-1973 é excecional. De facto, então, pela primeira vez o crescimento económico expandiu-se por todas as regiões do mundo, inclusive por antigas regiões onde os recordes anteriores de crescimento foram bastante fracos, nomeadamente a URSS, o Japão, Ásia e África. Após 1973, os recordes de crescimento eram de novo divergentes, pois muitas regiões sofreram um declínio nas taxas de crescimento, que era mais severo no caso da Europa da Leste, América Latina e África; em contraste, a Europa Ocidental, as «Ramificações Ocidentais» [6] e o Japão, estavam relativamente bem, e a Ásia entrou num período de rápido crescimento e desenvolvimento.

TABELA 6 – **Crescimento do PIB regional *per capita* (percentagem)**

	1820-1870	1870-1913	1913-1950	1950-1973	1973-2001
Europa Ocidental	0,98	1,33	0,76	4,05	1,88
Europa Oriental	0,63	1,39	0,60	3,81	0,68
Ex-URSS	0,63	1,06	1,76	3,35	-0,96
Ramificações Ocid.	1,41	1,81	1,56	2,45	1,84
América Latina	-0,03	1,82	1,43	2,58	0,91
Japão	0,19	1,48	0,88	8,06	2,14
Ásia (exceto Japão)	-0,10	0,42	-0,10	2,91	3,55
África	0,35	0,57	0,92	2,00	0,19
Mundo	0,54	1,30	0,88	2,92	1,41

FONTE: Maddison (2003, Tabela 8b).

(6) Trata-se do conjunto de países desenvolvidos e abrangidos pela designação «Primeiro Mundo», que não são europeus: Austrália, Nova Zelândia, Canadá e EUA. [N. do T.]

Abramovitz (1986) e Baumol (1986) encontraram convergência para um número limitado de países industrializados para os quais Maddison (1982) havia recolhido informação. De Long (1988), todavia, tem mostrado que, com uma amostra alargada de países, mesmo dentro da Europa e dos seus ramos ocidentais, a convergência desaparece. O seu argumento era o de que as amostras de países podem ser tendenciosas na procura de convergência, se incluírem os países mais bem-sucedidos que tendem a ter os dados sobre o crescimento *per capita* do PIB mais legíveis. Com a expansão das bases de dados do PIB *per capita* sucessivamente fornecida por Maddison (1995 e 2001), as provas da convergência mundial foram-se desvanecendo. É improvável que mais informação para o período anterior a 1950, particularmente para o século XIX e para os países mais pobres de África e da Ásia, venha a alterar a situação. De facto, Pritchett (1997) tem mostrado que a divergência é o resultado mais provável para todo o mundo desde 1870, pois, caso contrário, muitos países teriam de sobreviver abaixo do que ele estima como o limite inferior para o PIB *per capita* nesse ano. Conclui ainda que, «embora possa haver uma possível vantagem no atraso, os casos em que os países atrasados, em particular os mais atrasados, ganham de forma significativa em relação aos líderes são historicamente raros.» (p. 15).

Como será no futuro? Jones (1997a) usa um modelo de crescimento neoclássico para estimar a produção regular do estado do rendimento mundial, o qual prevê convergência e ultrapassagem no topo da liga do rendimento mundial e divergência na base. Prevê-se, todavia, a retração do clube da divergência de 60% do número dos países, em 1960, para 27%, em 1988 (Jones, 1997b). Lucas (2000) desenvolve um modelo alternativo com resultados diferentes, o qual prevê um aumento da desigualdade dos rendimentos ao longo das próximas décadas, devido às diferenças existentes nas taxas de crescimento mundiais, resultantes do processo de desenvolvimento dos pobres em direção ao PIB *per capita* dos ricos. No entanto, o mesmo modelo prevê, igualmente, que a desigualdade vai começar a declinar num futuro próximo, porque «todos vão aderir à revolução industrial [...] e todas as economias vão crescer na taxa comum aos países mais ricos, e as diferenças percentuais nos valores do rendimento irão desaparecer», e regressar aos níveis pré-industriais, o que é considerado como perfeitamente igualitário (p. 166). Esse processo irá conduzir a um estádio no qual os valores de desigualdade mundial voltarão a ser o que eram antes de a industrialização ter começado([7]).

As hipóteses de convergência afirmam que a produção *per capita* irá convergir ao longo das economias de forma que os países em atraso irão adaptar as melhores práticas dos que os antecederam e aumentar os seus níveis de produtividade. Espera-se que tal aconteça, mesmo que os países tenham estados estacionários semelhantes, isto é, os mesmos níveis tecnológicos, taxas de investimento e taxas de crescimento populacional, e difiram apenas ao nível dos rácios do produto-capital. A Tabela 6 acima mostra claramente que os estados estacionários divergem acentuadamente ao longo do mundo e ao longo do tempo. Isto implica igualmente que a relação entre fases da globalização, fases de crescimento e convergência não é algo simples, exceto talvez dentro de um grupo de países que pertence a um clube de convergência. A questão é então saber que fatores abrem as portas desse clube a qualquer país. A maioria dos países pertencentes ao clube está no topo da liga do rendimento mundial *per capita*, mas muitos dos países mais ricos têm sido expulsos do clube. Será isto a liberalização comercial? (Ben-David e Loewy, 1998) Ou relaciona-se com o crescimento promocional das políticas públicas e, se sim, quais? Sabemos que as políticas de substituição de importações não tiveram sucesso em vários dos países em desenvolvimento, mas o que dizer de políticas que permitem o comércio de bens, capital e

---

([7]) De acordo com Lucas (2000), as previsões de Jones são inconsistentes porque implicam que a variância da distribuição do rendimento no fim do século XX é a mesma que em 1850, o que é incompatível com as descobertas de Pritchett (1997). Em vez disso, Lucas, parte do pressuposto de que o rendimento mundial estava mais uniformemente distribuído em 1850 do que hoje.

pessoas e que em simultâneo apoiam transformações estruturais ao nível nacional?

Para os primeiros estádios de industrialização, os historiadores económicos têm desde há muito vindo a demonstrar que os fatores internos dominam na maioria das explicações sobre o crescimento económico ao nível nacional. A razão é o facto de nos séculos XVIII e XIX as dimensões dos sectores internacionais serem geralmente reduzidas em relação ao total da atividade económica. A Inglaterra é um caso a realçar, pois, de facto, durante a sua revolução industrial (1760-1830), as relações económicas internacionais constituíram uma pequena percentagem do seu PIB, tendo a maioria do crescimento sido devida ao aumento do seu abastecimento interno de trabalho, capital e tecnologia (não necessariamente por esta ordem). Importações intermédias e exportações industriais expandiram-se rapidamente durante essas décadas, mas as suas percentagens no total da produção permaneceram relativamente baixas.

A industrialização do continente europeu durante «o longo século dezanove» (1815-1914) dependeu igualmente mais do que acontecera às economias internas dos países e menos relativamente às relações externas dos mesmos. A Bélgica, a Alemanha, a França são bons exemplos de como os fatores internos dominaram. A industrialização nestes países conheceu um impulso no início do século XIX, antes da rápida expansão da economia internacional, ou seja, antes de 1870. Na Europa do Sul, a industrialização acelerada só começou mais tarde e acompanhou o rápido crescimento do comércio e do fluxo de capital. Como a industrialização e o crescimento do sector externo eram contemporâneos nestes países, muitos autores desenvolveram modelos que relacionavam os dois fenómenos, tanto positiva como negativamente, mas com a causalidade geralmente a decorrer do comércio para o crescimento. O crescimento das exportações e as teorias da dependência estavam na moda há alguns tempos. Contudo, essas teorias estão hoje ultrapassadas desde que foi estabelecido, para países como Espanha, Itália ou Portugal, que o crescimento derivava dos fatores internos.

África, a América Latina e as «ramificações ocidentais» apresentam um resultado um pouco diferente. Nestas regiões do mundo, o crescimento estava mais dependente da imigração, dos fluxos de capital estrangeiro e do comércio internacional do que em qualquer outro lugar. No entanto, mesmo aqui, é preciso ter em conta que os fatores internos eram, em muitos casos, mais importantes do que as forças externas do crescimento. Por exemplo, o crescimento económico do século XIX nos Estados Unidos dependeu da extensão da fronteira ocidental e da disponibilidade de terras. De forma semelhante, o crescimento da população endógena foi, pelo menos, tão importante quanto a imigração ao nível do aumento da força de trabalho. As importações de capital para os EUA eram igualmente uma pequena parte do investimento interno. O que fez a diferença entre a rica economia argentina e o resto da América Latina foram mais as diferenças nas condições económicas internas do que as diferenças no acesso aos mercados internacionais.

A composição em que os fatores internos eram dominantes, foi realçada durante o período entre guerras devido à retração no crescimento da economia internacional. Muitos países sofreram do declínio geral nas transações internacionais, e o crescimento económico retrocedeu em muitas partes do mundo. Contudo, os dois factos não se encontram necessariamente ligados numa relação de causalidade. Finalmente, o abrandamento do crescimento económico deveu-se às consequências da Primeira Guerra Mundial nos equilíbrios financeiros internos e internacionais.

Após a Segunda Guerra Mundial, o crescimento económico intensificou-se, assim como a globalização. Durante o período da Idade Dourada (1950–1973), a percentagem do comércio internacional e dos fluxos de capital aumentou significativamente por todo o mundo. A análise da relação entre essas duas tendências tem ainda por descobrir um caso claro que permita uma relação de causalidade entre o comércio e o crescimento, decorrendo esta do primeiro para o segundo. Na Europa Ocidental, por exemplo, a abertura de fronteiras impulsionada pela criação da OCDE, da CECA e da CEE foi um elemento crucial na formação de um crescimento económico nas décadas de cinquenta e de sessenta do século XX. Sem a criação do mercado comum, a recuperação da economia alemã teria sido muito mais difícil e o seu impacto nos seus vizinhos europeus muito mais reduzido. A França e outros Estados europeus teriam tido maiores dificuldades em recuperar as antigas formas de crescimento e alcançar os mais elevados níveis de equilíbrio do Estado alguma vez conseguidos. No entanto, a Europa Ocidental pós-1945 é um caso particular, primeiro, porque parte dos ganhos provenientes do aumento do comércio internacional se deveu ao restabelecimento dos níveis precedentes das transações internacionais; segundo, porque uma parte importante da recuperação e crescimento nos anos cinquenta e sessenta se deveu à intervenção direta dos Governos nas economias, assim como a uma ambiência positiva a nível político e institucional ou a «capacidades sociais». Estes elementos favoráveis foram cruciais para a transformação estrutural das economias internas e, portanto, para o aumento do ritmo do crescimento europeu. Na Europa, houve países que alcançaram elevadas taxas de crescimento sem participarem diretamente no processo de integração económica conduzido pelas instituições internacionais acima referidas. Foi particularmente o caso de Espanha, no Ocidente, e dos países comunistas no Leste do continente, os quais rapidamente se desenvolveram, alcançando os níveis do rendimento dos precursores, após 1950.

A importância do papel da intervenção governamental e da mudança institucional em promover o crescimento económico pode ainda ser encontrado em muitos países não europeus que alcançaram elevados níveis de crescimento económico e a industrialização após a Segunda Guerra Mundial. O desenvolvimento das economias japonesa e sul-coreana deve muito à sua capacidade de exportação, mas a principal característica do seu crescimento no pós-guerra foi, uma vez mais, a mudança na estrutura das suas economias, assim como o papel dos Governos nacionais e das instituições.

O reconhecimento da importância primordial dos fatores internos nas explicações para o crescimento económico nos dois últimos séculos tem implicações na forma como vemos o papel da globalização no desenvolvimento da economia mundial. Implica que o impacto da globalização depende de como os diferentes países reagem aos efeitos do aumento da sua ligação com a economia internacional.

Referências bibliográficas

Abramovitz, A. (1986). «Catching up, forging ahead, and falling behind», *Journal of Economic History*, 46, pp. 385-406.

Andersen, T. M., & Herbertsson, T. T. (2005). «Quantifying globalization», *Applied Economics*, 37, pp. 1089-1098.

Aparício, G., Pinilla, V., & Serrano, R. (2006). «Europe and the international agricultural and food trade, 1870-2000», P. Lains, & V. Pinilla, *Agriculture and Economic Development in Europe since 1870*. Londres: Routledge.

Baumol, W. J. (1986). «Productivity growth, convergence, and welfare: what the long-run data shows», *American Economic Review*, 74, pp. 1072-1085.

Ben-David, D., & Loewy, M. B. (1998). «Free trade, growth, and convergence», *Journal of Economic Growth*, 3, pp. 143-170.

Crafts, N. (2000). «Globalization and growth in the twentieth century», *IMF Working Paper*, n.º *WP/00/44*.

De Long, J. B. (1988). «Productivity growth, convergence, and welfare: comment», *American Economic Review*, 78, n.º 5, pp. 1138-1154.

Dorwick, S., & Long, J. B. (2003). «Globalization and convergence», M. D. Bordo, A. M. Taylor, & J. G. Williamson, *Globalization in Historical Perspetive*. Chicago: Chicago University Press, pp. 191-226.

Dreher, A. (2006). «Does globalization affect growth? Evidence from a new index of globalization», *Applied Economics*, 38, pp. 1091-1110.

Feenstra, R. C. (1998). «Integration of trade and disintegration of production in the global economy», *Journal of Economic Perspetives*, 12, pp. 31-50.

Foldvari, P., & Zanden, J. L. (2006). «Global income distribution and convergence 1800-2000», *XIV International Economic History Congress*. Helsínquia.

Frankel, J. A., & Romer, D. (1999b). «Does trade cause growth?», *American Economic Review*, 89, n.º 3, pp. 379-399.

Irwin, D. A. (2002b). «Does trade raise income? Evidence from the twentieth century», *Journal of International Economics*, 58, pp. 1-18.

Irwin, D. A. (2002a). «Long-run trends in world trade and income», *World Trade Review*, 1, n.º 1, pp. 89-100.

Jones, C. I. (1997a). «Convergence revisited», *Journal of Economic Growth*, 2, pp. 131-153.

Jones, C. I. (1997b). «On the evolution of world income distribution», *Journal of Economic Perspetives*, 11, n.º 3, pp. 19-36.

Kearney, T. (2005). *Globalization Index – Measuring globalization: The global Top 20*, pp. 52-60. Obtido de Atkearney: http://www.atkearney.com/images/global/pdf/2005G-index.pdf

Levine, R. a. (1992). «A sensitivity analysis of cross-country growth regressions», *American Economic Review*, 82, n.º 4, pp. 942-963.

Lucas, R. E. (2000). «Some macroeconomics for the 21st century», *Journal of Economic Perspetives*, 14, n.º 1, pp. 159-168.

Maddison, A. (1995). *Monitoring the World Economy 1820-1992*. Paris: OCDE.

Maddison, A. (1982). *Phases of Capitalist Development*. Oxford: Oxford University Press.

Maddison, A. (2001). *The World Economy. A millennial perspetive*. Paris: OCDE.

Pritchett, L. (1997). «Divergence, big time», *Journal of Economic Perspetives*, 11, n.º 3, pp. 3-17.

Rodrik, D. (2004). «Globalization and growth: looking in the wrong places», *Journal of Policy Modeling*, 26, pp. 513-517.

Rodrik, D. (1998). «Symposium on globalization in perspetive: an introduction», *Journal of Economic Perspetives*, 12, n.º 4, pp. 3-8.

Globalização, uma perspetiva sociológica

DAVID JUSTINO
(Universidade Nova de Lisboa, Faculdade de Ciências Sociais e Humanas, Departamento de Sociologia)

I – Globalização: as evidências

A ideia de globalização marcou o último quarto de século da história mundial.

No domínio político, é geralmente identificada com a queda do muro de Berlim (1989) e o consequente esboroar do império soviético. Nesse mesmo ano, as autoridades chinesas reprimiram com inusitada violência os movimentos de protesto que se concentraram na praça Tiananmen, em Pequim, e, de forma surpreendente, aceleraram um conjunto de reformas da sociedade chinesa que a transformaram na que é hoje considerada a segunda maior economia mundial.

No domínio económico, a globalização identifica-se com um dos períodos de maior crescimento do comércio mundial – desde meados da década de 80 do século XX que a taxa de crescimento do comércio à escala global (cerca 8% ao ano) é dupla da produção mundial – impulsionado pelo progressivo desarmamento pautal viabilizado pela Uruguay Round e pela criação da Organização do Comércio Mundial, envolvendo cerca de 123 países, bem como uma queda dos custos de comunicação e transporte que permitiram um aumento nunca registado da mobilidade, à escala global, de mercadorias, bens de capital, mão de obra e, acima de tudo, informação e conhecimento.

No domínio cultural, perante um mundo que se tornou «mais pequeno», porque mais próximo, emerge a tensão entre a diversidade das culturas nacionais e das civilizações face ao rolo compressor da modernidade ocidental, do racionalismo e do desencanto. A diversidade cultural conjuga-se com o acesso fácil e generalizado à informação, com a massificação dos fluxos e seu rápido efeito de contaminação, provocando ora efeitos de hibridação cultural ora de rejeição violenta dos valores, padrões e crenças que lhes estão associados.

Quem se interessou pela reflexão feita por Daniel Bell em 1962, anunciando o fim das ideologias (Bell, 1962) herdadas do século XIX, deverá surpreender-se pela emergência dos debates e confrontos recorrentes entre *neoliberais*, ou *neoconservadores*, por um lado, e os apoiantes dos movimentos antiglobalização, muitos dos quais se intitulam *neo* ou *hetero* marxistas, *socialistas keynesianos*, anarquistas ou comunistas deserdados, por outro. À pulverização dos referenciais ideológicos tradicionais não sucedeu qualquer nova *grande* ideologia, acabando por se dar razão a Bell quando previa uma *paroquialização* dessas quase crenças modernas.

Neste domínio particular, será difícil falar de uma ideologia global, mas nem por isso será aceitável a ideia de uma desideologização generalizada.

O que se torna, entretanto, evidente é o ressurgir das velhas e de novas crenças religiosas que a progressão do racionalismo e dos valores da modernidade haviam confinado a reservas de resistência e de atraso. Ao desencanto weberiano da modernidade parece suceder-se o reencanto progressivo do mundo (Jenkins, 2000). Tem razão Brian Turner (Turner, 2007) quando destaca o facto de se terem negligenciado as dimensões religiosas da globalização, tal como o revivalismo e o fundamentalismo radical. Novas ortodoxias emergem e moldam o político e o social através de regimes teocráticos ou de novos profetas e da multiplicação de seitas, movimentos a que não escapam as sociedades pioneiras da modernidade secularizada.

Indissociável parece ser a busca de uma *nova ordem* cada vez mais identificada com uma denunciada *pax americana*, imposta pela lei das armas, que se confronta com os riscos crescentes da reação terrorista. A globalização gerou uma nova ideia de guerra, e a ameaça nuclear tornou-se mais contingente e mais dispersa. Algo bem diferente do «equilíbrio» da Guerra Fria.

Num *Mundo em Risco* (Beck, 2009) sobra, com especial projeção mediática à escala global, a questão ambiental – das emissões de carbono ao aquecimento global, às mudanças climáticas, ao famigerado e já desaparecido «buraco do ozono» por onde esta nova dimensão da globalização iniciou os seus primeiros passos. Não há nada que, pela sua natureza, seja mais global que o sistema climático. Mas o que a globalização introduziu foi a consciência dessa dimensão ao ponto de comprometer a maior parte dos Governos na institucionalização de um mercado de emissões com penalizações para os que, em consequência do seu crescimento económico, contribuíssem para o não cumprimento das quotas atribuídas.

Por último, entre as muitas evidências, a globalização surge invariavelmente associada à revolução tecnológica das comunicações e dos transportes, confundindo-se o processo com o suporte que o acelera e redimensiona. A ideia da *compressão do espaço/tempo* generalizada por Bauman (Bauman, 1998) a partir da ideia pioneira de David Harvey (Harvey, 1990) reorienta as perceções do mundo para o imediato, para a informação *em direto*, para a facilidade do acesso ao online, para a concretização do simultâneo, para a emergência das redes globais e para a lógica do «estar ligado». Massificam-se as interações e inventam-se comunidades à escala global (Wellman, 1998).

II – Globalização: mobilidade, incorporação e desnacionalização

A revolução tecnológica das comunicações e do transporte está na base da estruturação de uma nova mobilidade global. Mercadorias e fatores de produção – capital e trabalho – circulam de forma mais intensa, os fluxos tornam-se mais densos, a escala aumenta dramaticamente, informação e conhecimento tornam-se líderes do mercado global.

Porém, convirá lembrar que os custos de transporte de mercadorias decaem desde o século XIX. Inovações sucessivas esmagam o custo por tonelada transportada: desde o final da Segunda Guerra Mundial até ao presente, o frete marítimo reduziu-se em cerca de 80%, não obstante as oscilações do preço do petróleo nos mercados mundiais. A grande queda dos custos observa-se após aquele conflito e, mais tarde, na década de oitenta do século XX (OECD Economic Outlook 2008, p. 203). Se o ritmo de crescimento do comércio mundial se tornou sistematicamente superior ao da produção, isso deve-se, em grande parte, a este aumento da mobilidade e ao movimento inverso dos fretes (custos por tonelada transportada), especialmente os marítimos.

Mais acentuada foi a quebra do preço no transporte aéreo de passageiros que hoje predomina no transporte a média e longa distância. Entre 1930 e o início do século XXI a receita das companhias aéreas por passageiro/milha reduziu-se quase a um décimo, num movimento constante de abatimento das tarifas e de aumento do tráfego aéreo.

Porém, o esmagamento dos custos ganhou proporções inimagináveis com o desenvolvimento das comunicações e, especialmente, com a generalização do acesso à Internet. É a informação que domina estrategicamente os principais fluxos globais, quer pelo volume, quer pela velocidade, quer pela aparente quase gratuitidade, quer ainda pelo facto de se ter tornado uma das mais valiosas mercadorias que gera receitas cada vez maiores na economia mundial.

Neste contexto, a imagem de um novo quadro de mobilidade à escala mundial acaba por ser o traço mais saliente deste novo sistema global. Ainda que de efeitos diferenciados, à elevada mobilidade da informação ou dos capitais – que já o eram em épocas mais recuadas – junta-se agora o efeito acrescido da mobilidade do fator trabalho. Os movimentos migratórios internacionais ganharam uma nova escala em comparação com idênticos fluxos registados nos séculos XIX e XX. As migrações com fixação definitiva ou por longos períodos continuam a representar uma proporção considerável do total de fluxos, mas a emergência de formas mais temporárias de migrações, especialmente associadas à progressiva precarização dos mercados de trabalho, acabam por ser dos fenómenos mais estruturantes de novas redes de mobilidade.

Na diversidade das esferas da mobilidade (informação, capital, mercadorias e trabalho), são comuns os fenómenos de densificação, aceleração e escala a que o último quartel de século assistiu. Para tal muito contribuiu a incorporação de novos espaços emissores e recetores que durante as décadas anteriores se haviam mantido afastados do espaço mundial de trocas. Essa incorporação – seguida de uma maior ou menor integração – concretizou-se de forma diferenciada conforme a escala e a combinatória de políticas adotadas: internacionalização da produção e de serviços acompanhada de novas formas de divisão internacional de trabalho (deslocalização, segmentação, descentralização competitiva, etc.), progressivo desarmamento pautal (em vinte anos, 1985–2004, os direitos aduaneiros reduziram-se para menos de metade, reduzindo significativamente os custos de transação), transnacionalização empresarial através da estruturação de redes globais de negócios, intensificação dos fluxos financeiros bem traduzida no facto de o seu peso relativo ter passado de cerca de 4% do produto mundial em 1994 para cerca de 15% em 2005, ou seja, quase quadruplicou em doze anos (OECD Economic Outlook 2008, p. 203).

A integração progressiva de economias periféricas como o Brasil, a Rússia, a Índia e a China (os comummente designados BRIC), aos quais podemos associar os N-11 («próximos onze», onde se incluem, entre outros, países como o México, a Indonésia, a Coreia do Sul ou a Turquia), representa a incorporação potencial de mais de 4000 milhões de habitantes e um potencial de crescimento económico inestimável.

Partindo de situações de fechamento ou de fraca participação na economia mundial, estes países têm dado o maior contributo para o crescimento acelerado do comércio internacional, acentuando o grau de interdependência das economias nacionais e reconfigurando a geografia das trocas.

A consequência mais marcante, entretanto, não terá sido a mudança traduzida na densificação dos fluxos ou no alargar das escalas, mas antes a profunda alteração da estrutura das economias nacionais, tal como as conhecíamos até meados da década de cinquenta do século XX. A economia característica do Estado-nação é agora confrontada com a progressiva desnacionalização de uma parte significativa dos seus capitais e da sua produção, em que os diferentes segmentos da cadeia de valor se encontram deslocalizados.

Desnacionalização, globalização e transnacionalização acabam por ser expressões de um mesmo processo de estruturação de redes globais de negócios que se estabelecem para além das fronteiras nacionais, procurando para cada segmento da cadeia de valor a localização mais competitiva. Mais do que falar de «vantagens competitivas das nações», terá mais sentido falarmos das vantagens competitivas dos sistemas de localização das diferentes atividades produtivas e de prestação de serviços. Estas redes globais de negócios afirmam-se elas próprias pela precariedade da geometria das suas relações, assentes em deslocalizações permanentes das suas atividades. Mobilidade e competitividade combinam-se para encurtar os ciclos de vida da produção ou dos serviços num determinado local.

As consequências deste novo cenário da divisão internacional do trabalho fazem-se sentir com maior impacto na forma como os Estados nacionais são obrigados a reformular os seus instrumentos de controlo e regulação da economia. Desde a fiscalidade à normatividade jurídica, passando pelo controlo de fronteiras ou pela regulação do mercado de trabalho, as velhas políticas económicas que assentavam toda a sua formulação na ideia de *economia nacional* confrontam-se agora com essa hipermobilidade dos fatores de produção e com a segmentação, à escala global, da cadeia de valor dos bens e serviços.

O conceito tradicional de *divisão internacional do trabalho* começa, assim, a revelar dificuldades em adequar-se a este novo quadro das relações económicas à escala mundial. A multiplicação das redes globais de negócios e a sua natureza transnacional, coexistindo com as formas de organização empresarial modernas, exigem que paralelamente recorramos ao conceito de *divisão global do trabalho*, libertando o anterior conceito da sua dimensão relacional entre as diferentes economias nacionais.

É neste contexto que ressurgem novos e múltiplos dualismos intranacionais, já não opondo sectores tradicionais aos sectores modernos da economia e da sociedade, mas acentuando a diferenciação entre sectores, atividades e *clusters* integrados na economia global e outros orientados maioritariamente para o mercado interno. Os primeiros estão focados na produção de bens transacionáveis e sujeitos à lógica da competição internacional, os segundos arreigados às regras e aos privilégios do mercado protegido, em muitos casos de carácter monopolístico ou oligopolístico, que medraram à sombra do Estado nacional. A este dualismo das atividades económicas correspondem outros dualismos especialmente evidentes no mercado de trabalho, coexistindo segmentos de maior desregulação com outros hiper-regulados e protegidos, ou mesmo dualismos sociais que minam os princípios da igualdade e universalidade das políticas públicas. É toda a arquitetura do Estado-nação, em especial a sua versão *welfare*, que é posta em causa. Não necessariamente a sua existência.

III – Estados nacionais, empresas transnacionais e redes globais

Para muitos autores, este processo progressivo de desnacionalização de vários sectores da atividade económica anuncia o fim do próprio Estado-nação. As crescentes dificuldades em lidar com os mecanismos que suportam as redes globais, as tecnologias da informação que as sustentam e as configurações organizacionais a que recorrem levam a maioria dos Estados nacionais a encarar a globalização mais como uma ameaça do que como uma oportunidade de se reformarem.

As novas redes de informação, a mobilidade dos ativos financeiros, as crescentes hordas de imigrantes ilegais, os novos movimentos sociais, as redes terroristas e de atividades ilegais (droga, prostituição, corrupção, branqueamento de capitais, armas, etc.) são manifestamente uma dor de cabeça para os Estados que se veem confrontados com a obsolescência e ineficácia dos seus instrumentos de controlo e coação, ou seja, com uma efetiva perda do seu poder e da sua autonomia.

Para além dos Estados que optaram por alienar e partilhar parte da sua soberania em benefício de processos de integração internacional – o caso da União Europeia, por exemplo –, outros veem-se também confrontados com problemas que só podem ser abordados a uma escala supranacional. O combate à SIDA, o aquecimento global e os novos riscos ambientais, a segurança marítima contra a nova pirataria ou as redes terroristas só poderão encontrar soluções em quadros multilaterais. São estes novos desafios que valorizam o papel das organizações internacionais, desde as Nações Unidas e múltiplas agências especializadas que lhe estão associadas, passando pelo Fundo Monetário Internacional, pelo Banco Mundial, pela Organização para a Cooperação e Desenvolvimento Económico ou pelos muitos grupos e iniciativas de concertação internacional (G7, G11, G20, etc.). Outras Organizações, como a Amnistia Internacional, o Tribunal Penal Internacional ou organizações ambientais como a Greenpeace, são muitas vezes entendidas como uma constante ameaça ao poder e autonomia de muitos Estados.

Porém, é a reconfiguração da estrutura empresarial com a deslocalização total ou parcial das suas atividades e com a consequente libertação de mão de obra que levanta alguns dos maiores problemas às políticas económicas e sociais de carácter nacional: aumento do desemprego estrutural, fragilização dos sistemas de proteção e segurança social, redução da base fiscal, agravamento das desigualdades sociais no interior dos seus Estados. A crise dos seus *modelos sociais*, em especial os mais generosos, como os europeus, ainda que condicionada pelas dinâmicas internas (envelhecimento, na base e no topo da pirâmide etária, redução da população ativa sem a correspondente compensação da produtividade, entre outras), é também afetada pela crescente globalização das suas empresas e dos sectores mais competitivos.

As últimas décadas foram assinaladas por transformações inéditas na estrutura das organizações empresariais. Se a internacionalização económica do pós-Segunda Guerra Mundial foi marcada pela dinâmica expansiva das empresas multinacionais, os últimos vinte anos são marcados pelas empresas transnacionais e pelas redes globais de negócios. Entre as primeiras e as segundas identificam-se soluções organizacionais extremamente inovadoras. A empresa multinacional caracteriza-se pela replicação de modelos da *casa mãe* nos mais diferentes locais do mundo, integrando-se numa estrutura hierarquizada, de gestão fortemente centralizada e privilegiando a autoridade burocrática. A cultura de mimetismo organizacional tende a construir a identidade pela homogeneização de procedimentos e de soluções.

No contexto das sociedades acolhedoras das suas extensões, estas empresas assumem-se como incrustações de modernidade sem capacidade ou intenção de «contaminar» as culturas locais. Jogam com o benefício que trazem da criação de novos postos de trabalho, uma base fiscal acrescida para os Estados e um rendimento acima da média para um número não muito alargado de trabalhadores.

A lógica de inserção das empresas transnacionais é claramente diferente: tende a adaptar-se às culturas locais, beneficia de um razoável grau de autonomia de decisão e de organização da força de trabalho, tende a envolver parceiros locais no seu segmento da cadeia de valor e, o mais importante, tende a competir com as suas congéneres quer no contributo para os resultados globais, quer na captação de novos investimentos. O princípio da descentralização competitiva tende a orientar a gestão da rede global: mais descentralização representa maior responsabilidade de cada polo, e a avaliação faz-se pelos resultados obtidos.

Em muitos mercados de mais fácil acesso, a entrada é negociada com as autoridades nacionais, visando minimizar custos e ganhar vantagens competitivas: flexibilização das relações laborais, redução da carga fiscal, acesso privilegiado a infraestruturas.

Por contraste, nos mercados de acesso mais difícil, é a própria empresa que cede perante os regimes jurídicos ou as regras de funcionamento, adaptando-os às características locais. Todos os meios são negociáveis, desde que potenciem os resultados.

Torna-se banal tomar conhecimento de como as grandes transnacionais «põem a concurso», à escala global, uma nova unidade industrial, um novo produto ou um novo modelo, tal como já fazem na subcontratação de algumas produções segmentadas.

Encurtam-se os ciclos do produto, sujeitos que são às regras na inovação contínua, da obsolescência tecnológica e ao contínuo processo de deslocalização e relocalização empresarial. Potenciam-se oportunidades da rede e a mobilidade dos fatores de produção, fazem-se circular equipas (dirigentes, técnicos, trabalhadores, etc.) e valorizam-se as capacidades adaptativas e de inserção em culturas diversificadas.

A coesão da rede já não se desenvolve pelo mimetismo organizacional e pela verticalidade hierárquica característica das multinacionais, antes se obtém pela diferenciação adaptativa das diferentes unidades que a integram e pela interação a todos os níveis.

IV – Globalização: homogeneização, diferenciação e globalização

Alguns dos mais importantes contributos teóricos sobre a globalização convergem na tese de que a globalização representa uma progressiva homogeneização de valores, princípios, modelos de sociedade e de estilos de vida, que, sendo estranhos às sociedades que se abriram a essa autêntica invasão, acabam por impor padrões culturais dominantes. Os produtos e as marcas globais seriam o veículo privilegiado desse processo de aculturação global.

Benjamin Barber (Barber, 1995) foi um dos pioneiros no lançamento da ideia de um *McWorld* enquanto expressão de uma cultura global capitalista orientada para o consumo: «...economic, technological, and ecological forces that demand integration and uniformity and that mesmerize peoples everywhere with fast music, fast computers and fast food – MTV, Macintosh, and McDonald's – pressing nations into one homogeneous global theme park, one McWorld tied together by communications, information, entertainment, and commerce» (Barber, 1995, p. 4). Se é verdade que Barber reconhece efeitos positivos na globalização, nomeadamente na eliminação do isolacionismo, num maior crescimento económico e numa maior pressão para a abertura de muitos sistemas políticos mais autoritários, a sua preocupação central vai para o efeito que essa cultura provoca na desestruturação das culturas nacionais e nas inevitáveis reações extremistas e fundamentalistas contra o Ocidente.

Este processo de *McDonaldização*, para utilizar um termo generalizado por George Ritzer (Ritzer, 2000), não se restringe à estandardização cultural dos consumos. Identifica-o aquele autor com a difusão de valores e princípios da eficiência, de cálculo económico e com estilos de vida característicos da sociedade americana.

A profusão de movimentos antiglobalização nem por isso disfarça o carácter adversarial em relação ao «imperialismo americano», à ideologia neoliberal e à modernidade ocidental que correntemente denunciam.

Face à tese de progressiva homogeneização cultural outros autores tendem a privilegiar os efeitos de diferenciação provocados pela globalização.

Os movimentos migratórios transformaram as grandes cidades em extensos palcos de culturas. O cosmopolitismo nas grandes cidades é ainda reforçado pelo acesso fácil aos produtos provenientes dos quatro cantos do mundo. A busca do exótico, também ele massificado, favorece os fluxos turísticos, agora a custos ao alcance das classes médias, sequiosas de novas experiências. O consumo de distinção favorece os produtos «raros» cuja comercialização foi viabilizada pelos ganhos de escala proporcionados pela descida dos custos de transporte e comunicação.

Ao contrário da análise produzida por Barber, são cada vez mais os autores a defender o valor da heterogeneidade e da diferenciação das culturas globalizadas. Na atualidade as marcas globais não param de crescer, e nos lugares cimeiros começam a aparecer com evidente dinamismo os produtos e empresas identificados com os países emergentes([1]). As novas tecnologias da informação, as atividades financeiras, as bebidas

---

([1]) Veja-se a propósito o mais recente relatório sobre os valores das marcas globais e a sua evolução em http://files.newsnetz.ch/upload/3/9/3985.pdf.

e alimentação, as comunicações e o entretenimento dominam os lugares cimeiros, e a representação da sua origem nacional está muito longe de refletir o domínio avassalador das marcas americanas, não obstante a sua liderança.

Contrariando a tese da hegemonia homogeneizadora, toda a evidência converge no facto de serem as grandes marcas que tendem a ajustar os seus produtos às culturas e circunstâncias locais. O exemplo das estratégias de produto aplicadas nomeadamente pela McDonald's revela esse processo de incorporação de variantes adaptadas aos padrões locais de consumo. Como demonstra Brian Turner, «o sucesso da McDonald's global foi o de organizar-se e apresentar-se como uma empresa local, onde aspira a incorporar os gostos e os pratos locais» (Turner, 2010, p. 393).

Como defendia já Roland Robertson em 2002, o capitalismo global demonstra uma incrível capacidade de conciliar homogeneidade e heterogeneidade, consoante se move nas diferentes escalas espaciais, do local ao global, passando necessariamente pelo nacional:

> «Global capitalism promotes and is conditioned by cultural homogeneity *and* cultural heterogeneity. The production and consolidation of difference and variety is an essential ingredient of contemporary capitalism, which is, in any case, increasingly involved with a growing variety of *micro*-markets (national-cultural, racial and ethnic; genderal; social-stratificational; and so on). [...]
>
> We must thus recognize directly "real world" attempts to bring the global, in the sense of macroscopic aspect of contemporary life, into conjunction with the local, in the sense of microscopic side of life in the late twentieth century» (Robertson, 1992, p. 173)

É neste contexto que Robertson propõe a ideia de *globalização* como fórmula capaz de expressar a integração de dinâmicas tão diferenciadas como as da homogeneização e da heterogeneização, na diversidade das escalas, do local ao global.

A pertinência desta proposta ganha especial importância em mais dois aspetos: o primeiro traduz a complexificação crescente dos microssistemas globais, ao contrário das perspetivas que sugeriam a sua progressiva uniformização; o segundo permite-nos destacar a inegável capacidade adaptativa do capitalismo, a surpreendente forma como «aprendeu» a lidar com a diversidade das culturas e das instituições locais e nacionais e, simultaneamente, conseguiu criar modelos descentralizados e diferenciados de acumulação.

V – Elites globais, oligarquias nacionais e pobres locais: um mundo mais desigual?

Quem sustenta, promove e potencia o processo de globalização? Que grupos sociais se identificam com esse processo? Quais os que beneficiam e se integram, quais os que se veem excluídos?

A abordagem teórica marxista tem em William Robinson um dos contributos mais interessantes. Em síntese, Robinson defende que:

> The class and social structure of developing nations has undergone profound transformation in recent decades as each nation has incorporated into an increasingly integrated global production and financial system. National elites have experienced a new fractionation. Emergent transnationally-oriented elites grounded in globalized circuits of accumulation compete with older nationally-oriented elites grounded in more protected and often state-guided national and regional circuits (Robinson, 2010).

A tese centra-se no efeito que a globalização exerce sobre as estruturas sociais nacionais, criando uma nova «elite global», orientada para a potenciação das oportunidades proporcionadas pelas redes globais de negócios e para um novo modelo de acumulação capitalista à escala global. Mas o mais interessante na tese de Robinson é o facto de considerar a existência latente de um novo tipo de conflito entre estas novas classes transnacionais e a velha classe dominante afirmada sobre o tradicional modelo de acumulação nacional. Já num artigo publicado em

2000, a hipótese fora colocada contrariando as velhas teses da escola sociológica marxista:

> One process central to capitalist globalization is transnational class formation, which has proceeded in step with the internationalization of capital and the global integration of national productive structures. Given the transnational integration of national economies, the mobility of capital and the global fragmentation and decentralization of accumulation circuits, class formation is progressively less tied to territoriality. The traditional assumption by Marxists that the capitalist class is by theoretical fiat organized in nation-states and driven by the dynamics of national capitalist competition and state rivalries needs to be modified. [...]
>
> This historic bloc is composed of the transnational corporations and financial institutions, the elites that manage the supranational economic planning agencies, major forces in the dominant political parties, media conglomerates, and technocratic elites and state managers in both North and South. (Robinson & Harris, 2000)

Esta tese da desterritorialização do processo de estruturação social ganha maior sentido na perspetiva da desnacionalização de uma parte dos grupos dominantes. A consequência seria a de um fracionamento entre elites globais e classes nacionais, tendendo estas para uma oligarquização progressiva em estreita articulação com o velho Estado-nação.

A configuração esboçada, ainda que muito simplista, tem a vantagem de evidenciar os efeitos da globalização sobre as estruturas sociais nacionais e locais e a forma como aquela introduz novas lógicas de diferenciação social. O primeiro problema que se deverá colocar é o de saber se um mesmo estímulo exterior gera idênticos efeitos em estruturas sociais e políticas diferenciadas, consoante se trate de países mais ou menos desenvolvidos, mais centrais ou mais periféricos, com maior ou menor dinamismo social e cultural. O segundo problema centra-se na evidente superação das bases tradicionais de diferenciação social de que as teorias marxistas têm dificuldade em libertar-se, nomeadamente na oposição simples do capital e do trabalho.

Novos atores, novas instituições e novas formas de estruturação social tenderão a tornar mais complexas as relações sociais. Não chega considerar os efeitos da globalização numa estrutura social típica das velhas sociedades industriais, mas antes apreender o efeito combinado dos efeitos da desnacionalização e da transnacionalização sobre economias e sociedades mais ou menos orientadas para a valorização do conhecimento, mais ou menos poderosas no processo de acumulação de conhecimento científico e de capital humano.

Outro efeito da globalização, enquanto processo rápido de incorporação diferenciada das economias e comunidades locais e regionais, expressa-se através da emergência de novos e múltiplos dualismos, especialmente entre atividades formais e informais, sectores tradicionais e sectores internacionalizados, mercados de trabalho mais ou menos segmentados em função da diferente capacidade de se integrarem nas redes globais e nas novas lógicas de competição alargada.

É a perceção desses novos dualismos económicos e sociais que orienta o debate recorrente sobre se a globalização é responsável pelo aumento da pobreza e pelo acentuar das desigualdades sociais.

Opositores e defensores da globalização tendem a extremar posições em torno das consequências desta nova era do capitalismo sobre as populações, os seus níveis de vida e a sua condição social.

No caso do debate sobre a «pobreza da globalização» e a «globalização da pobreza», a única evidência centra-se na evolução diferenciada dos seus indicadores, especialmente o da pobreza monetária. Enquanto os países asiáticos têm vindo a fazer descer as suas taxas de pobreza monetária extrema – dos mais levados níveis à escala mundial, registados na década de oitenta – para cerca de metade, na primeira década deste século –, a maior parte dos países de África e da América Latina não registou alterações significativas (The Millennium Development Goals Report, 2007).

Todas as estimativas da pobreza global apontam para um decréscimo, mais ou menos acentuado, dos seus indicadores

(Anand, Segal, & Stliglitz, 2010), mas, como muito bem salienta Ann Harrison (Harrison, 2007), a relação entre globalização e pobreza é extremamente complexa: por um lado, os processos de internacionalização das economias nacionais e locais, especialmente do chamado Terceiro Mundo, com especial evidência nos países em desenvolvimento, são acompanhados de uma redução significativa do número de pobres; porém, se é fácil identificar os ganhadores com os processos de globalização, é igualmente possível identificar perdedores entre os pobres.

Já o problema das desigualdades, especialmente de distribuição de rendimento, tem expressões diferenciadas consoante se trate de desigualdades entre países ou desigualdades dentro de cada país.

Desde o século XIX até à década de oitenta do século XX que as desigualdades de rendimento internações se acentuaram. O estudo de Korzeniewicz e Moran (Korzeniewicz & Moran, 2007) atesta um aumento sustentado dessas desigualdades, medidas pelo Índice de Gini, sendo mais pronunciado quando esse índice é ajustado em paridades de poder de compra do que quando convertido em taxas de câmbio. Porém, essa tendência iniludível de desigualdade crescente entre países inverte-se nos últimos 30 anos, especialmente após 1995.

Quanto às desigualdades de distribuição de rendimento intranacionais, o que se pode concluir, na esteira do velho U invertido de Simon Kuznets (Kuznets, 1955), é que em períodos de rápido crescimento do produto essas desigualdades tendem a aumentar, atenuando-se mais tarde. Países como a China ou a Índia apresentam resultados divergentes: na China as desigualdades aumentaram entre agregados domésticos urbanos, mas não tanto entre os rurais; na Índia, essas desigualdades não têm esboçado qualquer tendência (Kuznets, 1955). Já na América Latina, um estudo do CEPAL sobre 18 países, revela que, pelo menos em 15, diminuíram as desigualdades de distribuição de rendimento em 1990, 2002 e 2008 (Social Panorama of Latin America, 2009, p. 17).

Entre os países mais ricos, essas desigualdades, durante os últimos vinte anos, reduziram-se ou mantiveram-se em torno de pequenas variações conjunturais (Korzeniewicz & Moran, 2007). A imagem da globalização dada pelos movimentos sociais que se lhe opõem é a da generalização da pobreza e do acentuar das desigualdades. Esta imagem não encontra fundamentação científica categórica. Como em todos os processos de mudança social, vencedores e derrotados, beneficiários e excluídos tendem a desempenhar papéis diferenciados consoante o palco onde atuam e conforme as respostas às ameaças, bem como às oportunidades que enfrentam. Não há respostas globais para os problemas colocados pela globalização.

Mas, ao contrário do que a sua história deixaria prever, o capitalismo à escala global parece ter aprendido a lidar com a diversidade dos modelos descentralizados de acumulação e com o mosaico cultural e civilizacional que essa escala proporciona. Surpreendentemente, esse capitalismo global revela uma capacidade de adaptação e de potenciação das diferenças que nos leva a pensar que terá sido prematuro e precipitado o anúncio da sua morte.

Referências bibliográficas

Anand, S., Segal, P., & Stliglitz, J. (2010). *Debates on the Measurement of Global Poverty*. Oxford U.P.

Barber, B. (1995). *Jihad vs. McWorld*. EUA: Ballantine Books.

Bauman, Z. (1998). *Globalization: the human consequences*. Polity Press.

Beck, U. (2009). *World at Risk*. Cambridge: Polity Press.

Bell, D. *The End of Ideology: on the exhaustion of political ideas in the fifties*. (1962). Free Press.

Harrison, A. (Ed.). (2007). *Globalization and Poverty*. Chicago: University of Chicago Press.

Harvey, D. (1990). *The Condition of Postmodernity: an enquiry into the origins of cultural change*. Cambridge: MA: Blackwell.

Jenkins, R. (2000). «Disenchantment, enchantment and re-enchantment: Max Weber at the millennium», *Max Weber Studies Journal*, 1, pp. 11-32.

Korzeniewicz, R. P., & Moran, T. P. (2007). «World inequality in the twenty-first century: patterns and tendencies», G. Ritzer, *Blackwell Companion to Globalization.* Blackwell Publishing, pp. 572-573, 565--592.

Kuznets, S. (1955). «Economic growth and income inequality», *American Economic Review,* 45, pp. 1-28, 573-575.

(2008). «OECD Economic Outlook 2008», *Making the Most of Globalization* (Edição preliminar), p. 203.

Ritzer, G. (2000). *The Mcdonaldization of Society.* Pine Forge Press.

Robertson, R. (1992). *Globalization. Social theory and global culture.* Sage Pub.

Robinson, W. (2010). «Global capitalism theory and the emergence of transnational elites», *World Institute for Development Economics Research Working Paper,* n.º 2010/02.

Robinson, W., & Harris, J. (2000). «Towards a global ruling class? Globalization and the transnational capitalist class», *Science & Society,* 64, n.º 1, pp. 11-12.

(2009). *Social Panorama of Latin America.* ECLAC – United Nations.

(2007). *The Millennium Development Goals Report.* United Nations.

Turner, B. (2007). «The Futures of Globalization», G. Ritzer, *The Blackwell Companion to Globalization.* Oxford: Blackwell P., pp. 676-678.

Turner, B. (2010). «The McDonald's mosaic: glocalization and diversity», G. Ritzer, & Z. Atalay, *Readings in Globalization. Key concepts and major debates.* Wiley-Blackwell, p. 393.

Wellman, B. (1998). *Networks In The Global Village: life in contemporary communities.* Westview Press.

Migrações e globalização

MARGARIDA MARQUES
(Universidade Nova de Lisboa, Faculdade de Ciências Sociais e Humanas, IPRI)

Em 2009, o relatório do Programa das Nações Unidas para o Desenvolvimento foi dedicado à exploração da relação entre migrações e desenvolvimento. A escala global do fenómeno migratório e a dimensão do *stock* de migrantes e do fluxo de remessas internacionais justificam o interesse. A prevalência de uma atitude voluntarista, reconhecendo e apoiando o envolvimento ativo das pessoas e das comunidades na construção dos seus destinos, sustenta igualmente esta atenção. No documento, as «capacidades» são, aliás, elemento central do pensamento estratégico sobre o desenvolvimento([1]). A experiência migratória «encaixa» neste quadro, sendo vista como uma oportunidade para as ampliar e reduzir ou eliminar os obstáculos à liberdade.

Esta perspetiva desafia o entendimento (ainda largamente prevalecente) de desenvolvimento como acumulação de capitais e representa uma viragem importante em relação às migrações. Estas são, desde 1994, reconhecidas pelas Nações Unidas como tendo um papel crucial no processo de desenvolvimento (UN, DESA 2008). Num ensaio de periodização, de Haas (2008) mostra que, se, entre a crise de 1973 e o virar do século, as migrações eram vistas com reserva e mesmo com suspeição, hoje raros são os documentos internacionais que não se referem aos efeitos benfazejos que os movimentos migratórios supostamente

---

([1]) Esta linha de rumo, assumida desde o primeiro relatório, de 1990 (PNUD 2009, p. 15), tem como inspiração a abordagem em termos de «capacidades», de Amartya Sen (1999).

auguram em termos de desenvolvimento. No entanto, este diagnóstico merece ser considerado com alguma reserva. Pelo menos por duas razões: por um lado, se há migrações que hoje despertam grande interesse (mormente a dos altamente qualificados), outras há que suscitam crescente tensão (refugiados, pouco qualificados...); por outro lado, nada permite pensar que os interesses dos agentes na «origem», no(s) «espaço(s) de trânsito» e no «destino» sejam compatíveis ou sequer convergentes. Bem pelo contrário, quando a França lançou a ideia de migração escolhida, várias foram as vozes que, no «Sul», se insurgiram com vigor contra a mesma, por receio da potencial punção (mormente de «cérebros») sobre os países pobres que aquela poderia representar(2). Porém, esta deriva dos entendimentos junto dos organismos internacionais merece atenção: para além do efeito performativo que toda a retórica institucional comporta, esta deslocação de sentidos revela a importância que hoje as migrações assumem na agenda internacional e global.

Começamos este capítulo com uma contextualização sumária da discussão a partir da análise dos fluxos envolvidos. Analisamos em seguida o caso português. A seguir à «debandada» (Ribeiro, 1971) dos anos sessenta do século passado, a redefinição de fronteiras, ocorrida com a mudança de regime em 1974, deu origem a um novo fluxo, desta feita de sentido inverso. Em pouco mais de quatro décadas, entraram e saíram do país milhões de pessoas, pluralizando uma sociedade ainda vista como anacronicamente homogénea em 1970 (Martins 1998). No início do século XXI, a emigração de jovens qualificados volta a catapultar a emigração para a ribalta. A experiência portuguesa permite refletir sobre a relação entre migrações e globalização.

(2) Confira-se, por exemplo, a reação de Abdou Diouf, secretário-geral da Organização Internacional da Francofonia, a 13.03.2006 (http://www.rfi.fr/actufr/articles/075/article_42425.asp).

I – Migrações à escala mundial: da era dos impérios à era das migrações([3])

No relatório do PNUD (2009), estimava-se em 214 milhões o número de migrantes internacionais e em quase 740 milhões o contingente dos migrantes internos. Não há, hoje, região no mundo imune aos efeitos das migrações humanas, seja como origem, destino, ponto de passagem ou conjugando várias situações. Castles e Miller (2009) designam a atualidade como a «era das migrações».

Concentremo-nos apenas na parcela que envolve atravessamento de fronteiras nacionais. Comparando a situação no início do século XX com a do início do século XXI, verificamos que a abrangência atual do fenómeno contrasta de forma muito evidente com a realidade de há um século, quando 85% dos migrantes se concentravam no Atlântico (Massey *et al.*, 2008, p. 2). Seguindo Massey e colaboradores, é a consequência inevitável das «transformações sociais, económicas e políticas que acompanham a penetração, pelos mercados capitalistas, das sociedades não baseadas no mercado» (Massey *et al.* 2008, p. 277). Nesta perspetiva, é a incorporação das sociedades periféricas nos processos de globalização económica, não a sua marginalização, que despoleta as migrações à escala mundial.

Quando se olha mais de perto para a configuração de fluxos, verifica-se que estes não são deslocações aleatórias. Por exemplo, a emigração portuguesa concentrou-se em alguns espaços do globo, e a imigração que Portugal acolhe vem predominantemente de países de língua oficial portuguesa. As migrações possuem uma textura particular, tributária dos tempos longos e das estruturas de desigualdades à escala global em que se inscrevem (Portes, 1999a). Castles e Miller (2009) traçam um fresco das migrações nos últimos quinhentos anos, que aqui acompanhamos, mostrando como os atuais sistemas migratórios no Mediterrâneo, na América ou no Sudeste Asiático correspon-

([3]) As expressões «era dos impérios» e «era das migrações» são tomadas de Castles e Miller (2009).

dem a relações privilegiadas com raízes por vezes bastante antigas. Caldeadas no tempo longo dos impérios e da colonização ou do comércio marítimo regional e intercontinental, essas relações abriram os caminhos que viriam a ser usados pelas gerações migratórias subsequentes.

Durante a construção e a vigência dos impérios europeus, recordam Castles e Miller, as migrações eram consideráveis: a deslocação das metrópoles para as colónias, frequentemente vista como uma oportunidade para fugir aos obstáculos na origem, de criar riqueza e «subir na vida», foi acompanhada pela deslocação forçada ou constrangida de mão de obra [o tráfico de escravos africanos, para as economias de plantação; e, depois, o trabalho serviçal(4)]. A industrialização inaugurou um novo período na história das migrações: os países americanos organizaram esquemas de recrutamento na Europa; o Brasil continuava a ser o destino preferido dos emigrantes portugueses (Baganha, 2003) (Levy 1974) (Venâncio, 2000). Dentro da Europa, a industrialização também impulsionou importantes deslocações intracontinentais. Mas, segundo Castles e Miller, é com a reconstrução posterior à segunda Grande Guerra, mormente no quadro do plano Marshall, e com as independências dos territórios dos antigos impérios que se abre um novo ciclo. Portugal, no entanto, fica relativamente à margem destes grandes movimentos de população até à década de cinquenta do século XX, altura em que inicia um período daquilo que João César das Neves (2004) qualifica como «hiperemigração». Nos anos sessenta, o PIB português crescia quase 7% ao ano (Murteira, 1966).

Após a crise de 1973, fecham-se portas à imigração nos países industrializados. A política de «imigração zero» não teve, porém, correspondência na realidade. Fosse sob a forma de reunificação familiar, de procura de asilo, de migração irregular ou ao abrigo de esquemas organizados de «recrutamento de cérebros», as entradas continuaram. Inaugura-se o último período na cronologia de Castles e Miller: as migrações tor-

(4) Que levou à condenação do Estado português pela Sociedade das Nações, em 1925, vd. Henriques (1999) e Jerónimo (2009).

nam-se um fenómeno à escala mundial. A Tabela 1 mostra como, a partir de 1975, o ritmo de crescimento da população migrante acelera. Paragens remotas entram no processo, e emergem novos destinos. Em 1999, nos Emirados Árabes Unidos, mais de 70% da população era composta por imigrantes; no Kuweit, a percentagem era de 57,9% (OIM, 2003, p. 306). As transformações nas tecnologias de transporte e comunicações vieram facilitar as deslocações e a manutenção de relações à distância, recorrentes e regulares.

TABELA 1 – **População mundial (U = 10^6)**

	População migrante		**População mundial**
	V. Absoluto	**%**	**V. Absoluto**
1965	75	2,3	3333
1975	84	2,1	4066
1985	105	2,2	4825
2000	175	2,9	6057
2009*	214	3,1	6909
2050	230	2,6	9000

NOTA: * estimativa para 2010 para a população mundial.

FONTES: Nações Unidas (2002), *International Migration 2002 – Wallchart,* Nova Iorque, Population Division; IOM (2000), *Etat de la migration dans le monde en 2000,* Genebra: IOM & United Nations (cit. in IOM, *World Migration 2003. Managing migration. Challenges and responses for people on the move,* vol. II IOM World Migration Report Series, Genebra: IOM, 2003, p. 5); ONU, *World Population Prospects: The 2008 Revision Population Database* (http://esa.un.org/unpp/p2k0data.asp, 31.12.2010).

Tudo isto não deve fazer perder de vista, porém, o carácter muito limitado das migrações internacionais: as estimativas internacionais revelam que, em 2009, a nível mundial, apenas 3% dos indivíduos viviam fora do país onde nasceram. Contudo, o conjunto significativo de recursos (materiais e simbólicos) que mobilizam tem permitido equacionar um papel mais ativo para as migrações: nos processos de desencravamento local e regional, nas transformações das relações entre centro e periferias ou na negociação de novas configurações locais de poder.

II – Remessas: relações transnacionais e mudança social

A análise das remessas permite verificar o vigor das relações sociais à distância, mas também estimar o impacto agregado que as pequenas poupanças podem ter nas economias (Guarnizo, 2003). As remessas à escala mundial envolvem montantes extremamente elevados: em 2010, atingiram 440 mil milhões de dólares norte-americanos segundo o Banco Mundial (BM, 2010). Mesmo quando captadas através de um instrumento de monitorização pouco sensível aos fluxos que circulam pelas vias informais, sendo estes porém importantes (OIM, 2003, p. 310) ([5]), as remessas apresentam uma tendência crescente assinalável, como se pode verificar na Tabela 2: só para os países em desenvolvimento, menos de 25 mil milhões de dólares norte-americanos em 1988 e 325 mil milhões, em 2010, quatro vezes acima dos valores da ajuda ao desenvolvimento registados em 2007 (PNUD, 2009, p. 87) (OIM, 2003, p. 310).

TABELA 2 – **Evolução das remessas (U = 10^6 US$)**

	Países em Desenvolvimento	**Mundo**	**Portugal**
1977	7122	17610	1197
1988	24597	34568	3524
1999	51211	62976	3644
2009*	325466	440077	3664

NOTA: * estimativa.

FONTES: Fundo Monetário Internacional, *Balance of Payment Statistics – Yearbooks*, Washington (cit. in IOM, *World Migration 2003. Managing Migration. Challenges and responses for people on the move*, vol. II IOM World Migration Report Series, Genebra: IOM, 2003, p. 311); *World Bank staff estimates based on the International Monetary Fund's Balance of Payments Statistics Yearbook 2008*. [http://econ.worldbank.org/WBSITE/EXTERNAL/EXTDEC/EXTDECPROSPECTS/0,,contentMDK:21121930~menuPK:3145470~pagePK:64165401~piPK:64165026~theSitePK:476883,00.html (accessed 31 Dec 2010)].

([5]) Veja-se ainda o estudo de caso das comerciantes transnacionais cabo-verdianas («rebidantes»), em Marques *et al.* (2001).

Uma leitura mais pormenorizada dos dados permite observar que constituem um importante contributo para o equilíbrio das contas externas de muitas nações: em dez países, as remessas representavam uma quinta parte do PIB ou mais em 2007 (Ratha *et al.*, 2009). Portugal continua a receber valores anuais consideráveis em remessas – 1,5% do PIB em 2009 –, e, apesar de a maioria dos seus emigrantes já ter criado laços longos de vários decénios com o país de adoção, os valores nas últimas duas décadas apresentam uma estabilidade notável (BM 2010).

O que leva os migrantes a continuarem a manter relações com as origens? Seguindo Alejandro Portes (1999a), os migrantes, mesmo que de longa duração, podem não se assimilar às sociedades de fixação, encontrando nos enclaves étnicos o ambiente propício à sua estabilidade pessoal e social. Como mostra o caso português, o próprio Estado, através da sua política ativa de alimentação das identificações com a «comunidade de origem», também pode encorajar a manutenção dessas lealdades (Levitt & Schiller, 2010).

O relatório do PNUD sustenta que as migrações têm um efeito benéfico sobre a economia e a sociedade do país emissor, na medida em que permitem atenuar os problemas sociais (pobreza, desemprego, analfabetismo, assimetrias de género no acesso à saúde e à educação...) e, simultaneamente, captar investimentos (sob a forma de poupanças, capacidade técnico-científica). Nos termos de Luís E. Guarnizo (2003), as remessas funcionam como «bancos de investimento» a nível local e regional, com efeitos imediatos ao nível do bem-estar das famílias. Mas, como sublinha Magalhães Godinho (1977), se essa situação pode ajudar, no curto prazo, a aliviar a pobreza e o desemprego, não significa necessariamente mudança no sentido de melhorar as condições de vida que levaram à emigração. Antes pelo contrário, pode ajudar a perpetuar as estruturas que levaram à saída.

Por outro lado, ainda segundo Guarnizo, a análise agregada das remessas sugere que estas são igualmente instrumentos importantíssimos para as políticas macroeconómicas. Assim o prova, por exemplo, o uso das remessas como garantia de empréstimos internacionais. De uma forma mais geral, Guarnizo chama a atenção para os negócios em franca expansão que as empresas de transportes, telecomunicações, os bancos e outras instituições financeiras realizam graças à manutenção dos elos transnacionais – a «indústria das migrações» ([6]), nos termos de Castles e Miller (2009). Na verdade, diz Guarnizo, remeter o transnacionalismo para a esfera das famílias e das comunidades locais é não compreender as tendências recentes das economias mundiais. As remessas têm sem dúvida um efeito importante, por exemplo no bem-estar e eventualmente no desenvolvimento local, mas têm igualmente efeitos estruturantes sobre a economia global.

III – Migrações em Portugal: permanências e novos rumos

A história de Portugal foi marcada por vários períodos de «hiperemigração». Entre os anos sessenta do século XX e meados da década seguinte, estima-se que o país terá perdido para cima de um milhão de pessoas (Baganha, 1994). É a altura em que a emigração portuguesa «descobre» os destinos africanos (Alexandre, 2000), mas é sobretudo a «debandada» para os destinos europeus. O caso português ilumina um aspeto interessante da relação entre migrações e desenvolvimento económico: é também por essa altura que a taxa de crescimento da economia portuguesa e que os salários batem recordes. Mário Murteira calcula que, num ano, entre 1963 e 1964, a variação média dos salários na agricultura foi de cerca de 12% e, na indústria, de 5,5% (Murteira, 1966, p. 19). Foi ainda nesta altura que se pôs termo ao condicionamento industrial e que Portugal aderiu à EFTA. Encontramos aqui a «bossa migratória» colocada em evidência pela economia das migrações: é quando há cres-

---

([6]) As migrações envolvem, à escala planetária, transportadoras, empresas de comunicações, bancos, empresas de viagens e uma miríade de serviços conexos, mas também serviços de produção reflexiva (estudos, consultoria, diagnósticos, prognósticos, etc.), que envolvem fluxos consideráveis de capital financeiro, social e simbólico.

cimento económico que há emigração, não quando a pobreza impossibilita escolhas (de Haas 2008). Os anos sessenta do século passado corresponderam, pois, à entrada de Portugal na senda da mundialização que se começou a desenhar com a Segunda Guerra Mundial.

A longa memória da emigração e estes picos de saída marcaram indelevelmente a construção da ideia de nação (Godinho, 1981, 2004). Os cálculos sobre a dimensão das «comunidades portuguesas» espalhadas pelo mundo apontam para um valor absolutamente extraordinário de quatro milhões e meio de pessoas, uma população no «exterior» equivalente a cerca de metade dos residentes no território nacional. Em suma, um país de emigração. Assim, quando em 2001 os Censos mostraram que a população portuguesa havia finalmente ultrapassado os dez milhões, o júbilo público foi intenso: era o triunfo do Portugal moderno. Após décadas de sangria emigratória, o contributo das populações estrangeiras residentes em Portugal foi decisivo para dobrar esse cabo (Valente Rosa *et al.*, 2004, *inter alia*).

Já Maria do Céu Esteves, em *Portugal, país de imigração*, livro cujo título havia causado alguma perplexidade em 1991, chamara a atenção para a novidade do crescimento significativo de oriundos de outros países em solo português. João Ferrão (1996) sublinharia, aliás, que aos retornos e às cadeias migratórias desencadeadas com as descolonizações haveria que acrescentar também a vinda de cidadãos nacionais ou descendentes de nacionais nascidos nos destinos da emigração portuguesa, para ter uma ideia da verdadeira dimensão dos movimentos migratórios para Portugal e dos seus impactos locais. Estes foram de facto os protagonistas das primeiras vagas; outras viriam depois, provenientes de outras paragens: Leste da Europa, Hindustão, China e América do Sul. Em 2009, segundo os dados das Nações Unidas, os imigrantes(7) corresponderiam a 7,4% dos residentes – contra 2,7% em 1980 (Tabela 3). Os dados coligidos pelo INE relativos à natalidade mostram ainda que, em 2009, cerca

(7) Isto é, os nascidos fora de Portugal.

de 13% dos nados-vivos tinham pai e/ou mãe de nacionalidade estrangeira(8).

Tabela 3 – **As migrações* em Portugal, 1960-2009**

	1960	1980	1990	2000	2009**
População a meio do ano (milhões)	8858	9766	9983	10 225	10 627
Migrantes internacionais a meio do ano	38 899	265 425	435 766	634 934	782 000
Percentagem de migrantes internacionais no total da população	0,4	2,7	4,4	6,2	7,4
Saldo migratório (milhares)	-37,9***	+41,9	-39,1	+47,0	+15,4

Notas: * população nascida fora do país de residência; ** Principais origens em Portugal em 2009: Angola (16%), Brasil (15%), França (11%) (Eurostat 2009); *** dados referentes a 1961.

Fontes: UN, *World Migrant Stock: The 2005 Revision Population Database* (1960-2000); Eurostat, *Statistics in Focus* 45/2010 (2009); INE, *Estatísticas de nados-vivos, Estimativas anuais da população residente* e *estatísticas de óbitos*, através de PORDATA.

A crise económica e financeira, instalada em Portugal na viragem do século, viria pôr água na fervura de um crescimento alimentado pelos grandes investimentos públicos. Mais, com a desaceleração económica interna, novas oportunidades de saída se perfilavam. Maria Baganha lembraria que, subsistindo os fatores profundos que sustentam a emigração portuguesa, esta não podia desaparecer, mostrando como Portugal, mesmo na época de maiores saldos migratórios positivos, continuava a funcionar, simultaneamente, como espaço de origem e de destino (Baganha & Entzinger, 2003). Havia estudado com Magalhães Godinho a tendência plurissecular da emigração portuguesa baseada na demonstração de que são as estruturas na origem, mais do que

(8) INE, *Destaque*, 23 de novembro de 2010 (www.ine.pt – 31.12.2010).

as decisões individuais dos migrantes (os cômputos de ganhos e custos) ou o apelo do exterior, que têm levado à saída de gentes (Godinho, 1978, 1981).

Várias notícias de imprensa têm dado conta da retoma da emigração portuguesa, sob várias formas, mas em particular de jovens com elevadas qualificações. A questão que se coloca consiste em saber se é possível ler nestes dados a continuidade com o passado ou não. Os dados demográficos são os seguintes: há um lento, mas contínuo, crescimento da população em idade ativa e da taxa de atividade, acompanhado de uma evolução também crescente de uma população ativa que continua esmagadoramente pouco qualificada (Tabela 4). Não havendo embora uma relação direta entre instrução e desemprego([9]), os dados mostram que a posse de uma qualificação de nível superior protege inequivocamente do desemprego. Nada diz porém quanto à qualidade do emprego. Ora, são, justamente, estes ativos que hoje irrompem nos *media* como protagonistas de um suposto recrudescimento da emigração portuguesa.

TABELA 4 – **Portugal: população, atividade e desemprego**

	População residente	População Ativa (milhares)				Desemprego (Taxa) por nível de instrução		
		Total		Por nível de instrução				
	Total	Valor Absoluto	Percentagem	Secundário e pós secundário	Superior	Total	Secundário e pós secundário	Superior
1994	10004081	4773,0	70,9	–	–	–	–	–
1999	10171949	5136,1	74,6	601,9	475,5	4,4	5,6	3,7
2004	10501970	5487,8	77,5	750,0	714,2	6,7	6,9	5,3
2009	10632482	5582,7	78,4	939,4	854,7	9,5	9,6	6,4

Fontes: INE – Estimativas Anuais da População Residente, INE – Inquérito ao Emprego; Estimativas Anuais da População Residente – através de PORDATA.

([9]) Repare-se que são os detentores de uma credencial do secundário que apresentam, sistematicamente, as taxas de desemprego mais elevadas – exceto no último ano.

Aparentemente, o que o argumento da continuidade desvaloriza é a formação de um novo mercado, à escala mundial, em que os ativos mais qualificados são altamente cobiçados. A existência desse mesmo mercado faz com que muitos jovens socializados em parâmetros universitários europeus queiram, antes de «assentar», explorar o que existe fora de portas. A construção europeia e a formação do espaço Schengen facilita esse projeto e reflete uma evolução da noção de fronteira. Outros têm, por força da inserção em empresas multinacionais, um mercado interno que desconhece as fronteiras nacionais. Um relatório do BM dava conta de dados interessantes a propósito da circulação de «cérebros» (Docquier & Marfouk, 2006). Em 2000, três países tinham mais de um milhão de cidadãos altamente qualificados no exterior: Reino Unido (quase um milhão e meio), Índia e Filipinas. Na Europa, Portugal (20%), Eslováquia (17%) e Reino Unido (17%) eram os países com maior percentagem de ativos qualificados expatriados. Mas, quando se olha para o peso dos altamente qualificados nos contingentes saídos do país, verifica-se que a parte dos cérebros no total dos expatriados continuava, na viragem do século, relativamente baixa: 12% contra 17% para Itália, 20% para a Eslováquia e 21% para a Croácia, o Liechtenstein e Sérvia e Montenegro. A dimensão do país é pois aqui um fator contextual importante, mas não é seguramente o único. Os dados deste relatório não permitem, infelizmente, caracterizar a capacidade de atração destes migrantes com elevadas qualificações pelos diferentes países. Assim, sabe-se que Portugal «exporta» uma parcela importante dos seus ativos mais qualificados e que o seu «saldo de cérebros» era negativo em 2000 (-1,7%), em linha com a média da UE15, mas bastante acima desta; porém, não se conhece ao certo nem qual a duração da estadia dos que «exporta» nem dos que «importa» ([10]). Vários estudos sugerem que o evitamento do

---

([10]) Segundo o *Inquérito aos movimentos migratórios de saída* do INE (através da PORDATA), as saídas temporárias seriam o triplo das saídas permanentes em 2003. Ter ia de se realizar um inquérito específico para apurar se a relação se mantém ou não para os ativos com elevadas qualificações.

«brain-drain» pode requerer condições de pendularidade transfronteiriça (Portes 2009). A formação da União Europeia aponta nesse sentido e abre caminho para novas respostas estaduais, que não se podem limitar a políticas de retenção.

Outra indicação interessante é a dos dados da UNESCO sobre a mobilidade internacional dos estudantes universitários. Esta base mostra que, entre 2005 e 2008, 3% dos estudantes portugueses se encontravam em formação numa universidade estrangeira([11]). Simultaneamente, as Universidades portuguesas acolhem uma média de 5% de estudantes estrangeiros([12]), sendo os maiores contingentes provenientes de fora da UE27 – sobretudo África. Não há uma média que permita a relativização da situação portuguesa no contexto europeu. É contudo possível, através da comparação com outros países, verificar que os dados do acolhimento colocam Portugal em posição privilegiada em relação a países como a Espanha, a Itália ou a Grécia, embora muito aquém de outros como a Suíça, o Reino Unido ou a França. Programas do tipo Erasmus facilitam a mobilidade. Estimar quantos destes estudantes ficam no país onde estudam e quantos mudam para outro país (de origem ou outro) é algo que só é possível através de uma investigação com base noutro tipo de dados. Algumas investigações parcelares permitem, porém, admitir que o não retorno pode ser uma realidade importante. No caso dos estudantes cabo-verdianos (muitos escolhem Portugal para estudar), estima-se que, entre 1997 e 2003, quase oito em cada 10 não terão regressado (Carvalho, 2010).

Por outro lado, as mudanças operadas em Portugal (descolonização, acesso à nacionalidade portuguesa, políticas de integração) e no contexto europeu (liberdade de circulação, integração económica, generalização da dupla nacionalidade) não permitem uma leitura simples e direta dos dados. Alguns estudos mostraram a formação de comunidades portuguesas de

---

([11]) Fonte: UNESCO, Institute for Statistics [http://stats.uis.unesco.org/unesco/TableViewer/tableView.aspx (21.12.2010)].

([12]) Exceto em 2008, ano em que provavelmente por causa da crise, se verificou uma quebra para menos de metade.

ascendência não europeia no Reino Unido, por exemplo (Bastos & Bastos, 2005) (Dias, 2010), revelando que, numa mesma geração, pode haver acumulação de experiências migratórias várias (da Índia para Moçambique, daqui para Portugal e depois para o Reino Unido) e que numa mesma família a experiência migratória pode ser cumulativamente vivida ao longo de várias gerações. O passaporte português pode ter uma função de facilitador da mobilidade à escala global. A presença efémera dos migrantes do Leste europeu em Portugal é outra ilustração interessante: quando o mercado local deixou de proporcionar os benefícios esperados, verificou-se uma deslocação para outros destinos, facilitada pela existência de um quadro institucional e normativo supranacional que «reconhece» a experiência migratória em Portugal. Na ausência de dados censitários recentes (só em 2011 haverá novo censo), o que estes dados parcelares disponíveis permitem afirmar é que as migrações não se confundem exclusivamente com processos de saída de um país e instalação em outro; para entender a atualidade migratória, há que estudar as motivações, as oportunidades e os quadros institucionalizados. Os Estados são agentes importantes, mas a sua atuação extravasa os limites nacionais (Marques, 2010). O contexto da globalização, seja pela formação de mercados mundiais ou pela criação e estabilização de quadros institucionais supranacionais, é hoje incontornável para entender as migrações.

Russell King julga descortinar no observado desde os anos setenta em Portugal, Espanha, Itália e Grécia um comportamento migratório específico e característico da fase da globalização (King, 2000) (King & Mateos, 2002). O «modelo migratório do Sul da Europa» caracterizar-se-ia por grande diversidade de origens dos imigrantes e das suas modalidades de integração económica, forte feminização de fluxos, número elevado de entradas ilegais e grande precariedade no mercado de trabalho. E supõe três condições básicas: informalidade dominante; correlativamente, uma economia que passou ao lado do fordismo, assente no terciário e em mão de obra flexível; e, na base de tudo, alguma homogeneidade cultural. As críticas que se têm feito a este modelo incidem, sobretudo, na questionação da validade histórica e analítica dos pressupostos em que assenta (Marques & Valente Rosa, 2003). A começar pela categoria «Europa do Sul», construída por cientistas sociais anglófonos, que deu origem a elaborações que têm sido criticadas, sob o ponto de vista académico, ou por falta de rigor factual, ou por fragilidades na própria demonstração substantiva([13]). As histórias migratórias, passada e recente, dos quatro países desta categoria, e o próprio entendimento da nação e respetivas noções de cidadania, revelam diferenças enormes, dificilmente compagináveis com a homogeneidade cultural suposta no «modelo». Já o argumento económico parece mais sustentado (vd. Mingione & Quassoli, 2000); contudo, o fordismo ficou confinado a regiões, sectores e tempo muito circunscrito. Quanto às estruturas sociais e políticas, o «familismo» não resiste à análise dos processos de diferenciação dessas sociedades, e as diagnosticadas fragilidade do aparelho estadual e resposta fragmentada às novas questões suscitadas pela imigração revelam que o modelo subestima o papel do Estado, limitando-o ao que faz dentro de fronteiras e pressupondo orientação e atuação uniformes.

Em suma, admitimos que a categoria geográfica pressuposta no «modelo migratório sul-europeu» carreia um conjunto de assunções não explícitas e comporta uma dimensão performativa de reafirmação da própria categoria. A concentração da análise numa área geográfica traz, sem dúvida, mais-valia descritiva. Mas a acumulação de dados de observação deve permitir a inferência para ser algo mais que uma simples coleção de informação([14]). Neste caso, comprometida a identificação do «modelo», mantemos reservas quanto à sua utilidade para o estudo das migrações contemporâneas.

([13]) Vejam-se, por exemplo, as críticas de João de Pina Cabral (1991) à suposta continuidade de valores do «mundo mediterrânico», *inter alia*.

([14]) Referimo-nos aqui à lógica da inferência – vd. King, Kehoane & Verba (1994).

IV – Discutindo as migrações

Um dos aspetos mais notáveis que marca o crescente interesse e acompanhamento que têm merecido as questões relacionadas com as migrações na atualidade é a proliferação de instituições de natureza vária (ONG, organizações intergovernamentais, fundações, associações, etc.) funcionando frequentemente como empresas privadas e que produzem estudos e relatórios, elaboram indicadores, definem padrões, avaliam políticas, aconselham Governos, organizam reuniões «de alto nível», etc., como mostram Geiger & Pécoud e colaboradores (2010). O mesmo ocorre a nível local, onde as pressões para a «aplicação» são mais intensas. Estas organizações, que fazem parte da «indústria das migrações», têm uma importância decisiva também na criação, estabilização e difusão de um entendimento institucional das migrações. A emergência destes novos interlocutores dos Estados nacionais é o reconhecimento do carácter globalizado do fenómeno; mas revela também que a erosão do poder estadual induzida pela globalização é apenas relativa (vd. Sassen, 2010). Por um lado, a polarização de posições que se observou aquando da apresentação do projeto francês de «imigração escolhida» mostra que, sob o ponto de vista substantivo, os entendimentos estão longe de convergir para o consenso; por outro, relatórios como o do PNUD (2009) sugerem o que Peter Evans designou como «monocultura institucional», legitimando um entendimento canónico sobre a realidade das migrações com efeitos sobre a atuação institucional([15]).

([15]) Nos termos de Evans, e a propósito do desenvolvimento: «Institutional monocropping rests on [...] the general premise that institutional effectiveness does not depend on fit with the local sociocultural environment [...] International organizations, local policy makers, and private consultants combine to enforce the presumption that the most advanced countries have already discovered the one best institutional blueprint for development and that its applicability transcends national cultures and circumstances. They do this with increasing aggressiveness across a range of institutions [...] » (Evans 2004, pp. 30-6).

Embora Geiger e Pécoud (2010, p. 2) situem a inauguração desta fase em 1993, com o relatório de Bimal Ghosh sobre a gestão das migrações([16]) a verdade é que a difusão institucional já tinha um lastro significativo anterior, muito especialmente na elaboração das «receitas» para o desenvolvimento (Evans, 2004, p. 30), que teve igualmente como efeito, é preciso reconhecê-lo, consolidar as reações e os meios de reflexão em torno de propostas alternativas([17]). No campo das migrações, a formação e a atuação dessas instituições revelam a complexidade crescente do campo e das dinâmicas de negociação de normas, entendimentos, orientações e práticas, em termos sociais e políticos, mas com consequências no quadro da reflexão académica. O que suscita outras questões, particularmente quanto aos efeitos da pluralização dos agentes produtores de conhecimento «aplicado» neste domínio sobre a qualidade do conhecimento produzido e a própria teoria([18]).

O que a exploração do caso português permitiu colocar em evidência foi, por um lado, que categorias aparentemente simples como «migrante» ou «migração» não são triviais. Para efeitos de controlo de fronteiras, certamente fazem sentido; mas, sob o ponto de vista sociológico, convém questionar por que razão o conjunto de pessoas que se instala duradouramente num espaço nacional que não corresponde ao seu país de nascimento é definido como um grupo particular – migrante –, sendo certo que as migrações internas podem envolver maior complexidade (para os migrantes e para os Estados) do que o atravessamento de fronteiras internacionais. Inversamente, se esse conjunto regressar ao seu país de nacionalidade original,

---

([16]) «Migration management», no original inglês.

([17]) À modalidade desenvolvimentista de inspiração liberal, que assenta na definição de um encadeamento de etapas que deverão conduzir à acumulação que permite o crescimento (vd. Rostow 1960), contrapôs-se a versão de rejeição do imperialismo, a crítica dos mecanismos de reprodução da repartição desigual de recursos assentando na demonstração de que o crescimento de uns assenta na privação de capital de outros (vd. Amin 1973).

([18]) Vd. as críticas de Portes (1999b) e Castles (2010).

também deverá ser considerado como migrante, em virtude das características entretanto adquiridas? Mesmo admitindo que quer a «origem» quer o «destino» são entidades em permanente redefinição e reconfiguração por força das dinâmicas endógenas mas também globais, o que está aqui em causa é a sustentação científica das categorias e os efeitos performativos (políticos) que o uso das mesmas acarreta.

Concentremo-nos na questão teórica: quando ao estatuto migratório se adicionam de forma sistemática atributos particulares, então não é possível escamotear a importância do primeiro. É o que se passa, por exemplo, quando se observam concentrações de valores de insucesso escolar acima da média em segmentos de estudantes que apresentam em comum o facto de serem naturais de Portugal e descendentes de imigrantes (Marques *et al.* 2007) ou quando determinadas nacionalidades revelam capacidade empreendedora superior às demais nacionalidades estrangeiras (Marques *et al.*, 2002). Quando se verifica, não apenas a manutenção das relações à distância, como ainda a emergência de modos de vida predicados no atravessamento regular e recorrente de fronteiras, então há que reconhecer que não se trata de migrantes do mesmo tipo que os descritos para o início do século XX. Alguns autores defendem o uso do termo «transmigrante» para captar este aspeto particular da realidade contemporânea. Esta não é apenas uma preciosidade analítica, uma vez que a mudança conceptual permite ganhos teóricos importantes: focalizando a análise no campo transnacional é possível entender novas configurações de comunidade e a imbricação entre escalas local e transnacional (Castles, 2005) (Portes *et al.*, 2008) (Levitt & Schiller, 2010). Paralelamente, falar de «países de imigração» ou de «emigração» pressupõe um entendimento pouco conforme com o advento de mercados que se estruturam à escala mundial. O caso dos migrantes com elevadas qualificações aponta nesse sentido, quando se verifica que a pendularidade permite evitar o *brain-drain*. Porém, as «irritações» que as migrações suscitam (Bauböck 1998) revelam a prevalência de entendimentos predicados em princípios de estabilidade.

As categorias analíticas herdadas do passado revelam-se desajustadas para pensar estas realidades e, de um modo geral, o «caleidoscópio das migrações» contemporâneas (Massey *et al.*, 2008, pp. 3-4). Mormente a ideia de migrante que, à imagem do «homo economicus» da teoria clássica, decide movimentar-se entre fronteiras, livre de amarras, rico de informação e, em função de um cálculo objetivo e racional, visando a maximização dos seus recursos; e a noção polar de migração determinada por estruturas (económicas, políticas) que estão muito além da capacidade estratégica dos indivíduos. As redes sociais, que permitem a construção daquilo que Levitt e Schiller (2010) designam por campos transnacionais, que se situam simultaneamente aquém e além dos espaços nacionais, são condição e instrumento de alimentação, não apenas dos fluxos migratórios, mas também do que poderíamos designar por sociedades à distância, isto é, espaços de comunicação, com seus valores, normas, rituais([19]). A proposta de Thomas Faist (2001), de contemplar a dimensão «meso» (de redes, afinidades, grupos), para além das estratégias individuais («micro») e dos constrangimentos estruturais («macro»), permite colocar em evidência a importância das mediações sociais. Mas comporta igualmente sérias limitações, uma vez que erige a dimensão empírica em princípio analítico([20]), não tendo pois um respaldo teórico autónomo

([19]) Referimo-nos ao conceito de «elo social», de Dominique Schnapper. Esta defende que o importante, em contexto de globalização, é saber como manter ou reinventar o «elo social» quando o «elo cívico» não chega (ou não se aplica) e os envolvimentos particulares (morais e afetivos) são fundamentais (Schnapper 1998, p. 490).

([20]) Ao confundir as dimensões analítica e empírica de observação, despreza o facto de a estrutura interna (mental) condicionar a agência, e não considera que as estruturas externas (legislação, economia, cultura, estrutura social) sejam condição de conduta estratégica (Alexander 1992, 1993, 2005). Agência e estrutura formam uma das antinomias de base da análise social, opondo liberdade, estratégia, criatividade, por um lado, e constrangimento, norma, padrão comportamental, por outro. Mas a agência tanto é internamente constrangida, por valores morais, juízos estéticos, noções de ética internalizada, como se encontra encastrada em condições

que permita passar da descrição (das redes, sua organização e funcionamento) à explicação do fenómeno migratório em contexto de globalização.

De acordo com Massey e seus colaboradores, estas explicações não são incompatíveis entre si, apenas iluminam aspetos parcelares da realidade migratória. Falta uma teoria para entender o seu «papel proeminente» no século XXI, «o século do globalismo» (Massey *et al.*, 2008, p. 294). Em seu entender, uma teoria das migrações deve, simultaneamente, dar conta das estruturas que promovem a emigração e a imigração, tendo em consideração as motivações dos migrantes e explorando as estruturas sociais e económicas que ligam origem e destino; deve, para além disso, contemplar o papel dos Estados, que conservam, em contexto de globalização, um poder importante de intervenção (Massey *et al.*, 2008, p. 281). Já para Alejandro Portes (1999b), o desafio que hoje se coloca não é o da construção de uma «grande teoria» das migrações, mas a idealização de conceitos e teorias de alcance médio([21]) que permitam explicar as realidades migratórias. Sugere quatro «sítios estratégicos» para uma teoria das migrações que permita pensar o século XXI: as comunidades transnacionais, as novas segundas gerações, família e género, o papel dos Estados e as comparações internacionais. Aqui, em seu entender, se poderão surpreender os aspetos realmente importantes do fenómeno migratório contemporâneo e formular os novos problemas que permitirão o

---

externas, que lhes dão sentido (Alexander 1992, 1993, 2005). Na medida em que tanto as estruturas internas (a personalidade e a cultura) como as estruturas externas (desigualdades em termos de poder) são condições de base para a agência, Jeffrey Alexander defende que agência e estrutura devem ser concebidas em termos analíticos, e não em termos concretos (Alexander 1992, pp. 9–10). Enquanto *constructum* analítico, a agência é então considerada como vontade livre, distinta da ação: apesar de haver agência na ação, nem toda a ação se encontra alicerçada na vontade livre (p. 8). E a estrutura passa a ser entendida como «entendimentos institucionalizados, e não como meras forças de manipulação». (Alexander 1993, p. 506).

([21]) Referimo-nos, bem entendido, à noção forjada por Merton (1967).

avanço da teoria. Em artigo recente, Stephen Castles (2010) tenta conjugar estas duas propostas, defendendo uma teoria geral das transformações sociais que forneceria o enquadramento geral às teorias de médio alcance, que deverão contemplar a íntima dialética entre o micro e o macro, e admitindo a globalização, vista numa perspetiva de longa duração, como o contexto pertinente de análise. Num ponto estão de acordo: o desenvolvimento da teoria é indispensável para o entendimento das migrações. Num contexto em que se multiplicam os atores com uma voz pública sobre os fenómenos migratórios e em que se intensificam os apelos ao estreitamento de colaboração da investigação com a definição de políticas públicas, torna-se ainda mais importante não perder de vista que só o trabalho de elaboração teórica, seguindo as normas académicas do estudo científico, torna possível avançar o conhecimento da realidade. A acumulação de dados empíricos só por si não permite explicar nada. E a ideação e formulação dos problemas que permitam questionar as novas tendências migratórias do «século do globalismo» requer condições (mentais, de tempo e de elaboração conceptual) distintas dos tempos e das exigências da aplicação prática.

Referências bibliográficas

Alexander, J. (1993). «More notes on the problem of agency: a reply», *Revue Suisse de Sociologie*, 19, pp. 501-506.

Alexander, J. (1992). «Recent sociological theory between agency and social structure. *Revue Suisse de Sociologie*, 1, pp. 7-11.

Alexander, J. (2006). *The Meanings of Social Life*. Oxford: Oxford University Press.

Alexandre, V. (2000). *Velho Brasil novas Áfricas. Portugal e o império (1808--1975)*. Porto: Edições Afrontamento.

Amin, S. (1973). *Le développement inégal*. Paris: Editions de Minuit.

Baganha, M. (1994). «As correntes emigratórias portuguesas no século XX e o seu impacto na economia nacional», *Análise Social*, 128, n.º 29, pp. 959-980.

Baganha, M. (2003). «Portuguese transatlantic migration», in In S. L. Baily, & E. J. Míguez, *Mass Migration to Modern Latin America.* Wilmington (DE): Scholarly Resources Inc., pp. 51-68.

Baganha, M., & Entzinger, H. (2003). «The political economy of migration in an integrating Europe: An introduction», K. H. Michael Bommes, & H. Kolb, *SPECIAL ISSUE Organisational Recruitment and Patterns of Migration. Integrating Europe* (pp. 7-19). IMIS-BEITRÄGE, Heft 25/2004 [http://www.imis.uni-osnabrueck.de/pdffiles/imis25.pdf].

Bastos, S. P., & Bastos, J. G. (2005). «Our colonizers were better than yours: identity debates in greater London», *Journal of Ethnic and Migration Studies,* 31, n.º 1, pp. 79-98.

Bauböck, R. (1998). «The crossing and blurring of boundaries in international migration. challenges for social and political theory», R. Bauböck, & J. Rundel, *Blurred Boundaries: migration, ethnicity, citizenship.* Aldershot: Ashgate, pp. 17-52.

Cabral, J. P. (1991). *Os contextos da antropologia.* Lisboa: Difel.

Carvalho, F. (2010). *Migração em Cabo Verde. Perfil nacional 2009.* Genebra: OIM.

Castles, S. &. (2009). *The Age of Migration. International population movements in the modern world* (4.ª ed.). Nova Iorque: Palgrave Macmillan.

Castles, S. (2005). *Globalização, transnacionalismo e novos fluxos migratórios: dos trabalhadores convidados às migrações globais.* Lisboa: Fim de Século.

De Haas, H. (2008). «Migration and development. A theoretical perspetive», *Working paper International Migration Institute,* p. 9.

Dias, N. (2010). *Remigração e etnicidade: mobilidade hindu no trânsito colonial entre a África de Leste e a Europa.* Dissertação de doutoramento, Universidade de Lisboa.

Docquier, F. &. (2006). «International migration by education attainment 1990-2000», Ç. Özden, & M. Schiff, *International Migration, Remittances, and the Brain Drain,* Tabela 5, pp. 151-199; Tabela 5.4. «Top-30 skilled emigration countries, 2000», pp. 175-177[http://perso.uclouvain.be/frederic.docquier/filePDF/DM_BookWB.pdf]). Washington: The World Bank & Palgrave Macmillan.

Evans, P. (2004). «Development as institutional change: the pitfalls of monocropping and the potentials of deliberation», *Studies in Comparative International Development,* 38, n.º 4, pp. 30-52 [http://www.springerlink.com/content/87cejlhyp63m6p18/fulltext.pdf].

Faist, T. (2001). *The Volume and Dynamics of International Migration and Transnational Social Spaces*. Oxford: Oxford University Press.

Ferrão, J. (1996). «Três décadas de consolidação do Portugal demográfico moderno», A. Barreto, & C. V. Preto, *A situação social em Portugal 1960-1995* (p. ICS). Lisboa: Instituto de Ciências Sociais, pp. 165-190.

Geiger, M., & Pécoud, A. (2010). *The Politics of International Migration Management*. Inglaterra: Palgrave Macmillan.

Godinho, V. M. (1980). *Estrutura da antiga sociedade portuguesa*. Lisboa: Arcádia.

Godinho, V. M. (1978). «L'émigration portugaise (xv-xxe siècles) – une constante structurale et les réponses aux changements du monde», *Revista de História Económica e Social*, 1, pp. 5-32.

Godinho, V. M. (2004). *Portugal : a emergência de uma nação. Das raízes a 1480*. Lisboa: Colibri.

Guarnizo, L. E. (2003). «The economics of transnational living», *International Migration Review*, 3, n.º 3, pp. 666-699.

Henriques, I. C. (2000). «Sociedade colonial em África. Ideologias, hierarquias, quotidianos», K. C. F. Bethencourt, *História da expansão portuguesa*, vol. V. Lisboa: Círculo de Leitores, pp. 216-274.

IOM, World Migration 2003. Managing migration. Challenges and responses for people on the move (vol. II). Genebra: IOM World Migration Report Series.

Jerónimo, M. B. (2009). *Livros brancos, almas negras – A «missão civilizadora» do colonialismo português C. 1870-1930*. Lisboa: Imprensa de Ciências Sociais.

King, G., Keohane, R. O., & Verba, S. (1994). *Designing Social Enquiry: scientific inference in qualitative research*. Princeton: Princeton University Press.

King, R. (2000). «Introduction», R. King, G. Lazaridis, & C. Tsardanidis, *Eldorado or fortress? Migration in Southern Europe*. Houndmills/ Nova Iorque: Macmillan Press & St. Martin's Press, pp. 1-26.

King, R., & Ribas-Mateos, N. (2002). «Towards a diversity of migratory types and contexts in Southern Europe», *Studi Emigrazione*, 145, n.º 39, pp. 5-23.

Levitt, P., & Schiller, N. G. (2010). «Conceptualizar a simultaneidade: uma visão da sociedade assente no conceito de campo social transnacional», M. M. Marques, *Estado-Nação e migrações internacionais*. Lisboa: Livros Horizonte, pp. 27-61.

Levy, M. S. (1974). «O papel da migração internacional na evolução da população brasileira (1872 a 1972)», *Revista de Saúde Pública*, 8 (supl.), pp. 49-90, [http://www.scielosp.org/pdf/rsp/v8s0/03.pdf].

Marques, M. M. (2010). «Introdução: os Estados nacionais perante as populações em movimento», M. M. Marques, *Estado-nação e migrações internacionais*. Lisboa: Livros Horizonte, pp. 9-26.

Marques, M. M., & Rosa, M. J. (2003). «L'intégration des immigrés au Portugal: singularité ou retard?», *Sociologia: problemas e práticas*, 41, pp. 9-36.

Marques, M. M., Oliveira, C., & Dias, N. (2002). «Empresários de origem imigrante em Portugal», *Imigração e mercado de trabalho*, pp. 131-144.

Marques, M. M., Rosa, M. J., & Martins, J. L. (2007). «School and diversity in a context of a weak state», *Journal of Ethnic and Migration Studies*, 33, n.º 7, pp. 1145-1168.

Marques, M. M., Santos, R., & Araújo, F. (2001). «Ariadne's thread. Cape Verdean women in transnational webs», *Global Networks*, 1, n.º 3, pp. 283-306.

Martins, H. (1998). *Classe, status e poder*. Lisboa: Imprensa de Ciências Sociais.

Merton, R. K. (1967). *On Theoretical Sociology. Five essays, old and new*. Nova Iorque/ Londres: The Free Press.

Mingione, E., & Quassoli, F. (2000). «The participation of immigrants in the underground economy in Italy», R. King, G. Lazaridis, & C. Tsardanidis, *Eldorado or Fortress? Migration in Southern Europe*. Londres: Macmillan Press, pp. 29-56.

Mundial, B. (31 de dezembro de 2010). *World Bank staff estimates based on the International Monetary Fund's Balance of Payments Statistics Yearbook 2008*. Obtido de http://econ.worldbank.org/WBSITE/EXTERNAL/EXTDEC/EXTDECPROSPECTS/0,,contentMDK:21121930~menuPK:3145470~pagePK:64165401~piPK:64165026~theSitePK:476883,00.html

Murteira, M. (1966). «Emigração e política de emprego em Portugal», *Cadernos do FDMO*, 12.

Neves, J. C. (2004). «Imigração e desenvolvimento», *Atas do I Congresso de Imigração em Portugal. Diversidade – Cidadania – Integração*. Lisboa: ACIME, pp. 74-90.

Organização Internacional para as Migrações, World Migration 2003. Managing migration. Challenges and responses for people on the move (vol. II). (2003). Genebra: IOM World Migration Report Series.

Portes, A. (1999b). «Immigration theory for a new century: some problems and opportunities», C. Hirschman, P. Kasinitz, & J. DeWind, *The Handbook of International Migration: the American experience* (pp. 21-33). Nova Iorque: Russell Sage Foundation.

Portes, A. (1999a). *Migrações internacionais. Origens, tipos e modos de incorporação.* Oeiras: Celta.

Portes, A. (2007). «Migration and development: a conceptual reanalysis», *Population and Development Review,* 32, n.º 2, pp. 233-262.

Portes, A. (2009). «Migration and development: reconciling opposite views», *Ethnic and Racial Studies,* 32, n.º 1, pp. 5-22.

Portes, A., Escobar, C., & Radford, A. W. (2007). «Immigrant transnational organizations and development: a comparative study», *International Migration Review,* 41, n.º 1, pp. 242-281.

Ratha, D., Mohapatra, S., & Silwal, A. (2009). «Outlook for Remittance Flows 2009-2011: remittances expected to fall by 7-10 percent in 2009», *Migration and Development Brief,* 10.

Ribeiro, O. (8 de outubro de 1971). «Reflexões de um geógrafo. A grande debandada», *Diário de Notícias,* p. 4.

Rosa, M., & Santos, H. S. (2004). *Contributos dos imigrantes na demografia portuguesa: o papel das populações de nacionalidade estrangeira,* n.º 4 (vol. IV). Lisboa: Coleção Estudos e Documentos do Observatório da Imigração [www.oi.acime.gov.pt].

Rostow, W. (1960). *The Stages of Economic Growth.* Londres: Cambridge University Press.

Sassen, S. (15 de Abrl de 2010). *Shadow Elite: What's behind surging executive power? Globalization.* Obtido a 31 de dezembro de 2010, de http://www.huffingtonpost.com/saskia-sassen/emshadow-eliteem-whats-be_b_538513.html

Schnapper, D. (1998). *La relation à l'autre.* Paris: Gallimard.

Sen, A. (1999). *Development as freedom.* Oxford: Oxford University Press.

Venâncio, R. P. (2000). «Presença portuguesa: de colonizadores a imigrantes» *Brasil: 500 anos de povoamento.* Rio de Janeiro: IBGE [http://www.ibge.gov.br/brasil500/index2.html (04.01.2009)].

Waldinger, R., & Fitzgerald. (2004). «Transnationalism in question», *American Journal of Sociology,* 109, n.º 5, pp. 1177-1195.

2

Dinâmicas políticas e relações internacionais

Globalização: modo de ser e de usar

JOSÉ LUÍS CARDOSO
(Universidade de Lisboa, Instituto de Ciências Sociais)

I – Primeiras impressões

O uso tão frequente do termo globalização provoca inevitável desgaste da palavra e faz correr o risco de uma perda do seu sentido e significado. Surge habitualmente definida como fenómeno resultante da integração gradual e crescente dos sistemas comerciais, económicos e financeiros a uma escala mundial. Mas a globalização é também uma palavra que serve para descrever o que acontece na vida política e social, no mundo mediatizado e enredado da cultura, do espetáculo, da comunicação, da religião. Basta abrir um jornal, revista, aparelho de televisão ou computador: nada acontece no país e no mundo que não seja pretexto para que se diga que estamos diante de um sinal da globalização. A crise, o crime, a eleição, a dívida, o futebol, o recital, as redes sociais, tudo são momentos e manifestações do mundo global em que vivemos e estamos condenados a viver. Proliferam causas e efeitos da globalização, muitas vezes em domínios e acontecimentos que julgávamos insuspeitos de pertença. Decididamente, a globalização veio para ficar e instalou-se na linguagem do quotidiano. E adquiriu nobre estatuto nos altares da sabedoria convencional.

Ao penetrar no âmago da esfera pública, a globalização passou também a servir como bode expiatório e pretexto fácil para distinção entre o bem e o mal do que acontece no mundo contemporâneo. Para uns é vista como fator de crescimento económico e consolidação das instituições democráticas, enquanto para outros é encarada como a origem de crescentes desigualdades e como estímulo à dominação imposta pelos países ricos e poderosos. Neste quadro dicotómico, a globalização desencadeia campos magnéticos bipolares que dificultam a compreensão rigorosa das suas raízes históricas, da sua configuração atual, do seu desenvolvimento futuro.

Terá sido a era das descobertas marítimas que, ao abrir novos mundos ao mundo, lançou as sementes e fez brotar as raízes da moderna globalização? Não serão os sinais manifestados no início do século XVI tímidas aproximações a uma realidade económica mundial que só pôde desenvolver-se com a revolução industrial de finais do século XVIII? Não terá sido então que, graças à profunda transformação que ocorreu na produção e na procura de bens e serviços, passou a ser possível a sua dinamização através de alargamentos sucessivos dos mercados a nível interno e externo? Ou serão ainda esses momentos meros prenúncios de um fenómeno que só se consolidou definitivamente com a construção do moderno Estado liberal na segunda metade do século XIX? Ou será que esses acontecimentos, todos juntos, nos revelam, afinal, simples episódios preliminares da trama que se instala após a Segunda Guerra Mundial, afirmando-se finalmente o estado adulto da era da globalização?

Há respostas para todos os gostos a estas perguntas que servem de guião à abordagem aqui ensaiada e que procura elucidar questões que ajudem a compreender aquilo que é e pode ou deve vir a ser a globalização no futuro. Trata-se de uma contribuição que começa por valorizar ensinamentos colhidos da história da ciência económica, ao longo do tempo em que a globalização, assim apelidada, estava longe de constituir objeto autónomo de estudo. Após essa abordagem propedêutica, procede-se a uma discussão, liberta de constrangimentos disciplinares, sobre implicações do fenómeno da globalização para a análise do mundo contemporâneo. Este breve ensaio termina com uma reflexão sobre a importância das soluções e apostas democráticas num mundo crescentemente globalizado.

II – A globalização na história do pensamento económico

A discussão do tema da globalização remete, desde logo, para uma apreciação retrospetiva de uma das teses menos controversas da ciência económica moderna, a saber: o reconhecimento implícito ou explícito de que a abertura de uma economia ao exterior condiciona favoravelmente as capacidades de mobilização interna dos seus próprios recursos. Poderá sempre discutir-se ou ponderar-se se existe algum limite ótimo para a amplitude de abertura que se julga recomendável. Poderá igualmente considerar-se que, em determinadas situações conjunturais, se justifica o uso moderado ou intenso de instrumentos de proteção das fronteiras económicas internas. Mas parece não restar qualquer dúvida de que o problema em discussão se refere, fundamentalmente, à adequação circunstancial ou momentânea de um princípio que proclama a bondade dos efeitos de um relacionamento económico internacional aberto e alargado.

Não se trata de um mero sinal dos tempos, ao qual sejam particularmente sensíveis todos os que inspiram, definem e aplicam estratégias e políticas visando o desenvolvimento económico interno de um país ou de uma região. E a questão em jogo também não se reduz à simples e banal constatação de que um país não é uma entidade isolada, sem vida própria além fronteiras. Com efeito, desde há muito que se generalizou e arreigou a convicção de que a abertura de uma economia ao exterior é um prerrequisito essencial para a sua prosperidade.

Adam Smith terá tido alguma responsabilidade na fixação e difusão deste ideário, argumentando em favor dos benefícios resultantes da extensão do mercado e de um processo de divisão do trabalho à escala internacional. Em 1776, na obra que o celebrizou como fundador da ciência económica moderna, pôde justamente demonstrar a importância do alargamento do comércio externo para o acréscimo da riqueza das nações, quer individualmente, quer em conjunto. Os benefícios mútuos e absolutos decorrentes do comércio livre constituíam argumentos de peso para a construção da idoneidade do discurso da economia política. Mas deve-se sobretudo a David Ricardo a formulação, na sua obra publicada em 1817, de uma teoria do comércio internacional assente num simples enunciado teórico – o princípio das vantagens comparativas. De acordo com este princípio, o aprofundamento das trocas comerciais entre países constitui a resposta para os inevitáveis processos de especialização a que cada país se dedica no(s) sector(es) de atividade em que, face aos seus potenciais parceiros e competidores, consegue produzir uma mesma quantidade de um bem a preço mais baixo. Ou seja, as vantagens comerciais que um país pode obter – resultantes da sua situação geográfica, da sua dotação de recursos e de capitais – serão tanto maiores quanto maior for o seu grau de especialização naquilo que melhor produz.

Independentemente das correções e modificações de que tem sido alvo, a teoria ricardiana das vantagens comparativas constitui, indiscutivelmente, um dos mais sólidos e duradouros esquemas analíticos concebidos pela ciência económica, e talvez seja um dos raros conceitos surgidos no início do século XIX que nos dias de hoje continua a ser objeto de apresentação formal nos manuais introdutórios de economia. Os desenvolvimentos dados à teoria do comércio internacional por autores como Eli Heckscher, Bertil Ohlin e Paul Samuelson acentuaram a importância da dinâmica de fatores competitivos que modificam os padrões naturais de especialização produtiva e mercantil, estabelecendo o princípio segundo o qual os países tendem a exportar as mercadorias cuja produção usa de forma intensiva os seus fatores produtivos mais abundantes e a importar as mercadorias que usam mais intensivamente os fatores que lhes são escassos. Nesta abordagem, não é esquecido o lado determinante dos padrões de consumo para a justificação das trocas efetuadas. Deste modo, estabelecem-se relações de equilíbrio geral a uma escala global, gerando-se uma harmonia espontânea entre bens e serviços consumidos e os fatores que permitem a sua produção. Sem deixar de admitir a existência de vantagens comparativas e competitivas na dotação de recursos, fatores e tecnologia à escala internacional, os desenvolvimentos da teoria do comércio internacional constituem o fundamento da legitimação de um processo de globalização económica que beneficia todos os parceiros envolvidos. Apesar de se saber que a evolução das condições e termos de troca não favorece de modo igual todos os países, não há dúvida de que essa é a crença que melhor serve para justificar a bondade e os méritos da globalização.

As contribuições analíticas que valeram a Paul Krugman a obtenção do prémio Nobel, em 2008, são ainda abonações que alargam a validade do velho princípio ricardiano a hipóteses que não eram pertinentes nas primeiras décadas do século XIX. Com efeito, Krugman introduziu na teoria do comércio internacional novos casos de economias de escala com rendimentos crescentes e novas situações de concorrência imperfeita que anteriormente não haviam sido contempladas, com o objetivo fundamental de explicar padrões de especialização e processos de localização de atividades num espaço económico e geográfico global.

As contribuições inovadoras de Paul Krugman datam de meados da década de oitenta do século XX. Apesar de nessa altura estar ainda longe de se assumir como intrépido vigilante de alguns malefícios da globalização, já então advogava o carácter limitado de raciocínios económicos típicos do liberalismo económico de muitas décadas atrás. Krugman argumenta em favor de uma política estratégica de comércio segundo a qual o Governo pode e deve criar condições e incentivos que permitam consolidar a competitividade internacional das empresas. Este ponto é particularmente importante para a discussão atual sobre os dilemas da globalização, como veremos adiante.

Independentemente dos alertas enunciados por Krugman, as visões construídas pela teoria do comércio internacional acerca da bondade do processo de globalização baseiam-se na aceitação quase consensual de um modelo teórico enraizado nas contribuições da economia clássica inglesa (sobretudo de inspiração ricardiana) e seus posteriores desenvolvimentos neoclássicos. E a aceitação de tal modelo tem também associada a adesão quase incondicional aos princípios doutrinais do *laissez-faire*, do livre-câmbio económico. Os matizes do discurso de feição liberal podem ser mais ou menos acentuados, podendo até ocorrer dissidências críticas impostas por circunstâncias particulares da situação económica e política de um determinado país ou região do globo. Porém, no quadro da ortodoxia dominante, sobra sempre um imenso território de visões e opiniões intermédias em que impera a concordância de princípio com a superioridade doutrinal dos ideais livre-cambistas.

Não se pode daqui concluir que estejam completamente desatualizadas as notícias que de forma algo precipitada anteciparam «o fim do *laissez-faire*» (conforme proclamado por John Maynard Keynes num célebre e persuasivo ensaio com esse título que publicou em 1926), cuja morte anunciada, afinal, teve de sofrer vários adiamentos. Numa era que mediaticamente se convencionou apelidar de globalização, continuam a fazer-se repercutir os ecos difusos de princípios autárcicos e de ideologias protecionistas que funcionam como uma espécie de caução ética e política perante as consequências nefastas de um comércio livre que acentua a desigualdade entre nações.

Por conseguinte, quaisquer tentativas de minimização das tensões e conflitos entre protecionismo e livre-cambismo – o mesmo é dizer entre adversários e adeptos da globalização – não podem fazer ignorar que esta é uma das matérias mais sensíveis e mais polémicas em toda a história da ciência e das doutrinas económicas. As razões da polémica residem, naturalmente, no confronto entre modelos ou conceitos teóricos muito apelativos e sedutores (que em última instância radicam no princípio das vantagens comparativas) e a dura realidade da experiência de desenvolvimento dual que divide os intervenientes no processo de globalização.

A enorme diferença que separa, ao nível da capacidade instalada e dos indicadores de desempenho económico, os países mais industrializados do mundo ocidental e os países mais pobres do terceiro mundo não pode ser ignorada ou escondida. As consequências do processo de globalização, especialmente até finais do século XX, revelaram um progressivo desfasamento do crescimento do produto *per capita* entre países do centro e da periferia. Apesar de os países pobres e subdesenvolvidos terem deixado de ser tão pobres quanto eram há cem anos, o seu estatuto de exportadores de matérias-primas e de importadores de produtos manufaturados dos países ricos e industrializados não permitiu que os benefícios da globalização fossem igualmente distribuídos. É esse o teor mais ou menos consensual dos estudos de história económica que se debruçam sobre os efeitos da globalização no século XX. Porém, parece plausível admitir que estamos agora no limiar de um novo processo de globalização em que alguns países menos industrializados conseguem finalmente criar as condições indispensáveis a um crescimento económico sustentável, passando do estatuto de economias emergentes ao de economias dominantes (os casos da China, Brasil e Índia aí estão para o confirmar). Mesmo admitindo tal hipótese, não há dúvida de que a globalização continua e continuará a beneficiar e a penalizar países e regiões de forma diferenciada.

III – A globalização e os desafios do futuro

Da exposição no ponto anterior deverá reter-se o seguinte significado fundamental: a globalização é uma inevitabilidade histórica decorrente do natural estabelecimento de relações económicas e financeiras à escala internacional e, enquanto tal, não pode ser glorificada como um bem absoluto ou condenada como um mal incorrigível. Num certo sentido, a globalização constitui um legado histórico irreversível que está ao nosso alcance compreender e gerir o melhor que for possível.

A diversidade de formas e de impactos que foi assumindo e produzindo demonstram que se trata de um fenómeno complexo que acompanha a formação das economias-mundo e o desenvolvimento económico à escala mundial, ao longo de diversas etapas da história. Nos dias de hoje, todavia, a formação de uma economia mundial globalizada está dependente de um conjunto específico de fatores que importa ter em consideração e associada aos mesmos.

Em primeiro lugar, é necessário ter presente que a abertura e integração crescentes de mercados monetários e financeiros não podem ser vistas como um fenómeno espontâneo e devem-se em grande parte a decisões estratégicas de natureza política tomadas pelos líderes dos países mais ricos e pelas instituições internacionais de enquadramento da atividade económica e financeira (G8, Banco Mundial, Fundo Monetário Internacional, Organização Mundial do Comércio, entre outras). Neste processo, desempenha um papel crucial o desenvolvimento de infraestruturas tecnológicas baseadas em telecomunicações avançadas, sistemas de informação interativa e sofisticados sistemas de computação que permitem o rápido manuseamento de modelos utilizados para o processamento de decisões sobre transações de produtos financeiros. Ao facilitarem a circulação de informação, facilitam também o contágio e contaminação de procedimentos irregulares e ações criminosas, conforme ficou patente no eclodir da recente crise iniciada no final de 2008.

Outro aspeto importante a considerar é a evolução da estrutura do comércio e da produção internacional com grandes implicações sectoriais (criação de novos produtos de maior intensidade tecnológica) e fortes impactos regionais, sobretudo decorrentes da delimitação e consolidação de áreas geográficas de comércio (União Europeia, Nafta, Ásia-Pacífico, Mercosul) que configuram uma certa regionalização da economia global. A formação de redes de relações de produção e de comércio entre empresas à escala planetária faz com que por vezes deixe de fazer sentido a noção de país enquanto unidade de produção, comércio e concorrência. Este atributo torna os países individualmente considerados reféns de decisões a que podem ser alheios.

Finalmente, importa assinalar a difusão e integração crescentes da ciência, tecnologia, inovação e conhecimento, em grande medida graças ao desenvolvimento explosivo de redes de pesquisa formais e informais amplamente facilitadas pelos usos e recursos da Internet. Assim, a era da globalização existe para além dos fundamentos económicos e financeiros que a ditaram, tornando os habitantes do globo cúmplices involuntários no fabrico de uma enorme teia que a todos envolve.

As vantagens decorrentes dos processos abreviadamente descritos impõem-se com indesmentível evidência. Todavia, o desenvolvimento e integração crescentes da economia mundial globalizada não nos poderão deixar indiferentes ou complacentes com os contrastes e desigualdades que pairam no mundo. Um mundo que parece nunca ter sido tão rico, mas que também nunca privou tantos do acesso à riqueza e a níveis mínimos de bem-estar.

Não se podem impedir as nações mais pobres de serem abrangidas pelas consequências benéficas das modernas tecnologias, do alargamento do comércio internacional e das vantagens económicas, sociais e políticas de se viver em sociedades abertas. Por isso, a questão central que importa com coragem enfrentar é a da eliminação das desigualdades nos processos de distribuição do rendimento quer à escala internacional, quer à escala intranacional. Ou seja, são necessários esforços redobrados e uma firme vontade política que permita que as vantagens da globalização possam ser efetivamente globalizadas, e não circunscritas a grupos privilegiados.

Perante um quadro de desigual distribuição de benefícios, é compreensível a atitude daqueles que procuram alertar para as tendências que agem simultaneamente no sentido da autodestruição da globalização, sobretudo no que se refere aos fenómenos de instabilidade e turbulência no funcionamento dos mercados financeiros, que a presente crise tão bem espelha. Igualmente compreensível é o sentimento de revolta (também ele crescentemente globalizado), quer pelas situações de injustiça e desigualdade que acompanham a intensificação do processo de globalização, quer pela fragilidade das respostas e soluções institucionais e políticas que poderiam ser ativadas com o propósito de evitar males piores.

Todavia, a formação de uma consciência crítica acerca de alguns efeitos perversos da globalização não poderá desembocar na perversidade maior que seria a reivindicação de um separatismo autonómico das nações vivendo em regime de rígida autarcia, através das receitas e respostas convencionais de protecionismo comercial a que muitas vezes se associam o reforço de instintos nacionalistas e chauvinistas e o controlo de movimentos de pessoas e capitais.

A atual conjuntura demonstrou ser falsa a ideia ou crença de que os mercados se autorregulam por processos naturais ou espontâneos. O reconhecimento da integração crescente dos mercados não dispensa, antes exige, cuidado adicional na sua regulação. Por isso, parece indispensável o reforço da intervenção de instituições legalmente habilitadas ao exercício do controlo e regulação da atividade de empresas que atuam nos setores económico e financeiro. O papel dos bancos centrais, dos organismos internacionais de coordenação das políticas monetária e fiscal e das autoridades políticas à escala nacional tem de ser amplamente reconhecido através de consensos políticos alargados, sem os quais a ordem internacional não poderá ser restabelecida.

A globalização não significa a eliminação da esfera nacional de decisão política ou o abandono de regras nacionais que podem ser um primeiro passo para ações de cooperação internacional mais eficazes. A ordem internacional não pode basear-se no domínio das regras impostas pelos mais fortes ou mais capacitados para a resolução de situações de crise. A harmonização de regras estabelecidas à escala nacional é um primeiro mas fundamental passo para a obtenção de equilíbrios globais.

Igualmente crucial é o reconhecimento da diversidade de modelos de crescimento e desenvolvimento económico, da existência de uma ampla gama de variedades de capitalismo e tipos de democracia com êxitos e sucessos que não permitem nivelar as diferenças por uma medida-padrão comum. As experiências de democracia e estado social europeu são um sucesso insubstituível e servem de exemplo, sem todavia impedirem a projeção de modelos institucionais mais centrados na lógica de mercado. Mercado liberal e mercado coordenado não são polos opostos ou realidades diferentes, mas variedades de organização económica que aceitam o capitalismo como modelo que, não sendo perfeito, é o menos precário dos sistemas de organização da vida material.

A preservação da ordem global internacional confere a cada país o direito de conservar as suas instituições, no pressuposto de que assim poderá responder melhor às exigências que lhe sejam impostas ou sugeridas do exterior. A alteração da legislação laboral ou dos sistemas de proteção social ou ambiental não podem ser medidas cegas e abstratas que não tenham em consideração as normas e valores sociais prevalecentes em determinado país. De igual modo, a abertura económica e a defesa de abolição de entraves à livre circulação de mercadorias não significam que os países individualmente considerados não possam optar por restrições ao consumo de bens supérfluos ou produzidos em condições de concorrência desleal.

A abertura do comércio, o alfa e ómega da era da globalização, não é contrária a uma regulação do comércio que previna os danos colaterais que comporta. Para que a globalização seja um fator que garanta maior prosperidade económica à escala mundial, diversas são as ações ao alcance dos países mais ricos, de modo que essa prosperidade possa também ser partilhada pelos países subdesenvolvidos: negociação de acordos de comércio vantajosos, iniciativas de assistência médica e humanitária, intercâmbios educativos, científicos e tecnológicos, reforço dos cuidados ambientais, perdões de dívidas acumuladas, cortes no fornecimento de armamento, promoção do bem-estar das populações, defesa intransigente do respeito pelos direitos humanos.

Sabemos como tudo isto são intenções generosas e apelos quiméricos de difícil concretização. Mas é fundamental proclamar bem alto estes princípios e acreditar que é preciso e possível fazer mais e melhor para que os malefícios da globalização não ensombrem por completo os benefícios que inequivocamente lhe estão associados, benefícios de que a história nos deu testemunho e que nos legou em património.

IV – Um mundo global de democracia reforçada

A atual discussão sobre a globalização não pode ignorar as virtudes mútuas e as vantagens simultâneas da ordem económica do mercado e da ordem política democrática. E parece imprescindível afirmar a complementaridade entre ambas, ou seja, sustentar a ideia de que o mercado não pode existir sem democracia, a qual, por sua vez, surge reforçada com o estímulo que lhe é dado pelo tónico do mercado.

A defesa deste ponto de vista obriga a criticar a visão dominante no pensamento económico contemporâneo, segundo a qual nenhum obstáculo de natureza política se deveria sobrepor à dinâmica própria do funcionamento dos mercados. Os defensores de tal visão partem do princípio de que os agentes económicos tomam decisões e otimizam as suas escolhas de forma racional. No pressuposto de que esse é o passo mais seguro para se obterem soluções espontâneas de equilíbrio, deixa de fazer sentido qualquer intervenção política exogenamente imposta ao mercado, em cuja regulação automática piamente acreditam.

Assim, um dos problemas mais delicados de discutir no atual contexto da era da globalização refere-se à questão de saber em que medida o aprofundamento da democracia pode constituir um travão ou deve representar um estímulo ao ritmo de crescimento económico. Trata-se de questionar a demonstração empírica da suposta superioridade moral do mercado, ilustrada por níveis de eficiência económica que, por vezes, não são compatíveis com o acréscimo de qualidade das instituições democráticas. Em alguns países menos desenvolvidos, conduzir a democracia para além de um limiar mínimo de direitos e garantias poderia limitar seriamente as possibilidades de desempenho económico, medido através do crescimento do produto. Neste sentido, o exercício da liberdade política plena seria um direito apenas ao alcance dos países mais ricos, um bem de luxo que nem todos os países estariam em condições de consumir. Por outras palavras, a globalização na esfera económica e financeira só seria viável à custa das barreiras à entrada numa nova ordem política democrática.

Existe algum cinismo nesta constatação, compreende-se a indignação que ela provoca, mas não podemos deixar de assinalar que ela constitui um ponto central para a compreensão do processo de crescimento económico em países cuja ordem política não corresponde ao modelo das democracias ocidentais. Veja-se o caso da República Popular da China e compreender--se-á a dificuldade em negar que a pujança da economia de mercado aí emergente tem beneficiado do regime político autoritário em vigor. Caso se venha a verificar uma abertura política na China, será possível manter as taxas de crescimento económico registadas neste país nos últimos anos? Não se pretende, de modo algum, defender um modelo de organização social que prive os indivíduos do exercício de direitos básicos. Mas é de elementar lucidez notar que o aplauso das façanhas económicas nem sempre se acompanha da denúncia dos atropelos às liberdades civis. O que se diz para a China poderia ser estendido a outros países e regiões, muitos deles governados com referenciais ideológicos de sinal oposto.

Para quem não tem dúvidas em afirmar a superioridade do modelo político democrático, a uma escala que possa ser cada vez mais global, importa afirmar com veemência que as eventuais perdas decorrentes de um abrandamento dos processos de globalização e de uma diminuição do ritmo de crescimento económico serão compensadas por uma maior estabilidade macroeconómica de médio e longo prazo, por uma diminuição da importância dos choques exógenos e, sobretudo, pelos ganhos sociais no processo de redistribuição da riqueza.

As dúvidas em relação à prioridade a dar à extensão da globalização não decorrem de qualquer hesitação em relação ao reconhecimento das suas virtudes, mas sim de uma recusa em admitir um raciocínio económico puro, baseado num hipotético mas perfeito e autorregulado sistema de livre concorrência no comércio internacional, com maior ou menor dose de vantagens comparativas. Pensar a política numa era de globalização significa, por isso, pensar o modo de intervenção do Estado em áreas e sectores onde a eficiência dos agentes privados não tenha demonstrado sinais positivos, designadamente em todos os domínios em que possa haver um contributo para um acréscimo da coesão social.

O nosso propósito fundamental é o de proclamar a superioridade da democracia enquanto sistema de organização da vida social, económica e política. Os regimes democráticos possibilitam o exercício de um apertado sistema de escrutínio e vigilância da classe política, levando à substituição dos agentes que não exercem convenientemente os seus mandatos, reforçando o clima de segurança e tranquilidade dos cidadãos perante as consequências esperadas ou inesperadas das suas decisões. Ou seja, antes de serem decisores económicos e de efetuarem as escolhas que conduzem à maximização dos seus interesses e preferências, os membros de uma dada comunidade são cidadãos que detêm o poder de alterar as orientações que os governantes julgam ser as mais adequadas. Tal requisito não pode ser visto como um atropelo ao normal funcionamento dos mercados, pois a história provou que o triunfo das modernas economias de mercado foi largamente facilitado pelo clima de tranquilidade e segurança que só um regime democrático pode proporcionar.

A globalização no mundo em que vivemos não é suscetível de negação ou condenação moral. Mas o seu aprofundamento desmedido tem de ser condicionado pela aceitação de princípios básicos e valores éticos que comandam a nossa existência e presidem à organização e participação da nossa vida em sociedade.

Referências bibliográficas([1])

Bordo, M. D., Taylor, A. M., & Williamson, J. G. (2005). *Globalization in Historical Perspetive.* Chicago: University of Chicago Press.

Castells, M. (2002). *A era da informação: economia, sociedade e cultura.* Lisboa: Fundação Calouste Gulbenkian.

([1]) O presente texto não foi pensado como ensaio académico, razão pela qual não se inserem notas ou remissões bibliográficas. Apenas registo os créditos de leituras principais que inspiraram ou influenciaram algumas das ideias aqui expostas.

Fitoussi, J. P. (2005). *A democracia e o mercado.* Lisboa: Terramar.

Krugman, P. (1987). «Is free trade passé?», *The Journal of Economic Perspetives,* 1:2, pp. 131-144.

Maneschi, A. (1998). *Comparative Advantage in International Trade. A historical perspetive.* Cheltenham: Edward Elgar.

Stiglitz, J. (2004). *Globalização: a grande desilusão.* Lisboa: Terramar.

Interesse nacional e globalização: o caso português entre a teoria e a história

NUNO SEVERIANO TEIXEIRA
(Universidade Nova de Lisboa, Faculdade de Ciências Sociais e Humanas, IPRI)

I – O conceito

Conceito recente, a expressão «interesse nacional» tem, contudo, uma longa genealogia teórica e política. Genealogia que conduz a ideia matriz do conceito, do interesse dinástico à razão de Estado e da razão de Estado ao interesse nacional.

A ideia, que remonta às origens do Estado moderno, no século XVI, reforça-se e vê-se, internacionalmente, consagrada na ordem saída do Congresso de Vestefália, em 1648. Investida da legitimidade nacional que, pós-Revolução Francesa, os nacionalismos emergentes no século XIX lhe emprestam, a ideia persiste e atravessa toda história do século XX(1).

Todavia, ao analisar o conceito de «interesse nacional», a primeira constatação que se impõe é a de que se trata de um conceito com uma dupla personalidade: uma teórica, outra política. E o reconhecimento dessa duplicidade é o primeiro passo e a condição básica para uma clarificação do conceito.

Embora usado indistintamente, o conceito comporta, como explicou James Rosenau(2), um duplo registo: ao nível político, é um instrumento de ação estratégica do Estado; ao nível teórico, é um instrumento analítico da ciência política e da teoria das relações internacionais.

---

(1) C. Beard, *The Idea of National Interest* (Nova Iorque: Macmillan, 1934), pp. 22-24.

(2) J. Rosenau, «The national interest» in Rosenau, J., *The Scientific Study of Foreign Policy* (Nova Iorque: Nichols Publishing Company, 1980), pp. 283-293.

No primeiro caso, o «interesse nacional» constitui-se como o elemento estruturante para a formulação dos objetivos nacionais e como um instrumento de ação política e estratégica para a ação externa do Estado.

No segundo caso, «o interesse nacional» é um conceito analítico, um instrumento teórico e operatório na teoria das relações internacionais, em particular na análise de política externa.

Em ambos os registos, o conceito tem duas ideias em comum: em primeiro lugar, a referência ao interesse de grupo e à natureza nacional desse grupo – o Estado-nação; em segundo lugar, a referência à relação do grupo nacional com o exterior – a política externa e a política de defesa.

A partir daqui, os dois registos pouco ou nada mais têm em comum, a não ser os equívocos de natureza semântica. Seguem destinos autónomos e diferentes.

No plano político, o conceito continuou, imparável e ininterruptamente, a sua já longa genealogia e, apesar de algumas polémicas([3]), continua a ser utilizado como instrumento de ação estratégica e a legitimar politicamente a ação externa dos Estados.

No plano analítico, conheceu um destino completamente diferente.

No pensamento contemporâneo, a primeira formulação teórica do conceito de «interesse nacional» remonta ao período entre as duas guerras e deve-se à obra pioneira de Charles Beard, *The Idea of National Interest*([4]).

A partir de então e, fundamentalmente, no segundo pós-guerra, a teoria do interesse nacional atravessa três momentos distintos a que correspondem, de certa forma, outros tantos paradigmas teóricos na teoria das relações internacionais, em geral, e no estudo do interesse nacional, em particular.

([3]) Tratando-se de um conceito instrumental, formulado pelo poder político, mas que designa o interesse geral de toda a sociedade, é objeto de contestação pelos grupos sociais ou políticos que se sentem excluídos ou não se revêem na formulação desse interesse geral.

([4]) Veja-se C. Beard, *The Idea of National Interest* (Nova Iorque: Macmillan, 1934).

O primeiro, é, naturalmente, o da década de cinquenta e primeira metade da década de sessenta, marcado pela matriz realista das relações internacionais e dominado pela figura de Hans Morgenthau e pela sua obra *Politics Among Nations* (Morgenthau, 1985), que constrói uma teoria das relações internacionais assente na ideia do interesse nacional. Na esteira de Morgenthau, outros autores desenvolveram com «nuances» próprias a temática do interesse nacional, mas sempre dentro de um mesmo quadro teórico que é o da matriz realista. A este respeito, as obras de George Kennan, nos Estados Unidos e Raymond Aron, em França, continuam a ser, indiscutivelmente, as mais significativas (Kennan & Aron, 1962).

Embora diferentes entre si, todas estas abordagens assentam num conjunto de pressupostos teóricos comuns, característicos do realismo. Em primeiro lugar, o monopólio do Estado como ator das relações internacionais; em segundo lugar, a separação estrita e até dicotómica entre interno e externo e a ideia de que o Estado é um espaço fechado que só se relaciona no exterior com outras entidades homólogas, ou seja, com outros Estados. Daqui decorre, como corolário, que as relações no espaço internacional são vistas, exclusivamente, como relações interestatais e que o elemento estruturante da conduta dos Estados é, precisamente, o «interesse nacional». Como consequência, a ideia da soberania absoluta e da territorialidade do Estado conduz a que a defesa do interesse nacional seja dirigida, fundamentalmente, para dois objetivos: a defesa da soberania e do território; e a capacidade do Estado para impor a sua vontade ou, dito de uma outra forma, o seu interesse nacional aos outros Estados. Um e outro repousam sobre a noção de poder, entendida em última instância como o uso da força.

Tratam-se, pois, de modelos simples, fechados, territorializados e que dirigem as estratégias nacionais e a orientação externa dos Estados para dois objetivos: alianças externas estáveis, unidirecionais e bilaterais, no plano diplomático, e um poder-força entendido, primordialmente, como de natureza militar. Uma conceção que se poderia aproximar do conceito de *hard-power* de Joseph Nye.

O segundo momento percorre as décadas de setenta e oitenta e é marcado pelo abandono quase total do conceito de interesse nacional no plano analítico. O conceito atravessa, então, um eclipse teórico sobre o efeito duplo da evolução política internacional e da evolução teórica no campo das relações internacionais, marcadas pelas correntes de contestação ao realismo.

Por um lado, assiste-se à proliferação de atores internacionais e ao seu peso crescente na cena internacional: não só as tradicionais organizações internacionais, mas, progressivamente, os novos atores não estatais, sejam de natureza transnacional ou infraestatal. Significa isto que o Estado perdeu o monopólio das relações internacionais. Por outro lado, o progresso tecnológico e o processo de globalização provocam o desenvolvimento de fluxos transnacionais em rede, de ordem material e imaterial, que impõem a economia, as finanças, as migrações ou a informação como componentes essenciais das relações internacionais, pondo em causa o primado das relações interestatais. E, neste caso, não é só o monopólio que está em causa. Está em causa a própria centralidade do Estado na cena internacional.

Sob o ponto de vista teórico, é um período marcado pela contestação epistemológica ao paradigma realista, dominado por correntes várias: do funcionalismo (Mitrany, 1966) à análise sistémica (Easton, 1965) (Merle, 1974), da teoria da «interdependência complexa» (Nye, 1977) (Nye, 1972) à escola mundialista (Burton, 1972), passando pelas teorias neomarxistas da «economia-mundo» (Wallerstein, 1988) e da «dependência» (Amin, 1973) (Amin, *L'Accumulation à l'Echelle Mondiale*, 1988), correntes para as quais o conceito de interesse nacional não desempenha qualquer função analítica.

E mesmo a teoria neorrealista (Waltz, 1979), que desde o início da década de oitenta vem recuperar e reatualizar o paradigma do realismo clássico, já não confere um lugar central e um valor analítico especial ao conceito de «interesse nacional».

O terceiro momento é o daquilo a que poderíamos chamar o retorno do conceito ao campo teórico das relações internacionais e em particular da «análise da política externa». De facto, desde o final da Guerra Fria que, sob o efeito duplo dos movimentos simultâneos de globalização e fragmentação da cena internacional, sobretudo aquando da emergência das derivas nacionalistas pós-dissolução dos blocos, que se assiste a um renovado interesse pelo conceito a que a justo título alguns autores chamaram a «vingança do interesse nacional» (Parisi, 1998). De então para cá, e em muitos casos, aliás, a resistência à globalização fez-se com apelo a identidades nacionais.

Surgem a partir de então múltiplas análises em torno do conceito de interesse nacional das quais importa sublinhar as que constituem a matriz nesta nova formulação do conceito – Stephan Krasner (Krasner, 1978), Donald Neshterland (Neshterland, 1979), Benjamin Frankel (Frankel, 1990) – e os seus últimos desenvolvimentos – W. David Clinton (Clinton, 1994) e, mais recentemente, Vittorio Emanuele Parisi (Parisi, 1998). São aproximações teoricamente diferentes entre si, mas também elas assentes em alguns pressupostos comuns.

Em primeiro lugar, repensam o conceito de interesse nacional no contexto de sociedades complexas, abertas e democráticas, o que conduz desde logo a dois problemas fundamentais: primeiro, formular o interesse nacional no quadro dos limites e da crise do paradigma estatocêntrico, ou seja, num contexto em que, não só o Estado perdeu o monopólio das relações internacionais, como dentro do próprio Estado outros atores definem e executam as suas próprias estratégias de relacionamento internacional; segundo, e como consequência, a dificuldade ou, melhor, a impossibilidade de determinação objetiva do « interesse nacional».

Em segundo lugar, repensam o conceito de interesse nacional para um ambiente internacional dominado pela interdependência das relações internacionais seja no plano económico e financeiro, seja no plano político e da segurança, para não falar na mundialização da informação. Em suma, um mundo em processo de globalização, progressivamente desterritorializado, em que o verdadeiro poder se desloca, do controlo físico dos territórios para o controlo dos fluxos materiais e imateriais em rede e para a capacidade de presença e influência nessa rede. Num «internacional sem território», para usar a expressão de Bertrand Badie (Badie, 1995), as estratégias de poder tornam-se menos importantes no controlo do espaço e mais importantes no controlo do tempo.

Ao contrário do modelo realista, trata-se aqui de modelos, abertos, complexos e multidirecionais, que procuram adaptar a formulação do «interesse nacional» à interdependência estrutural das relações internacionais, à desterritorialização do internacional e, em última instância, ao fim do sistema vestefaliano.

Neste contexto, orientam as suas estratégias nacionais para alianças externas complexas, flexíveis, multidirecionais e multilaterais e para a presença, influência e controlo dos fluxos transnacionais, numa conceção de poder-rede. Uma conceção que se poderia aproximar do conceito de *soft-power* de Joseph Nye.

Desenhadas que foram, em linhas muito gerais, as tendências teóricas de análise do «interesse nacional», terá sentido o exercício de aplicação ao caso português, num contexto de globalização.

II – O caso português

Numa perspetiva de longa duração, a inserção internacional de Portugal e, consequentemente, a formulação do interesse nacional, conheceu três modelos diferentes a que correspondem, também, três momentos históricos distintos.

O primeiro modelo corresponde ao período medieval. Até ao século XV, as relações externas de Portugal faziam-se, no quadro peninsular, entre cinco unidades políticas, todas elas mais ou menos equivalentes em dimensão e potencial estratégico: os reinos peninsulares.

A luta contra o Islão no interior da Península Ibérica e as limitações científicas, tecnológicas e de recursos inviabilizavam, de resto, quaisquer relações sustentadas extrapeninsulares. Durante a Idade Média, portanto, as relações externas de

Portugal desenrolam-se no quadro intrapeninsular e entre potências equivalentes. Numa palavra, num ambiente internacional de equilíbrio peninsular.

A partir do século XV, este quadro muda radicalmente e começam a desenhar-se os movimentos de longa duração que virão a determinar aquele que será o segundo modelo histórico de inserção internacional de Portugal.

A vitória sobre o Islão e a unificação de Espanha pelos Reis Católicos transformam a Península Ibérica em apenas duas unidades políticas de desigual dimensão, potencial estratégico e posicionamento geopolítico: Portugal e Espanha. Por outro lado, a evolução científica e tecnológica, nomeadamente a ciência náutica e a construção naval, vêm permitir o desenvolvimento sustentado de relações externas extrapeninsulares. Do equilíbrio medieval passa-se, assim, para um desequilíbrio peninsular e, consequentemente, a procura, por parte de Portugal, de mecanismos de compensação para esse desequilíbrio geopolítico, que a capacidade de sustentação de relações extrapeninsulares vai permitir a partir de então. Do século XV em diante, Portugal vive sob um equilíbrio instável entre o Continente e o Mar, entre a pressão do vetor continental e a procura de uma alternativa de compensação do vetor marítimo.

Ora, é deste quadro de condicionantes geopolíticas que decorrem os movimentos de longa duração histórica que enformam a formulação tradicional do interesse nacional e da estratégia de ação externa do Estado português.

Neste quadro, o interesse vital, é, naturalmente, a manutenção da soberania política e da integridade territorial enquanto Estado ou, dito de outro modo, a independência nacional.

Daí que, no contexto do desequilíbrio geopolítico na Península Ibérica, a posição de Portugal seja condicionada, em primeiro lugar, por uma perceção antinómica e exclusiva da relação entre o Continente e o Mar ou, melhor, entre a Europa e o Atlântico. E, em segundo lugar e como consequência, marcada por uma estratégia de afastamento em relação à Europa, vista como ameaça continental vinda de Espanha, e pelo primado do vetor marítimo na orientação externa, ou seja, o Atlântico.

Daqui decorrem, diretamente, as duas orientações estratégicas que condicionam as constantes históricas da política externa e da política de defesa em Portugal. Em primeiro lugar, o fechamento da fronteira terrestre e o desenvolvimento de uma «lógica de fortaleza» em relação ao continente. Em segundo lugar, o primado do vetor atlântico, historicamente concretizado em dois movimentos de longa duração: primeiro, a diversificação das alianças externas em relação a Espanha e a aliança privilegiada com a potência marítima – tradicionalmente, a aliança inglesa, os Estados Unidos depois de 1945 e a NATO, num quadro multilateral, a partir de 1949; segundo, o investimento colonial nos sucessivos Impérios, o Oriente, o Brasil e a África.

Até 1974-1976, Portugal viveu, estrategicamente, fechado à Europa e aberto sobre o Atlântico e o império colonial. Orientou o seu dispositivo diplomático e militar para o Atlântico (aliança inglesa; Estados Unidos e NATO) e todo o seu dispositivo económico para o império colonial. E, mesmo quando não era exclusivamente colonial, como quando, na década de sessenta, Portugal integra a EFTA, continuava a ser marítimo e atlântico e nunca continental. E tudo isso de acordo com a coerência e a vantagem política do modelo que aconselhava a diversificação estratégica das alianças extrapeninsulares: Portugal era membro da NATO, Espanha não; Portugal era membro da EFTA, Espanha não([5]).

Eis pois como, de acordo com esse movimento de longa duração, se desenvolveu a formulação histórica do interesse nacional e das orientações estratégicas que dele decorriam e que correspondem, com uma clareza quase meridiana, ao modelo tradicional do paradigma realista, que correspondia, de facto, ao ambiente internacional e ao interesse nacional nesse momento histórico.

([5]) J. Ferreira, *Cinco regimes na política externa* (Lisboa: Editorial Presença, 2006); e N. Teixeira, «Entre a África e a Europa: a política externa portuguesa – 1890/2000» in A. C. Pinto, *Portugal Contemporâneo* (Lisboa: Dom Quixote, 2004), pp. 61-92.

A defesa da independência nacional e da integridade do território peninsular e colonial impunha, neste quadro, uma estratégia de ação externa baseada no fechamento e no desenvolvimento de uma lógica de fortaleza em relação ao continente e à Europa e uma abertura sobre o Atlântico e o primado do vetor marítimo, e, consequentemente, a aliança privilegiada, estável e bilateral com a potência marítima.

A partir de 1974, este modelo, sólido e velho de cinco séculos, desvanece-se em poucos anos. A transição para e democracia e a consolidação democrática em Portugal e Espanha, entre 1974 e 1976 e a integração europeia, com a entrada simultânea dos dois Estados peninsulares na Comunidade Económica Europeia, em 1986, vieram alterar radicalmente todo o quadro tradicional([6]).

De facto, consequência imediata da transição para a democracia no plano externo, em 1975, Portugal faz a descolonização, fechando, assim, o ciclo do Império. Em 1979, Espanha desenha a sua aproximação à EFTA. Em 1982, após referendo interno, Espanha integra a estrutura política da NATO de que Portugal é membro fundador desde 1949. Em 1986, Portugal e Espanha entram, simultaneamente, na Comunidade Económica Europeia. Em 1990, entram, também, simultaneamente, na União da Europa Ocidental. E, finalmente, em 1997, Espanha adere à estrutura militar integrada da NATO([7]).

([6]) Sobre os processos de transição para a democracia, veja-se por todos: sobre Portugal, *Portugal e a transição para a democracia 1974-1976*, coordenação científica de F. Rosas (Lisboa: Colibri, 1999); e sobre Espanha J. Tussel e A. Souto, *Historia de la transición* (Madrid: Alianza Universidad, 1996), assim como J. S. Cervelló, *A Revolução Portuguesa e a sua influência na transição espanhola* (Lisboa: Assírio e Alvim, 1993).

([7]) Sobre a política externa portuguesa no seu conjunto, ver AAVV, *Visões da política externa portuguesa* (Lisboa: Instituto Diplomático, 2005); A. J. Telo, «A Revolução e a posição de Portugal no mundo», in *Portugal e a transição para a democracia 1974-1976*, coordenação científica de Fernando Rosas (Lisboa: Colibri, 1999), pp. 275-315, e S. Macdonald, «European Destiny Atlantic Transformations: portuguese foreign policy under the second republic 1974-1992» (Londres: Transaction Books, 1993); sobre a política

Em pouco mais de uma década, não só se altera o modelo de inserção internacional, como o relacionamento no quadro peninsular e, consequentemente, a formulação do interesse nacional para Portugal.

Significa isto que para Portugal se alteraram as suas orientações estratégicas, não só no que toca ao dispositivo geoeconómico, mas também aos dispositivos geopolítico e geoestratégico.

Em primeiro lugar e como dupla consequência da descolonização e do fim do Império, por um lado, e da integração europeia, por outro, o dispositivo económico português continentalizou-se. A densidade das relações económicas externas dePortugal faz-se por via terrestre e dirige-se, hoje, maioritariamente para a Europa.

Em segundo lugar, o dispositivo político e estratégico não só define uma prioridade europeia, como não existe diversificação, mas antes identidade, das alianças externas extrapeninsulares de Portugal e Espanha. Ambos os Estados definem como opções externas prioritárias e integram a União Europeia, a NATO e a UEO([8]).

Quererá isto dizer que já não há contradição de interesses? Que não há um interesse específico de Portugal? Ou, dito de outro modo, que deixou de ter relevância a questão do interesse nacional?

Não, muito pelo contrário. Quer dizer que os interesses nacionais permanecem e, como consequência, as contradições também. O que não estão é onde, tradicionalmente, se procuravam.

---

externa espanhola, veja-se por todos, *Las relaciones exteriores de la España democrática*, R. Gillespie, F. Rodrigo, J. Story (Madrid: Alianza Universidad, 1995); P. M. Lillo, «La política exterior en la transición e la democracia» in *Historia de la España atual. Autoritarismo e democracia* (Madrid: Marcial Pons, 1998), pp. 317-335; e J. C. Pereira, *La politica exterior de España* (Barcelona: Ariel, 2003).

([8]) Sobre a convergência das políticas de defesa, veja-se M. Frain, «A Península Ibérica e a Europa: uma convergência nas políticas de defesa espanhola e portuguesa no pós-Guerra Fria», *Política Internacional*, n.º 15/16, (outono/inverno 1997), pp. 249-282.

Imaterializaram-se, desterritorializaram-se. Não estão, hoje, fundamentalmente, na defesa física da fronteira ou na imposição da vontade pelo poder da força. Deslocaram-se e encontram-se, essencialmente, no controlo dos fluxos e na capacidade de presença e influência no poder das redes.

Num mundo em globalização, é neste novo quadro que faz sentido repensar a questão do interesse nacional, a partir dos modelos abertos, complexos e multidirecionais.

III – Conclusão

Ora, para o Portugal de hoje, repensar o problema nestes termos tem profundas consequências sobre a formulação do interesse nacional.

Em primeiro lugar, a lógica antagónica do binómio Europa-Atlântico não faz, hoje, qualquer sentido. E a lógica não só não é contraditória como é, hoje, complementar: a posição atlântica é um valor acrescentado no quadro europeu, assim como a pertença europeia é um valor acrescentado no quadro atlântico. O corolário lógico é que, neste quadro, a tradicional «lógica da fortaleza» não só não é operatória como é contrária ao próprio interesse nacional.

Em segundo lugar, no binómio Europa-Atlântico, a equação geopolítica mantém-se, mas as prioridades estratégicas inverteram-se: tradicionalmente, Portugal pensava-se como um país atlântico e colonial, era essa a sua prioridade estratégica, e, quando o peso do vetor marítimo se revelou excessivo, procurou, conjunturalmente, compensações continentais. Hoje, a prioridade estratégica é a Europa, e, como a lógica não é antagónica mas complementar, como país europeu, procura rentabilizar a sua posição atlântica e as suas relações pós coloniais.

Em terceiro lugar, tal como não há lugar à lógica da fortaleza, também não há, lugar para alianças externas únicas, fixas e unidirecionais. Nem dentro nem fora da Europa. Essas alianças são hoje múltiplas, flexíveis, multidirecionais e num quadro multilateralizado. Isto implica, naturalmente, uma formulação muito mais exigente dos interesses nacionais e uma estratégia de ação externa muito mais complexa e flexível.

Finalmente, como o Estado não detém, hoje, o monopólio das relações internacionais, as sociedades são abertas e as fronteiras fluidas, há outros atores nacionais, desde as empresas às organizações não governamentais, que se relacionam diretamente com o exterior. Significa isso que a formulação dos interesses nacionais e das estratégias de ação externa do Estado, não só não pode ignorar, como terá de se coordenar com a presença desses novos atores. Porque, se é fundamental para a defesa dos interesses nacionais a diplomacia portuguesa ou a presença das Forças Armadas portuguesas em operações de paz, ou seja, os instrumentos tradicionais da ação externa do Estado, não é, hoje, menos importante o investimento das empresas portuguesas no estrangeiro, a presença das universidades portuguesas nas redes científicas internacionais ou das organizações não governamentais no terreno, pelo mundo fora. Tal como, naturalmente, não é indiferente para os interesses nacionais um prémio Nobel para a língua portuguesa ou uma medalha de ouro nos Jogos Olímpicos.

Ao contrário de um certo pensamento de resistência contra a globalização que teme a dissolução dos interesses nacionais no mundo global, este modelo aberto, desterritorializado e em rede pode favorecer as pequenas potências e as potências periféricas como Portugal.

É que, se a dimensão e a localização do território e, consequentemente, a massa demográfica, os recursos económicos e o poder militar são fundamentais e inultrapassáveis no paradigma do poder-força, o mesmo não acontece quando se pensa no paradigma do poder-rede.

A presença nas redes e a capacidade de influenciar as decisões nessas redes requerem uma formulação dos interesses nacionais incomparavelmente mais complexa, a definição de estratégias muito mais exigentes, mas não são de todo inultrapassáveis. As pequenas potências podem desenvolver estratégias de centralidade internacional, estar presentes nas redes e influenciar os centros de decisão, minimizando assim a sua dimensão e compensando a periferia geográfica com uma centralidade política.

Portugal pode desenvolver, com sucesso, essas políticas de centralidade, na União Europeia, bem como na cena internacional.

Referências bibliográficas

Amin, S. (1988). *L'accumulation à l'echelle mondiale.* Paris: Anthropos.

Amin, S. (1973). *Le développement inégale – essai sur les formations sociales du capitalisme périphérique.* Paris: E. Minuit.

Badie, B. (1995). *La fim des territoires, essai sur le désordre international et l'utilité sociale du repect.* Paris: Fayard.

Burton, J. W. (1972). *World Society.* Cambridge: Cambridge University Press.

Clinton, W. D. (1994). *The Tow Faces of National Interest.* Louisiana: Louisiana State University Press.

Easton, D. (1965). *A System Analysis of Political Life.* Nova Iorque: John Wiley.

Frankel, B. (1990). *In the National Interest: a national interest reader.* Lanham: University Press of America.

K'naan, G., & Aron, R. (1962). *Paix et guerre entre les nations.* Paris: Calman-Levy.

Krasner, S. (1978). *Defending the National Interest.* Princeton: Princeton University Press.

Merle, M. (1974). *Sociologie des relations internationales.* Paris: Dalloz.

Mitrany, D. (1966). *A Working Peace System.* Chicago: Quadrangle Books.

Morgamthau, H. J. (1985). *Politics among Nations, the struggle for power and peace* (6.ª ed.). Nova Iorque: Alfred Knopf.

Neshterland, D. (1979). «The concept of national interest: a time for new approaches». *Orbis Journal of World Affairs,* 23, pp. 73-92.

Nye, R. K. (1977). *Power and Interdependence: world politics in transition.* Boston: Little Brown.

Nye, R. K. (1972). *Transnational Relations and World Politics.* Cambridge: Harvard University Press.

Parisi, V. E. (1998). *Interesse nazionale e glabalizzazione.* Milão: Jaca Book.

Wallerstein, I. (1988). *The Politics of World Economy: the states, the mouvement and the civilizations*. Cambridge: Cambridge University Press.

Waltz, K. (1979). *Theory of International Politics*. Reading: Addison Wesley.

Lições comparativas sobre duas globalizações

ANTÓNIO COSTA PINTO
(Instituto de Ciências Sociais da Universidade de Lisboa)

Representar a mundialização é um desafio museológico significativo, e evitar o anacronismo talvez seja o aviso mais evidente quando se ensaia a análise do processo de globalização contemporâneo. A associação virtuosa do fim da Guerra Fria, da grande expansão de regimes políticos democráticos e da transição ao capitalismo (com ou sem democracia) de grandes potências como a Rússia ou a China foram expoentes do desenvolvimento (com precedentes) de um mercado mais globalizado. O objetivo deste ensaio é pensar este processo à luz do falhanço da «primeira mundialização» de finais de século XIX, a partir de uma das mais estimulantes análises desta dinâmica na viragem do século XX, da autoria da politóloga do MIT Suzanne Berger (Berger, 2003). Fazê-lo também representa uma opção: a de comparar duas «conjunturas críticas», por acaso de viragem de século, movimento que aliás se presta bem a representações museológicas da globalização. De facto, e salvo melhor opinião, não vale a pena pensar a globalização contemporânea sob uma abordagem estritamente historicista, do tipo pequenas e grandes contribuições que foram desembocar na atual e ainda incerta erosão dos Estados pelo capital. Nesta perspetiva, a concentração nestas duas conjunturas críticas seria um excelente ponto de partida para uma representação museológica sobre o tema, e é nesta veia que se deve ler o que segue.

I

Visto com os olhos finalistas de hoje, a viragem do século XIX para o século XX representou um desafio global de democratização política e de criação de bem-estar perante a abertura da economia internacional. Se definirmos globalização como «um conjunto de mudanças aceleradoras de um mercado único mundial de serviços, mercadorias, trabalho e capital» (Berger, 2003), o período que vai de 1880 à Primeira Guerra Mundial conheceu um desenvolvimento do comércio internacional, de mobilidade de capital e de pessoas sem precedentes. Só nos anos oitenta do século XX o mundo voltaria a recuperar essa dinâmica. Alguns números bastam para o ilustrar.

A revolução nos transportes provocou uma acentuada mobilidade de mão de obra (55 milhões movimentaram-se para o «novo mundo»), e o comércio internacional representava mais nas economias nacionais do que representaria nos anos cinquenta do século XX. Vários países europeus, casos da Irlanda ou da Suécia, perderam 10% da sua população. Os franceses, por exemplo, enviaram as suas poupanças para a Rússia, para o império Otomano ou para a América Latina, e os seus empresários deslocalizaram a produção criando fábricas na Rússia ou na Turquia. O que distinguiu este movimento dos precedentes?

As mais importantes mudanças foram sem dúvida relacionadas com a importância do mercado. Até finais do século XIX a maioria da produção, consumo e poupanças, dominadas pela ruralidade, não eram trocadas no mercado. Os Estados foram também poderosos agentes de defesa contra o desenvolvimento das trocas internacionais, e recuperariam aliás a sua predominância a seguir à Primeira Guerra Mundial. Mas a mais evidente mudança talvez seja a dos atores económicos, pois se, até meados do século XIX, as trocas internacionais eram protagonizadas por empresas familiares ou concentradas em companhias, uma massa significativa de pequenas poupanças conheceu novos atores financeiros. Muitos aforradores começaram a investir as suas poupanças em ações e não em propriedade. Quarenta por cento da riqueza privada de França já estava neste tipo de produtos nas vésperas da Primeira Guerra Mundial. Polanyi detetou aqui um salto qualitativo na mercantilização da sociedade, indispensável à primeira globalização.

Alguns dos motores desta mundialização estiveram presentes também na segunda globalização, como a revolução nas comunicações e nos transportes. O telégrafo e o telefone uniram em 1914 os mercados financeiros quase instantaneamente, como hoje. Aumentaram os tratados de comércio livre, ainda que ao menor sinal de recessão o protecionismo regressasse de imediato à agenda política. Mas medidas como as do padrão-ouro foram centrais para salto das trocas comerciais, a par de outras inovações institucionais. Apesar de as colónias europeias desempenharem um papel de algum relevo, a memória pode ser traiçoeira: a França, por exemplo, investiu muito mais na Rússia e na Europa do que nas suas colónias, menos aliás do que a Inglaterra, que investia cerca de 30% no seu império.

Alguma irracionalidade nos investimentos, riscos e assimetria de informação tornaram-se comuns em finais do século XIX, num movimento dramaticamente semelhante ao de hoje. Os investimentos na Argentina, no Paraguai e na Rússia eram o dia a dia de bancos que encorajavam os seus depositantes a investirem em países de risco, sem saberem bem calcular este último. Por outro lado, o desafio de estarem presentes em mercados internos gigantes e promissores era já marcante, com a Rússia, por exemplo, a ser dada, como a China de então, com os seus 133 milhões de potenciais consumidores. Tudo isto a 15 anos da Revolução Russa, mas com base numa premissa clara: maior lucro em investimento no exterior do que em casa.

O movimento de convergência salarial também foi notório, quer dentro da Europa entre países ricos e pobres quer entre a Europa e o «Novo Mundo». O preço das mercadorias também convergiu, e o mais importante sinal foi o facto de o preço dentro dos Estados ser em grande parte determinado pelos preços internacionais. A baixa do custo dos transportes teve efeitos semelhantes nos preços de mercadorias como o algodão, o arroz ou a juta.

Os medos também emergiram rapidamente em sociedades rapidamente massificadas e em democratização, com acrescida participação popular. A ameaça do Japão, em 1900, e da Ásia não deixou de se manifestar, ao mesmo tempo que as interrogações sobre os seus efeitos eram manifestas. No Parlamento francês, os temas como o impacto dos produtos produzidos pela mão de obra barata estrangeira, emprego em França e baixa de salários eram recorrentes, ao mesmo tempo que a ameaça da fuga de capitais perante mais impostos era visível. A esquerda francesa, ao antecipar que os investimentos na indústria têxtil na Rússia, não só eram desviados do território nacional, como iam competir com os que eram produzidos no hexágono, antecipou um debate recorrente cem anos depois. Os próprios partidos moderados queixavam-se de que os bancos estavam a enviar muito dinheiro para o estrangeiro, e alguns acusavam-nos mesmo de provocar a estagnação da França.

O tema da relação entre integração económica e guerra também foi equacionado. Dos moderados, que pensavam que sim, a Lenine, que pensava que a guerra entre países capitalistas era inevitável.

II

Em 1900, no entanto, poucos previram que esta primeira globalização não iria sucumbir, mas sofrer um sério revés com a guerra, o protecionismo e um reforço dos Estados, alguns anos depois. Para Suzanne Berger, a lição da Primeira Guerra Mundial é simples: «um sistema económico internacional não dá espontaneamente origem a uma ordem internacional segura» (Berger, 2003). A densa rede de comércio desta primeira experiência não anulou as pressões nacionalistas ou as ambições expansionistas dos Estados. Apesar dos esforços do pós-guerra com a criação da Sociedade das Nações, teríamos mais uma guerra mundial, entre 1939 e 1945, e a descolonização e a Guerra Fria consagraram uma rutura com o início do século.

Através de múltiplos instrumentos, das nacionalizações ao controlo de capitais, do fator trabalho e do crédito, os Governos reduziram no fundamental o poder dos grandes atores económicos. Mais do que em qualquer outro período, para o melhor ou para o pior, os Governos conseguiram ainda de forma muito imperfeita exercer a soberania popular no caso de serem democracias ou do Estado no caso de serem ditaduras.

III

Os historiadores económicos não têm a mesmo opinião sobre que tipo de lições tirar da primeira globalização, e o quadro comparativo terá que ser usado com prudência. Os fluxos migratórios atlânticos, motor da primeira, não estão presentes cem anos depois; os movimentos de capitais da segunda são gigantescos, quando comparados com os da primeira, e por aí em diante. Mas, a globalização atual tem gerado medos parcialmente presentes na primeira, ainda que nesta o desafio seja bem mais dramático, nomeadamente sobre a possibilidade de um regime democrático sobreviver com fronteiras frágeis e escassa capacidade redistributiva. O debate sobre a coexistência pacífica entre capitalismo e democracia é antigo, e a dinâmica anticapitalista marcou o fim da primeira globalização, ainda que, como vale a pena salientar, sempre que a mudança política foi produto de eleições livres, nunca tenha vencido.

Mas vale a pena salientar também a grande diferença. No passado, os Estados, mal ou bem, foram atores de fronteira entre as economias nacionais e o exterior e conseguiram, com maior ou menor intervencionismo, regular o capitalismo. Hoje a globalização parece ameaçar não apenas a proteção que os Estados davam à cidadania perante o mercado, impondo o desafio de manter um regime democrático com escassa soberania territorial.

Alguns movimentos de integração económica e política regional, como no caso da atual União Europeia, têm procurado responder em democracia a este desafio, o que por si já representa uma inovação significativa, ainda que a progressiva perda de poder nacional não seja compensada por novas formas de poder transnacional com legitimidade democrática.

A grande deslocação de vastos sectores produtivos para os países menos desenvolvidos, com mão de obra mais barata, ameaça obrigar as economias desenvolvidas a uma reestruturação sem precedentes. Neste esforço, «os benefícios da globalização são distribuídos a toda a sociedade, mas os seus custos são concentrados» (Berger, 2003). Mais importante, e ao contrário da primeira globalização, a capacidade de controlar a distribuição de poder e de bem-estar no interior dos Estados nacionais é bem menor.

Ironicamente, existem diferenças importantes entre as posições do movimento sindical e de representação de interesses entre as duas globalizações. Ao contrário do que se poderia pensar, o sindicalismo e os socialistas rejeitaram o protecionismo e as barreiras alfandegárias e muitos acharam que deveriam ter uma posição neutral com base no pacifismo, considerando que o seu aumento conduziria à guerra e ao nacionalismo. Os socialistas europeus também se opuseram à limitação da imigração no início do século e até apoiaram a livre circulação de capital.

Na primeira, esta pressionou as clivagens políticas de forma muito indireta, pois as divergências esquerda-direita nos espaços políticos em democratização envolviam temas mais políticos, como a cidadania, os direitos sociais, as relações Igreja-Estado e o socialismo. Hoje a política doméstica nos países desenvolvidos estrutura-se entre um internacionalismo neoliberal e uma antiglobalização de esquerda, pois o anticapitalismo local perdeu o apelo de há cem anos. Mas a grande lição a tirar da primeira globalização é a de que esta não foi irreversível, antes pelo contrário.

Ainda antes de a China se encontrar no centro dos desafios da globalização, os seus mais fervorosos entusiastas já viam o rápido aparecimento de um «mundo sem fronteiras». Keniche Ohmae vislumbrava em 1990 uma interligação tão poderosa entre aquilo a que chamou a tríade constituída pelos Estados Unidos, Europa e Japão (ao qual juntava Hong Kong, Taiwan e Singapura), que esta iria «engolir a maioria dos consumidores e empresas, quase fazendo desaparecer as tradicionais fronteiras e fazendo declinar a importância dos burocratas, políticos e militares» (Ohmae cit. in Berger, 2003). A sua conclusão era perentória: «num mapa político, as fronteiras entre países continuam muito claras. Mas num mapa competitivo, mostrando os fluxos reais da atividade financeira e industrial, essas fronteiras desapareceram no fundamental».

Vinte anos depois, estas previsões só muito parcialmente se cumpriram, pois as fronteiras continuam a desempenhar um papel importante. Muitas multinacionais continuam a privilegiar os seus países de origem e convém não esquecer que largas faixas das economias nacionais não entram no comércio internacional. O espaço nacional, económico, cultural e Estatal não é facilmente dominado pela globalização. Mas o desafio deste em assegurar a redistribuição indispensável a uma democracia de qualidade continua sem resposta fácil.

Referências bibliográficas

Berger, S. (2003). *Notre première mondialisation. Leçons d'un echec oublié.* Paris: Seuil.

Visões globais:
a imaginação política dos Estados-Império(*)

MIGUEL BANDEIRA JERÓNIMO
(Centro de Estudos Sociais, Universidade de Coimbra)

A vingança da geografia?

A 19 de junho de 2004, o jornal britânico *The Guardian* publicou um artigo intitulado «The pivot of history», assinado pelo renomado historiador de Yale Paul Kennedy. O título e o conteúdo do artigo recuperavam, de modo evidente, um dos mais emblemáticos textos produzidos no interior das ciências sociais e humanas de novecentos, mais propriamente no interior da geografia e da área de especialização de geografia política: o texto de Halford J. Mackinder, publicado no *Geographical Journal* em 1904, «The geographical pivot of history»(1).

(*) Uma versão reduzida deste texto encontra-se em «Geografías vitales: La imaginación (geo)política del nuevo imperialismo europeo (1870-1920)», in Francisco Colom e Ángel Rivero, eds., *El espacio político. Aproximaciones al giro espacial desde la teoría política* (Madrid/Iztapalapa: Editorial Anthropos/Universidade Autonoma Metropolitana, 2015), pp. 133-154.

(1) Halford J. Mackinder, «The geographical pivot of history», *Geographical Journal*, vol. XXIII, n.º 2 (1904), pp. 421-437. A obra de Mackinder é vasta, dinâmica, e tem sido submetida a um escrutínio crítico de qualidade, que evita operações de simplificação apressadas. A variedade de apropriações do seu pensamento é igualmente de notar. Para a sua conceção de geografia, veja-se «On the scope and methods of Geography», *Proceedings of the Royal Geographical Society*, vol. IX (1887), pp. 141-160. Para a sua obra mais importante, pelo menos sob o ponto de vista do impacto histórico, veja-se a acima referida «The geographical pivot of history», cujas principais linhas de investigação e diretrizes práticas foram retomadas e revistas no seu livro *Democratic Ideals and Reality: a study in the politics*

Dando seguimento ao que já havia feito na *New York Review of Books*, ao regressar ao ideário e às políticas subscritos por Mackinder, nomeadamente às suas teses sobre a importância do controlo da Eurásia, cujos territórios constituíam o «*pivot* geográfico da história», Paul Kennedy procurava chamar a atenção para a apropriação contemporânea da doutrina de Mackinder, em particular por certos sectores *neoconservadores* nos Estados Unidos da América e também pelos estrategas que guiavam a política externa russa no período pós-soviético. Kennedy pretendia igualmente sublinhar o regresso em peso da *geopolítica* como instrumento *político*, de raiz académica, de produção de conhecimento e de intervenção global(2).

---

of reconstruction (Londres: Constable, 1919). Sobre a sua vida e obra, veja-se James Trapier Lowe, *Geopolitics and War: Mackinder's philosophy of power* (Washington, D.C.: University Press of America, 1981); Brian W. Blouet, *Halford Mackinder: a biography* (Texas: Texas A&M University Press, 1987); W. H. Parker, *Mackinder: geography as an aid to statecraft* (Oxford: Clarendon Press, 1992); Brian Blouet, ed., *Global Geostrategy. Mackinder and the defence of the West* (Londres: Frank Cass, 2005) e Gerry Kearns, *Geopolitics and Empire. The legacy of Halford Mackinder* (Oxford: Oxford University Press, 2009), bem como o número a este inteiramente dedicado, organizado por K. Dodds e J. Sidaway, *Geographical Journal*, vol. 170, n.º 4 (2004). Veja-se, ainda, Anita Sengupta, *Heartlands of Eurasia: the geopolitics of political space* (Plymouth: Lexington Books, 2009) e Nick Megoran e Sevara Sharapova, eds., *Central Asia in International Relations: the legacies of Halford Mackinder* (Londres: Hurst & Co., 2013). A introdução desta última obra exemplifica com clareza a diversidade de apropriações intelectuais e *geográficas* da obra de Mackinder.

(2) Paul Kennedy, «Mission Impossible», *New York Review of Books*, vol. LI, n.º 10 (10 junho 2004); *idem*, «The pivot of history», *The Guardian* (19 junho 2004). Sobre a apropriação no mundo russo pós-soviético, veja-se Mark Bassin e Konstantin Aksenov, «Mackinder and the heartland theory in post-soviet geopolitical discourse», *Geopolitics*, vol. XI (2006), pp. 99-118, e Milan Hauner, «Russia's Asian heartland today and tomorrow», Nick Megoran e Sevara Sharapova, eds., *Central Asia in International Relations*, pp. 117-147. Para outros exemplos de apropriação contemporânea, veja-se Geoffrey Sloan, «Sir Halford J. Mackinder: the heartland theory then and now», *Journal of Strategic Studies*, vol. XXII (1999), pp. 15-38; C. S. Gray, «In defence of the heartland: Sir Halford Mackinder and his

Mais recentemente, em 2012, Robert D. Kaplan, jornalista e *Senior Fellow* no *think-tank* Center for a New American Security, acentuou a recuperação de Mackinder como fonte de inspiração central na imaginação e na compreensão das dinâmicas políticas internacionais e na definição de políticas e estratégias externas. No texto que publicou na *Foreign Policy* em antecipação do seu *The Revenge of Geography*, Kaplan exortava os seus pares a «pensar como os vitorianos» – por certo, não os vitorianos de Mike Davis([3]) –, elevando-os a guias de um «redescoberto realismo». E acrescentava que os «deterministas geográficos» deviam ser reconhecidos como interlocutores privilegiados dos «humanistas liberais». Sem surpresa, personalidades como Henry Kissinger celebraram *The Revenge of Geography* e as suas ideias([4]).

De modo igualmente expectável, a recuperação de Mackinder foi objeto de uma crítica acesa, sobretudo proveniente de especialistas académicos. Estas críticas incluíram o devido destaque da proximidade instrumental e a colaboração ativa de Kaplan com o Federal Bureau of Investigation (FBI), a National Security Agency (NSA), o Joint Chiefs of Staff do Pentágono, a Defense Intelligence Agency, a Central Intelligence Agency (CIA) e o complexo militar([5]). Como notou Kyle Grayson, em

---

critics a hundred years on», *Comparative Strategy*, vol. 23 (2004), pp. 9-25; Gerry Kearns, «Geography, geopolitics and empire», *Transactions of the Institute of British Geographers*, vol. XXXV, n.º 2 (2010), pp. 187-203; David Scott, «The great power "great game" between India and China: "the logic of geography"», *Geopolitics*, vol. XIII (2008), pp. 1-26.

([3]) Mike Davis, *Late Victorian Holocausts: El Niño famines and the making of the Third World* (Londres: Verso, 2001).

([4]) Robert D. Kaplan, *The Revenge of Geography: what the map tells us about coming conflicts and the battle against fate* (Nova Iorque: Random House, 2012). Veja-se, ainda, Robert D. Kaplan, «The Revenge of Geography», *Foreign Policy* (May/June 2009), pp. 96-105.

([5]) Como o próprio nota em *The Revenge of Geography*, Kaplan apoiou a invasão do Iraque e confessa-se um intervencionista sem hesitações. Exercícios semelhantes em Portugal revelariam casos similares, incluindo no interior da academia. Apesar de tudo, Kaplan não esconde ou mascara as suas motivações, e a sua legitimidade académica é particularmente questio-

muitos sentidos, o pensamento de Kaplan, consciente ou inconscientemente partilhado por muitos, representa bem aquilo que Ken Booth apelidou de *cold wars of the mind*, uma ideologia política que evidencia um gritante etnocentrismo, promove uma visão pseudocientífica e pretensamente *despolitizada* ou *desideologizada* da *estratégia* e a mobiliza numa perspetiva *realista* acrítica e superficial, que reproduz *slogans* e não ideias(6).

O eurocentrismo prevalecente na sua leitura da história, simultaneamente resultando *de* e provocando *uma* hierarquização de *civilizações*, e a redução do saber geográfico à dimensão puramente física e *estática* que pautam a obra de Kaplan despertaram inúmeras críticas(7). A apologia da «hegemonia americana no mundo e do seu braço armado: a segurança nacional» e a defesa da «homogeneidade étnica como solução dos problemas dos Estados» foram outros aspetos referidos como sendo fundacionais no seu pensamento e a merecer apreciação negativa. Numa das críticas, argumenta-se que, para Kaplan, «a geografia é o que a economia é para um marxista» e que a

---

nada. O «complexo militar-intelectual» nos Estados Unidos é seguramente escrutinado. Em Portugal, lamentavelmente, não o é. Veja-se o clássico de Paul Dickson, *Think Tanks* (Nova Iorque: Atheneum, 1971), Stuart W. Leslie, *The Cold War and American Science: The military-industrial-academic complex at MIT and Stanford* (Nova Iorque: Columbia University Press, 1993) e ainda Ron Robin, *The Making of the Cold War Enemy: culture and politics in the military-intellectual complex* (Princeton: Princeton University Press, 2009) e Mark Solovey, *Shaky Foundations: the politics-patronage-social science nexus in Cold War America* (New Brunswick, Nova Jérsia: Rutgers University Press, 2013).

(6) Para as *cold wars of the mind*, veja-se Ken Booth, «Cold Wars of the mind», Ken Booth, ed., *Statecraft and Security: the Cold War and beyond* (Cambridge: Cambridge University Press, 1998), pp. 29-55, *maxime* p. 32, e *idem*, «New Challenges and Old Mindsets: Ten Rules for Empirical Realists», C. Jacobsen, ed., *The Uncertain Course: new weapons, strategies and mindsets* (Oxford: Oxford University Press, 1987), pp. 39-66. Veja-se ainda a leitura crítica de Kyle Grayson ao livro de Kaplan em http://www.chasingdragons.org/2009/06/the-revenge-of-geography-p2.html

(7) Jason Dittmer, «Geographer's Revenge», *The New Inquiry*, vol. XII (2013).

história parece ser apenas «uma forma de teleologia geométrica»([8]). A atribuição, por Kaplan, de «*gravitas* a noções há muito relegadas para o caixote de lixo da geografia» foi igualmente notada, sendo que o seu uso das ideias de Braudel mereceu desconfiança([9]). A *vingança* dos geógrafos foi intensa, e certeira. Grande parte dos mais importantes pensadores contemporâneos da *geopolítica*, como disciplina e como política – no duplo sentido de *policy* e de *politics* –, está, curiosamente, ausente de *Revenge of Geography*([10]).

Mas a constância e a pertinência de muitas das críticas não têm impedido a persistência da influência, e a multiplicação de apropriações, das ideias de Mackinder. As visões globais da política externa norte-americana, bem como da imaginação política dos impérios, muito devem à obra de Mackinder. A visão *global* de Mackinder foi apropriada, de modo diverso mas com uma frequência indesmentível, por importantes estrategistas americanos como Nicholas Spykman (1893-1943) ou George F. Kennan (1904-2005), este último para formular a doutrina e operacionalizar a política de «contenção» da União Soviética; foi fundamental para as formulações de Zbigniew Brzezinski em *Game Plan* (1986) e *The Grand Chessboard* (1997); reproduziu-se em inúmeros artigos de conhecidas revistas como *The National Interest*, *International Security* ou *Strategic Review*; e inspirou em larga medida a ideia dos «Estados *pivot*» desenvolvida por Paul Kennedy, Robert Chase e Emily Hill nas páginas da *Foreign Affairs*, em 1996, e consumada no livro por estes editado, *The Pivotal States: a new framework for U.S. policy in the developing world* (1999). Este último identificava vários Estados como sendo decisivos para o futuro das respetivas regiões

---

([8]) André-Louis Sanguin, «Robert D. Kaplan – La revanche de la géographie. Ce que les cartes nous disent des conflits à venir», *L'Espace Politique* [Online: https://espacepolitique.revues.org/3158?lang=en]

([9]) H. J. de Blij, «Review: 'the revenge of geography'», *The Geographical Review*, vol. CIII, n.º 2 (2013), pp. 304-305.

([10]) John Morrissey, Simon Dalby, Gerry Kearns, Gerard Toal, «Geography writes back response to Kaplan's *The Revenge of Geography*», *Human Geography*, vol. II, n.º 2 (2009), pp. 33-51.

(Indonésia, Índia, Paquistão, Turquia, Egito, África do Sul, Brasil, Argélia e México) e um conjunto de problemas-chave que os caracterizariam e afetariam (crescimento demográfico, problemas ambientais, conflitos étnicos, direitos humanos e questões económicas). Seria sobre estes Estados e em torno destes problemas que os Estados Unidos da América deveriam basear a sua política externa, sempre com a figura de Mackinder, enquanto precursor e visionário, a celebrar([11]).

O regresso e a popularização de expressões como «ordem mundial» ou «ordem internacional», bem como a profusão de debates sobre a «globalização» e o retorno à ribalta de visões que cristalizam diferentes «civilizações» e sua incontornável hierarquização e competição, são inequivocamente reminiscentes das inúmeras preocupações que caracterizaram os debates intelectuais e políticos de finais de Oitocentos e de inícios de Novecentos, também elas formuladas em momentos de aparente

---

([11]) Nicholas Spykman, «Geography and foreign policy, I», *American Political Science Review*, vol. XXXII, n.º 1 (1938), pp. 28-50; *idem*, «Geography and foreign policy, II», *American Political Science Review*, vol. XXXII, n.º 2 (1938), pp. 213-236; *idem*, *America's Strategy in World Politics: the United States and the balance of power* (New Brunswick, Nova Jérsia: Transaction Publishers, 2007 (1942)). Para uma discussão do impacto das ideias de Spykman, veja-se David Wilkinson, «Spykman and geopolitics», Circo Zoppo e Charles Zorgbibe, eds., *On Geopolitics: classical and nuclear* (Dordrecht: Martinus Nijhoff, 1985), pp. 77-130. Para George Kennan, objeto de inúmeros trabalhos e autor incontornável de política internacional, veja-se o seu famosíssimo «X Aarticle», conhecido por «The sources of soviet conduct», publicado na *Foreign Affairs* (julho de 1947), bem como *The Long Telegram* (1946), documentos fundamentais na promoção das doutrinas de «contenção» da União Soviética. Para as estratégias de «contenção», veja-se, entre outros, John Lewis Gaddis, *Strategies of Containment: a critical appraisal of postwar american national security policy* (Nova Iorque: Oxford University Press, 1982). Veja-se ainda Paul Kennedy, Robert Chase e Emily Hill, «Pivotal states and U.S. strategy», *Foreign Affairs*, janeiro/fevereiro (1996) e *idem*, eds., *The Pivotal States: a new framework for U.S. policy in the developing world* (Nova Iorque: W. W: Norton & Co., 1999), que inclui a colaboração de académicos como Jeffrey Herbst (capítulo sobre a África do Sul), Jack A. Goldstone (capítulo sobre «Population and pivotal states») e Roger Owen (capítulo sobre o Egito).

mudança significativa da (geo)política global. Estas preocupações foram visíveis, não só nos trabalhos de Mackinder, mas também, por exemplo, nos de Jacques Elisée Reclus (1830-1905), James Bryce (1838-1922), Alfred Thayer Mahan (1840-1914), Friedrich Ratzel (1844-1904), John A. Hobson (1858-1940), Rudolf Kjellén (1864-1922) – que foi quem cunhou o termo *geopolítica* –, Karl Haushofer (1869-1946) ou ainda nos de Paul S. Reinsch (1869-1923), entre outros([12]). A proclamada existência de ciclos históricos na «ordem» internacional e global parece associar-se à emergência, e renovação circunstancial, de um pensamento político, geográfico, económico e cultural com projeção sobre todo o globo.

A imaginação de uma nova «ordem» global tem uma história antiga. Sem entrar em períodos históricos mais longínquos (que implicam outro tipo de abordagem, mas revelam questões semelhantes às que aqui se levantam([13])), atenta-se essencialmente no período entre finais do século XIX e o princípio do século XX, centrando-nos nos exemplos fornecidos pelas disciplinas da geografia política e geopolítica, assim como pelo domínio das relações internacionais, sublinhando a importância que estas detiveram na constituição da imaginação política

([12]) Restringindo as referências a um título importante por autor sobre o assunto em questão: Jacques Elisée Reclus, *La nouvelle géographie universelle, la terre et les hommes* (Paris: Hachette et c[ie], 19 vols., 1875-1894); James Bryce, *International Relations; eight lectures* (Nova Iorque: Macmillan Co., 1922); Alfred Thayer Mahan, *The Influence of Sea Power upon History: 1660-1783* (Boston: Little, Brown & Company, 1890); Friedrich Ratzel, *Anthropo-geographie, oder Grundzüge der Anwendung der Erdkunde auf die Geschichte* (Estugarda: Verlag von J. Engelhorn, vol. I, 1882, e vol. II, 1891); John A. Hobson, *Imperialism: a study* (Londres: James Nisbet & co., 1902); Rudolf Kjellén, *Der Staat als Lebensform* (Leipzig: S. Hirzel, 1917); Karl Hausofer, *Geopolitik des Pazifischen Ozeans* (Berlin: 1925); e Paul S. Reinsch, *World Politics at the End of the Nineteenth Century, as Influenced by the Oriental Situation* (Nova Iorque: Macmillan, 1900).

([13]) Veja-se, por exemplo, Serge Gruzinski, *Les quatres parties du monde. Histoire d'une mondialisation* (Paris: Éditions de la Martinière, 2004) e, noutro plano, David Armitage, *Foundations of Modern International Thought* (Cambridge: Cambridge University Press, 2013).

dos Estados-império, em grande medida ancorada em argumentários e práticas de racialização do mundo([14]). A constituição das relações internacionais como uma «ciência política [*policy*] desenhada para solucionar os dilemas colocados pela construção de impérios e pela administração colonial» tem vindo a ser constantemente iluminada, apesar da existência de inúmeros esforços para obscurecer semelhantes conexões, no passado e no presente. Do mesmo modo, a procura de respostas políticas aos dilemas gerados por *relações raciais* numa escala global e pela mobilização dos múltiplos idiomas e mecanismos de racialização do mundo tem sido igualmente promovida pela historiografia mais recente([15]). O «silêncio e a evasão» em torno destas relações funcionais – isto é, o papel desempenhado por estas formas *disciplinadas* de saber na promoção e no obscurecimento, consoante a necessidade, da «supremacia branca como uma norma global», bem como no aperfeiçoamento (e legitimação) político-administrativo das soluções imperiais e coloniais – têm vindo a

---

([14]) Veja-se, a este propósito, o *tour de force* de John M. Hobson, *The Eurocentric Conception of World Politics: Western international theory, 1760-2010* (Cambridge: Cambridge University Press, 2012); a leitura de James Rosenau, *Race in International Relations: a dialogue in five parts* (Denver: University of Denver Press, 1970); a coleção de textos em Alex Anievas, Nivi Manchanda e Robbie Shilliam, eds., *Race and Racism in International Relations: confronting the global colour line* (Londres: Routledge, 2014) e o livro recente de Robert Vitalis, *White World Order, Black Power Politics: the birth of American international relations* (Ithaca: Cornell University Press, 2015).

([15]) Alex Anievas, Nivi Manchanda e Robbie Shilliam, «Confronting the global colour line», in Alex Anievas, Nivi Manchanda e Robbie Shilliam, eds., *Race and Racism in International Relations*, pp. 1-15, citação na p. 2. Para a importância dos temas e motivações imperiais (lado a lado com o *internacionalismo*) na constituição da ciência política e das relações internacionais, veja-se o estimulante volume de David Long e Brian C. Schmidt, eds., *Imperialism and Internationalism in the Discipline of International Relations* (Nova Iorque: State University of New York, 2005), o supramencionado Robert Vitalis, *White World Order, Black Power Politics* e ainda Tarak Barkawi, «Empire and order in international relations and security studies», in Robert A. Denemark, ed., *The International Studies Encyclopedia*, vol. III (Chichester: Wiley-Blackwell, 2010), pp. 1360-1379.

ser questionados e desvelados por investigações de qualidade([16]). A identificação e a análise da preponderância de uma *realpolitik racista* na emergência plural de visões globais vincadamente imperiais constituem, como tal, operações fundamentais para compreender as diversas histórias das modalidades disciplinares de imaginação política global([17]).

I. *«Grandes linhas num papel dócil»: a imaginação política dos impérios e a globalização de um pensamento racial*

A 7 de junho de 1902, na famosa *Romanes Lecture*, proferida no Sheldonian Theatre, em Oxford, na qual se debruçava sobre as relações, a uma escala global e num enquadramento imperial, entre comunidades («raças») «avançadas» e «atrasadas», o político liberal James Bryce sintetizava com clareza e argúcia a questão, ainda que deixando transparecer um excessivo otimismo: a humanidade passara do «caos da conjetura» para o «cosmos da ciência», em muito devido à diversificação e aprofundamento do conhecimento disponível sobre o mundo. A frequência e a densidade de encontros e relações entre «raças», em parte associados à globalização de fenómenos de mobilidade, aumentara exponencialmente, «tornando o mundo pequeno» e acarretando inúmeros riscos sociais e (geo)políticos: uma «crise na história do mundo», que poderia «afetar profundamente o destino da humanidade». Representante por excelência daquilo que Michael Banton apelidou de primeiro

([16]) Robert Vitalis, «The graceful and generous liberal gesture: making racism invisible in american international relations», *Millennium: Journal of International Studies*, vol. XXIX, n.º 2 (2000), pp. 331-356, citações na pp. 332-333. Para o caso da ciência política, veja-se Hanes Walton Jr., Cheryl Miller e Joseph McCormick II, «Race and political science: the dual traditions of race relations and African-American politics», James Farr, John Dryzek e Stephen Leonard, eds., *Political Science in History: research programs and political traditions* (Cambridge: Cambridge University Press, 1995), pp. 145-174.

([17]) John M. Hobson, *The Eurocentric Conception of World Politics*, p. 124.

modo histórico de *racialização*, autor do monumental *The American Commonwealth* – obra *clássica* no estudo das «relações raciais» nos Estados Unidos da América, sobretudo invocada por aqueles que criaram e a aplicaram doutrinas modernas da segregação social um pouco por todo o mundo – e fundador de uma sociologia comparativa das «relações raciais», Bryce demonstrava a articulação entre o determinismo racial e a compreensão de uma *ordem global*, existente ou a promover, que deveria ser o objeto da ciência. Se o *sentido* da história podia ser compreendido a partir do estudo das «relações raciais», o seu futuro também podia, e devia, ser condicionado pelo governo e administração destas últimas, numa escala local, mas também global([18]).

No mesmo período, W. E. B. Du Bois declarava que o problema da *color line* constituía o eixo político e geopolítico central no século que se inaugurava. Ao interrogar as dinâmicas políticas, económicas e morais associadas ao «contacto racial» no Sul dos Estados Unidos da América, Du Bois cedo as definiu como observatórios profícuos de lógicas mais amplas, isto é, globais([19]). O seu «Worlds of color» (1925), publicado nas páginas da *Foreign Affairs* (que, de forma significativa, anteriormente se intitulava *Journal of Race Development*), colocava a «sombra negra colonial» projetada pelos impérios coloniais europeus no centro das inter-

([18]) James Bryce, *The Relations of the Advanced and the Backward Races of Mankind* (Oxford: Clarendon Press, 1902), pp. 6-7; *idem*, «The relations of history and geography», *Contemporary Review* (1886), p. 442; *Ibidem*, *The American Commonwealth*, 3 vols. (Londres/Nova Iorque: Macmillan, 1888). Michael Banton, «Historical and contemporary modes of racialization», in Karim Murji e John Solomos, eds, *Racialization: studies in theory and practice* (Oxford: Oxford University Press, 2005), pp. 51-68, *maxime* pp. 56-57. John Stone, «James Bryce and the comparative sociology of race relations», *Race*, vol. XIII (1972), pp. 315-328. Para Bryce e seu contexto intelectual, veja-se Paul B. Rich, *Race and* in *Empire in British Politics* (Cambridge: Cambridge University Press, 1986), pp. 20-24, e Marilyn Lake e Henry Reynolds, *Drawing the Global Colour Line: white men's countries and the international challenge of racial equality* (Cambridge: Cambridge University Press, 2008), pp. 49-74.

([19]) W. E. B. Du Bois, *The Souls of Black Folk* (Chicago: A.C. McClurg & Co. 1903).

rogações sobre o «presente Problema dos Problemas»: o do trabalho e o da sua relação com o capitalismo mundial, no qual o «imperialismo industrial moderno» assumia um lugar primordial. Neste texto, um dos casos a que Du Bois recorreu para ilustrar e identificar os seus principais argumentos foi o do império colonial português, mais concretamente o exemplo de São Tomé e Príncipe, onde um «sistema de recrutamento laboral» equivalia a «escravatura». O princípio operativo central do capitalismo mundial – a «dominação industrial envolve terra e trabalho baratos» nas colónias – encontrava-se bem demonstrado. Du Bois estivera em Lisboa na terceira conferência do Congresso Pan-Africano, em 1923 (segunda sessão), e estava a par dos *modi operandi* coloniais e das discussões que sobre estes decorriam em Genebra, tanto na Sociedade das Nações como na Organização Internacional do Trabalho. Para Du Bois, «os problemas da cor e do trabalho» eram «dois lados do mesmo emaranhado humano». Duas décadas depois de ter isolado o problema da *color line* como *o* problema do século XX, Du Bois reiterava a sua convicção e destacava, iluminando-o, o papel da exploração global do trabalho como um dos seus exemplos mais conseguidos([20]).

A construção espacial, social e histórica da *whiteness* (e do seu impacto diferenciador e propiciador de desigualdades sociais) era relacionada com a formação histórica, política, económica e sociocultural do imperialismo. Assim sendo, a constituição de formas de identificação e distinção raciais determinou a constituição de identidades individuais e grupais, mas também políticas e globais. A noção de *crise* desdobrava-se e redimensionava-se, adquirindo uma imaginação política e uma

---

([20]) W. E. B. Du Bois, «The worlds of color», *Foreign Affairs*, vol. III, n.º 3 (1925), pp. 423-444. Para um conjunto de textos centrais de Du Bois, veja-se E. K. Sundquist, ed., *The Oxford W. E. B. Du Bois Reader* (Oxford/Nova Iorque: Oxford University Press, 1996). Para o contexto, veja-se Miguel Bandeira Jerónimo, *The «Civilizing Mission» of Portuguese Colonialism (c. 1870-1930)* (Basingstoke: Palgrave Macmillan, in Cambridge Imperial and Post-Colonial Studies Series, 2015).

projeção territorial globais, enquanto a *espacialização* da imaginação política era fortemente condicionada por processos de racialização do mundo.([21])

Neste contexto, e em resposta às circunstâncias intelectuais e políticas da viragem do século, os principais poderes imperiais traçavam «grandes linhas num papel dócil», como descreveu Ernest Lavisse, uns anos antes de Bryce. Suportadas pelas emergentes «ciências especulativas» – termo mobilizado por Michael Heffernan para se referir à geopolítica, mas que poderia facilmente incluir disciplinas vizinhas –, essas *linhas* constituíam processos de delimitação de soberanias ou de esferas de influência políticas, orientados pelos estrategas expansionistas ou pelas instâncias diplomáticas, revelando causas óbvias e implicações imperiais e coloniais([22]). Poucos anos volvidos, de modo igualmente confiante no progresso *objetivo* do conhecimento e na sua utilidade política, Joseph Conrad referia que o saber produzido pela «ciência da ação aventureira» sobre o mundo passara da *geografia fabulosa* para a *geografia militante*, terminando na *geografia triunfante*. Da «especulação extravagante» da cartografia do exótico passara-se à militância perseverante na busca do *dado* geográfico no interior de «excitantes espaços de papel em branco» e terminara-se com o preenchimento científico desses espaços culturais devedores tanto da imaginação como de esforços *heroicos* de «conquista de um bocado de verdade aqui e um bocado de verdade ali». Para Conrad, a compreensão conjunta e articulada da história da expansão imperial e colo-

---

([21]) Marilyn Lake e Henry Reynolds, *Drawing the Global Colour Line.*

([22]) Ernest Lavisse, *General View of the Political History of Europe* (Londres: Longmans Green, 1891), pp. 159-160. Para uma reflexão sobre estes autores e estes problemas, veja-se Geoffrey Parker, *Geopolitics: past, present, and future* (Londres: Pinter, 1998), pp. 13-14; *idem*, «Globalization and geopolitical world orders», Eleonore Kofman e Gillian Youngs, eds., *Globalization: Theory and Practice* (Londres: Continuum, 2003 [1996]), pp. 237--248. Michael Heffernan, «*Fin de siècle, fin du monde?* On the origins of European geopolitics, 1890-1920», K. Dodds e D. Atkinson, eds., *Geopolitical Traditions: a century of geopolitical thought* (Londres e Nova Iorque: Routledge, 2000), pp. 27-51.

nial europeia e da constituição histórica da geografia enquanto disciplina era inevitável, e obrigatória([23]).

O saber geográfico foi crucial para a formação e reprodução da «consciência planetária europeia», como afirmou Mary Louise Pratt, e constituiu um instrumento determinante na «tomada de posse do mundo», como sintetizou recentemente Bouda Etemad, por via do desenvolvimento das novas configurações imperiais e coloniais emergentes ou consolidadas no século XIX, como fora, aliás, decisivo na afirmação política, militar e administrativa de regimes políticos na Europa, como, por exemplo, durante o período napoleónico([24]). A legião de *ingénieurs-géographes* ao serviço de Napoleão desempenhou um papel extremamente importante na criação da «civilização imperial» por este projetada (a expressão é de David N. Livingstone), tanto num plano nacional e metropolitano como num plano europeu e ultramarino, nomeadamente no Sul da Grécia, no Egito e na Argélia([25]). Foi precisamente um dos resultados

([23]) Joseph Conrad, «Geography and some explorers», *The National Geographic Magazine*, vol. XLV (março, 1924), pp. 241-356. Veja-se ainda Felix Driver, «Geography's empire: histories of geographical knowledge», *Environment and Planning D. Society and Space*, vol. X (1992), pp. 23-40; *idem, Geography's Militant. Cultures of Exploration and Empire* (Oxford: Blackwell, 1992), *maxime* capítulo «A 'sternly practical' pursuit: geography, race and empire», pp. 216-259.

([24]) Mary Louise Pratt, *Imperial Eyes: travel writing and transculturation* (Londres: Routledge, 1992); Bouda Etemad, *Possessing the World: taking the measurement of colonisation from the 18th to the 20th century* (Nova Iorque: Berghahn, 2007), *maxime* capítulo VI, «Measuring the land and counting heads», pp. 99-118.

([25]) Sobre os «geógrafos de Napoleão», veja-se Anne Godleska, «Napoleon's geographers (1797-1815): imperialists and soldiers of modernity», in Neil Smith e Anne Godleska, eds., *Geography and Empire* (Oxford: Blackwell, 1994), pp. 31-54. David N. Livingstone, *The Geographical Tradition: episodes in the history of a contested enterprise* (1992), *maxime* capítulo VII, «A 'sternly practical' pursuit: geography, race and empire», pp. 216-259 (cit. p. 217). Para as expedições ultramarinas, veja-se Numa Broc, «Les grands missions scientifiques françaises au XIXe siècle (Morée, Algérie, Mexique) et leurs travaux géographiques», *Revue d'histoire des sciences et de*

maiores destas expedições, os vinte e três volumes da *Description de l'Egypte* (1809-1828), que Edward Said identificou como um momento marcante na história das representações *orientalistas*, que, entre outras operações exemplares, almejavam «dividir, dispor, esquematizar, tabular, indexar e gravar tudo» e transformar «todo o detalhe observável numa generalização e toda a generalização uma lei imutável sobre a natureza, temperamento, mentalidade, costumes e tipos do Oriente»([26]).

Com a competição interimperial de finais de Novecentos, os esforços de projeção espacial de uma «civilização imperial» intensificaram-se e institucionalizaram-se([27]). O florescimento das Sociedades de Geografia em França, em Inglaterra, em Espanha e em Portugal, sem esquecer o exemplo extremamente revelador da Bélgica (ou, mais propriamente, do empreendimento *geográfico* do rei Leopoldo II), criou as condições institucionais, tanto no plano nacional como internacional, e mais tarde também no mundo colonial, para que a imaginação global das «civilizações imperiais» fosse fortemente condicionada pela produção de conhecimento geográfico([28]). Os debates particulares

leurs applications, vol. XXXIV (1981), pp. 319-358; Anne Godleska, «Traditions, crisis, and new paradigms in the rise of the modern french discipline of geography, 1760-1850», *Annals of the Association of American Geographers*, vol. 79, n.º 2 (1989), pp. 192-213; e Michael J. Heffernan, «An imperial utopia: French surveys of North Africa in the early colonial period», Jeffrey C. Stone, ed., *Maps and Africa* (Aberdeen: University of Aberdeen, 1993), pp. 81-107.

([26]) Edward Said, *Orientalism. Western Conceptions of the Orient* (Londres: Penguin Press, 1978), p. 86. David N. Livingstone, *The Geographical Tradition*, p. 217.

([27]) Para uma excelente síntese dos principais processos que caracterizaram as dinâmicas imperiais desde meados do século XIX e das principais abordagens que os procuraram explicar, veja-se Andrew Porter, *O imperialismo europeu, 1860-1914* (Lisboa: Edições 70, 2011).

([28]) Para o caso francês, veja-se Donald Vernon McKay, «Colonialism in the French geographical movement, 1871-1881», *Geographical Review*, vol. 33 (1943), pp. 214-232; Numa Broc, «L'établissement de la géographie et nationalisme en France: diffusion, institutions, projets (1870-1890)», *Annales de Géographie*, vol. 83 (1974), pp. 545-568; Dominique Lejeune,

e o tom geral do II Congresso Internacional de Ciências Geográficas, realizado em Paris, em 1875, os da conferência organizada por Leopoldo II, realizada em Bruxelas, em 1876, ou os do Congresso Internacional de Geografia Comercial, realizado em Paris, em 1878, por ocasião da Exposição Universal, revelavam sintomas evidentes de um *internacionalismo* nascente no domínio científico. Eram ainda claramente devedores da consolidação institucional do uso instrumental dos saberes geográficos e de um entusiasmo generalizado relativamente ao papel crucial que estes poderiam desempenhar nas visões globais das *geografias vitais* que animavam a imaginação política dos Estados-império, nas suas dimensões políticas, económicas e culturais([29]).

Les sociétés de géographie en France et l'expansion coloniale au XIXe siècle (Paris: Albin Michel, 1993); Michael J. Heffernan, «The science of empire: the French geographical movement and the forms of French imperialism, 1870 to 1920», Neil Smith e Anne Godleska, eds., *Geography and Empire*, pp. 92-114. Para o caso britânico, veja-se D. R. Stoddart, «The R. G. S. and the 'new geography': changing aims and changing roles in the nineteenth-century science», *Geographical Journal*, vol. 146 (1980), pp. 190-202; John M. Mackenzie, «The Provincial Geographical Societies in Britain, 1884-1914», Morag Bell, Robin A. Butlin e Michael Heffernan, *Geography and Imperialism, 1820-1940* (Manchester: Manchester University Press, 1995), pp. 93-124; Felix Driver, *Geography Militant: cultures of exploration and empire* (Londres: Wiley Blackwell, 2000) pp. 24-48. Para o caso português, veja-se Ângela Guimarães, *Uma corrente do colonialismo português. A Sociedade de Geografia de Lisboa, 1875-1895* (Lisboa: Livros Horizonte, 1984) e Miguel Bandeira Jerónimo, *A diplomacia do império. Política e religião na partilha de África (1820-1890)* (Lisboa: Edições 70, 2012), pp. 151-157. Para o caso espanhol, veja-se José Rodríguez Esteban, *Geografía y colonialismo. La Sociedad Geográfica de Madrid (1876-1936)* (Madrid: Ediciones de la Universidad Autónoma de Madrid, 1996).

([29]) Sobre o *internacionalismo* científico e questões associadas, veja-se Anne Rasmussen, «Les congrès internationaux liés aux expositions universelles de Paris (1867-1900)», *Mil neuf cent. Revue d'histoire intellectuelle*, vol. VII (1989), pp. 23-44; *idem*, «Jalons pour une histoire des congrès internationaux au XIXe siècle: régulation scientifique et propagande intellectuelle», *Relations internationales*, vol. 62 (1990), pp. 115-133. Para a Conferência de 1876 e o Congresso de 1878, veja-se Miguel Bandeira Jerónimo, *A diplomacia do império.*

II. *As «ciências especulativas» e o novo imperialismo: geografias intelectuais e institucionais*

A emergência e institucionalização da chamada *nova geografia* e o surgimento e intensificação do *novo imperialismo* são processos quase simultâneos e claramente inter-relacionados, como bem notou Brian Hudson, no seu estudo precursor de uma tradição de análise crítica combinada de ambos os processos. A formação e a difusão da geografia enquanto saber especializado foram importantes para a consumação dos vários «interesses do imperialismo», ou seja, «a aquisição de territórios, a exploração económica, o militarismo e a prática de dominação racial e de classe». Sem este saber particular (e a sua história constitutiva e diversidade paradigmática), a *espacialização* da imaginação política imperial de finais de Oitocentos teria sido, por certo, distinta([30]).

Cartografando as geografias vitais do imperialismo

Em França, os geógrafos foram decisivos na propagação de uma generalizada agitação imperial, funcionando como um dos principais grupos de pressão coloniais, com a Sociedade de Geografia de Paris a liderar o processo de promoção de um «discurso geoimperialista» (não sem óbvias dissensões internas), disseminado por cursos e cátedras de *Geografia Colonial*. A distribuição geográfica de Sociedades de Geografia em França (em Paris, Lião, Marselha e Bordéus), pilares político-económicos (e comerciais) do país, é um indicador exemplar da estreita,

---

([30]) Esta relação requer estudos apurados, que não sucumbam a generalizações apressadas e a reducionismos vários e que questionem o postulado de uma relação meramente funcional entre processos. Brian Hudson, «The new geography an the new imperialism, 1870-1918», Harald Bauder e Salvatore Engel-Di Maurop, eds., *Critical Geographies: a collection of readings* (Praxis (e)Press, 2008), pp. 140-153 (Publicado originalmente em *Antipode*, vol. IX (1977), pp. 12-19).

mas complexa, relação entre a institucionalização de saberes geográficos (que estavam longe de se esgotar numa estrita aceção disciplinar, num contexto de débil *distinção* e diferenciação dos saberes) e a *mundialização* do económico (por via da disseminação dos circuitos coloniais e imperiais), do político (por via da intensificação da competição interimperial com antigos e novos concorrentes) e do sociocultural (por via da multiplicação de redes migratórias e diaspóricas, que ajudaram a tecer a *racialização da geografia*), que resultou das dinâmicas expansionistas do *novo imperialismo*([31]). Num período marcado pela emergência de dinâmicas várias de *geopolitização da globalização* – ou seja, pela existência de uma miríade de projetos políticos, económicos e socioculturais, privados e públicos, que visavam controlar os ritmos, direções e conteúdos dos processos globalizantes –, a imaginação de *geografias vitais* foi decisiva([32]).

Na Alemanha, os saberes geográficos beneficiaram bastante da consolidação do segundo *Deutsches Reich*, em 1871, conquistando o «reconhecimento e a legitimidade» disciplinar com «uma abordagem política conformista» e um conjunto de ideias que foram apropriadas pelo imperialismo e pela *Weltpolitik* de Bismarck e de Wilhelm II, assim como, mais tarde, pelo Nacional-Socialismo, não obstante os contextos, objetivos e geografias diversos. O exemplo maior residiu na cunhagem da expressão *lebensraum*, o conceito ratzeliano de designação de um *espaço*

([31]) D. N. Livingstone, *The Geographical Tradition*, pp. 218-219. Para uma visão geral, veja-se Robin A. Butlin, *Geographies of Empire: European empires and colonies, c. 1880-1960* (Cambridge: Cambridge University Press, 2009), *maxime* pp. 275-324.

([32]) Miguel Bandeira Jerónimo, «Imperial globalisations», Cátia Antunes e Karwan Fatah-Black, eds., *Explorations in History and Globalization* (Londres: Routledge, 2016), pp. 212-230 e Jürgen Osterhammel e Niels P. Petersson, *Globalization: A Short History* (Princeton: Princeton University Press, 2005), p. x. Veja-se ainda Gary B. Magee e Andrew S. Thompson, *Empire and Globalization: Networks of People, Goods and Capital in the British World, c. 1850-1914* (Cambridge: Cambridge University Press, 2010) e Brian W. Blouet, *Geopolitics and Globalization in the Twentieth Century* (Londres: Reaktion Books, 2001).

vital, um território que extravasaria as fronteiras da *nação* e que, assim sendo, permitiria a expansão do Estado. A emergência da questão colonial e de um relativo consenso em torno da sua importância para a *política global* do Reich foi acompanhada pelo desenvolvimento de uma participação voluntária, ainda que discordante, de grandes figuras do pensamento geográfico e etnográfico alemão, como o já referido Ratzel mas também Adolf Bastian, Alfred Kirchhoff ou Siegfried Passarge([33]).

A simbiose entre nacionalismo, imperialismo e colonialismo, ou entre *Heimat*, *Lebensraum* e *Weltpolitik* – sempre mediada por uma *racialização* da reflexão política e afetada pelos princípios do *darwinismo social* – foi um dos aspetos mais marcantes da Alemanha finissecular, apresentando desenvolvimentos similares noutros contextos([34]). A «biologização do espaço global», como Gearóid Ó Tuathail caracterizou o impacto da obra de Ratzel, representou, desde o início, a *espacialização* expansionista da imaginação política dos Estados-impérios (ou dos Estados que se queriam afirmar como impérios). As *ciências especulativas*, como a geopolítica de Oitocentos e Novecentos, foram absolu-

---

([33]) Michael J. Heffernan, «The Science of Empire: The French Geographical Movement and the Forms of French Imperialism, 1870 to 1920», pp. 97, 99; Gerhard Sandner e Mechtild Rössler, «Geography and Empire in Germany, 1871-1945», in Smith e Godleska, eds., *Geography and Empire*, pp. 115-127.

([34]) Para excelentes análises destas ligações vejam-se Woodruff D. Smith, «Friedrich Ratzel and the Origins of *Lebensraum*», *German Studies Review*, vol. III (1980), pp. 51-68; *idem*, *The Ideological Origins of Nazi Imperialism* (Oxford: Oxford University Press, 1986), pp. 52-82 (*Weltpolitik*), 83-111 (*Lebensraum*), 112-140 (a formação das ideologias imperialistas); *Ibidem*, *Politics and the Sciences of Culture in Germany, 1840-1920* (Oxford: Oxford University Press, 1991), pp. 140-161 (Ratzel), 219-233 (*lebensraum*); Mark Bassin, «Imperialism and the nation state in Friedrich Ratzel's political geography», *Progress in Human Geography*, vol. XI (1987), pp. 473-495; e, finalmente, o sugestivo texto de Gerhard Sandner, «The Germania triumphans syndrome and Passarge's *Erdkundliche Weltanschauung*: The roots and effects of German political geography beyond geopolitik», *Political Geography Quarterly*, vol. VIII, n.º 4 (1989), pp. 341-351.

tamente decisivas neste processo([35]). No caso alemão, a obra de Karl Haushofer exemplifica com clareza esta asserção, pelo desenvolvimento da geopolítica de Kjellén (de forte inspiração ratzeliana, refira-se), que procurava reorientar a ciência política para uma abordagem «natural» e «orgânica» do Estado (por oposição a perspetivas meramente jurídicas, então em voga), visando a sua transformação em *ciência* da expansão imperial([36]).

Nos Estados Unidos da América, figuras como Albert Mahan (cuja obra, marcada pela ênfase marítima, inspirou Ratzel na sua perspetiva geopolítica e foi particularmente bem recebida nos círculos que advogavam um militarismo naval e expansionista um pouco por todo o globo) e Nicholas Spykman (que centrou a sua tese na figura de Georg Simmel, tendo sido um discípulo de Mahan e um recuperador das ideias de Halford J. Mackinder) inspiraram o desenvolvimento do paradigma intervencionista na política externa americana([37]). Simultaneamente, figuras como Paul S. Reinsch, John A. Hobson, o já referido DuBois, Leonard Woolf ou, mais tarde, Raymond Leslie Buell e Parker T. Moon articulavam, de ambos os lados do Atlântico, visões globais com reflexões sobre a imaginação política dos Estados-impérios, contribuindo de modo decisivo, ainda que pouco reconhecido, para a constituição e legitimação

([35]) Friedrich Ratzel, «The laws of the spatial growth of states», Roger Kasperson e Julian Minghi, eds., *The Structure of Political Geography* (Chicago: Aldine, 1969), p. 18. Gearóid Ó Tuathail, *Critical Geopolitics: the politics of writing global space* (Londres: Routledge, 1996), pp. 28-29. Veja-se ainda David Murphy, «Space, race and geopolitical necessity: geopolitical rethoric in German colonial revanchism, 1919-1933», Smith e Godleska, eds., *Geography and Empire*, pp. 173-187.

([36]) Haushofer deu uma cópia do *Politische Geographie* (1897) de Ratzel a Adolf Hitler, quando este estava preso em Landsberg e escrevia o seu *Mein Kampf*. Veja-se Tuathail, *Critical Geopolitics*, pp. 35-39. Sven Holdar, «The ideal state and the power of geography: the life-work of Rudolf Kjellén», *Political Geography*, vol. XI (1992), pp. 307-23.

([37]) Para uma análise geral, veja-se G. R. Sloan, *Geopolitics in United States Strategic Policy, 1890-1987* (Nova Iorque: St. Martin's Press, 1988). Para Mahan, veja-se ainda John M. Hobson, *The Eurocentric Conception of World Politics*, pp. 123-130.

da ciência política e das relações internacionais enquanto disciplinas do saber([38]). Apesar do desinteresse que tem caracterizado as *histórias* destas disciplinas relativamente a estas *origens* (o que também sucede de modo gritante em Portugal), as visões imperiais foram causas imediatas das visões globais desenvolvidas no seu interior([39]).

Membro fundador da Associação Americana de Ciência Política, Paul S. Reinsch foi extremamente importante neste processo, uma vez que, entre outros aspetos relevantes, os seus esforços de criação de uma ciência da administração colonial influenciaram o pensamento global e imperial de *especialistas* noutros países, como sucedeu de modo profundo em Portugal (a par de figuras como Lucien Aspe-Fleurimont, Paul Leroy-Beaulieu ou Arthur Girault). Em simultâneo, o modo como Reinsch promoveu o imperialismo nacional a fator fundamental de condicionamento da política global contribuiu igualmente para a apropriação generalizada da sua obra e ideias.([40]) Duas

([38]) W. E. B. Du Bois, «The African Roots of War», *Atlantic Monthly*, vol. 115 (1915), pp. 707-714. Leonard Woolf, *International Government* (Londres: George Allen & Unwin, 1916) e *Empire and Commerce in Africa: a study of economic imperialism* (Londres: George Allen & Unwin, 1919); Raymond Leslie Buell, *International Relations* (Nova Iorque: Henry Holt, 1925) e o duplo volume *The Native Problem in Africa* (Nova Iorque: Macmillan, 1928); Parker T. Moon, *Syllabus on International Relations* (Nova Iorque: Macmillan, 1925) e *Imperialism and World Politics* (Nova Iorque: Macmillan, 1926).

([39]) Este facto implica uma revisão crítica da exclusividade e centralidade que muitos autores parecem atribuir ao «debate» idealismo-realismo, bem como das frequentes retroprojeções artificiosas e anacrónicas em torno deste binómio, vícios analíticos que obscurecem mais do que revelam.

([40]) Para a perspetiva global, veja-se Paul S. Reinsch, *World Politics at the End of the Nineteenth-Century as Influenced by the Oriental Situation* (Nova Iorque: Macmillan, 1900). Para a dimensão colonial, veja-se *idem*, *Colonial Government* (Nova Iorque: Macmillan, 1902) e *Colonial Administration* (Nova Iorque: Macmillan, 1905). Veja-se ainda o estudo de Brian C. Schmidt, «Paul S. Reinsch and the study of imperialism and internationalism», David Long e Brian C. Schmidt, eds., *Imperialism and Internationalism in the Discipline of International Relations*, pp. 43-70. Veja-se ainda Lucien Aspe-

dimensões importantes, e relacionadas, da obra de Reinsch consistiram precisamente na questão racial e no problema do trabalho indígena: o modo como ambas as questões foram objeto de reflexões globais cruzadas demonstra a importância da circulação destas visões de natureza imperial([41]).

O «anti-imperialismo» de John A. Hobson constitui outro caso exemplar. Esta posição política e intelectual de Hobson, tantas vezes repetida, necessita de ser matizada, uma vez que, mais do que uma visão anti-imperial, este perfilhava um reformismo imperial, um *sane imperialism.* O imperialismo reformado era aceitável, sobretudo se contribuísse para uma *ordem global* equilibrada e para a civilização das *lower races,* argumento que partilhava com imperialistas de profissão. Sob um ponto de vista político, o seu objetivo era o de substituir o imperialismo marcado por um «discurso racista científico» por outro, mais «são», orientado para uma «missão civilizadora imperial internacional» que protegeria as *lower races,* o qual seria investido de uma inquestionável legitimidade. As «artes do "progresso"» deveriam ser comunicadas, num processo que seria monitorizado por instâncias internacionais independentes. O impacto destas ideias no Sistema dos Mandatos da Sociedade das Nações, nomeadamente no princípio da *tutela,* foi notório. A influência que exerceram em «imperialistas internacionalistas» como

-Fleurimont, *La colonisation française avec des observations spéciales sur l'Afrique Occidentale* (Paris: V. Giard & E. Brière, 1902). Para Leroy-Beaulieu, *De la colonisation chez les peuples modernes* [Paris: Guillaumin et Cie, 1882 (1874)]. Para Arthur Girault, *Principes de colonisation et de législation coloniale* [Paris: Librairie de la Société du Recueil J.-B. Sirey, 1907 (1895])].

([41]) Para a questão racial, veja-se Paul S. Reinsch, «The negro race and European civilization», *The American Journal of Sociology,* vol. XI, n.º 2 (1905), pp. 145-167. Para uma apreciação da questão entre processos de *racialização* e de administração do trabalho nativo, veja-se Miguel Bandeira Jerónimo, «The "Civilisation Guild": race and labour in the third Portuguese empire, c. 1870-1930», F. Betthencourt e A. J. Pearce, eds., *Racism and Ethnic Relations in the Portuguese-Speaking World* (Oxford: Oxford University Press, 2012), pp. 173-199, e *idem, Livros brancos, almas negras. a «missão civilizadora» do colonialismo português, c. 1870-1930* (Lisboa: Imprensa de Ciências Sociais, 2010).

Woodrow Wilson, Norman Angell, Alfred Zimmern, Leonard Woolf ou Buell foi inegável. A promoção de uma missão civilizadora imperial articulada internacionalmente foi um elemento fundamental na imaginação de geografias vitais([42]).

Entre outros aspetos, em todos estes exemplos vemos como a circulação internacional de visões globais associadas a discursos de *geografias vitais* constitui um aspeto fundamental para a compreensão da história contemporânea.

O fechamento político do globo: Halford J. Mackinder e a linguagem dos espaços vitais dos impérios

Em Inglaterra, Halford J. Mackinder marcou um período de legitimação do saber geográfico sobre o globo, assumindo o putativo *determinismo* de Friedrich Ratzel em detrimento do *possibilismo* da escola francesa e, aspeto de grande importância, definiu ainda uma era de validação da geografia política como instrumento fundamental para a construção dos impérios e dos seus espaços vitais, destacando concomitantemente o papel decisivo destes na sustentação e regulação da *ordem* global. Como Hudson sintetizou, «o determinismo ambiental ou geográfico foi usado como suporte ideológico do imperialismo e do

([42]) John M. Hobson, *The Eurocentric Conception of World Politics*, pp. 45-51 e 166-181, citação na pp. 47, 50. Para John A. Hobson, para lá da obra já citada, veja-se ainda David Long, «Paternalism and the internationalization of imperialism: J. A. Hobson on the international government of the "lower races"», David Long e Brian C. Schmidt, eds., *Imperialism and Internationalism in the Discipline of International Relations*, pp. 71-92, e o recente livro de Gregory Claeys, *Imperial Sceptics: British critics of empire, 1850-1920* (Cambridge: Cambridge University Press, 2010), pp. 235-281. Para o contexto veja-se Miguel Bandeira Jerónimo, «Uma Sociedade de Impérios: A imaginação política imperial e o internacionalismo do entre-guerras», Miguel Bandeira Jerónimo e José Pedro Monteiro, eds., *Os passados do presente: internacionalismo, imperialismo e a construção do mundo contemporâneo* (Lisboa: Almedina, 2015), pp. 235-270.

racismo» que marcaram o fim de Oitocentos([43]). De acordo com Mackinder, os finais de Oitocentos teriam ficado indelevelmente marcados pela constituição de «um sistema político [global] fechado» (perceção que partilhava com Bryce e com John A. Hobson, por exemplo), cuja «ordem» era (ou devia ser) garantida pelo império Britânico, com o seu elevado poder naval e territorial, com uma inegável capacidade de projeção ultramarina([44]). A manutenção hegemónica do império britânico era assim fundamental para a manutenção da ordem internacional e global, projetada em oposição à alternativa mais provável, representada pela Rússia, sobretudo num período em que essa posição dominante se encontrava em declínio, como Mackinder já escrevera em 1890([45]).

([43]) Brian Hudson, «The new geography and the new imperialism, 1870--1918», Harald Bauder e Salvatore Engel-Di Maurop, eds., *Critical Geographies*, p. 149.

([44]) Sobre a ideia de «espaço fechado», veja-se Gerry Kearns, «Closed space and political practice: Frederick Jackson Turner and Halford Mackinder», *Environment and Planning D. Society and Space*, vol. II, n.º 1 (1984), pp. 23-34. Para uma comparação entre a obra de Mackinder e a de John A. Hobson, veja-se *idem*, «*Fin de siècle* geopolitics: Mackinder, Hobson and theories of global closure», Peter J. Taylor, *Political Geography of the Twentieth Century. a global analysis* (Londres: Belhaven Press, 1993), pp. 9-30.

([45]) Como bem notou Geoffrey Parker, a obra fundamental de Mackinder, sobretudo desde «The geographical pivot of history» até *Democratic Ideals and Reality*, baseou-se em escritos produzidos em conjunturas críticas da história internacional. Geoffrey Parker, *Western Geopolitical Thought in the Twentieth Century* (Nova Iorque: St. Martin's Press, 1985), *maxime* capítulo III, «Halford Mackinder and the world outlook», pp. 15-31. Veja--se ainda Halford Mackinder, «The physical basis of political geography», *Scottish Geographical Magazine*, vol. VI (1890). Veja-se também Gerry Kearns, «Imperialism and the heartland» e Sarah O'Hara e Michael Heffernan, «From geostrategy to geo-economics: the "heartland" and British imperialism before and after Mackinder», ambos em Nick Megoran e Sevara Sharapova, eds., *Central Asia in International Relations: the legacies of Halford Mackinder*, pp. 69-90 e 91-113. Mais recentemente, Simone Pelizza, «The geopolitics of international reconstruction: Halford Mackinder and Eastern Europe, 1919-20», *The International History Review*, vol. XXXVIII, n.º 1, pp. 174-195.

No *tabuleiro* global, cuja dimensão metafórica foi explorada, entre outros, por Claude Raffestin, o mundo anglocêntrico, epitomizado pelo seu império global, era a única peça de xadrez capaz de rivalizar com a ameaça de Leste ou com a emergência da *mitteleuropa* de Joseph Partsch (1851-1925) – cuja obra fora publicada numa coleção dirigida por Mackinder – e Friedrich Naumann (1860-1919), numa lógica de bipolaridades em constante competição pelo *pivot* e pelo *heartland*. Apesar de se encontrarem em constante mutação, estas bipolaridades tinham, para Mackinder, o seu pêndulo ou centro no império Britânico, aspeto em que foi acompanhado por outros geógrafos do seu tempo, como, por exemplo, Vaughan Cornish([46]).

Neste raciocínio – um saber que se transformava constantemente em política([47]) – ecoava a ideia de uma *Greater Britain* tal qual fora formulada por Charles Dilke ou por J. R. Seeley. A imaginação política de uma *ordem global*, para a qual os impérios e os seus *espaços vitais*, sobretudo os associados à *Greater*

([46]) O conceito de *pivot* é substituído pelo de *heartland* no seu *Democratic Ideals and Reality*. Claude Raffestin, *Pour une géographie du pouvoir* (Paris: Libraries techniques, 1980). Sobre a formulação da *Mitteleuropa* veja-se Joseph Partsch, *Central Europe* (Nova Iorque: D. Appleton & co., 1903); F. Naumann, *Central Europe* (Londres: P. S. King, 1916), pp. 179-216, e ainda, para as sínteses contemporâneas, veja-se o número especial «Mitteleuropa: symbolic geographies and political visions», *European Journal of Social Theory*, vol. XI, n.º 2 (2008). Vaughan Cornish, *A Geography of Imperial Defence* (Londres: Sifton Praed, 1923).

([47]) Importa sublinhar que Mackinder esteve sempre muito próximo de figuras como Joseph Chamberlain e Lord Rosebury (liberal de raiz, juntou-se ao Partido Conservador e foi deputado entre 1910 e 1922) e, conjuntamente com Bertrand Russell, Alfred Milner e H. G. Wells, era membro do Coefficients Club, grupo de *pensadores* formado em 1902 que tinha como principal objetivo refletir sobre o estado moral, social, político e económico da Grã-Bretanha, propondo uma doutrina da *eficiência* que contrastaria com a «autossatisfação do período *edwardiano*». É igualmente obrigatório sublinhar que Mackinder foi alto-comissário do ministro dos Negócios Estrangeiros britânico na Rússia, nomeado por Lorde Curzon em 1919 para avaliar as consequências da revolução de 1917. Veja-se Geoffrey Parker, *Western Geopolitical Thought in the Twentieth Century*, pp. 28-29.

Britain, tanto contribuíam, era vista como estando adequada às estruturas organizacionais que, sob um ponto de vista territorial e político ordenavam, *de facto* o globo. Ainda que com diferentes matizes e distinta relevância histórica, porquanto mais centrado na integração política à escala imperial, o caso da *La Plus Grande France* também demonstra o modo como a articulação entre projetos de construção de uma identidade nacional (sempre fortemente marcados por processos de diferenciação étnica e «racial») e projetos de expansão imperial – que resultaram na formação de um republicanismo imperial – esteve ligada a questões de projeção internacional. Apesar das diferenças, as doutrinas da *Greater Britain* e de *La Plus Grande France* identificavam os espaços imperiais, sobretudo ultramarinos, como *geografias vitais* para a preponderância política, económica e sociocultural *global* ([48]). Como Albert Sarraut declarou em 1923, no seu famoso *La mise en valeur des colonies françaises*, cujo impacto internacional foi notório, «o poder futuro e a prosperidade da *Mère-Patrie*» só poderia ser garantido pela promoção da «força e da riqueza do conjunto das Franças ultramarinas» ([49]).

A afirmação de espaços imperiais como geografias vitais para a preponderância global ou para a construção de uma ordem global era, contudo, mais nítida em Mackinder. A projeção global de conflitos pela hegemonia imperial, em muito alargada e

---

([48]) Charles Dilke, *Greater Britain: a record of travel in English-speaking countries during 1866 and 1867* (Londres: Macmillan & co., 2 vols., 1868). J. R. Seeley, *The Expansion of England. Two courses of lectures* (Londres: Macmillan & co., 1883). Para uma excelente análise da imaginação política de uma ordem global associada ao império britânico e à *Greater Britain*, veja-se Duncan Bell, *The Idea of Greater Britain: empire and the future of world order, 1860-1900* (Princeton: Princeton University Press, 2007). Para o caso de *La Plus Grande France*, veja-se Gary Wilder, *The French Imperial Nation-State. negritude and colonial humanism between the two world wars* (Chicago: University of Chicago Press, 2005), *maxime* capítulo 2, «Framing Greater France: a real abstraction», pp. 24-40.

([49]) Trata-se de um anexo sobre o «Projet de Loi portant fixation d'un programme general de mise en valeur des colonies françaises». Note-se o plural em «Franças ultramarinas». Albert Sarraut, *La mise en valeur des colonies françaises* (Paris: Payot, 1923), p. 581.

intensificada pelo *fechamento* do sistema-mundo político, exigia um império forte, capaz de pensar *imperialmente* o globo e de sobre ele agir de modo determinado, com recurso ao saber geográfico. Tal função era, para além de tudo o mais, *legítima*, uma vez que se tratava de *civilizar* as periferias. A expansão e a consolidação da autoridade em contextos imperiais, incluindo os importantes territórios ultramarinos, eram, desta feita, a condição *sine qua non* da «civilização imperial» ([50]). A Conferência de Berlim de 1884-1885 marcara o fim de uma era, numa apreciação que Mackinder partilhava com Hobson. O «tempo dos grandes impérios» chegara e, assim sendo, saberes adequados às novas realidades globais eram necessários, tanto para efeito da sua compreensão como para a sua administração científica. Ao mesmo tempo, Mackinder desvalorizava o tradicional imperialismo do *free-trade*, que Ronald Robinson e John Gallagher dissecaram com propriedade, e promovia e defendia os projetos imperiais de figuras como Cecil Rhodes, que admirava (e que, por sua vez, Hobson criticava) ([51]). Outro tipo de imperialismo, mais *formal* – ancorado em instituições políticas com propósitos de territorialização acrescidos, assente em renovados paradigmas de exploração económica e com novas doutrinas de legitimação, como as das várias *missões civilizadoras* –, era necessário ([52]).

([50]) Foi em 1884 que a Royal Geographical Society encomendou um estudo a Scott Keltie sobre o potencial impacto do desenvolvimento do ensino da Geografia em Inglaterra no desenvolvimento do império Britânico. Gearóid Ó Tuathail, *Critical Geopolitics*, p. 65.

([51]) H. Mackinder, «Geographical conditions affecting the British empire. I. The British Islands», *Geographical Journal*, vol. XXXIII (1909), p. 474. John Gallagher e Ronald Robinson, «The imperialism of free trade», *The Economic History Review*, vol. VI, n.º 1 (1953), pp. 1-15. Veja-se ainda Gerry Kearns, *Geopolitics and Empire*, pp. 130-142, e B. W. Blouet, «The imperial vision of Halford Mackinder», *Geographical Journal*, vol. 170 (2004), pp. 322-329.

([52]) Para as doutrinas da missão civilizadora, veja-se Alice K. Conklin, *A Mission to Civilize: the republican idea of empire in France and West Africa, 1895-1930* (Stanford, CA: Stanford University Press, 1997); James P. Daughton, *An Empire Divided: religion, republicanism, and the making of french colonialism,*

Apesar da existência de alguns céticos e indiferentes em relação aos projetos imperialistas, estes últimos eram tomados generalizadamente como instrumentos fulcrais de afirmação política, económica e sociocultural por inúmeras elites mundiais, um pouco por todo o mundo. Mackinder era, inegavelmente, protagonista deste entusiástico movimento.

Portugal e «o movimento geográfico moderno»

Em Portugal, instituições como a Sociedade de Geografia de Lisboa ou a Escola Superior Colonial e figuras como Luciano Cordeiro([53]), Silva Telles([54]), Ernesto de Vasconcellos([55]) ou

---

1880-1914 (Oxford: Oxford University Press, 2007); Dino Costantini, *Mission civilisatrice: Le rôle de l'histoire coloniale dans la construction de l'identité politique française* (Paris: La Découverte, 2008); Catherine Hall, *Civilising Subjects: metropole and colony in the English imagination, 1830-1867* (Chicago: University of Chicago Press, 2002); Harald Fischer-Tiné e Michael Mann, eds., *Colonialism as Civilizing Mission: cultural ideology in British India* (Londres: Anthem Press, 2004); Miguel Bandeira Jerónimo, *Livros brancos, almas negras.*

([53]) Luciano Cordeiro, «Portugal e o movimento geográfico moderno», *idem, Obras de Luciano Cordeiro – I. Questões coloniais* (Coimbra: Imprensa da Universidade, 1934), pp. 1-29.

([54]) F. Silva Telles, *A transportação penal e a colonização* (Lisboa: Typographia da Livraria Férin, 1903). Luís Schwalbach, José Santa Rita *et al.*, «Sessão de Homenagem à Memória do Professor Doutor Francisco da Silva Telles», *Boletim da Sociedade de Geografia de Lisboa*, vol. 52, n.º 7 e 8 (1934), pp. 247-310; Orlando Ribeiro, «Silva Telles, o introdutor do ensino da Geografia em Portugal», *idem, Opúsculos. Vol. II. O pensamento geográfico* (Lisboa: Fundação Calouste Gulbenkian, 1989), pp. 141-161 (Publicado primeiramente na revista *Finisterra*, vol. IX, n.º 21 (1976), pp. 12-36). Veja-se ainda José Ramiro Pimenta, «Traços de uma biografia científica», F. X. da Silva Telles, *Obras completas – A ciência geográfica* (Lisboa: Associação Portuguesa de Geógrafos/Fundação Calouste Gulbenkian, 2004), pp. i-xxxv.

([55]) Ernesto de Vasconcellos, *As colonias portuguezas: geographia physica, politica e economica* (Lisboa: Typographia da Companhia Nacional Editora, 1896).

Luís Schwalbach Lucci([56]) ecoaram algumas das preocupações que governaram as obras de muitos dos autores já referidos (sobretudo os de filiação ratzeliana), marcando igualmente a institucionalização da geografia como área do saber e a emergência da geopolítica no país. Para além do mais, todos eles foram vozes importantes na promoção e aplicação da *utilidade* imperial e colonial destes saberes, continuando o esforço desenvolvido por Gerardo Péry, no estudo da colonização penal, da emigração colonial, do suposto imperativo civilizador, da questão racial, do trabalho nativo e de outros temas que foram marcando o projeto imperial português desde finais do século XIX([57]). Para Luciano Cordeiro, Portugal tinha de acompanhar o «grande movimento geográfico moderno», que não era senão o da «civilização de África pela colonização europeia», onde a «ciência e a humanidade» andavam de mão dadas([58]).

Por seu lado, Silva Telles, principal introdutor da obra de Ratzel em Portugal, como é demonstrado na obra *A conceção das unidades geográficas*, que constitui uma introdução à antropogeografia([59]), foi igualmente um comprometido cultor da

---

([56]) Luís Schwalbach, *Emigração e colonização* (Lisboa: Tipografia do Annuário Comercial,1914); *idem, A atual carta política da Europa, estudos de geografia histórica, política e económica* (Paris/Lisboa: Livrarias Aillaud e Bertrand, 1923); *idem, O mundo depois da Grande Guerra* (Paris/Lisboa: Livrarias Aillaud e Bertrand, 1925); *idem, Os espaços vitais – geografia política e económica,* «Separata da Revista da Faculdade de Letras de Lisboa», Tomo XX, 2.ª Série, n.º 1, julho (Lisboa: 1954).

([57]) Gerardo Péry, *Geographia e estatística geral de Portugal e Colónias com um atlas* (Lisboa: Imprensa Nacional, 1875).

([58]) Luciano Cordeiro, «Portugal e o movimento geográfico moderno», pp. 24-25.

([59]) *A conceção das unidades geográficas. Introdução à antropogeografia* foi a tese com que F. Silva Telles se candidatou e venceu o concurso para a cadeira de Geografia do Curso Superior de Letras de Lisboa em 1904. Veja-se João Carlos Garcia e José Ramiro Pimenta, «Os livros de Geografia da Faculdade de Letras da Universidade do Porto (1919-1931): ciência, ensino e divulgação», *Livro de Homenagem ao Prof. Doutor Luís A. Oliveira Ramos* (Porto: Faculdade de Letras da Universidade do Porto, vol. II, 2004), pp. 545-559, e Hugo Gonçalves Dores, *A história na Faculdade de Letras de Lisboa*

proximidade entre o desenvolvimento da geografia e o aprofundamento dos estudos coloniais(60).

Como referia Silva Telles em mais uma das apologias da imperiosa *cientificização* do governo imperial, sem o envolvimento constante e a todos os níveis das *ciências* coloniais, a começar, claro, pela Geografia Colonial (que foi por si lecionada na Faculdade de Letras da Universidade de Lisboa), não era possível formular e aplicar uma política colonial eficaz, como o exemplo do império Alemão e o legado de Carl Ritter, Alexander von Humboldt e, claro está, de Ratzel provavam(61). A criação da Sociedade de Geografia de Lisboa em 1875 e da Escola Colonial em 1906 (que Silva Telles desde muito cedo quis escola «superior») visava colocar o país na dianteira dos esforços de criação de uma nova «civilização imperial», esforço simbolizado na imaginação política do *mapa cor-de-rosa* e, mais tarde, mas com indesmentíveis semelhanças, no mapa do *Portugal não é um país pequeno* da Primeira Exposição Colonial Portuguesa de 1934. Os esforços de *nacionalização do império* – os inúmeros projetos de *ocupação efetiva* das possessões ultramarinas que se repetiram e perduraram após a independência do Brasil, em 1822 – e de *imperialização da nação* – a constituição de um nacionalismo de cariz imperial que suportaria e legitimaria os referidos projetos – estavam fortemente associados a discursos de *regeneração nacional*, aspeto que continuaria a marcar a história portuguesa até praticamente ao fim do império. A expansão, manutenção e a reforma imperial determinariam

---

1911-1930 (Lisboa: Dissertação de Mestrado em História Contemporânea, 2008), pp. 66-68.

(60) Silva Telles foi autor de vários estudos importantes para compreender a questão colonial no fim de Oitocentos e no princípio de Novecentos: *A Partilha de África* (1890); *A colonização portuguesa nos climas tropicais* (1891); *Os árabes e as raças de África* (1892) e *La dégénérescence des races humaines* (1900), por exemplo.

(61) F. Silva Telles, «Ensino colonial universitário (altos estudos coloniais)», *II Congresso Colonial Nacional* (Lisboa: Sociedade de Geografia de Lisboa, 1924).

a regeneração da nação e a recuperação do prestígio internacional([62]).

O império era tomado como espaço vital para a *nação*, condição necessária para o *espaço português*, expressão que virá a ser objeto de reflexões várias até já perto da desintegração do império (desde 1963), dominadas pelos objetivos de reforçar mitologias de excecionalidade imperial, de contrariar pressões descolonizadoras a uma escala global e de reinventar a identidade nacional e a sua «presença, uma posição no mundo», como escreveu Mário Fernandes Oliveira. As circunstâncias históricas reclamavam novos *saberes* de natureza geopolítica, e estas reflexões encontraram na «teoria» dos «grandes espaços» de Adriano Moreira uma fonte inspiradora. Expressões como «espaço-missão» (José Hermano Saraiva) e «Nação maior» (Adriano Moreira) – esta última a merecer uma comparação crítica com as formulações da *Greater Britain* e de *La Plus Grande France* – adquiriram uma dimensão analítica e, aspeto importante, uma dimensão política notórias. Como escreveu Adriano Moreira em 1964, três anos depois do início dos conflitos em Angola e no ano do início dos conflitos em Moçambique, «a salvaguarda do portuguesismo deve estender-se a todos os territórios onde temos uma presença significativa, ainda que sejam estrangeiros, e essa presença significativa deve ser um esteio para a defesa da integridade de um espaço cultural e político inteiramente dependente da nação e da soberania portuguesa». As supostas *constantes históricas do espaço português* eram tomadas como constantes históricas da existência imperial da *nação*([63]). Embora a

---

([62]) Miguel Bandeira Jerónimo, «Portugal no mundo», in Pedro Tavares de Almeida, ed., *História Contemporânea de Portugal. Vol. 2: A Construção Nacional, 1834-1890* (Madrid e Lisboa: Fundación Mapfre/Objectiva, 2013), pp. 77-108.

([63]) Recordemos que a Revisão Constitucional de 1951 já contribuíra decisivamente para este processo, na medida em que cristalizara a categoria de «províncias ultramarinas» em detrimento de «colónias» e de «império». José Hermano Saraiva, *Formação do espaço português* (Lisboa: Sociedade de Geografia de Lisboa, 1963); Adriano Moreira, Os *grandes espaços* (Lisboa: [s.n.], 1963); *idem, Congregação geral das comunidades portu-*

história das ideias geopolíticas em Portugal esteja por fazer (como, aliás, está a de muitas outras disciplinas) ([64]), é inegável que a *missão histórica* associada à gesta imperial e definidora da identidade nacional foi um elemento central na imaginação política do Estado-império, mesmo depois do seu fim, através da recuperação celebratória, mais ou menos encapotada, dos seus putativos legados. Promovida por novos mandarins, consultores e «especialistas» de vária extirpe (dentro e fora da academia, a ressurgência de idiomas e projetos de política pública derivados de uma matriz colonial e imperial do *espaço português* prossegue, preservando imaginários e visões, e propósitos ([65]).

Conclusão

A compreensão da imaginação política e dos projetos expansionistas dos Estados-império de finais de Oitocentos requer o estudo histórico da constituição das «ciências especulativas», enquanto disciplinas e discursos políticos, dos seus idiomas, problemas e formas de institucionalização. Estes saberes institucionalizados forneceram as doutrinas de *espaços vitais imperiais* – fortemente condicionadas por processos de racialização do

guesas (Lisboa: Sociedade de Geografia, 1964), citação em p. 13; AAVV, *Problemas do espaço português: curso de extensão universitária* (Lisboa: Junta de Investigações do Ultramar, Centro de Estudos Políticos e Sociais, 1972). António Banha de Andrade, «Constantes históricas do espaço Português», *Problemas do espaço português*, pp. 19-70; Mário Fernandes de Oliveira, «Situação da literatura no espaço português», *Problemas do espaço português*, pp. 97-121, cit. p. 99.

([64]) Veja-se, no entanto, os trabalhos de Pedro Teles, *A geopolítica na história e no ensino da geografia portuguesa, 1910-1960* (Porto: Dissertação de Mestrado, 2000), e de James Sidaway, que procura criar as bases para o estudo de uma tradição geopolítica nacional, em «Iberian Geopolitics», K. Dodds e D. Atkinson, eds., *Geopolitical Traditions*, pp. 118-149.

([65]) Os ecos de muitas destas ideias no argumentário *estratégico* contemporâneo são evidentes, tanto no espaço político como no universo académico. Em certos casos, as fronteiras entre estes domínios institucionais encontram-se muito esbatidas.

mundo – que marcaram a constituição de linguagens e formas de imaginação política imperial. A idealização e mobilização políticas destas doutrinas foram centrais no desenvolvimento histórico do *novo imperialismo.* A *espacialização* da imaginação política imperial de Oitocentos e de Novecentos – a formulação política e projeção espacial de uma «civilização imperial» – resultou, em larga medida, da contribuição destes saberes (mais ou menos) científicos. Do mesmo modo, a compreensão das genealogias intelectuais e da história institucional das «ciências especulativas» requer o estudo apurado do uso instrumental que interesses políticos, económicos e socioculturais particulares, oficiais e oficiosos, deram a esses saberes, com o intuito de fortalecer e legitimar, em diferentes níveis, os projetos expansionistas globais que sustentaram o *novo imperialismo.* As disciplinas da Geografia Política ou da Geopolítica, da Ciência Política, da Sociologia e das Relações Internacionais têm um *momento imperial* na sua génese e *evolução,* o que é frequentemente obscurecido. A sua história é uma história imperial, no sentido em que a formação dos seus idiomas e as formas da sua institucionalização nacionais foram vincadamente condicionadas pela sua relação com os projetos imperiais protagonizados pelos Estados-império, nas suas dimensões políticas, económicas e culturais([66]). A inquirição sistemática das condições sociais e históricas, assim como dos contextos políticos, intelectuais e disciplinares, da produção e da institucionalização destes saberes é, neste sentido, fundamental([67]). O modo como a his-

---

([66]) Para lá de outras referências feitas ao longo deste texto, veja-se Robert Vitalis, «The noble American science of imperial relations and its laws of race development», *Comparative Studies in Society and History,* vol. LII, n.º 4 (2010), pp. 909-938; Julian Go, «Beyond metrocentrism: From empire to globalism in early US sociology», *Journal of Classical Sociology,* vol. XIV, n.º 2 (2014), pp. 178-202; Georges Steinmetz, ed., *Sociology and Empire: The Imperial Entanglements of a Discipline* (Durham: Duke University Press, 2013).

([67]) Para um exemplo concreto de semelhante exercício, veja-se Diogo Ramada Curto, Nuno Domingos e Miguel Bandeira Jerónimo, «Entre a moral e a razão: a sociologia histórica de Barrington Moore Jr.», Barrington

toriografia tem demonstrado que os contextos institucionais e intelectuais associados à emergência e consolidação do paradigma da modernização na academia norte-americana nos anos cinquenta e sessenta contribuíram para a definição da política externa do país é um exemplo revelador dos processos e das dinâmicas socioinstitucionais em jogo([68]).

O estudo da co-constituição e da interdependência históricas da formação das «ciências especulativas», da emergência e circulação de imaginários e doutrinas de *geografias vitais* numa escala global e da afirmação do *novo imperialismo* europeu, de feição ultramarina, desde finais do século XIX demonstra porquê. A persistência de fenómenos semelhantes nas sociedades contemporâneas, assumindo porventura formas mais dissimuladas e insidiosas, requer uma vigilância crítica constante. Entre outros aspetos de monta, a recorrente revitalização acrítica e instrumental de *visões globais* e de imaginários e doutrinas de *espaços vitais* que sustentaram movimentos de expansão e consolidação imperial e colonial, ou de resistência à desintegração dessas soluções políticas, assim aconselha, sob pena de se assistir a exercícios celebratórios de *especialidades* que constituem, no essencial, artifícios instrumentais de instâncias de «poder» político e administrativo. Resultam raramente dos princípios básicos da razão científica e de problemas intelectuais formulados em estreita relação com o seu património histórico, mas sim, com frequência assinalável, de interesses, exigências e propósitos, mais ou menos evidentes, que lhes são exteriores. Ademais, estas *especialidades*, amplamente difundidas e mediatizadas tanto entre o grande público como na academia, ignoram e

Moore Jr., *As origens sociais da ditadura e da democracia. Senhores e camponeses na construção do mundo moderno* (Lisboa: Coleção História & Sociedade, Edições 70, 2010), pp. IX-LII.

([68]) Vejam-se os seminais Michael Latham, *Modernization as Ideology: American social science and* «nation building» *in the Kennedy era* (Chapel Hill: University of North Carolina Press, 2000); Nils Gilman, *Mandarins of the Future: modernization theory in Cold War America* (Baltimore: Johns Hopkins University Press, 2003).

rasuram deliberadamente os seus contextos de produção, bem como os seus propósitos práticos, através de operações, mais ou menos conscientes, de saneamento e seleção histórica... e historiográfica.

3

História dos impérios e história gobal

Por uma sociologia dos impérios

DIOGO RAMADA CURTO
(IPRI – UNL)

Será que uma história dos impérios nos ajuda a compreender melhor os processos com os quais identificamos a globalização? Esta é a questão central a que esta parte do livro procura responder. E a sua formulação implica escolher, «entre as inquietações difusas do tempo presente» – segundo a bela enunciação de Marc Bloch, em *Apologie pour l'histoire ou métier d'historien* –, aquela que mais desafia o nosso ofício. Na segunda década do século XXI, o historiador dos impérios e das formas de expansão colonial encontra, nos seus diferentes laboratórios, matéria de sobra para compreender melhor o presente. Porém, a preocupação em compreender os impérios, sugerida pelos processos de globalização, suscita outras questões, a saber: Por que razão o estudo do colonialismo e do imperialismo, a começar pela definição destes mesmos conceitos, não tem ocupado um lugar central no interior do pensamento social e político ocidental? Como explicar, até muito recentemente, a quase ausência dos temas coloniais e imperiais dos manuais que estabeleceram durante décadas o cânone das ciências sociais e políticas, no seu conjunto, e da sociologia, em particular? Se a formulação de tais questões visa a construção de um problema pertinente, a sua enunciação, longe de poder ser feita de forma sucinta, implica uma série de operações de carácter analítico, bem como a mobilização de um conjunto alargado de autores e das suas obras. Ao evocar as obras de autores considerados clássicos e parte integrante do cânone do pensamento social e político, o objetivo não é tanto o de legitimar uma área de estudos, mas tão-só o de mostrar a marginalidade a que foram votados os temas do colonialismo e do imperialismo. Ou seja, mau grado ser possível traçar uma genealogia do interesse pelos temas da expansão imperial e da formação de Estados coloniais, por parte dos pensadores que formam o cânone do pensamento social e político ocidental, o argumento aqui identificado é que têm sido raros os momentos em que se atribui a essa mesma genealogia a centralidade que merece.

O parágrafo anterior foi escrito há cerca de dez anos e envelheceu. Ou seja, se se tiver em conta a produção intelectual mais atual, será possível demonstrar que se registou uma viragem no campo de estudos em causa, a ponto de se poder argumentar que, em história e ciências sociais, os temas e os problemas do imperialismo e do colonialismo passaram a ocupar um lugar central(1). Será, por isso, necessário reconhecer essa mesma mudança para passar a integrar as referidas questões numa tendência assumida por diversos autores. Ora, entre as causas que poderão explicar a referida viragem, encontra-se um interesse redobrado pela globalização – a ponto de se poder considerar que as lógicas postas em prática pelos impérios coloniais constituíram, na longa duração, formas pioneiras de globalização.

I

Os pensadores do Iluminismo, ao refletirem sobre a guerra, criticaram os processos de expansão imperial e as situações coloniais. Montesquieu, em *De l'esprit des lois* (1748), livro XX, defendeu que o comércio internacional, baseado no interesse e na dependência mútua, era contrário à guerra. Para ele, os

(1) A título de exemplo: Frederick Cooper, *Colonialism in Question: theory, knowledge, history* (Berkeley: University of California Press, 2005); Julian Go, *Patterns of Empire: the British and American empires, 1688 to the Present* (Nova Iorque: Cambridge University Press, 2011); Durba Ghosh, «Another set of imperial turns?», *The American Historical Review*, vol. 117, n.º 3 (2012), pp. 772-793; George Steinmetz, *Sociology & Empire: the imperial entanglements of a discipline* (Durham e Londres: Duke University Press, 2013).

Estados livres envolviam-se no comércio, enquanto os despotismos e as monarquias se dedicavam às guerras de conquista. Sem deixar de considerar que a história do comércio se desenvolveu a par de muitas devastações e da deslocação de muitos grupos (livro XXI, 5), mostrou as suas reservas quanto à legitimidade do tráfico de escravos africanos (livro XV). Rousseau, em *Du contrat social* (1762), retomou os mesmos termos da guerra e da escravatura, mas inscreveu-os num quadro, porventura mais radical, de denúncia da ilegalidade das guerras de conquista, com que se pretendia justificar a escravização das populações. Assim, reduziu o direito de conquista à simples lei do mais forte e considerou nulo o direito de escravizar as populações conquistadas (I, 4). A *Histoire philosophique et politique des deux Indes* (1770), do Abbé de Raynal, com a colaboração de Diderot, e, deste último autor, o *Supplément au voyage de Bougainville* (1772) desenvolveram a mesma perspetiva crítica do pensamento iluminista em relação à exploração colonial e à escravatura. Claro que a racionalidade do Iluminismo, com a formação de novas disciplinas, tais como a economia política, também serviu para uma melhor organização do Estado colonial e do tráfico de escravos. Inúmeros foram os projetos destinados a introduzir reformas que permitissem uma melhor gestão dos interesses económicos. Num desses planos, propunha-se que se voltassem a introduzir na Europa escravos africanos para trabalhar na agricultura – cinquenta ou cem mil negros, «acostumados a tremer de medo frente aos seus senhores» – e consideravam-se vãs as palavras de Montesquieu contra as transplantações de homens([2]).

A maior parte das leituras da obra de Tocqueville pouca ou nenhuma importância deu às análises por ele efetuadas dos

([2]) J. H. Maubert de Gouvert ou Joseph Marie Durey de Morsan (?), *Testament politique du Cardinal Jules Alberoni recueilli de divers Mémoires, Lettres et Entretiens de son Eminence...* traduzido do italiano «par le C. de R.B.M.», Parte I (Lausanne: Marc-Michel Bousquet, 1754), pp. 28-32. Michèle Duchet, *Anthropologie et histoire au siècle des Lumières* (Paris: Albin Michel, 1995; 1.ª ed., 1971); Sankar Muthu, *Enlightenment against Empire* (Princeton: Princeton University Press, 2003).

processos de expansão imperial ou colonial. Por um lado, há que considerar os seus escritos sobre a Argélia, fundados em leituras e inquéritos no terreno – reproduzindo métodos utilizados pelo autor nos estudos sobre o sistema penitenciário e a sociedade dos Estados Unidos da América. Por outro lado, será necessário ter em conta as suas notas de leitura e os seus esboços preparatórios de uma investigação de maior fôlego sobre a Índia Britânica, a qual permaneceu incompleta. São de vária ordem as razões que explicam o esquecimento a que Tocqueville foi votado enquanto autor de análises sobre a expansão imperial francesa e britânica. Uma das mais intrigantes razões consistirá na aparente contradição em que o autor teria incorrido ao defender um modelo de sociedade liberal para a Europa e os Estados Unidos (definido em oposição às lógicas do absolutismo, do despotismo ou do que se veio a designar por Estado totalitário) e, simultaneamente, ao teorizar sobre a necessidade de recorrer à violência e ao terror para fundar o Estado colonial. Por outras palavras, o pensamento de Tocqueville dado a conhecer pelos manuais de teorias sociais dificilmente corresponde ao do autor, que, depois de viajar pela Argélia, advogava o recurso à *razzia*, como forma de aterrorizar os grupos locais que resistiam à nova ordem colonial francesa. O pensamento liberal francês e norte-americano, ao celebrar em Tocqueville as virtudes de um pai fundador, escamoteou, pura e simplesmente, as suas reflexões sobre a violência colonial(3).

---

(3) Alexis de Tocqueville, «Notes du voyage en Algérie de 1841», «Travail sur l'Algérie (octobre 1841)», «Voyage en Algérie (novembre-décembre 1846)», «[Rapports sur l'Algérie, 1847]», «Dans l'Inde», *Oeuvres*, ed. André Jardin, vol. I, colaboração de Françoise Mélonio e Lise Queffélec (Paris: Gallimard, «Bibliothèque de La Pléiade», 1991). M. Lawlor, *Alexis de Tocqueville in the Chamber of Deputies. His views on colonial and foreign policy* (Washington, D. C.: The Catholic University of American Press, 1959); H. Baudet, *Tocqueville et la Pensée Coloniale du XIXe siècle, Alexis de Tocqueville. Livre du Centennaire* (Paris: Centre National de la Recherche Scientifique, 1960), pp. 121-132; A. Jardin, «Tocqueville et l'Algérie», *Revue des Travaux de l'Académie des Sciences Morales et Politiques*, 4.ª série, n.º 1 (1962), pp. 61-74; Melvin Richter, «Tocqueville on Algeria», *The Review of Politics*, vol. 25

Se na obra de Tocqueville se deteta uma contradição de base, capaz de explicar a pouca atenção que têm merecido as suas análises do imperialismo e do colonialismo, para explicar por que é que a sociologia – nos seus *curricula* e nos seus diferentes projetos de pesquisa –, não se interessou pelos mesmos temas, impõe-se cavar mais fundo. O primeiro inquérito a empreender situa-se ao nível dos muitos outros autores que constituem o cânone da disciplina: qual a atenção por eles dedicada aos referidos temas? A resposta a esta questão implica reconstituir as intenções dos autores, bem como os usos a que foram submetidos as suas obras. Para além de Tocqueville, o caso de Karl Marx surge como um dos mais interessantes, na medida em que as suas considerações sobre a expansão europeia constituem, na linha da economia política de Adam Smith, uma dimensão central da sua conceção da história do capitalismo. Mais problemáticas se afiguram as suas abordagens do modo de produção asiático, tributárias que foram de um pensamento que servira previamente interesses das potências coloniais. Há também que considerar os seus escritos mais fragmentários sobre questões de colonialismo, publicados sob a forma de artigos de jornal. Todas estas abordagens inspiraram doutrinas, lutas políticas e análises de carácter histórico, tendo sido estas últimas desenvolvidas sobretudo no âmbito dos estudos sobre a economia-mundo e as relações do centro com a

(1963), pp. 362-398; T. Todorov, «Tocqueville et la Doctrine Coloniale», A. de Tocqueville, *De la Colonie en Algérie* (Bruxelas: Éditions Complexe, 1988), pp. 9-34; Jennifer Pitts, «Empire and democracy: Tocqueville and the Algeria question», *The Journal of Political Philosophy*, vol. 8, n.º 3 (2000), pp. 295-318; *Idem*, «Introduction», A. de Tocqueville, *Writings on Empire and Slavery* (Baltimore: The Johns Hopkins University Press, 2001), pp. IX-XXXVIII; *Idem*, «Liberalism and Empire in a nineteenth-century Algerian mirror», *Modern Intellectual History*, vol. 6, n.º 2 (2009), pp. 287--313; Diogo Ramada Curto, «Notes on the history of European colonial law and legal institutions», *Quaderni Fiorentini per la Storia del Pensiero Giuridico*, vol. 33-34 (2004-2005), pp. 13-71; Jennifer Pitts, *A Turn to Empire: the rise of imperial liberalism in Britain and France* (Princeton: Princeton University Press, 2005), pp. 204-239.

periferia. Porém, dificilmente se pode afirmar que os sociólogos dos séculos XIX e XX se aproveitaram da obra de Marx para abraçarem temas coloniais([4]).

O mesmo se pode dizer a respeito da obra de Max Weber. As suas análises das estruturas de poder, em particular os estudos das organizações burocráticas feitos com base na comparação de diferentes regimes e sociedades, incluem a análise dos sistemas imperiais. Porém, como demonstrou um dos seus seguidores, S. N. Eisenstadt, num estudo sobre os sistemas políticos imperiais, o que lhe interessava era compreender a lógica da burocracia, no confronto com outros tipos de poderes (e não tanto a especificidade, ou seja, o modo como operavam os mesmos sistemas imperiais). O mesmo se diga das pesquisas de Weber relativamente à religião, uma vez que também nelas as referências a impérios são subsidiárias das questões relativas às religiões não ocidentais. Uma terceira área dos estudos desenvolvidos por Weber, onde se pode encontrar um território extremamente válido para explorar temas relacionados com o colonialismo, encontra-se nas suas investigações sobre as estruturas da propriedade fundiária na Roma antiga([5]). Mas, também aqui, a dificuldade de uma disciplina em saber lidar com o saber enciclopédico de um dos seus fundadores levou ao esquecimento dos temas imperiais. Um último território, recentemente explorado por um dos seus maiores estudiosos, diz respeito ao

---

([4]) Karl Marx e Frederick Engels, *On Colonialism: articles from the New York Tribune and Other Writings* (Nova Iorque: International Publishers, 1972); Karl Wittfogel, «The Marxist view of China», *The China Quarterly*, n.º 11 (julho-setembro, 1962), pp. 1-20; *Idem*, «Results and problems of the study of Oriental despotism», *The Journal of Asian Studies*, vol. 28, n.º 2 (Feb., 1969), pp. 357-365; Maurice Meisner, «The despotism of concepts: Wittfogel and Marx on China», *The China Quarterly*, n.º 16 (out.-dez., 1963), pp. 99-111.

([5]) Max Weber, *Die Römische Agrargeschichte in ihrer Bedeutung für das Staats- und Privatrecht* (Estugarda: Ferdinand Enke Verlag, 1891) [tradução italiana de Saverio Franchi, pref. de Emilio Sereni, *Storia agraria romana* (Milão: Il Saggiatore, 1967)].

modo como a obra de Weber se mostra permeável aos projetos contemporâneos de expansionismo imperial alemão([6]).

Ao breve sumário do trabalho de filósofos e sociólogos, demonstrativo da marginalidade a que foi votada a questão imperial e colonial no interior da sociologia, será ainda necessário acrescentar dois outros autores([7]). Primeiro, Norbert Elias explicou nas suas memórias de que modo a sua curiosidade pelo desconhecido o levou a aceitar, em 1962, uma cátedra em Sociologia no Gana. Ter-se-á tratado de uma atração pelo exótico, concretizada numa prática de colecionismo de esculturas e objetos descontextualizados, filiada numa visão bem eurocêntrica do processo de civilização? Jack Goody, que se cruzou com Elias em Legon, por volta de 1964, teceu duras críticas em relação à curiosidade face ao exótico demonstrada pelo professor de Sociologia, interessado em afirmar os valores do progresso, inspirados no Iluminismo e em Comte, ao mesmo tempo que retomava os temas relacionados com a racionalidade weberiana([8]).

([6]) Wolfgang J. Mommsen, *Max Weber and German Politics, 1890-1920*, trad. de Michael S. Steinberg (Chicago: Chicago Univesrity Press, 1984); *Idem*, *Imperial Germany 1867-1918: Politics, Culture, and Society in an Authoritarian State*, trad. de Richard Deveson (Londres, Nova Iorque: Arnold, St. Martin's Press, 1995); *Idem* e Jürgen Osterhammel, eds., *Max Weber and his Contemporaries* (Londres: German Historical Institute, 1989).

([7]) Uma interrogação sobre o sentido das obras dos clássicos da sociologia deverá, ainda, procurar explicar por que razão as tentativas de compreensão globalizantes, que existiram na obra de Marx (no interior de uma teoria dos estados de evolução do capitalismo e das hierarquias de dependência) e na de Weber (numa orientação de relativismo cultural que diferenciava as diversas civilizações para proceder à sua comparação a uma escala macrossocial), revestiram na obra de Durkheim – num momento tardio da sua carreira, em *Les formes élémentaires de la vie religieuse: le système totémique en Australie* (Paris: Félix Alcan, 1912) – a forma de uma comparação entre as sociedades modernas, caracterizadas pela divisão do trabalho social e a anomia, e as sociedades primitivas, indiferenciadas, que se identificavam em torno de um totem.

([8]) Norbert Elias, *Reflections on a Life*, trad. Edmund Jephcott (Cambridge: Polity Press, 1994); Jack Goody, *The Theft of History* (Cambridge: Cambridge University Press, 2006), pp. 175-179.

Porém, para os discípulos de Elias, é outra a interpretação dos dois anos que o mestre passou na Universidade de Legon, como professor de Sociologia (1962-1964). Em primeiro lugar, a sua coleção de arte não pode ser desligada do trabalho de campo que desenvolveu enquanto esteve em África. Em segundo lugar, as críticas de Goody têm raízes numa conflitualidade que porventura remonta ao facto de Elias ter procurado retirar o ensino da Antropologia do *curriculum* da Sociologia. As razões que justificavam essa opção prendiam-se com as reservas que o próprio Elias já expressara em relação à antropologia britânica: mau grado o interesse pelos trabalhos de Radcliffe-Brown e Evans-Pritchard, Elias considerava que a antropologia correspondia no essencial aos interesses que o Estado colonial tinha de conhecer nas populações colonizadas; também mostrava o seu ceticismo em relação à tendência de muitos antropólogos para descrever, apenas depois de dois anos de trabalho de campo, a estrutura social dos nuer ou dos ashanti, sem assumirem que não passava da sua própria interpretação parcial dessa mesma estrutura; de facto, Elias partilhou com os seus discípulos as suas reservas relativas ao trabalho dos antropólogos que não procuravam perceber como essa mesma estrutura se havia formado, desenvolvido e sido afetada pela colonização europeia; enfim, os antropólogos britânicos das décadas de cinquenta e sessenta do século XX tratavam as sociedades «tribais» como se elas fossem sistemas autorreferenciados e limitados que existiam independentemente das dinâmicas sociais mais vastas que os circundavam ([9]).

Em segundo lugar, Pierre Bourdieu iniciou os seus estudos elegendo como objeto de análise as cabilas do Norte de África,

---

([9]) Stephen Mennell, *Norbert Elias: an introduction* (Dublin: University College Dublin Press, 1998), pp. 228-241; Eric Dunning, «Some comments on Jack Goody's 'Elias and the anthropological tradition'», *Anthropological Theory*, vol. 2, n.º 4 (2002), pp. 413-420; K. Liston e S. Mennell: «Ill-met in Ghana: Jack Goody and Norbert Elias on process and progress in Africa», *Theory, Culture, and Society*, vol. 29 (2009), pp. 52-70; Eric Dunning e Jason Hughes, *Norbert Elias and Modern Sociology: knowledge, interdependence, power, process* (Londres: Bloomsbury Academic 2013).

ou seja, uma sociedade tribal situada nas margens da sociedade moderna, cujos fenómenos de aculturação analisou com base na organização social e familiar, na perceção do tempo e do espaço e na visão do mundo([10]). Este campo de observação, inserido nas restantes áreas da sociedade argelina, permitiu superar as divisões tradicionais do saber entre etnografia, antropologia, sociologia e economia, tendo servido de objeto de comparação com a região donde Bourdieu era natural, isto é, o Béarn([11]). A transferência do campo de análise das margens para o centro da sociedade moderna implicou, por parte de Bourdieu, a reformulação de velhos problemas da sociologia e a escolha de novas áreas de estudo. Foi o que aconteceu com a problemática da educação e com a posição central que o sistema de ensino passou a assumir nas investigações do autor([12]). Não competirá fazer aqui a revisão da trajetória intelectual de Bourdieu, resta acrescentar que, apesar da importância inicial atribuída a uma sociedade colonial, em luta pela sua própria libertação, dificilmente se pode argumentar que o sentido enciclopédico da obra

([10]) Pierre Bourdieu, *Esquisse d'une théorie de la pratique, précédé de trois études d'éthnologie kabyle* (Genebra: Droz, 1972).

([11]) Pierre Bourdieu, *Sociologie de l'Algérie* (Paris: Presses Universitaires de France, 1958; 2.ª ed. revista e corrigida, 1961); *Idem, Travail et travailleurs en Algérie* (Paris: Mouton, 1963); (com Abdelmalek Sayad), *Le Déracinement: crise de l'agriculture traditionnelle en Algérie* (Paris: Minuit, 1964); *Esquisses Algériennes*, ed. Tassadit Yacine (Paris: Seuil, 2008); Franck Poupeau e Thierry Discepolo, eds., *Pierre Bourdieu. Interventions, Science Sociale et Action Politique* (Marselha: Agone-Contre-Feux, 2002); Tassadit Yacine, «Pierre Bourdieu in Algeria at war», *Ethnography*, vol. 5, n.º 4 (2004), pp. 487-509; *Idem*, «Bourdieu et l'Algérie, Bourdieu en Algérie», in Bourdieu, *Esquisses Algériennes, op. cit.*, pp. 9-20; M. Grenfel, «Bourdieu in the field: from the Béarn and to Algeria – A timely response», *French Cultural Studies*, vol. 17, n.º 2 (2006), pp. 223-239; Craig Calhoun, «Pierre Bourdieu and social transformation: lessons from Algeria», *Development and Change*, vol. 37, n.º 6 (2006), pp. 1403-1415.

([12]) P. Bourdieu e Jean-Claude Passeron, *Les héritiers. Les étudiants et la culture* (Paris: Minuit, 1964); *Idem, La reproduction. Eléments pour une théorie de la violence symbolique* (Paris: Minuit, 1970); E. Panofsky, *Architecture gothique et pensée scolastique*, tradução e posfácio de P. Bourdieu (Paris: Minuit, 1967).

de Bourdieu privilegiou o estudo dos impérios e das referidas sociedades coloniais.

A demonstração de um divórcio entre a sociologia e os temas relacionados com o colonialismo e o imperialismo dificilmente se pode reduzir a uma análise, mesmo que breve, de uma lista de nomes de autores e das respetivas obras. Na verdade, em ciências sociais, o trabalho de investigação individual encontra-se historicamente condicionado pela existência de contextos institucionais, cuja diferenciação corresponde à existência de fortes tradições nacionais, se não mesmo regionais, de pesquisa. Embora se possa sempre dizer que tais contextos nacionais só em parte configuram a história das ciências sociais, já que são constantemente desafiados pela circulação de agentes e de ideias a uma escala internacional que põem em causa os seus limites. Em França, por exemplo, haverá que considerar uma configuração anterior à Segunda Guerra Mundial onde a sociologia colonial e os estudos etnográficos relativos a populações consideradas de indígenas correspondem a uma procura das faculdades de Direito. A este respeito, são representativos os escritos de René Maunier([13]). Mas, a partir da Segunda Guerra Mundial, assistiu-se a uma deslocação dos mesmos estudos para uma área onde a sociologia do desenvolvimento e a etnologia (sobretudo esta última) ganharam em autonomia, prestígio e também em perspetiva crítica relativamente aos próprios projetos coloniais, conforme demonstram os trabalhos de Georges Balandier([14]).

([13]) René Maunier, *Sociologie coloniale*, vol. I – *Introduction à l'étude du contact des races*, vol. II – *Psychologie des expansions* (Paris: Éditions Domat-Montchrestien, 1932-1936) [tradução inglesa na colecção «International Library of Sociology and Social Reconstruction», *The Sociology of Colonies*, 2 vols., trad. de E. O. Lorimer (Londres: Routledge and Kegan Paul, 1949)]; *Idem*, *Des Comptoirs aux Empires. Histoire Universelle des Colonies* (Paris: Librairie du Recueil Sirey, 1942).

([14]) Georges Balandier, «La situation coloniale: approche théorique», *Cahiers Internationaux de Sociologie*, vol. 11 (1951), pp. 44-79. Como referiu o autor, mais tarde, a propósito da capacidade da sociologia para apreender de forma dinâmica os conflitos nas sociedades africanas, só este tipo

Durante o mesmo período, na Grã-Bretanha, a discussão relativa ao envolvimento das ciências sociais nas questões coloniais centrou-se na disciplina da antropologia, podendo, a este respeito, discutir-se qual o grau de comprometimento de Malinowski com o colonialismo, bem como o sentido político dos diversos estudos antropológicos relativos à África e ao Mediterrâneo([15]). As configurações intelectuais e académicas a mobilizar, para um exercício dessa natureza, são mais fáceis de identificar nos estudos antropológicos, sendo à primeira vista pouco relevantes os contributos da sociologia. Por último, se se adotasse uma perspetiva capaz de privilegiar os países da América do Sul, seria possível seguir o modo como a reflexão sobre temas coloniais, incluindo o tratamento da questão racial, foi tributária quer dos ensinamentos da etnografia e da antropologia, quer de uma dinâmica de reflexão marxista sobre questões do subdesenvolvimento. A este respeito, bastaria pensar nos nomes de Gilberto Freyre, estudante na década de vinte do século XX de Franz Boas na Universidade de Columbia, nas relações do intelectual cubano Fernando Ortiz com Malinowski

---

de análise pode restituir o mesmo tipo de fenómenos de contestação «à des sociétés qu'une anthropologie trop vicieuse avait vidées de leur force de contestation, comme elle les avait vidée de leur histoire et de leur spécificité politique». *Idem*, «Politique et contestation en Afrique», *Canadian Journal of African Studies / La Revue Canadienne des Études Africaines*, vol. 5 (1972), pp. 131-141, *maxime* p. 141; *Idem*, «La situation coloniale: ancien concept, nouvelle réalité», *French Politics, Culture and Society*, 20, 2 (2002), pp. 4-10; Jean Copans, «La «situation coloniale» de Georges Balandier: notion conjoncturelle ou modèle sociologique et historique», *Cahiers internationaux de sociologie*, n.º 110 (2001), pp. 31-52.

([15]) George W. Stocking, Jr., «Maclay, Kubary, Malinowsky: archetypes from the dreamtime of anthropology», *Idem*, ed., *Colonial Situations: essays on the contextualization of ethnographic knowledge* (Madison, Wis.: University of Wisconsin Press, 1991), pp. 9-74; *Idem, After Tylor: British social anthropology 1888-1951* (Madison, Wis.: University of Wisconsin Press, 1995); Jack Goody, *The Expansive Moment: anthropology in Britain and Africa 1918-1970* (Cambridge: Cambridge University Press, 1995); Michael O'Hanlon e Robert L. Welsch, eds., *Hunting the Gatherers: ethnographic collectors, agents and agency in Melanesia, 1870s-1930s* (Nova Iorque: Berghahn Books, 2000).

e Melville J. Herskovits ou na filiação marxista do peruano José Carlos Mariátegui([16]). De qualquer modo, qualquer que seja a configuração ou o contexto adotado como unidade de análise, é certo que estamos sempre longe de uma centralidade da sociologia ou mesmo da antropologia no tratamento das questões imperiais e coloniais.

Para explicar o divórcio da sociologia em relação às referidas questões, será possível pensar numa série de causas. Porventura a mais relevante diz respeito à própria natureza da sociologia enquanto disciplina. Esta, apesar de todas as divergências internas, começou por encontrar a sua razão de ser nas questões da modernidade – definida com base nos modelos ocidentais de desenvolvimento tanto do capitalismo industrial, incluindo aqui questões como a da urbanização e respetivo impacto nas sociedades rurais, como do Estado nacional e correspondente formação de uma sociedade civil. Claro que, em determinados contextos, a centralidade assumida pelos estudos etnológicos e antropológicos se explica, tão simplesmente, por uma divisão do trabalho intelectual e académico, onde à sociologia competiria estudar as sociedades modernas e à antropologia caberiam as sociedades ditas tradicionais ou primitivas, ficando estas últimas sujeitas a missões civilizadoras ou a projetos coloniais, impostos a partir de fora. Em Portugal, a título de mero exemplo, a noção de «antropologia aplicada» surgiu, talvez pela primeira vez, num longo artigo assinado por António

([16]) José Carlos Mariátegui, *7 ensayos de interpretación de la realidad peruana* (Lima: Biblioteca Amauta, 1981; 1.ª ed., 1928); Gilberto Freyre, *Casa-grande & Senzala: formação da família brasileira sob o Regimen de economia patriarchal* (Rio de Janeiro: Maia & Schmidt, 1933); Fernando Ortiz, *Contrapunteo cubano del tabaco y del azúcar (Advertencia de sus contrastes agrarios, económicos, históricos y sociales, su etnografía y su transculturación)*, prefácio de Bronislaw Malinowski, ed. de Enrico Mario Santí (Madrid: Cátedra, 2002; 1.ª ed., 1940). Neste quadro de obras relativas à América Latina, incluem-se ainda: Ezequiel Martínez Estrada, *Radiografía de la pampa*, ed. Leo Pollmann (Madrid: ALCAA XX, Universidad de Costa Rica, 1997; 1.ª ed., 1933); Octavio Paz, *El laberinto de la soledad*, ed. Enrico Mario Santí (Madrid: Cátedra, 1993; 1.ª ed. 1950).

Mendes Correia, tendo as colónias como principal território de referência([17]). Por sua vez, o divórcio entre a sociologia e o estudo dos sistemas imperiais e coloniais – mau grado a importância da referida obra de Eisenstadt e de alguns raros autores, aos quais voltaremos mais adiante – também afetou a constituição da sociologia histórica. Ou seja, a maior parte dos autores que são geralmente reconhecidos como fazendo parte desta mesma área disciplinar – em princípio mais atenta às variações de sistemas e regimes políticos – têm trabalhado fundamentalmente à escala do Estado nacional, enquanto fator principal de integração política da sociedade, deixando de lado ou tratando de forma subsidiária impérios e regimes coloniais.

Da análise empreendida de autores e de configurações, bem como das hipóteses formuladas até aqui e destinadas a explicar o referido divórcio entre império e ciências sociais, também se pode retirar outra conclusão: as barreiras disciplinares são demasiado estreitas para dar conta de fenómenos ou processos cuja importância – no tempo, no espaço ou nas mais diversas formas do viver associado – dificilmente podem ser por elas tratada. Assim, será de pôr em causa os próprios limites disciplinares que levam a formular problemas (provavelmente, problemas mal colocados) em termos de ausência, ou de divórcio, como tentámos até aqui.

([17]) A. A. Mendes Correia, «Antropologia aplicada», *Trabalhos da sociedade portuguêsa de antropologia e etnologia*, Porto, vol. III (1926), pp. 5-48. Sobre o autor e o contexto da antropologia colonial anterior, Ricardo Roque, *Antropologia e Império: Fonseca Cardoso e a expedição à Índia em 1895*, *op. cit.*; Patrícia Ferraz de Matos, «A vida e a obra do Professor Mendes Correia (1888-1960): articulações entre antropologia, nacionalismo e colonialismo em Portugal», *Mendes Correia, 1888-1960: entre a ciência, a docência e a política*, ed. Ana Cristina Martins (Lisboa: Universidade Lusófona, Centro de Pesquisa e Estudos Sociais, 2012), pp. 9-35.

Interrogar os imperialismos do século XX

DIOGO RAMADA CURTO
(IPRI – UNL)

Uma das alternativas ao estreitamento disciplinar, a coberto de lógicas que têm tanto de institucional como de circunstancial – ou seja, uma das formas de escapar àquilo que Marx criticava como um modo de pensar que ia dos livros para a realidade, sem tentar a direção oposta –, consistirá em formular problemas analíticos com base no presente. A este respeito, é de notar que a história do século XX e dos primeiros anos do século em que vivemos tem sido descrita e analisada em relação a uma série de lutas e processos de expansão imperial e, em alguns aspetos, também colonial, começando pelo Holocausto, sem dúvida o acontecimento central do século XX. Este encontra-se ligado a um processo de expansionismo alemão, que, para alguns autores, nada tem de contingente nem tão-pouco de abstrato. Isto é, para o explicar, será necessário reconstituir o desenvolvimento de formas autoritárias do Estado, associadas a práticas recorrentes de racismo, mais concretamente de antissemitismo, e a processos racionais de tomada de decisão que envolveram mais de uma centena de milhar de indivíduos, situados em diferentes níveis de uma hierarquia de comando e comunicação[1]. Como serviram as tecnologias da moderni-

---

(1) Christopher R. Browning, *Ordinary Men: reserve police battalion 101 and the final solution in Poland* (Nova Iorque: Harper Perennial, 1998); Saul Friedlander, ed., *Probing the Limits of Representation. Nazism and the «final solution»* (Cambridge, Mass.: Harvard University Press, 1992); Omer Bartov, *Germany's War and the Holocaust: disputed histories* (Ithaca, Nova Iorque: Cornell University Press, 2003).

dade, incluindo as formas mais elaboradas de racionalidade, para construir uma máquina bárbara de destruição e de morte? Entre as diversas explicações que os historiadores têm ensaiado para dar resposta a esta contradição entre barbarismo e modernidade ocupam lugar de destaque os fatores que se prendem com a constituição de um Estado imperial com raízes no autoritarismo militar prussiano, sendo de reparar que, já durante a Grande Guerra, pesava sobre a Alemanha este tipo de explicações, conforme o testemunho de um dos seus opositores de maior prestígio, o historiador belga Henri Pirenne([2]).

Mais recentemente, Marc Mazower retomou a hipótese de Hannah Arendt sobre as origens do totalitarismo, argumentando que os impérios coloniais europeus foram uma das grandes fontes de inspiração do expansionismo alemão, sobretudo em direção a Leste, a começar pela fronteira germano-polaca([3]). No Império de Hitler, o racismo alemão em relação aos outros povos – incluindo o ódio aos judeus, as principais vítimas do Holocausto e a exploração maciça da força de trabalho dos dominados, associada ainda à extorsão das suas riquezas e propriedades – é comparável aos mesmos processos desencadeados pelos impérios europeus anteriores. Porém, ao eleger como matriz os impérios coloniais europeus precedentes, não se trata apenas de definir novos padrões de comparação e de tirar partido do aparente paradoxo de os inimigos de Hitler – a começar pelos britânicos – terem anteriormente recorrido às mesmas operações de segregação e exploração que os nazis vieram a adotar. A dominação nazi foi, segundo Mazower, uma herdeira consciente da tradição europeia moderna – em relação a África, às Américas e às ilhas do Pacífico – de explorar, expandir, identificar e controlar territórios e povos. A grande diferença foi que Hitler e os nazis, em lugar de se terem limitado aos

([2]) Diogo Ramada Curto, *As múltiplas faces da história* (Lisboa: Livros Horizonte, 2008), pp. 200-203.

([3]) Mark Mazower, *Hitler's Empire: how the nazis ruled Europe* (Londres: Allen & Lane, 2008) [*O Império de Hitler: o domínio nazi na Europa ocupada*, trad. Miguel Mata, revisão Pedro Bernardo (Lisboa: Edições 70, 2013)].

territórios ultramarinos, concentraram o seu desejo de poder imperial na Europa. Fora da Europa, em contextos essencialmente rurais, era normal que os europeus impusessem regimes jurídicos que distinguiam os cidadãos dos indígenas. Porém, estas e outras formas de segregação foram o resultado de processos impostos na longa duração, dos quais não estiveram ausentes avanços e recuos, com muitas formas de negociação. Enquanto os nazis tiveram de recorrer a métodos violentos para impor de forma súbita, num curto intervalo de tempo, os seus modelos de racismo e de exploração, além de terem sido obrigados a lidar com sociedades mais urbanizadas do que rurais, para mais já detentoras de fortes sentimentos de inclusão nacional. Neste sentido, o mais enigmático não é identificar a resistência ao império de Hitler por parte dos europeus, mas tomar em linha de conta o modo hesitante e tardio que a caracterizou.

Ao lado do fator imperial propriamente dito, quais os outros nexos de causalidade que explicam o império de Hitler? Será que o controlo totalitário das massas, imposto pelo terror e exercido pela elite política dos mais fortes, representa um fator explicativo ou uma causa mais pertinente do que a anterior? Ora, segundo Mazower, o paradigma totalitário – fundado também no nacionalismo do ressentimento e na prática crescente da violência, bem como centrado nas mãos dos que antecipavam as ambições de Hitler – tem um potencial explicativo mais limitado. Por exemplo, a adesão dos alemães ao nazismo não foi necessariamente o resultado de uma coação ou de um processo de aterrorização. E, apesar de se poder argumentar que os despojos das conquistas permitiram comprar o apoio popular para a mesma guerra de conquista e expansão imperial, é certo que o apoio generalizado das massas foi indiscutível. Depois, há que contar com as consequências inesperadas da guerra. Sendo evidente que os nazis sonharam com ela, também é evidente que não previram a dinâmica por ela criada desde 1939. Por isso, é difícil reduzi-la a um programa antecipadamente estabelecido. Por exemplo, só a partir do início da expansão imperial, se começou a debater – entre os quadros das SS – como se poderia continuar a defender o ideal de uma nação associada à pureza da raça, enquanto se construía um império que incluía checos e polacos. Foi também a guerra que produziu um efeito multiplicador na organização da máquina de terror: entre 1939 e 1945, passou-se de seis campos de concentração albergando pouco mais de 20 000 prisioneiros para uma rede de campos com 700 000 presos. Paralelamente, foi esta mesma organização do terror que deu às SS um enorme poder, o qual não estava previsto inicialmente. O mesmo se diga da necessidade de quebrar os limites jurídicos e legais devido às necessidades impostas pela guerra e pelo terror, jamais vistas anteriormente. Só assim se compreende que, no inverno de 1941-1942, o exército nazi tivesse deixado morrer em campos superlotados mais de dois milhões de prisioneiros soviéticos – uma realidade praticamente sem testemunhas ou registo arquivístico. Outras vítimas foram os mais de cinco milhões de judeus, exterminados em campos de concentração de 1941 a 1944, e os mais de seis milhões de europeus forçados a trabalhar para o *Reich*. E o que dizer do número de cinco ou seis milhões de alemães que pereceram na mesma guerra, a não ser que também eles foram vítimas da fantasia imperial dos nazis?

O mesmo Mazower, já em *The Dark Continent*, sugerira até que ponto o fascismo foi preparado pelos mesmos que se lhe vieram a opor. No seu entender, tal parecia ter acontecido, não só sob o ponto de vista dos grandes festivais de política de massas, como nas suas formas mais concretas de projetos imperiais e coloniais, em África e na Ásia, inspiradores das políticas racistas dos nazis. Conforme argumentou, «numa época de colonialismo e darwinismo social, o conceito de hierarquia social era ubíquo, e poucos europeus de esquerda ou de direita não acreditavam em algum tipo de superioridade racial ou rejeitavam a sua importância para a política colonial». Hitler apropriou-se do legado do imperialismo europeu, para desenvolver os seus próprios projetos de um império pan-europeu, virado sobretudo para Leste. Pode dizer-se o mesmo do comunismo: não será este, como Mazower sugere com um irónico trocadilho, o último estádio do imperialismo? Enfim, o legado sangrento do fascismo e do comunismo acabou por consistir nas guerras mundiais, nos genocídios e nas limpezas étnicas. De facto, a Segunda Guerra, com os seus quarenta milhões de mortos, foi o ponto culminante da violência do século XX. Tal número ultrapassou, em muito, os milhares de vítimas das guerras franco-prusssiana de 1870-1871 (184 000 mortos), boer ou das Balcãs, bem como os oito milhões da Primeira Guerra Mundial. A violência também foi muito maior entre os civis, talvez metade daquele número, o que era um facto inédito. A destruição aconteceu sobretudo a Leste, podendo dizer-se que as baixas britânicas e francesas representaram apenas um décimo das alemãs. A União Soviética contabilizou as maiores perdas: 10 milhões de civis, três milhões de prisioneiros de guerra pela fome e 6,5 milhões nos combates da Frente Leste. As políticas genocidas de grupos étnicos e nacionais foram a forma mais extremada de violência, provocando «rombos enormes no tecido social e material» (4).

Na conjuntura posterior à Segunda Grande Guerra, o confronto entre duas grandes potências foi também interpretado à luz de um conflito entre dois Estados com ambições imperialistas. Interessante será reparar de que modo esta Guerra Fria de repercussões globais se refletiu no teor de diversas obras. Em dois momentos distintos desse mesmo conflito, será de considerar, a título de exemplo, *Paix et guerre entre les nations* (Paris: Calman-Lévy, 1962), de Raymond Aron, e *Humana Conditio* (Frankfurt am Main: Suhrkamp, 1985; tradução portuguesa, *A condição humana*, Lisboa: Difel, «Memória e Sociedade», 1991) de Norbert Elias. Mas é de notar que foi neste mesmo âmbito que começaram a proliferar as análises dos Estados Unidos como potência imperial. Por exemplo, para Paul Kennedy, o grande poder representado pelos Estados Unidos corria o risco de entrar em declínio. Porquê? Precisamente devido ao desequilíbrio entre a extrema ambição imperial, que passava pela transferência de recursos para os sectores militares do Estado,

(4) Mark Mazower, *The Dark Continent: Europe's 20th century* (Nova Iorque: Knopf, 1998) [*O continente das trevas: o século XX na Europa*, trad. Pedro Elói Duarte, revisão Marcelino Amaral (Lisboa: Edições 70, 2014)].

e o desenvolvimento económico nacional. A única forma de evitar esse declínio seria reduzir os objetivos imperiais, bem como os custos, pesadíssimos, dos expedientes militares do governo, onde se incluíam os serviços de segurança. Esta decisão deveria ter sido tomada como consequência da derrota americana na Guerra do Vietname (1965-1973) e nada tinha a ver com a antecipação do cenário criado em 1991 com a queda do Muro de Berlim. Assim, o livro de Paul Kennedy contribuiu para a emergência, na opinião pública, de uma corrente favorável à redução dos investimentos nos sectores militares e de defesa do Estado. Ora, foi precisamente este desinvestimento no aparelho de defesa que, após o 11 de Setembro, foi apontado como uma das causas dos ataques à integridade norte-americana, logo, como uma justificação à «Guerra ao Terror»([5]).

No interior da mesma conjuntura, têm vindo a extremar-se as tomadas de posição em torno da atuação dos Estados Unidos, a uma escala global. Qualquer tentativa para sumariar as posições em confronto corre o risco de reproduzir em termos analíticos os próprios antagonismos do debate político. De qualquer modo, trata-se de um conflito pela nomeação, que, em boa medida, envolve conceitos como o de império e globalização, entendido este último termo como um processo que pode ser tanto favorável como contrário aos interesses dos Estados Unidos. Valerá, no entanto, a pena distinguir entre diferentes tipos de obras. Antes de mais, há que considerar aquelas que têm apelado a um tipo de excecionalismo projetado, não apenas nos Estados Unidos, mas no Ocidente – nos seus valores e na sua história –, em oposição a outras civilizações([6]). Depois,

---

([5]) Paul Kennedy, *The Rise and Fall of the Great Powers: economic change and military conflict from 1500 to 2000* (Nova Iorque: Random House, 1987). Sobre a relação entre aumento da despesa pública – com uma inevitável concentração de riqueza por parte do Estado, por via da cobrança de impostos, à custa da economia – e impérios, permanecem válidas as considerações de Carlo Cipolla, «Editor's Introduction», in *The Economic Decline of Empires* (Londres: Methuen, 1970), pp. 5-7.

([6]) Samuel P. Huntington, *The Clash of Civilizations and the Remaking of World Order* (Nova Iorque: Simon and Schuster, 1996); David S. Landes,

há que considerar as abordagens que, assumindo a acusação tantas vezes feita de que os Estados Unidos enquanto superpotência são um império, procuram pensar as formas desse mesmo imperialismo, bem como dos seus modelos e fontes de inspiração([7]). Por último, há que considerar os que denunciam a atuação imperial dos Estados Unidos, nomeadamente as suas políticas de recurso à força militar enquanto defesa de um império a uma escala global([8]). Anouar Abdel-Malek foi, neste âmbito, um autor marcante, ao encarar o imperialismo norte-americano num quadro de relações entre centro e periferias, estabelecidas em três continentes, procurando centrar a discussão na dialética do imperialismo com os movimentos nacionais([9]). Nesta última linha, são particularmente sugestivas as perspetivas

---

The Wealth and Poverty of Nations: why some are so rich and some so poor (Nova Iorque: W. W. Norton, 1998).

([7]) Charles S. Maier, *Among Empires: American ascendancy and its predecessors* (Cambridge, Mass.: Harvard University Press, 2006); Harold James, *The Roman Predictament: how the rules of international order create the politics of empire* (Princeton: Princeton University Press, 2006); Niall Ferguson, *Colossus: the price of America's empire* (Nova Iorque: Penguin Press, 2004); *Idem, The War of the World: twentieth-century conflict and the descent of the West* (Nova Iorque: Penguin Press, 2006).

([8]) Michael Mann, *Incoherent Empire* (Londres, Nova Iorque: Verso, 2003); Michael Hardt e Antonio Negri, *Empire* (Cambridge, Mass.: Harvard University Press, 2000); Atilio A. Borón, *Imperio & imperialismo: una lectura crítica de Michael Hardt y Antonio Negri* (Buenos Aires: CLACSO, 2002) [tradução de Jessica Castro, *Empire and Imperialism: a critical reading of Michael Hardt and Antonio Negri*, Londres: Zed Books, 2005]; Paul Passavant e Jodi Dean, eds., *Empire's New Clothes: reading Hardt and Negri* (Nova Iorque: Routledge, 2004); Eric J. Hobsbawm, *On Empire: America, war, and global supremacy* (Nova Iorque: Pantheon Books, 2008).

([9]) Anouar Abdel-Malek, «Pour une sociologie de l'imperialisme», *L'Homme et la Société*, vol. 21 (1970), pp. 37-53, *maxime* p. 51; *Sociologie de l'imperialisme*, dir. Anouar Abdel-Malek, ed. preparada por Marie-Francoise Cassiau, *Actes de la session consacrée par le Comité de recherche Sociologie du developpement national de l'Association international de sociologie, VIIème Congrès mondial de sociologie, Varna, 14-19 Sept. 1970* (Paris: Anhropos, 1971; trad. *Sociología del imperialismo*, México: Universidad Nacional Autónoma de México, 1977).

de Antonio Negri, nomeadamente a sua distinção entre uma época de imperialismos, considerados enquanto extensão colonial dos Estados nacionais, e uma nova ordem mundial sem fronteiras constituída por um Império([10]).

Pôr em perspetiva as formas mais contemporâneas de imperialismo e colonialismo implica identificar outra série de debates, onde se misturam sempre visões de militância política e argumentos de ambição científica. Refiro-me, de novo, à procura de uma explicação para o Genocídio que levou Hannah Arendt a inquirir das razões do totalitarismo, associando-lhe os diferentes processos de construção imperial. Trata-se de uma análise bem articulada de temas que envolvem igualmente o racismo – com a sua genealogia em termos de história das ideias e a sua penetração numa cultura de massas com um regime próprio de historicidade –, o sentido de pertença a uma minoria eleita por voca e o desenvolvimento de uma máquina burocrática em contexto colonial. Resta saber de que modo as perspetivas de Hannah Arendt – que mantiveram a sua influência desde o momento da sua primeira publicação – competem, nos dias hoje, com uma visão da ordem internacional cujos fundamentos foram pensados por Carl Schmitt, um dos principais teóricos do regime a que ela se opôs([11]). Depois, importará ter em conta os escritos de militância política relativos à guerra de libertação da Argélia. Refiro-me aos textos de Albert Camus, Albert Memmi e, sobretudo, de Frantz Fanon, onde será possível encontrar uma justificação para a luta armada e o uso da violência contra o Estado colonial. Tais textos tiveram largas

---

([10]) Antonio Negri, *Cinque lezioni di metodo su moltitudine e impero* (Soveria Mannelli: Rubbettino Editore, 2003).

([11]) Hannah Arendt, *The Origins of Totalitarianism* (Nova Iorque: Harcourte, Brace, 1951), pp. 123-302; Richard King e Dan Stone, eds., *Hannah Arendt and the Uses of History: imperialism, nation, race, and genocide* (Nova Iorque: Berghahn Books, 2007). Sobre Carl Schmitt, cf. Louiza Odysseos e Fabio Petito, *The International Political Thought of Carl Schmitt: terror, liberal war and the crisis of global order* (Nova Iorque: Routledge, 2007).

repercussões, nomeadamente na formação das ideologias de outros movimentos de libertação em África([12]).

De teor diferente, mas convergindo na mesma atenção relativamente às questões imperiais e coloniais, foram algumas das investigações académicas começadas a publicar entre as décadas de sessenta e setenta do século XX. O seu ponto de convergência consistiu na análise das perceções e atitudes europeias de outras sociedades, nomeadamente de sociedades coloniais. Os que se dedicaram a tais investigações, trabalhando sobretudo sobre fontes inglesas, perceberam de que modo a existência do império Britânico condicionava essas mesmas visões e comportamentos. Os mesmos estudos, direcionados para o modo como se configuravam representações e se dispunham as culturas enquanto sistemas de significados, eram também o resultado de uma mudança de tendências disciplinares: os grandes pro-

---

([12]) Albert Camus, *Chroniques algériennes 1939-1958* (Paris: Gallimard, 1958); Albert Memmi, *Portrait du colonisé précédé de Portrait du colonisateur*, pref. de Jean-Paul Sartre (Paris: Gallimard, 1957); Frantz Fanon, *Peau noire, masques blancs*, posfácio (1965) de François Jeanson (Paris: Éditions du Seuil, 1975; 1.ª ed., 1952); *Idem, Les damnés de la terre*, pref. de Jean--Paul Sartre (Paris: F. Maspero, 1962; 1.ª ed., 1961); Lewis R. Gordon, T. Denean Sharpley-Whiting, Renée T. White, *Fanon: a critical reader* (Oxford: Blackwell Publishers, 1996); Anthony C. Alessandrini, ed., *Frantz Fanon: critical perspectives* (Londres: Routledge, 1999); Azzedine Haddour, ed., *The Fanon Reader* (Londres: Pluto Press, 2006). Cf. Alfredo Margarido [recensão de F. Fanon, *Peau noire, masques blancs*], *Annales. Économies, Sociétés, Civilisations*, vol. 29, n.º 2 (1974), pp. 297-302; Mário de Andrade, *Origens do nacionalismo africano: continuidade e rutura nos movimentos unitários emergentes de luta contra a dominação colonial portuguesa, 1911-1961* (Lisboa: Publicações Dom Quixote, 1997); Patrick Chabal, *Amílcar Cabral: revolutionary leadership and people's war* (Cambridge: Cambridge University Press, 1983); Charles F. Peterson, *Dubois, Fanon, Cabral: the margins of elite anti--colonial leadership* (Lanham, MD: Lexington Books, 2007). Nos antípodas da perspetiva política progressista acabada de referir, cf. a série de obras publicadas num curto intervalo de tempo por Raymond Aron, *L'Algérie et la Republique* (Paris: Plon, 1958); *Idem, Dimensions de la conscience historique* (Paris: Plon, 1961); *Idem*, ed., *L'histoire et ses interprétations: entretiens autour de Arnold Toynbee* (Paris: Mouton, 1961); *Idem, Paix et guerre entre les nations* (Paris: Calmann-Lévy, 1962).

blemas da modernização económica e respetivas teorias do desenvolvimento deram lugar a novos pontos de vista suscitados pela antropologia cultural e simbólica, bem como da crítica literária; à análise das grandes estruturas económicas e sociais passou-se, em muitos dos casos, a sobrepor um interesse por discursos e fragmentos. Claude Lévi-Strauss anunciou esta nova tendência, ao teorizar sobre a noção de *bricolage*, considerando a figura do *bricoleur* como aquele que se apropriava de diferentes fragmentos recompondo-os e criando novos significados, ao sabor de situações e de interesses particulares([13]).

Mas foi, sem dúvida, o *Orientalism* de Edward Said – livro construído em função do binómio poder e conhecimento, caro a Michel Foucault – que mais impacto teve no âmbito dos estudos culturais sobre impérios e formas de dominação colonial. O autor, professor de Literatura na Universidade de Columbia, nascido na Palestina, desenvolveu, em paralelo ao seu labor de crítico literário e musical, uma atividade militante em defesa da paz e foi capaz de pôr em causa tanto as políticas norte-americanas a uma escala internacional como as políticas do Estado de Israel. Com a legitimidade própria de quem falava a partir de uma das instituições universitárias de maior prestígio, Said constituiu-se em exemplo do intelectual público comprometido, ao mesmo tempo que criticou o modo como as formas de conhecimento e as imagens produzidas pelos intelectuais ocidentais relativas aos «outros» se constituíam mais em projeções da própria identidade, postas ao serviço dos poderes coloniais, do que em descrições neutras, investidas de valor etnográfico. Foi, aliás, esta discussão sobre o valor – pouco neutral e de modo algum inocente – do conhecimento, nomeadamente em contexto colonial, que inspirou muitas outras análises e discussões, acabando por se constituir como um dos factos académicos mais difusos e com maior capacidade para interpelar a relação da academia – nas suas relações com a produção de conhecimento sobre as sociedades não Ocidentais – com a situação política do presente.

([13]) Claude Lévi-Strauss, *La pensée sauvage* (Paris: Plon, 1962), pp. 30-49.

A discussão inicial sobre os modos de perceção de outras sociedades inspirada em Edward Said foi retomada pelo autor em termos de uma autocrítica às suas ideias expostas inicialmente em *Orientalism*. De facto, a pouca atenção concedida à voz dos dominados e à sua capacidade de tomar posição, mesmo em situações de subalternidade, foi objeto de correção por parte do próprio Said(14). Para este trabalho de crítica e correção terá contribuído o facto de, no último quartel do século XX, se ter assistido a uma importância crescente do conceito de *human agency* em diferentes campos: dos estudos coloniais à crítica literária, da história à antropologia e à sociologia. Na investigação histórica, por exemplo, multiplicaram-se as discussões sobre a capacidade de fabricar significados por parte de agentes das classes ordinárias ou populares, reconstituíram-se de modo decisivo e na sua polifonia as vozes femininas e atendeu-se igualmente às diferenças de raça, de classe e de grupos de idade. A mesma noção de *agency* (em paralelo com noções relativas ao eu, ao *self*, e ao corpo) serviu para identificar as tomadas de posição de indivíduos, de grupos ou mesmo de aparelhos.

Mais recentemente, Christopher Bayly criticou a tese de Said demonstrando, antes de mais, que os limites da dominação colonial na Índia britânica – incluindo a própria capacidade para impor modelos considerados civilizadores – se tornaram bem visíveis no momento do grande motim indiano de 1857, tomado como indicador da escassíssima penetração e controlo infraestrutural da potência imperial ao nível da aldeia ou das denominadas pelo autor «comunidades afetivas». Depois – ao contrário do que pretenderam fazer crer muitas das abordagens inspiradas na obra de Edward Said sobre a incapacidade de o Ocidente conhecer o Oriente –, Bayly defendeu que os conhecimentos de que os britânicos se serviram para construir o seu império, muito concretamente em matéria cartográfica e de censos fiscais, haviam sido criados anteriormente pela estrutura

(14) E. W. Said, *Orientalism* (Nova Iorque: Pantheon Books, 1978); *Idem, Culture and Imperialism* (Nova Iorque: Knopf, 1994); *Idem, Reflections on Exile and other essays* (Cambridge, Mass.: Harvard University Press, 2000).

burocrática do império Mogol([15]). Assim, os conhecimentos postos ao serviço do novo poder imperial não foram inventados pelos europeus, como deu a entender Said inicialmente; o que aconteceu foi uma reutilização por parte destes últimos de informações que já se encontravam disponíveis. Em suma, Bayly colocou a questão da transmissão de conhecimentos, escapando ao esquematismo das abordagens inspiradas no neo-orientalismo de Said e fugindo às leituras pós-modernas defensoras da impossibilidade de os discursos ocidentais apreenderem a realidade observada, não dando a conhecer mais do que as suas ligações ao poder e o ponto de vista dos observadores europeus.

As discussões polarizadas em torno do império Britânico que serviram inicialmente a Edward Said para enfrentar as questões do Médio Oriente, e que Christopher Bayly colocou em relação à dominação colonial britânica na Índia, foram retomadas sob uma outra luz por um conjunto de historiadores indianos, reunidos em torno dos denominados *Subaltern Studies*. O que Bayly e outros historiadores, tais como David Washbrook numa série de artigos seminais, procuraram identificar como sendo da ordem dos colaboradores e do colaboracionismo, enquanto modo de fazer funcionar o Estado colonial, Ranajit Guha e os seus companheiros identificaram com base em categorias como as da resistência e a da subalternidade. Porém, a inspiração marxista ou gramsciana que terá inicialmente motivado o mesmo grupo foi substituída por uma espécie de *linguistic turn*, no interior do qual os chamados fragmentos, enquanto unidades de análise, deixaram de ser pensados nas

---

([15]) Christopher Bayly, *Empire and Information: intelligence gathering and social communication in India, 1780-1870* (Cambridge: Cambridge University Press, 1996). O mesmo processo terá acontecido durante a expansão moscovita, podendo argumentar-se que foram os mongóis que introduziram na Rússia os censos populacionais e outras práticas administrativas, cf. Donald Ostrowski, «The Mongol origins of muscovite political institutions», *Slavic Review*, vol. 49 (1990), pp. 525-542; Valerie Kivelson, «Merciful father, impersonal state: Russian autocracy in comparative perspective», in Victor Lieberman, ed., *Beyond Binary Histories: re-imagining Eurasia to c. 1830* (Ann Arbour: The University of Michigan Press, 1999), pp. 199, 202.

suas determinações económicas e sociais para ser reduzidos a discursos, tendo as marcas de subalternidade social sido igualmente esquecidas([16]). O debate que opôs e continua a opor a chamada escola de Cambridge ao grupo dos *Subaltern Studies* tem muitas outras implicações. Acrescente-se, apenas, a acusação feita por Rosalin O'Hanlon aos que – ao procurarem identificar as posições, iniciativas e ações (*agency*) das classes subalternas – acabam muitas vezes por projetar nos grupos e agentes desclassificados as marcas de um individualismo burguês([17]).

As discussões contemporâneas sobre o imperialismo alemão, russo ou soviético e norte-americano assumiram um carácter público que não pôde deixar de afetar os debates no interior da academia. Em contraste com esta situação, as referidas controvérsias sobre o império Britânico – talvez por terem ocorrido em tempos pós-coloniais – tiveram início dentro da academia prestando-se, sim, a analogias com situações contemporâneas. Em alguns casos, como aconteceu com Edward Said e com a intervenção militante de muitos dos membros dos *Subaltern Studies*, as discussões académicas invadiram mais diretamente uma esfera pública mais alargada; noutras situações, como tem vindo a acontecer com as posições dos já referidos membros da escola de Cambridge, impossíveis de reduzir a uma única voz, assistiu-se à politização de um debate académico. Porém, se a politização das análises destes mesmos historiadores ingleses, sobretudo de Christopher Bayly e David Washbrook, é uma consequência inevitável da sua centralidade no interior dos estudos sobre a Índia colonial, bem como devido ao facto de terem suscitado a oposição de muitos que trabalham sobre o mesmo território, mais difícil se torna definir o sentido político que assumem as suas obras enquanto contributo para uma história dos processos de globalização.

([16]) Sumit Sarkar, «The decline of the subaltern», *Idem, Writing Social History* (Nova Deli: Oxford University Press, 1997), pp. 82-108.

([17]) Rosalin O'Hanlon, «Recovering the subject: *subaltern studies* and histories of resistance in colonial South Asia [1988]», *Mapping the Subaltern Studies and the Postcolonial*, ed. Vinayak Chaturvedi (Londres: Verso, 2000), pp. 72-115.

I

Francis Fukuyama, do Instituto de Estudos Internacionais da Universidade de Stanford, representa bem um modo ambicioso de fazer ciência política, num diálogo com uma sociologia histórica de largo espectro, onde os problemas são colocados na longa duração e a uma escala global, com base na análise dos processos de expansão dos impérios coloniais. Claro que, ao longo da obra, descobre-se que a ambição analítica e científica do autor anda de par com uma série de posicionamentos e conselhos políticos extremamente conservadores – uma combinação que nada tem de surpreendente. No seu conjunto, a obra, que o autor começou a preparar após o 11 de Setembro de 2001, tem uma dupla filiação([18]).

Por um lado, Fukuyama revisita as teses de Samuel P. Huntington, no seu clássico *Political Order in Changing Societies* (New Haven: Yale University Press, 1968), em termos de política comparada, declínio político, modernização autoritária e autonomia do desenvolvimento político em relação a outras dimensões da modernização. É que, para Huntington, se a democracia nem sempre conduziu à estabilidade política, o objetivo consistiu em demonstrar que a criação de uma ordem política devia ser prioritária em relação à democratização. Fukuyama revê, também, o otimismo com que abordou os processos de difusão dos modelos de democracia liberal, em *The End of History and the Last Man* (1992, trad. na Gradiva) – o seu livro mais conhecido, escrito na sequência de um ensaio publicado no ano da queda do Muro de Berlim (1989). Nele,

---

([18]) Francis Fukuyama, *The Origins of Political Order: from prehuman times to the French Revolution* (Nova Iorque: Farrar, Strauss, and Giroux, 2011); *Idem, Political Order and Political Decay: from the Industrial Revolution to the globalization of democracy* (Nova Iorque: Farrar, Strauss, and Giroux, 2014) [*Idem, As origens da ordem política: dos tempos pré-humanos até à Revolução Francesa*, trad. Ricardo Noronha (D. Quixote, 2012); *Idem, Ordem política e decadência política: da Revolução Industrial à globalização*, trad. Miguel Mata (D. Quixote, 2015)].

argumentou que, com a queda do Muro de Berlim e o triunfo da democracia liberal, se assistia à homogeneização do mundo global, no qual os Estados deixariam de encontrar razões para a guerra. Poucos anos depois, Samuel P. Huntington, em *The Clash of Civilizations and the Remaking of World Order* (1996, trad. na Gradiva), viu na globalização uma força geradora de conflitos e não de consensos. A homogeneização, de que falava Fukuyama, dizia apenas respeito ao comportamento das elites minoritárias. Por esse motivo, a difusão dos valores ocidentais, associados à democracia liberal, só poderia promover resistências e choques. Enfim, segundo Huntington, melhor seria que os Estados Unidos da América seguissem uma política mais isolacionista, que pudesse evitar o choque das civilizações([19]).

([19]) Na década de noventa do século XX, outras obras de fôlego procuraram dar sentido ao século que acabava, à margem do debate entre Fukuyama e Huntington. Assim, ao lado de uma ciência política em ascensão, alguns livros de história tentaram outros caminhos. O mais importante, no desencadear de uma série de debates de larga repercussão, foi *The Age of Extremes: a history of the world, 1914-1991* (1994, trad. na Presença), da autoria do historiador marxista britânico Eric Hobsbawm. Nele, os acontecimentos-chave correspondem à sequência que se apresenta e transformaram-se num padrão utilizado por outros historiadores: final da Grande Guerra, Revolução Russa de 1917, recessão ou depressão, ascensão nazi na Alemanha e impacto da Segunda Guerra, a rivalidade nuclear entre os dois grandes blocos e as décadas da Guerra Fria. Hobsbawm viu o fim do comunismo como uma tragédia, pois considerava que com ele deixavam de existir alternativas válidas, no sentido da criação de uma sociedade mais justa e igualitária. Não escondeu, também, que o comunismo foi uma das principais trincheiras de combate aos totalitarismos fascistas e ao capitalismo em geral. Em 1998, Marc Mazower entrou pela porta grande dos referidos debates, quando publicou *The Dark Continent: Europe's twentieth century* (trad. portuguesa nas Edições 70). Nele, equipara o comunismo a um tipo de totalitarismo, embora insista mais nas crueldades perpetradas pelo fascismo e pelo nazismo, com o seu modelo de Estado autoritário. Talvez o faça por considerar que «o impacto do comunismo na democracia – por muito importante que tenha sido – foi em geral mais indireto e menos ameaçador do que o desafio representado por Hitler». Mas não é só no diálogo crítico que mantém com Hobsbawm que Mazower desenvolve os seus argumentos. É também através de uma crítica acerca das perspe-

Por outro lado, Fukuyama procura uma resposta para os problemas relacionados com a construção de Estados e nações em países com governos instáveis ou em colapso. Enquanto consultor do Banco Mundial e de agências de ajuda internacional, Fukuyama pôde estudar, mais diretamente, os problemas de construção dos Estados na Melanésia, onde preponderavam ainda sociedades tribais, com as suas linhagens segmentárias e grupos de pessoas que se reconheciam como descendentes de um antepassado comum. No pequeno livro publicado originalmente, em 2004, *State-Building: governance and world order in the 21st century* (trad. na Gradiva, 2006), procurou responder aos anseios dos Estados Unidos e de toda uma comunidade internacional de doadores, que haviam investido em projetos de construção de nações pelo mundo fora e que foram obrigados a confrontar-se com o fiasco dos mesmos. Foi o que sucedeu no Afeganistão, no Iraque, na Somália, no Haiti, em Timor-Leste, na Serra Leoa e na Libéria.

O seu argumento principal é o de que Estados fracos ou fracassados, constantemente expostos ao colapso e à instabilidade, são a fonte dos mais graves problemas do mundo, «da pobreza à sida, das drogas ao terrorismo». Logo, uma das principais questões de Fukuyama consiste em saber como transferir instituições públicas fortes e como criar Estados capazes de exercer um forte poder infraestrutural, no sentido de Michael Mann, para países em vias de desenvolvimento([20]). Se a Dinamarca tem um Estado competente, um forte primado do Direito e uma evidente responsabilização democrática, como poderá a comunidade internacional «transformar o Afeganistão, a Somália, a Líbia e o Haiti em lugares idealizados como a "Dinamarca"»([21])? De igual modo, nos anos setenta do século XX, a concessão de

---

tivas da democracia liberal – mobilizadas de forma otimista e pessimista, respetivamente, por Fukuyama e Huntington – que Mazower desenvolve, analítica e historicamente, as suas interpretações da Europa no século XX – um século centrado no aumento exponencial da violência.

([20]) Fukuyama, *Ordem política e decadência política...*, p. 57.

([21]) *Idem, ibidem*, p. 40.

independência à Papua-Nova Guiné e às ilhas Salomão, por parte, respetivamente, da Austrália e da Grã-Bretanha, foi feita com base em regimes de democracia parlamentar e multipartidária, que correspondiam ao «modelo Westminster». Porém, o resultado dessa transposição foi, simplesmente, o caos. No que respeitava os direitos de propriedade, as grandes companhias não sabiam como contratualizar e obter as suas concessões, frente a uma miríade de proprietários enredados em organizações tribais. E aquilo que era considerado, de fora, uma corrupção por parte dos chefes locais limitava-se a ser uma continuação do comportamento dos chefes tribais, que reproduziam a redistribuição de bens e prestígio pelos seus parentes, em lugar de corresponder aos modos institucionalizados e regulados pelo Direito do próprio funcionamento do Estado.

O tribalismo, com as suas linhagens segmentárias e grupos de parentesco, tem na base a descendência de um antepassado comum e é sustentado pela crença religiosa no poder dos antepassados sobre os vivos. Fukuyama considera que «a estrutura básica das sociedades tribais é notavelmente semelhante», apesar de a antropologia investir no estudo «das variações minúsculas na organização do parentesco»([22]). Ora, uma das principais transições políticas encontra-se na passagem de uma sociedade tribal a uma sociedade estatal, em que a administração do Estado seja impessoal e deixe de ser composta pela família e amigos do governante. Há cerca de 8000 anos, nos férteis vales aluviais da Mesopotâmia, no Egito, na China e no México, sociedades maiores e mais ricas geraram as condições que permitiram a formação de exércitos capazes de eliminar concorrentes menos organizados. Criaram-se, então, as condições necessárias para a emergência de Estados patrimoniais. Segundo a tipologia de Max Weber, recordada por Fukuyama, no Estado patrimonial, prolongamento da casa do governante, «mantêm-se em funcionamento as formas naturais da sociabilidade e do recurso à família e aos amigos»([23]). A China terá sido

---

([22]) *Idem, ibidem*, p. 730.
([23]) *Idem, ibidem*, p. 20.

a primeira civilização a estabelecer um Estado moderno, não patrimonial. O conflito militar suscitou a tributação das populações, a criação de hierarquias administrativas destinadas ao aprovisionamento dos exércitos e levou a que o recrutamento e a progressão dos funcionários se baseassem no mérito e não em laços pessoais. Assim, o exame de acesso ao funcionalismo público foi criado na China no século III a. C., tendo sido difundido em dinastias posteriores.

Um dos melhores exemplos de Estado patrimonial encontrar-se-á, mais tarde, no padrão de organização política constituído pela América Latina. Apesar das tentativas para impor regimes democráticos desde o século XIX, não há ali um único país com uma história democrática ininterrupta. Após a Revolução Cubana, os grandes países sucumbiram a ditaduras militares. Mas nenhuma dessas ditaduras – à exceção da de Cuba – conseguiu um Estado suficientemente poderoso para ser considerado totalitário. O grosso do poder do Estado pesa sobre os que não são membros das elites, enquanto estas «elites abastadas aprenderam a viver com governos não-democráticos e a protegerem-se da autoridade do Estado e beneficiarem frequentemente com a corrupção generalizada» ([24]). Trata-se de um padrão de governação herdado da Espanha quinhentista, considerado semelhante ao da França durante o Antigo Regime, ou seja, um «Estado extremamente poderoso no plano externo vendeu partes cada vez maiores do seu sector público a empresários privados, incluindo uma fatia do seu exército, na busca por dinheiro» ([25]). Um sistema político que, ainda por cima, assentava sobre um sistema social que era muito mais desigual do que qualquer outro europeu. Tal como no século XVI, quando a Coroa se endividava junto das suas elites e depois não lhes podia pagar ou recalendarizava o pagamento aos seus credores, assim continuaram a proceder os governos da América Latina, como o da Argentina, que, após a crise de 2001, forçou os seus próprios pensionistas a aceitarem a anulação da dívida soberana.

([24]) Fukuyama, *As origens da ordem política...*, *op. cit.*, p. 529.

([25]) *Idem*, *ibidem*, pp. 529-530.

Paralelamente, desde o século XVI, que, no Brasil, «a autoridade de facto ficou nas mãos de uma classe de plantadores esclavagistas poderosa», o que correspondia a um sistema político descentralizado([26]). Enquanto a Coroa espanhola, ao longo do século XVII, se viu enredada num processo de patrimonialização, por exemplo, 30% do território de Castela foi devolvido à jurisdição senhorial, a mobilização de exércitos e de navios foi crescentemente concessionada a privados, e nos territórios americanos também se assistiu a uma patrimonialização impulsionada pela grande propriedade, obtida à custa das sociedades tribais e posta ao serviço de poderosas famílias detentoras de latifúndios. No século XIX, os novos Estados não foram suficientemente fortes para enfrentar as suas próprias elites, sendo que foram estas, envolvidas em sistemas clientelares, que acabaram por controlar os próprios Estados. Na América Latina, ao lado da referida desigualdade, o estabelecimento de instituições autoritárias foi também atribuído à natureza extrativa da produção económica, sobretudo nas zonas de mineração. O mercantilismo com todos os seus direitos contribuiu, ainda, para que o enriquecimento pessoal passasse pelo Estado e pela acumulação de influência política, gerando uma mentalidade rentista, em lugar de suscitar a formação de um espírito empresarial([27]). Porém, Fukuyama reconhece que a interpretação económica da origem das instituições não é plenamente satisfatória: se portugueses e espanhóis não transplantaram para o Novo Mundo instituições democráticas, foi porque não as tinham([28]).

O primado do Direito foi institucionalizado de forma mais profunda na Europa Ocidental devido à intervenção da Igreja Católica. Assim, quando os monarcas europeus procuraram governar como reis absolutos, tiveram de o fazer dentro de uma ordem jurídica que limitou os seus poderes([29]). Só depois da criação do Estado impessoal, não patrimonial, e do primado do

---

([26]) *Idem, Ordem política e decadência política..., op. cit.*, p. 336.

([27]) *Idem, ibidem*, pp. 345-346.

([28]) *Idem, ibidem*, pp. 331-334.

([29]) *Idem, ibidem*, p. 23.

Direito surgiu o princípio da responsabilização democrática, que começou nos parlamentos, passou pelas teorizações de Locke e pela Revolução Americana de 1776. Quanto à Revolução Francesa e ao seu legado, Fukuyama privilegia, mais do que qualquer outro contributo para a democracia e o suscitar de outras revoluções, a ideia de que com ela se acelerou a criação de um Estado burocrático moderno, assente no código civil. Uma criação, aliás, que datava dos tempos da monarquia absoluta, como bem viu Tocqueville. Tudo aspetos que «não são a mesma coisa que democracia» ([30]). Uma das formas de decadência política está no retrocesso do Estado ao tribalismo, por exemplo, quando as elites capturam o Estado, diminuem a sua legitimidade e o tornam menos responsável perante o conjunto da população. «Períodos alargados de paz e prosperidade oferecem frequentemente condições para a intensificação da captura pelas elites, o que pode dar origem a crises políticas quando estas são seguidas de uma recessão económica ou de um choque de política externa» ([31]).

Na primeira parte de *Political Order*, Fukuyama discute como chegaram a Alemanha, a Grã-Bretanha e os Estados Unidos a constituir administrações modernas e relativamente incorruptas, enquanto a Grécia e a Itália, que se democratizaram antes de terem estabelecido uma administração moderna, «desenvolveram sectores públicos clientelistas» ([32]). Pode, por isso, argumentar-se que «os países nos quais a democracia precedeu a construção de Estados modernos tiveram muito mais dificuldades para garantirem uma governação de elevada qualidade do que os que herdaram Estados fortes da época absolutista» ([33]).

Na segunda parte do mesmo livro, Fukuyama segue a emergência de Estados não ocidentais, em territórios que foram colonizados e subjugados pelas potências europeias. Neles, os governos europeus minaram a legitimidade das instituições

([30]) *Idem, ibidem*, p. 31.
([31]) *Idem, ibidem*, p. 43.
([32]) *Idem, ibidem*, p. 46.
([33]) *Ibidem*.

tradicionais e atiraram muitas sociedades para um limbo onde não eram consideradas «tradicionais nem plenamente ocidentalizadas» ([34]). Os países que tinham instituições indígenas mais desenvolvidas, antes da colonização europeia, são os mais bem-sucedidos da atualidade. Em contrapartida, na África Subsariana, que não dispunha de instituições indígenas fortes antes da chegada da colonização europeia de finais do século XIX, quando a Grã-Bretanha se apercebeu dos custos da administração, pretendeu desenvolver uma política de «domínio indireto», escusando-se a investir na criação de instituições estatais; logo, a «herança colonial foi mais um ato de omissão do que de missão» ([35]).

Lorde Frederick Lugard, que governou o Norte da Nigéria (1900-1906) e Hong Kong (1907-1912), percebeu que não tinha recursos para governar os seus enormes domínios africanos, logo, sustentou, em *The Dual Mandate in British Tropical Africa* (1922), que os indígenas seriam melhor governados e de forma mais produtiva no respeito pelos seus usos e costumes; a administração foi assim colocada nas mãos de chefes tribais locais, supervisionados por uma pequena hierarquia de funcionários brancos; enfim, Lugard compreendeu que não podia exportar as suas instituições para gentes com culturas muito diferentes, uma medida que se transformou num estímulo para que a nova ciência da antropologia procurasse as tradições legais locais ([36]). O objetivo de criar um chefe tribal no quadro da governação indireta foi, também, o de encontrar alguém que tivesse autoridade para vender terras comunitárias e que funcionasse como cobrador de impostos ([37]). Porém, a identidade «tribal» que resultou da governação indireta não parece ter correspondido a «um objetivo modernizador em termos de desenvolvimento das instituições indígenas, mas sim [a]o congelamento de um conjunto imaginado de relações de poder» ([38]).

([34]) *Idem, ibidem*, p. 47.

([35]) *Idem, ibidem*, p. 49.

([36]) *Idem, ibidem*, pp. 411-413.

([37]) *Idem, ibidem*, p. 416.

([38]) *Idem, ibidem*, p. 415.

Contra a ideia de que o governo indireto supunha a invenção de uma tradição, Thomas Spear defendeu mais recentemente que a capacidade dos funcionários europeus de manipular a sociedade africana – criando ditadores, tribos, identidades étnicas – tem sido muito exagerada([39]). O próprio Fukuyama reconhece: «os europeus, longe de manipularem as sociedades africanas, foram frequentemente manipulados pelos africanos» ([40]). Segundo Karen Fields: «A governação indireta foi uma maneira de tornar o Estado colonial um consumidor de poder gerado no âmbito da ordem consuetudinária. Não transferiu o poder real da Coroa para os governantes africanos. Foi exatamente o inverso: o poder real emanou dos governados» ([41]). Fukuyama conclui o debate acerca dos métodos de governo coloniais em África, assumindo uma posição moderada: em algumas situações, as autoridades coloniais impuseram os seus desejos; noutras os africanos impuseram a sua vontade e resistiram-lhes. Porém, na sua opinião, em África a marca institucional do colonialismo foi muito mais ténue em comparação com a conquista do Novo Mundo. Numa palavra, «o legado da governação indireta acabou por ser ambivalente» ([42]). Mais: «O Norte da Nigéria, a região onde foi inventada a governação indireta, é significativamente mais pobre do que a metade sul do país, que esteve mais exposta às forças modernizadoras. O impacto da governação

---

([39]) Sobre a invenção da tradição em África, Terence Ranger, «The invention of tradition in colonial Africa», Eric Hobsbawm e T. Ranger, eds., *The Invention of Tradition* (Nova Iorque: Cambridge University Press, 1983, pp. 211--262. Para o ponto de vista aqui defendido, Thomas Spear, «Neo-traditionalism and the limits of invention in british colonial Africa», *Journal of African History*, vol. 44 (2003), pp. 3-27; Emily Lynn Osborn, «Circle of iron: African Colonial employees and the interpretation of colonial rule in French West Africa», *Journal of African History*, vol. 44 (2003), pp. 29-50; Karen Fields, *Revival and Rebellion in Colonial Central Africa* (Princeton: Princeton University Press, 1985); Sara Berry, *No Condition is Permanent: The Social Dynamics of Agrarian Change in Sub-Saharan Africa* (Madison: University of Wisconsin Press, 1993).

([40]) Fukuyama, *Ordem política e decadência política...*, *op. cit.*, p. 419.

([41]) Fields, *Revival and Rebellion...*, *op. cit.*, p. 31.

([42]) Fukuyama, *Ordem política e decadência política...*, *op. cit.*, p. 420.

indireta foi, pois, de cariz profundamente conservador e a única coisa que não fez, quer em termos de aspirações, quer na prática, foi lançar as bases de um Estado forte e moderno» ([43]).

Quanto ao governo direto e política de assimilação dos franceses, também não funcionou. Foram os próprios funcionários saídos da Escola Colonial, mas com experiência no terreno, que começaram por exigir uma política mais flexível: a integridade das culturas tradicionais, em meados do século XX, começou a ser mais valorizada, por se ter concluído que a imposição de instituições pela força «estava a ter um impacto nocivo nas sociedades nativas. Da disciplina da antropologia, nascida como instrumento do colonialismo europeu, saíram vozes poderosas em defesa da igualdade de dignidade das culturas indígenas» ([44]). Acrescenta o autor que «a África não tinha Estados fortes nem modernos antes do colonialismo europeu, uma das razões pelas quais o continente foi conquistado tão facilmente. O legado do domínio colonial tardio em África foi a subversão das estruturas sociais existentes – mesmo quando o objetivo político explícito era a sua preservação – e o fracasso da implantação de instituições modernas. O Estado fraco africano pós-independência foi o herdeiro do Estado colonial fraco» ([45]).

([43]) *Ibidem.*

([44]) *Idem, ibidem*, p. 424; *Idem, As origens da ordem política...*, *op. cit.*, cap. 3.

([45]) *Idem, Ordem política e decadência política...*, *op. cit.*, p. 425. Será que uma das características de tais Estados coloniais fracos se encontrava precisamente nas práticas de inspecção e nas correpondentes constatações da venalidade e envolvimento nos negócios dos respetivos funcionários, administradores e burocratas? Trata-se, pelo menos, de uma hipótese de trabalho sugerida por alguma documentação respeitante a Angola, ver a título de exemplo ANTT, AOS/CO/UL – 61, Pasta 4, fls. 91-112: «Inquérito a organismos e funcionários de Angola» (1952). De qualquer modo será de reparar que, no caso de Angola, havia consciência de que essa mesma debilidade do modo como operava o Estado colonial acabava por ser uma das causas das próprias tensões sociais. Num relatório preparado pelo Conselho Orientador do Centro de Estudos Políticos e Sociais dirigido por Adriano Moreira, em setembro de 1959, referia-se explicitamente que «a crescente complexidade dos problemas não se coaduna já com a concentração da responsabilidade governativa apenas nos cargos de um

Em tempos de independência, com tradições estatais fracas, o resultado tem sido o desastre económico, sempre segundo Fukuyama. O contraste com o Extremo Oriente é notório: os Estados asiáticos têm sido construídos em torno de burocracias tecnocráticas, que evitam a corrupção e os comportamentos parasitários, que caracterizam os governos de outras partes do mundo. Neste sentido, se a literatura sobre o colonialismo atribui demasiada importância à herança colonial, é certo que os desfechos institucionais contemporâneos também foram influenciados pela «natureza das instituições indígenas preexistentes» ([46]). A este propósito, a comparação com a América Latina é evidente: um dos grandes enigmas é o de saber por que não desempenharam as instituições indígenas da América pré-colombiana um papel maior nos acontecimentos subsequentes?

Desde o final da Guerra Fria, as intervenções no sentido de criação de novos Estados viáveis – um projeto central na «guerra ao terrorismo» – são diferentes do que aconteceu com o colonialismo. Apesar de se poder dizer que as potências coloniais também procuraram legitimar-se, reivindicando uma qualquer missão civilizadora, os governos coloniais, até muito tarde, não assumiram objetivos de desenvolvimento, vendo «com maus olhos a industrialização das suas colónias porque os fabricantes nacionais não queriam concorrência» e justificaram o seu domínio de forma não democrática ([47]). No fundo, para Fukuyama, o colonialismo oferece um campo alargado de experiências para todos os que pretendem implantar instituições em sociedades culturalmente diferentes das metrópoles. E, do alto da sua perspetiva conservadora e realista, sugere que os Estados Unidos teriam feito melhor no Afeganistão se, em lugar de terem pretendido criar um Estado democrático unitário e centralizado, tivessem reconhecido simplesmente uma «coligação de líderes

---

Governador-geral, [de] um Secretário-Geral e dos Secretários Provinciais», acrescentando-se ser necessário prestigiar e formar devidamente uma carreira administrativa, ANTT, AOS/CO/UL – 61, Pasta 21, fl. 510.

([46]) Idem, *Ordem política e decadência política...*, *op. cit.*, p. 330.

([47]) Idem, *ibidem*, p. 428.

tribais, senhores da guerra e outros detentores de poder que acordariam entre si manter a paz e reprimir a al-Qaeda e outros grupos terroristas» ([48]). Da mesma forma, deveriam «ter mantido intacto o exército de Saddam Hussein», pondo-o debaixo de um general sem ligações ao regime anterior ([49]). O modelo de atuação é, aqui, o de Lord Lugard e de outros administradores coloniais que, na ausência de recursos materiais e humanos, usaram «as tradições locais e as condições existentes no terreno» ([50]). Para todos os efeitos, os franceses, que começaram por defender a assimilação e o governo direto, também acabaram a praticar o mesmo do que os britânicos.

Na terceira parte, Fukuyama trata o que denomina de responsabilização democrática – «um travão útil à governação abusiva, corrupta ou tirânica» ([51]). Considera, antes de mais, que a Terceira Vaga de democracia (1970-2013) fez subir as democracias de 35 para 120, um aumento que cativou a atenção de muitos especialistas. Mas o período que elege como objeto de análise é o da primeira vaga, iniciada em 1815, com o Congresso de Viena. A experiência europeia mostrou a lentidão da transição para a democracia. Durante o século XIX, julgava-se que as massas não tinham a capacidade para votar, ideia que minou a própria legitimidade da democracia. A ponto de o sufrágio universal em Inglaterra só ter sido posto em prática em 1929. Crucial para a difusão da democracia foi a existência de uma classe média. Porém, neste momento, «se uma grande classe média é efetivamente importante para a sobrevivência da democracia, quais são as implicações da perda de empregos da classe média por causa dos avanços da tecnologia e da globalização?» ([52]).

A última parte do livro aborda a decadência política. Atribuída sobretudo aos processos de rigidez institucional, com os seus pesos e contrapesos, que geram um governo cada vez maior,

---

([48]) Idem, *ibidem*, p. 432.

([49]) *Ibidem.*

([50]) *Idem, ibidem*, p. 433.

([51]) *Idem, ibidem*, p. 56.

([52]) *Idem, ibidem*, pp. 52-53.

mas que não consegue cumprir funções básicas, debruça-se igualmente sobre os processos de repatrimonialização do Estado, capturado por grupos de interesse bem organizados, sobretudo nos Estados Unidos, onde o Estado foi «repatrimonializado através da influência de grupos de interesse no Congresso» (53). Ora, esta repatrimonialização ao serviço de grupos de interesse substituiu o clientelismo do século XIX, no qual os eleitores recebiam benefícios em troca de votos.

É claro que, em várias partes da obra de Fukuyama, sente-se a marca do conservadorismo liberal do autor. Por exemplo, quando naturaliza o apego emocional às instituições: «o conservadorismo inerente ao comportamento humano tende a dotar as instituições de significado emocional depois de serem implementadas» (54). O mesmo se pode dizer do apego do autor ao conceito de Estado forte e da apologia da sua necessidade, apesar de se poder dizer, conforme sublinha o autor, que uma perspetiva desta natureza vai a contracorrente das ideias da geração anterior, que, desde a década de oitenta do século XX, desqualificou o mesmo Estado. Tal como afirmou Ronald Reagan: «o governo não é a solução para o nosso problema, o governo é o problema» (55). De qualquer modo, é o Estado forte que está relacionado com o desenvolvimento económico e não a existência de uma democracia. A este repeito, é conhecida a genealogia de uma série de explicações. A correlação entre crescimento económico e democracia foi defendida por Seymour Martin Lipset em 1959. Mais recentemente, Adam Przeworski demonstrou que as transições da autocracia para a democracia podem ocorrer em qualquer nível de desenvolvimento, existindo porém uma menor probabilidade de falharem quando existem níveis mais elevados do PIB *per capita*. Mas, para Fukuyama, «enquanto o crescimento parece favorecer uma democracia mais estável, a relação causal inversa entre demo-

---

(53) *Idem, ibidem*, p. 722.

(54) *Idem, ibidem*, p. 42.

(55) *Idem, ibidem*, p. 57; *Idem, A construção de Estados: governação e ordem mundial no século XXI* (Lisboa: Gradiva, 2006), p. 9.

cracia e crescimento parece muito menos clara» ([56]). Ou, noutro sentido, «se é verdade que ter um Estado coerente e uma governação razoavelmente boa é uma condição para o crescimento, não é claro que a democracia desempenhe um papel igualmente positivo» ([57]).

Claro que Fukuyama, no último capítulo, não deixa de repetir que, no princípio do século XXI, «a democracia tornou-se verdadeiramente globalizada» ([58]). E, ao recordar um dos seus principais argumentos em *The End of History and the Last Man*, não deixa também de notar que, no passado, em contexto colonial, o modo de transmitir instituições assumiu formas menos suaves: conquista, ocupação e frequentemente escravização ou eliminação das populações indígenas. Só depois as potências coloniais, quando verificaram que não podiam recriar as suas instituições noutros lugares, procuraram criar, em interação com as instituições indígenas, formas diferentes das da metrópole. Porém, «os casos de maior sucesso de transferência institucional foram aqueles em que as potências coloniais povoaram com as suas gentes territórios esparsamente ocupados» (América do Norte, Austrália, Argentina, Chile e África do Sul) ([59]). Poderá ver-se nesta última análise uma apologia de um certo tipo de colonialismo, em que os métodos coloniais se justificam pelos resultados alcançados, de criação de instituições fortes, capazes de desencadear e sustentar o desenvolvimento económico? Creio que sim.

([56]) *Idem, As origens da ordem política...*, *op. cit.*, p. 689.

([57]) *Idem, idem*, p. 690.

([58]) *Idem, Ordem política e decadência política...*, *op. cit.*, p. 725.

([59]) *Ibidem.*

Crítica às visões eurocêntricas

DIOGO RAMADA CURTO
(IPRI – UNL)

No âmbito das diversas operações destinadas a pôr em perspetiva temas relacionados com o imperialismo e a colonização, a crítica às visões eurocêntricas afigura-se como uma das mais determinantes. Porquê? Precisamente porque – ao permitir romper com os modos mais naturalizados de pensar a modernidade da Europa e do Ocidente, tomados como representantes únicos de um processo de civilização – conduz à criação de uma distância entre os instrumentos analíticos e os objetos em estudo. Só através destas operações de crítica e de distanciação se poderá romper com as visões comemorativas que postulam as virtudes de um qualquer tipo de missão civilizadora. Tais operações assumem geralmente duas direções: por um lado, trata-se de apontar as perspetivas situadas do outro lado do espelho; por outro, de encontrar os processos de expansionismo imperial e de colonização situados fora da grande narrativa constituída pela expansão europeia ou a emergência do Ocidente. Dada a recorrência de tais operações, mais difícil será dizer quando ou onde surgiram e que direção tomaram tais perspetivas críticas.

As próprias histórias do pensamento europeu dedicam particular atenção ao modo como as operações de distanciação crítica relativas aos processos de expansão greco-latina e europeia acompanharam o desenvolvimento de um cânone. Assim, quer se trate do legado etnográfico de Heródoto, das denúncias de Las Casas, da visão relativizadora de Montaigne, do contributo dos relatos de viagem ou de uma série de obras que neles se inspiraram durante a chamada «crise da consciência europeia» (de Jonathan Swift e de Daniel Defoe ou ainda das denúncias proferidas contra o colonialismo por parte de Rousseau, Diderot e Raynal, será sempre possível recuar no tempo para identificar uma espécie de património europeu caracterizado pela denúncia dos processos de expansão e dos complexos de superioridade dos europeus em relação a outras civilizações. Tal como se a Europa tivesse sido capaz de monopolizar desde muito cedo os instrumentos da crítica, assim o pensamento dos autores clássicos que definem esse mesmo sentimento de pertença identitário incluiria os instrumentos necessários para efetuar a sua própria crítica. Curiosamente, estes mesmos termos pertenceriam a um passado anterior ao da emergência da sociologia como disciplina, correspondendo o nascimento desta última – como foi notado – à formação dos Estados nacionais e dos nacionalismos, que claramente influenciaram o modo como foram pensados e postos em prática diferentes tipos de imperialismo e vários projetos de colonização.

De forma mais radical, poderá sustentar-se que as críticas à colonização e à expansão imperial europeia, que proliferaram até ao nascimento da sociologia com Auguste Comte, não só foram excluídas do horizonte da mesma disciplina, como tenderam a esbater-se do pensamento europeu e ocidental ao longo do século XIX. Os novos critérios de cientificidade, sobretudo a emergência de um pensamento racista, ou simplesmente o entusiasmo pela colonização promovida pelos Estados nacionais criaram as condições para essa rutura, no interior da qual a sociologia pouco se interessou pelas análises dos impérios coloniais. Frente a este tipo de leitura, poderá objetar-se que, no interior de uma nova divisão do trabalho científico, competiu a outro tipo de disciplinas – tais como a etnografia e a antropologia – explorar os contextos coloniais. No entanto, o ponto de vista que aqui evocamos pretende ir mais longe, apresentando, mais uma vez, o tempo de emergência da sociologia e, em boa medida, de desenvolvimento e maturidade da mesma disciplina como excluindo do seu horizonte a reflexão crítica sobre impérios e colónias. Porventura, o caso mais paradigmático desta mesma exclusão encontra-se na grande obra de carácter antropológico que Durkheim publicou no final da sua vida, *Les Formes élémentaires de la vie religieuse: le système totémique en Australie* (Paris: Félix Alcan, 1912) ([1]). É que, apesar de os materiais de observação, a partir dos quais o sociólogo francês elaborou a sua obra, serem na sua origem largamente dependentes de um contexto colonial de observação, este último nenhuma relevância assumiu na lógica de construção do mesmo livro.

Para compreender como se configuraram saberes e disciplinas com perspetivas críticas relativamente ao imperialismo e colonialismo, ao longo do século XX, será necessário atender sobretudo aos contributos da história, bem como da antropologia. Reagindo, aliás, às acusações segundo as quais a antropologia social britânica, dos estudos sobre África aos do Mediterrâneo, teria servido os interesses do Estado colonial e imperial, em diversos momentos do século XX, Jack Goody procurou traçar uma história da mesma disciplina e das suas sucessivas configurações fugindo ao simples binómio poder *versus* conhecimento([2]). O interesse da sociologia em estudar criticamente impérios e formas de dominação colonial, apesar de se ter intensificado mais recentemente, mostra-se claramente dependente das investigações históricas (bem como de um conjunto de textos analíticos, mas com uma forte dimensão militante de Lenine a Said ou a Negri, revelando uma inexistente tradição autónoma ou interna à própria disciplina) ([3]).

([1]) B. Malinowski [recensão crítica], *Folklore*, vol. 24, n.º 4 (dezembro 1913), pp. 525-531;

([2]) J. Goody, *The Expansive Moment: anthropology in Britain and Africa 1918-1970* (Cambridge: Cambridge University Press, 1995).

([3]) Julian Go, «Colonialism (neocolonialism)», *The Blackwell Encyclopedia of Sociology*, ed. George Ritzer, vol. II (Maden, Mass., Oxford: Blackwell Publishing, 2007), pp. 602-604; Lloyd Cox, «Empire», *idem*, vol. III, pp. 1392-1397; Alberto Toscano, «Imperialism», in *idem*, vol. V, pp. 2266--2268. Cumpre, no entanto, dizer que esta divisão de temas demonstra uma intensificação de interesses em relação à única entrada numa obra do mesmo género, publicada uns anos atrás: David Strang, «Imperialism, Colonialism, and Decolonization», *Encyclopedia of Sociology*, eds. Edgar F. Borgatta e Rhonda J. V. Montgomery, 2.ª ed. (Nova Iorque: Macmillan, 2000), pp. 1264-1270 [artigo que dedica mais de metade da sua atenção à descolonização; o autor mostra-se, a respeito da colonização, particu-

Desde a década de vinte do século XX, dois historiadores holandeses da Indonésia procuraram romper com as visões eurocêntricas –o que equivalia a dizer centradas no colonialismo holandês do vasto arquipélago indonésio. Na formulação de um deles que ficou célebre, Jacob van Leur, a história da Indonésia não poderia continuar a ser feita a partir do convés do navio, da muralha de uma fortaleza ou da varanda de uma feitoria, pois estas perspetivas eram incapazes de compreender as dinâmicas das sociedades locais. Por sua vez, o estudo das sociedades locais não se poderia limitar a reproduzir as características atemporais associadas a uma sociedade dita tradicional, onde o único e principal fator de dinamismo teria sido imposto de fora devido ao colonialismo europeu. Numa radicalização de tais pontos de vista, passou mesmo a falar-se do pouco impacto que teriam tido as diversas vagas de expansionismo europeu, frente aos dinamismos das sociedades locais. No entanto, tal perspetiva, ao colocar a tónica nos dinamismos internos, antecedeu a lógica de atuação de muitos movimentos nacionalistas interessados em seguir idêntica perspetiva([4]).

---

larmente atento às teorias do desenvolvimento e da economia mundial, citando Terry Boswell, «Colonial empires and the capitalist world-economy: a time series analysis of colonization, 1640-1960», *American Sociological Review*, vol. 54 (1989), pp. 180-196; David Strang, «From dependency to sovreignty: an event history analysis of decolonization», *American Sociological Review*, vol. 55 (1990), pp. 846-860]. De notar que é um historiador, W. Reinhard, quem escreve a entrada sobre «Colonization and Colonialism, History of», in *International Encyclopedia of the Social & Behavioral Sciences*, eds. Neil J. Smelser e Paul B. Baltes (Amesterdão: Elsevier, 2001), pp. 2240-2245.

([4]) Charles Boxer, inspirado na obra de Jacob van Leur, morto em combate contra os japoneses em 1942, denunciou o eurocentrismo de muitos historiadores europeus interessados no estudo da Expansão europeia. Tal como Van Leur sustentou, é preciso reconhecer a desadequação de alguns conceitos aplicados à Indonésia, tais como o de século XVIII, e denunciar como obstáculo o desconhecimento dos historiadores relativamente às línguas asiáticas. Contudo, a aceitação de algumas das ideias de J. C. van Leur não excluiu a sua crítica, no que diz respeito a dois pontos principais: por um lado, Boxer considerou que era inegável o impacto

O exemplo dos historiadores holandeses interessados em dissociar a compreensão da Indonésia de uma teia imperial europeia, investindo na compreensão dos dinamismos locais, poderá ser extensivo a muitos outros contextos historiográficos ao longo do século XX. Limito-me a apontar quatro outros exemplos, na consciência de que a explicação dos paralelismos que entre eles se registam implica seguramente uma análise mais aprofundada daquela que podemos aqui empreender.

No Brasil, o primeiro ciclo das obras de Gilberto Freyre (*Casa-grande & senzala*, 1933; *Sobrados e mucambos*, 1936; e *Nordeste*, 1937) culminou na defesa militante do «mundo que o português criou», isto é, na prática da mestiçagem e na figura do mestiço. O elogio da mestiçagem fazia-se, aliás, num contexto de luta contra as perspetivas eugénicas, as quais eram representadas no Brasil por uma série de obras publicadas em alemão na região de colonização alemã do Rio Grande do Sul. Ao reagir contra o racismo, Freyre valorizou os dinamismos sociais postos em prática pela sociedade colonial brasileira de origem

---

dos portugueses no Extremo Oriente, muito em particular o seu efetivo monopólio do comércio entre a China e o Japão ao longo da segunda metade do século XVI; por outro lado, era difícil aceitar que o principal modelo de ação dos portugueses no Oriente se encontrava na Cruzada, como seria possível deduzir a partir da consulta de certas fontes e de alguma bibliografia, pouco importando os seus interesses económicos e o seu envolvimento no comércio. Cf. de Boxer, «On the Eighteenth Century as a category of Indonesian history: a reconsideration of J. C. van Leur», *Documentatieblad Wergroep 18e-eeuw*, n.º 41-42 (fev. 1979), pp. 4-16 [Boxer, *Opera minora*, vol. III (Lisboa: Fundação Oriente, 2002)]. Mais recentemente Victor Lieberman questionou do seguinte modo o valor da obra de Van Leur: «an Indies-centered history of Southeast Asia, a call which although strongly anti-colonial, ironically mirrored colonial historiography in its insistence on the autonomy and extreme conservatism of Southeast Asian civilization», *apud* «Transcending East-west dichotomies: state and culture formation in six ostensibly disparate areas», *Beyond Binary Histories: Re-imagining Eurasia to c. 1830*, ed. *Idem* (Ann Arbour: The University of Michigan Press, 1999), pp. 22-23.

portuguesa([5]). Porém, quanto a aproveitamentos e leituras simplificadoras da obra de Freyre, valerá a pena recordar que, ainda em 1940, quando as orientações eugénicas e racistas dos meios oficiais portugueses preponderavam sobre as abordagens culturalistas, era nos círculos da oposição que as suas ideias eram discutidas. Por exemplo, no prefácio à primeira edição brasileira de *O mundo que o português criou*, António Sérgio opôs, aos interesses por uma antropologia cultural desenvolvidos pelo discípulo de Franz Boas, os seus argumentos de acentuado pendor materialista relativos aos modos de vida e às dinâmicas da história de Portugal([6]). Se o sentido polémico desta mesma oposição implicava um contraste entre fatores culturais e outros de carácter material, tinha ao menos a vantagem – relativamente aos ulteriores aproveitamentos luso-tropicalistas da obra de Freyre – de não entrar nos referidos oportunismos que se lhe seguiram. Oportunismos, diga-se de passagem mas de uma vez por todas, que chegaram aos nossos dias revestindo a forma de uma espécie de neolusotropicalismo de pacotilha, de circulação fácil no interior da academia e do atual mercado dos bens nacionais, bem como dos discursos neocoloniais da lusofonia, tudo isto apesar das denúncias feitas com particular clareza por Alfredo Margarido([7]). As leituras unificadoras e simplificadoras da obra de Freyre geralmente serviram os interesses da propaganda polí-

([5]) Gilberto Freyre, *Uma cultura ameaçada: a luso-brasileira. Conferência realizada no Gabinete Português de Leitura de Pernambuco, na tarde de 2 de junho de 1940* (Recife, 1940; 2.ª ed., Rio de Janeiro: Casa do Estudante do Brasil, 1942). Repare-se que é neste mesmo contexto de início dos anos quarenta do século XX que António Sérgio, membro destacado da oposição a Salazar, prefacia o livro de Gilberto Freyre, *O mundo que o português criou: aspectos das relações sociais e de cultura do Brasil com Portugal e as colónias portuguesas* (Lisboa: Livros do Brasil, s.d.; 1.ª ed., Rio de Janeiro: José Olympio, 1940). A edição lisboeta desta última obra tem como subtítulo na capa: *Uma cultura ameaçada: a luso-brasileira.*

([6]) António Sérgio, «Prefácio», G. Freyre, *O mundo que o português criou. Aspectos das relações sociaes e de cultura do Brasil com Portugal e as colonias portuguesas* (Rio de Janeiro: Livraria José Olympio Editora, 1940), pp. 11-30.

([7]) Alfredo Margarido, *A lusofonia e os lusófonos: novos mitos portugueses* (Lisboa: Universitárias Lusófonas, 2000).

tica, ou seja, muitas das leituras da obra do autor de *Casa Grande e Senzala* têm procurado unificar e simplificar o sentido da obra, para retirar daí uma espécie de interpretação coerente para consumo prático imediato. Ora, já num velho artigo de Fernand Braudel se vislumbra um sentido verdadeiramente caleidoscópico, ou seja, muito pouco unificado, da obra de Gilberto Freyre no que respeita à análise histórica e sociológica do Brasil([8]).

Por sua vez, Kavalam Madhava Pannikkar retomou o argumento dos limites atribuídos ao processo da expansão europeia na Índia, no seu livro clássico intitulado *Asia and Western Dominance*, o qual, na primeira edição de 1953, surgiu com o subtítulo: *A Survey of the Vasco da Gama Epoch of Asian History 1498-1945.* Pannikkar não tinha dúvidas em considerar a chegada do Gama a Calecute como uma viragem na história da Índia e da Europa, mas acrescentava que ninguém poderia supor em 1750 que, nos cinquenta anos seguintes, se viria a assistir à conquista da Índia por uma nação europeia. No seu entender, até à segunda metade do século XVIII, a presença europeia no subcontinente indiano mantivera-se praticamente a mesma desde as conquistas de Afonso Albuquerque, em 1515. Panikkar apontou também as principais derrotas ou cedências no século XVII, quando os portugueses perderam Cochim e Bombaim em benefício dos holandeses e dos britânicos; por sua vez, estes últimos solidificaram a sua presença no século XVIII, a partir de Surat, Madras e Calcutá; nesse mesmo século, os franceses ensaiaram também os seus projetos coloniais, tendo conseguido preservar Pondicherry; todavia, a presença europeia, limitada a um número muito reduzido de estabelecimentos e cidades portuárias, revelou muito pouca capacidade para se impor mesmo junto de pequenos governantes locais. De facto, a correspondência de Afonso de Albuquerque, por exemplo, está cheia de referências às formalidades seguidas nas relações com os «reis» de Cochim, Calecute ou Ormuz: cada gesto de submissão por

([8]) Fernand Braudel, «À travers un continent d'histoire. Le Brésil et l'œuvre de Gilberto Freyre», *Mélanges d'histoire sociale*, vol. 4, n.º 1 (1943), pp. 3-20.

parte desses pequenos chefes locais era celebrado como um feito por parte do governador do Estado da Índia, mas nas entrelinhas é possível distinguir uma clara perceção das dificuldades em fazer reconhecer a autoridade dos recém-chegados. O mesmo se passou, segundo Pannikkar, nas relações entre europeus e as grandes potências, tais como o imperador mongol. Ainda na primeira metade do século XVIII, John Russell, diretor da East India Company, dirigia-se-lhe com a maior submissão, apresentando-se como sendo «the smallest particle of sand» ([9]).

Da Indonésia ao Brasil e à Índia, com o desenrolar do século XX, multiplicaram-se os sinais de um modo de fazer a história pouco compatível com as visões eurocêntricas do passado. Mas as perspetivas mais consistentes e cumulativas que aqui emergiram centraram-se, não tanto nas teses e argumentos de carácter genérico, mas no trabalho sobre as fontes. A este propósito, foram pioneiros dois tipos de trabalhos. No México, Miguel León Portilla procurou entender a cultura *nahuatl* com base num trabalho filológico sobre os textos, lançando assim os fundamentos de uma história feita a partir de baixo, ou seja, capaz de reconstituir o que ele próprio designou como constituindo a «visão dos vencidos»[10]. Simultaneamente, Jan Vansina, o grande africanista belga que emigrou para o Wisconsin, onde criou uma autêntica escola, publicou um livro que também se tornou um dos grandes clássicos relativo ao modo de usar as

---

([9]) Kavalam Madhava Panikkar, *Asia and Western Dominance – a survey of Vasco da Gama epoch of Asian history, 1498-1945* (Londres: George Allen & Unwin, 1953), pp. 23, 93-94.

([10]) Miguel León Portilla, *La Filosofia nahuatl, estudiada en sus fuentes*, prólogo de Angel Maria Garibay (México: Instituto Interamericano, 1956); *Idem, Visión de los vencidos; relaciones indígenas de la conquista* (México: Universidad Nacional Autónoma, 1959), introdução, seleção e notas de Miguel León Portilla, versão dos textos nahuas de Ángel Maria Garibay. A expressão «visão dos vencidos» de León Portilla veio a ser difundida por outro historiador que trabalha sobre o Peru colonial, Nathan Wachtel, *La vision des vaincus. Les indiens du Pérou devant la conquête espagnole, 1530-1570* (Paris: Gallimard, 1971).

fontes orais para reconstituir o ponto de vista das sociedades que vieram a ser colonizadas[11].

Correspondendo a uma divisão das universidades em áreas geográficas (*area studies*), é igualmente possível pensar nos estudos sobre a história da China como forma de descentramento relativamente à Europa e ao Ocidente. Na década de cinquenta do século XX, o trabalho direto sobre as fontes, envolvendo preocupações filológicas e linguísticas, e as análises com uma orientação destinado a entender as diversas configurações imperiais chinesas, bem como as suas relações com o resto do mundo, incluindo a Europa, são algumas das dimensões presentes nos estudos de alguns historiadores da China. Quatro sinólogos particularmente ativos nesse período exemplificam bem os aspetos acabados de referir. Étienne Balázs, um sinólogo húngaro educado na Alemanha e estabelecido em França, mas com contactos privilegiados no mundo académico norte-americano, revelou uma atenção particular para com as fontes chinesas, bem como um interesse pelas grandes estruturas políticas, económicas e sociais[12]. Joseph Needham iniciou em 1954 a publicação dos volumes intitulados *Science and Civilization in China*. Em Harvard, John K. Fairbank manifestou, durante várias décadas, o mesmo interesse em conjugar um trabalho sistemático sobre as fontes com uma análise das grandes questões,

---

([11]) Jan Vansina, *De la tradition orale; essai de méthode historique* (Tervuren: Musée Royale de l'Afrique Centrale, 1961; 1.ª ed. em língua inglesa, 1965).

([12]) Étienne Balázs, *Le traité économique du Souei-Chou*, sep. de *T'Oung Pao*, vol. XLII (Leiden: E. J. Brill, 1953); *Idem, Le traité juridique du Souei-Chou*, sep. de *T'Oung Pao*, vol. XLII (Leiden: E. J. Brill, 1954); *Idem, Chinese Civilization and Bureaucracy: variations on a theme*, tradução de H. M. Wright, ed. Arthur F. Wright (New Haven: Yale University Press, 1964); na versão francesa, *La bureaucratie céleste, recherches sur l'économie et la société de la Chine traditionnelle* (Paris: Gallimard, 1968); Henri Maspero e Étienne Balázs, *Histoire des institutions de la Chine ancienne des origins au XII siècle après J.C.*, ed. Paul Demièville (Paris: Presses Universitaires de France, 1967) [pp. 175-180: «Le choix des fonctionnaires et les examens»]. Cf. Harriet T. Zurndorfer, «Not Bound to China: Étienne Balázs, Fernand Braudel and the politics of the study of Chinese history in post-war France», *Past and Present*, vol. 185, n.º 1 (Nov. 2004), pp. 189-221.

nomeadamente daquelas que supunham uma relação da China com o Ocidente([13]).

Por último, Karl August Wittfogel – um marxista alemão perseguido pelo regime nazi que, uma vez exilado nos Estados Unidos e naturalizado cidadão norte-americano, em 1939, se tornou um grande opositor do totalitarismo soviético – ilustra porventura melhor que os autores anteriores de que modo a reflexão sobre a história da China implicou uma maior atenção em relação aos sistemas políticos imperiais. Numa primeira fase, Wittfogel procurou ir ao encontro dos termos em que se colocava o debate norte-americano sobre a questão da aculturação, fazendo alusão aos processos de conquista a cargo de um poder dominante sobre uma sociedade dominada([14]). Numa situação de conquista, o grupo subjugado – argumentou Wittfogel, recuperando os termos de Ralph Linton –, para mostrar a sua hostilidade, indisponibiliza-se para a transferência cultural; paralelamente, o grupo dominante mostra-se receoso de que a sua

([13]) John K. Fairbank e Kwang-Ching Liu, *Modern China: a bibliographical guide to Chinese works, 1898-1937* (Cambridge, Mass.: Harvard University Press, 1950); John K. Fairbank, *Trade and Diplomacy on the China Coast: the opening of the treaty ports, 1842-1854* (Cambridge, Mass.: Harvard University Press, 1953).

([14]) Robert Redfield, Ralph Linton, Melville Herskovits, «Memorandum for the study of acculturation», *American Anthropologist*, n.º 38 (1936), pp. 149-152; Melville Herskovits, *Methods of Study of Cultural Contacts in Africa* (Nova Iorque: J. J. Augustin, 1938); *Idem, Man and His Works: the science of cultural anthropology* (Nova Iorque: Alfred A. Knopf, 1948); Ralph Linton, «Acculturation and the Processes of Cultural Change; The Process of Cultural Transfer; The Distinctive Aspects of Acculturation», *Acculturation in Seven American Indian Tribes*, ed. Ralph Linton (Nova Iorque e Londres: D. Appleton-Century Company, 1940), pp. 463-520; *Idem*, «Nativistic movements», *American Anthropologist*, vol. 45 (1943), pp. 230-240. Frente a este conjunto de antropólogos norte-americanos, importa considerar os trabalhos produzidos, primeiro, em Inglaterra e, depois, nos Estados Unidos, por Bronislaw Malinowski, «The anthropology of changing african cultures», *Methods of Study of Culture Contact in Africa* (Londres: Oxford University Press for the International Institute of African Languages and Cultures, 1938); *Idem, The Dynamics of Culture Change: an inquiry into race relations in Africa* (New Haven: Yale Univesrity Press, 1945).

assimilação implique a destruição do seu poder e dos seus privilégios. Por isso, a teoria da absorção no contacto entre culturas – que o antropólogo Melville Herskovits atribuíra, em parte, a Malinowski – só poderia obscurecer e não clarificar o estudo da aculturação em situações de conquista. Ora, para Wittfogel, o importante era ter em conta que os processos de conquista, associados ao domínio imperial não só podiam retardar como também poderiam frustrar o contacto entre culturas([15]). Numa segunda fase, no seu livro mais conhecido, intitulado *Oriental Despotism: a comparative study of total power*, Wittfogel procurou articular as ideias de Marx sobre o modo de produção asiático – próprio de uma sociedade baseada em aldeias ligadas entre si por uma economia agro-hidráulica – com as análises de Max Weber, relativas à organização burocrática de um modo de dominação despótico, que tinha como um dos principais fundamentos o controlo dos sistemas de irrigação. Para Wittfogel, Marx inspirara-se no trabalho dos economistas clássicos para elaborar as suas perspetivas «asiáticas», reconhecendo que, se estas eram praticamente imóveis, só com a interferência externa poderiam mudar. Assim, o importante era considerar que as sociedades caracterizadas por um despotismo oriental, ao contrário do que acontecera com a Europa e o Japão feudais, impediam a emergência de grupos favorecedores de uma sociedade comercial e industrial. Por isso, Marx teria

---

([15]) Karl August Wittfogel e Fêng Chia-sêng *et al.*, *History of Chinese Society: Liao (907-1125)*, *Transactions of the American Philosophical Society*, nova série, vol. 36 (Filadélfia, 1949), p. 15: «Instead of upholding the thesis that the Chinese have always absorbed their conquerors, it seems advisable to make a Copernican turn and ask: *Did the Chinese ever absorb their conquerors as long as the conditions of conquest and political separation persisted?* To be sure, even under the most adverse circumstances, China, old and wise and rich as it was, remained one of the great culture centers of the world. But, for China as well as for other civilizations, conquest not only stimulated culture transfer, but in certain important areas retarded and frustrated it. During the life of the Chinese empire full cultural amalgamation obviously occurred only when the disappearance of the social divide permitted the cultural divide to disappear also – that is, after the period of conquest had come to an end».

considerado que, no caso da Índia, só através do governo colonial britânico se poderia levar a cabo uma autêntica revolução social moderna, através do estabelecimento de uma sociedade fundada na propriedade, logo, capaz de contrariar os próprios fundamentos da sociedade asiática. Da mesma forma, Wittfogel considerava que a Rússia saída da Revolução de Outubro e do movimento bolchevista – contrariando as forças antitotalitárias favoráveis à justiça social e à liberdade individual, bem visíveis durante a primavera de 1917 – assistira apenas ao restabelecimento de uma ordem totalitária([16]).

Outra tentativa para recolocar a questão do contacto entre culturas e civilizações – criticando as perspetivas eurocêntricas – teve lugar na Universidade de Chicago. Neste contexto académico, um dos seus elementos mais destacados foi Marshall Hodgson, o qual, nos seus inquéritos historiográficos, adotou um ponto de vista islamocêntrico capaz de pôr em causa uma conceção da história mundial que –mau grado a sua escala e a sua inspiração no referido debate antropológico relativo ao contacto entre culturas – continuava a basear-se fundamentalmente na emergência do Ocidente. *The Rise of the West* (1963) de William McNeill, outro historiador de Chicago, representa bem esta última tendência. Mas o inquérito monumental começado a publicar por Donald Lach, intitulado *Asia in the Making of Europe* (1965) pode ser visto como uma confirmação pormenorizada de alguns dos argumentos de McNeill. No contexto de Chicago de então – onde se fazia sentir a presença do sociólogo Edward Shils e das suas ideias acerca da integração social, fundadas nas relações do centro com a periferia –, Hodgson propunha novos pontos de vista. Primeiro, longe de aceitar uma identificação do processo de construção da Europa, na longa duração, como equivalente de um processo de modernização,

([16]) Karl Wittfogel, *Oriental Despotism: a comparative study of total power* (New Haven: Yale University Press, 1957), pp. 6-9. Uma das críticas mais duras ao sentido ideológico desta obra encontra-se na recensão escrita por Arnold J. Toynbee, *American Political Science Review*, vol. 52, n.º 1 (março, 1958), pp. 195-198.

considerava que a Europa se inscrevera progressivamente numa modernidade inventada e criada previamente pelos povos urbanos do hemisfério oriental([17]). Depois, defendia que, por volta de 1600, no centro do mundo, estavam os três grandes impérios islâmicos (otomano, safávida e mogol), bem como a expansão do Islão pelas comunidades mercantis do Sudeste Asiático([18]). Por último, Hodgson pôs em causa uma conceção essencialista das civilizações, abalando os fundamentos dos denominados «area studies»([19]).

Este inventário de autores e de estudos capazes de desafiar os mais diversos tipos de eurocentrismo não é exaustivo. Por exemplo, Karl Polanyi, depois de ter estudado os fundamentos sociais e culturais da economia moderna (*The Great Transformation*, 1944), tentou encontrar uma inscrição para o funcionamento dos mercados e da economia no âmbito dos antigos impérios([20]). De facto, estudos antropológicos acerca da inscrição cultural

---

([17]) Marshall G. S. Hodgson, «The great Western transmutation» [1967], *Idem*, *Rethinking World History: essays on Europe, Islam, and world history*, ed. by Edmund Burke III (Nova Iorque: Cambridge University Press, 1993), p. 47: «Not only were the numerous inventions and discoveries of many peoples necessary – for most of the earlier basic ones were not made in Europe. It was also necessary that there exist large areas of relatively dense, urban-dominated populations, tied together in a great interregional commercial network, to form the vast world market which had gradually come into being in the Eastern hemisphere, and in which European fortunes could be made and European imaginations exercised».

([18]) Hodgson, «The role of Islam in world history» [1970], *Idem*, *Rethinking World History*, *op. cit.*, pp. 98-99.

([19]) *Idem*, «Historical method in civilisation studies» [1974], *Idem*, *Rethinking World History*, *op. cit.*, p. 84: «There will always be "borderline" and "anomalous" cases which are quite as normal as the major groupings. It would be hard to place such peoples as Georgians and Armenians unequivocally within any major "civilization". In any case, it cannot be clear in advance what sorts of life patterns will in fact be found to be shared among the peoples forming what can be called a "civilization"».

([20]) Karl Polanyi, Conrad M. Arensberg e Harry W. Pearson, eds., *Trade and Market in the Early Empires: economies in history and theory* (Nova Iorque: The Free Press, 1957). Cf. Fred Block e Margaret R. Somers, «Beyond the economistic fallacy: the holistic social science of Karl Polanyi», *Vision and*

da economia e das práticas económicas, situados muito para além de uma suposta racionalidade ocidental, deverão incluir as obras referentes a vários outros terrenos, respetivamente o México, a Polinésia e a Indonésia, estudados sucessivamente por Eric R. Wolf, Marshall Sahlins (que trabalhou com Polanyi) e Clifford Geertz, em trabalhos publicados no início da década de sessenta do século XX([21]). Se reencontramos, mais uma vez, a antropologia como disciplina a partir da qual as perspetivas eurocêntricas foram postas em causa, também será possível reconstituir a partir das obras acabadas de citar (sobretudo das duas últimas, de Sahlins e Geertz) uma atenção particular concedida às interpretações culturais e às escalas de análise mais circunscritas. Trata-se de tendências que, a partir dos anos sessenta e setenta do século XX, invadiram a história e as ciências sociais. À influência exercida pela antropologia juntou-se a exercida pela crítica literária e pelas ciências do texto, conforme pode ser exemplificado pelo referido *Orientalism* (1978) de Edward Said. No que respeita aos inquéritos conduzidos em pequena escala, fundados em estudos de caso – primeiro, tributários de uma perspetiva marxista ou mais corretamente gramsciana, depois, mais atentos aos aspetos da linguagem e das interpretações culturais –, os melhores exemplos encontram-se nos *Subaltern Studies*, editados por Ranajit Guha (1982), bem como nos estudos de Bernard S. Cohn e de James C. Scott([22]).

Method in Historical Sociology, ed. de Theda Skocpol (Nova Iorque: Cambridge University Press, 1984), pp. 47-84.

([21]) Eric R. Wolf, *Sons of the Shaking Earth* (Chicago: Chicago University Press, 1962); *Idem*, *Pathways of Power: building and anthropology of the modern world* (Berkeley: University of California Press, 2001); Clifford Geertz, *Peddlers and Princes: social development and economic change in two Indonesian towns* (Chicago: University of Chicago Press, 1963); Marshall Sahlins, *Stone Age Economics* (Nova Iorque: Routledge, 2004; 1.ª ed., 1972).

([22]) Ranajit Guha e Gayatri Chakravorty Spivak, *Selected Subaltern Studies*, pref. de Edward Said (Nova Iorque: Oxford University Press, 1988); Bernard S. Cohn, *An Anthropologist among the Historians and Other Essays*, introd. de Ranajit Guha (Nova Deli: Oxford University Press, 1987); James C. Scott, *The Moral Economy of the Peasant: rebellion and subsistence in Southeast*

Em qualquer dos casos, será possível detetar modos diversos de descentramento em relação a visões eurocêntricas, nomeadamente em relação àquelas que foram protagonizadas pelos agentes do império Britânico na Índia.

Asia (New Haven: Yale Univesrity Press, 1976); *Idem, Domination and the Arts of Resistance: hidden transcripts* (New Haven: Yale University Press, 1990).

Sociologia histórica e macrossociológica

DIOGO RAMADA CURTO
(IPRI – UNL)

O inventário de autores, nomes, e contextos institucionais relativos aos estudos não eurocêntricos é difícil de empreender de um modo sistemático. A dispersão que sempre caracterizou a sua prática é ainda maior se se aceitar a existência de uma concorrência entre diferentes disciplinas que mantêm, entre si, relações de competição e de colaboração. Concentrando, agora, a atenção numa única disciplina, será possível alcançar outra arrumação, porventura mais sistemática. Mas, à partida, será preciso reconhecer que os critérios destinados a dotar uma disciplina – tal como a sociologia histórica – de um carácter coerente e homogéneo, definido a partir de uma série de elementos institucionais, tendências e períodos, correm o risco de deturpar a história dessa mesma disciplina de carácter muito heterogéneo. É por isso que as considerações seguintes deverão ser tomadas como uma mera hipótese de trabalho em busca de validação.

Uma perspetiva de longa duração acerca da sociologia histórica poderá recuar, pelo menos, às ideias setecentistas sobre o progresso das sociedades e às diferentes propostas acerca dos diferentes estádios de desenvolvimento de uma história conjetural – da caça à pastorícia, seguindo-se-lhes a agricultura e a emergência das sociedades comerciais([1]). Mas foram as leituras evolucionistas do século XIX a configurar a sociologia, a ponto

([1]) Robert Wokler, «Anthropology and conjectural history in the Enlightenment», *Inventing Human Science: Eighteenth-century Domains*, eds. Christopher Fox, Roy Porter, Robert Wokler (Berkeley: University of California Press, 1995), pp. 31-52.

de com ela se confundirem, valorizando os seus aspetos genéticos – para utilizar o conceito a partir do qual Durkheim apreendia a obra de Auguste Comte. Tais aspetos genéticos estavam presentes na ideia de estádios de desenvolvimento social, na divisão do trabalho social ou eram concebidos, pura e simplesmente, como constituindo uma «sociologia histórica» (2). Será, igualmente, possível tomar como obras de sociologia histórica, porque situadas a uma escala macrossocial e fazendo uso claro do método comparativo, as investigações que pretenderam fornecer uma interpretação global de diversos tipos de organização social ou mais propriamente civilizacional. A este propósito, a primeira metade do século XX foi dominada pelas obras interessadas numa história universal de Oswald Spengler (*Der Untergang des Abendlandes*, Vol. I, 1917; Vol. II, 1922), Max Weber (falecido em 1922, deixando grande parte da sua obra inédita), Arnold Toynbee (*A Study of History*, vol I, 1934) e P. Sorokin, *Social and Cultural Dynamics* (Vol. I-III, 1937) (3). Porém, uma perspetiva mais circunscrita da sociologia histórica diz respeito ao contexto posterior à Segunda Guerra Mundial, caracterizado por uma série de tensões e de debates.

Em 1957, em plena Guerra Fria, o já referido Karl Wittfogel sintetizou bem os termos do debate, pelo menos tal como se configurava a partir de um dos lados:

> Os mentores do moderno super-Estado totalitário constroem grandes e integradas instituições, as quais, argumentam,

---

(2) John Burrow, *Evolution and Society: a study in Victorian Social Theory* (Londres: Cambridge University Press, 1966); Franklin Henry Giddings, ed., *Readings in Descriptive and Historical Sociology* (Nova Iorque: The Macmillan Press, 1906); Howard Becker e Harry Elmer Barnes, *Social Science from Lore to Science*, vol II, 3.ª ed. (Nova Iorque: Dover Publications, 1961; 1.ª ed., 1938), pp. 743-790: capítulo XX – «Deflation of social evolutionism: prospects for sound historical sociology»; Harry Elmer Barnes, *Historical Sociology: its origins and development; theories of social evolution from cave life to atomic bombing* (Nova Iorque: Philosophical Library, 1948).

(3) Lucien Febvre, «Deux philosophies opportunistes de l'histoire: de Spengler à Toynbee» [1936], *Idem, Combats pour l'Histoire* (Paris: Armand Colin, 1992), pp. 119-143.

> nós não podemos imitar. E mostram grandes e integradas ideias, que nós, dizem eles, não podemos alcançar. Têm razão num aspeto. Nós não mantemos sistemas totalitários capazes de integrar poder e ideologia. Constelações favoráveis de eventos históricos têm-nos permitido passar ao lado desses desenvolvimentos monstruosos que paralisam a busca de verdades científicas e de desenvolvimentos sociais. Mas os nossos opositores estão errados quando nos atribuem uma incapacidade de associação voluntária, porque rejeitamos as disciplinas da geral escravatura imposta pelo Estado. Estão errados quando nos atribuem a incapacidade para produzir ideias grandes e estruturadas, porque rejeitamos a imposição de dogmas por parte do Estado.
>
> A liberdade política não é sinónimo de ausência de ação organizada, embora os nossos inimigos ficassem felizes se tal sucedesse. E a liberdade intelectual não é idêntica à ausência de um pensamento integrado [...].
>
> Nós não podemos combater algo com nada. Numa situação de crise, qualquer *vacum* teórico, tal como qualquer *vacum* de poder, convida ao desastre([4]).

O texto acabado de citar inclui duas ideias principais que se encontram interligadas: por um lado, Wittfogel defendia que a única possibilidade de combater teorias gerais de interpretação postas ao serviço do Estado totalitário e da sua ideologia consistia na proposta de teorias gerais baseadas na análise das grandes estruturas; por outro lado, sustentava que a ideia de liberdade, longe de poder só por si opor-se às ideologias totalitárias, favorecia, isso sim, a construção das tais teorias gerais. Neste último caso, Wittfogel distanciava-se claramente das críticas – em nome da defesa da liberdade individual – feitas por Karl Popper ao historicismo de Hegel e de Marx, considerados os teóricos de uma visão integrada e holística da sociedade([5]). De qualquer modo, se aceitarmos os termos em que o debate

---

([4]) Karl Wittfogel, *Oriental Despotism: a comparative study of total power* (New Haven: Yale University Press, 1957), pp. 6-9.

([5]) Karl Popper, *The Open Society and its Enemies*, 2 vols. (Londres: Routledge and Kegan Paul, 1945); *Idem*, *The Poverty of Historicism* (Londres: Routledge and Kegan Paul, 1957).

se colocava para Wittfogel – correspondendo claramente ao quadro da Guerra Fria –, é necessário contrapor às interpretações inspiradas em Marx outras teorias sociais de carácter geral. Ora, é precisamente neste quadro que se situa a receção e revalorização da obra de Max Weber, tal como sucedeu em França por intermédio de Maurice Halbwachs e Raymond Aron([6]); ou, no mundo académico norte-americano, em estreita ligação com o funcionalismo de Talcott Parsons([7]). Neste sentido, pode dizer-se que a construção disciplinar da sociologia histórica, tal como se configurou no período posterior à Segunda Guerra Mundial, foi profundamente influenciada pela oposição entre os seguidores de Marx e os de Weber.

Immanuel Wallerstein, um especialista da sociologia e da história de África, sobretudo na transição do colonialismo para o nacionalismo, é talvez o representante das perspetivas mais criativas inspiradas em Marx([8]). As suas análises sobre a forma-

---

([6]) Maurice Halbwachs, «Max Weber: un homme, une œuvre», *Annales d'histoire économique et sociale*, vol. 1 (1929), pp. 81-88; Raymond Aron, *La Sociologie allemande contemporaine* (Paris: F. Alcan, 1935); *Idem, Essai sur la théorie de l'histoire dans l'Allemagne contemporaine; la philosophie critique de l'histoire* (Paris: Vrin, 1938); *Idem, Introduction à la philosophie de l'histoire: essai sur les limites de l'objectivité historique* (Paris: Gallimard, 1938); Max Weber, *Le savant et le politique*, introdução de R. Aron (Paris: Plon, 1963).

([7]) Max Weber, *The Protestant Ethic and the Spirit of Capitalism*, trad. Talcott Parsons (Londres: G. Allen & Unwiin, 1930); *Idem, The Theory of Social and Economic Organization. Being part I of Wirtschaft und Gesellschaft*, trad. A. M. Henderson e Talcott Parsons, introdução T. Parsons (Nova Iorque: Free Press, 1947); Max Weber, *The Sociology of Religion*, trad. Ephraim Fischoff, introdução T. Parsons (Boston: The Beacon Press, 1963); Talcott Parsons, *The Structure of Social Action: a study in social theory with special reference to a group of recent European writers*, vol. 1 – *Marshall, Pareto, Durkheim*; vol. 2 – *Weber* (Nova Iorque: Free Press, 1968; 1.ª ed., 1937).

([8]) Immanuel Wallerstein, *Africa, the Politics of Independence: an interpretation of modern Africa history* (Nova Iorque: Vintage Books, 1961); *Idem, The Road to Independence: Ghana and the Ivory Coast* (Haia: Mouton, 1964); *Idem, Social Change: the colonial situation* (Nova Iorque: Wiley, 1966); *Idem, Africa; the Politics of unity; an analysis of contemporary social movement* (Nova Iorque: Random House, 1967).

ção de uma economia-mundo, fundadas numa preocupação em estudar a expansão europeia vista na longa duração, estão diretamente relacionadas com a questão central de saber por que razão as dinâmicas económicas e sociais da Europa conduziram ao subdesenvolvimento de outras regiões([9]). No caso concreto de África, Walter Rodney, outro historiador marxista, traduziu o mesmo programa de investigação através da simples formulação que deu título a um dos seus livros: *How Europe Underdeveloped Africa* (1972). No caso do Brasil e América Latina, André Gunder Frank sumariou o mesmo ponto de vista da teoria da dependência e do subdesenvolvimento, inspirando-se na velha ideia de Marx relativa ao empobrecimento do proletariado([10]). Wallerstein inspirou-se, em boa medida, nas investigações iniciadas por Braudel relativas à Espanha, ao Mediterrâneo e à emergência do capitalismo europeu, mas procurara enquadrá-las no referido quadro marxista para explicar o subdesenvolvimento de certas regiões. Porém, o seu quadro analítico era composto por uma série de dualidades, numa espécie de esquematismo difícil de encontrar nos estudos sobre o capitalismo e as estruturas materiais de Braudel: das regiões do centro às da periferia; de um sistema capitalista próprio de uma economia-mundo – caracterizado sob um ponto de vista institucional

---

([9]) *Idem*, «The rise and future demise of the world capitalist system: concepts for comparative analysis», *Comparative Studies in Society and History*, vol. 16 (1974), pp. 389-415; *Idem*, *The Modern World-System*, vol. 1 – *Capitalist Agriculture and the Origins of the European World-Economy in the Sixteeenth Century*; vol. 2 – *Mercantilism and the Consolidation of the European World-Economy, 1600-1750*, vol. 3 – *The Second Era of Great Expansion of the Capitalist World-Eeconomy, 1730–1840s* (vols. 1-2, Nova Iorque: Academic Press, 1974, 1980; vol. 3, San Diego: Academic Press, 1989); *Idem*, *The Capitalist World-Economy* (Cambridge: Cambridge University Press, 1979); *Idem*, *The Politics of the World-Economy: the states, the movements, and the civilizations; essays* (Cambridge: Cambridge University Press, 1984).

([10]) André Gunder Frank, *Capitalism and Underdevelopment in Latin America: historical studies of Chile and Brazil* (Nova Iorque: Monthly Review, 1969); *Idem*, *Latin America: underdevelopment or revolution; essays on the development of the underdevelopment and the immediate enemy* (Nova Iorque: Monthly Review, 1970).

simultaneamente pela competição, mas também por um equilíbrio de poderes entre diferentes Estados – às zonas incapazes de um crescimento económico sustentado (denominadas em parte impérios-mundiais). O eurocentrismo em que incorria esta versão de Marx era idêntico ao que se poderia encontrar nos estudos que faziam depender a acumulação primitiva do capital de relações desiguais entre a Europa e o resto do mundo([11]).

Embora circunscritos à economia moral das classes trabalhadoras e à história da Inglaterra nos séculos XVIII e XIX, os estudos de E. P. Thompson desafiaram as interpretações que atribuíam, quase em exclusivo, o dinamismo social e económico aos grupos e processos que se encontravam num suposto centro, desprezando a voz dos grupos periféricos([12]). De facto, uma sociologia histórica interessada em compreender o papel dos mais diversos agentes sociais, a começar pelos mais desfavorecidos, e que não se contenta com meras abordagens estruturais teve no programa historiográfico e postura militante de Thompson uma das principais fontes de inspiração([13]). Mas, se o autor de *The Making of the English Working Class* sugeriu um descentramento analítico, ao chamar a atenção para economia moral das classes populares, muitas foram as abordagens das estruturas materiais do capitalismo que vieram pôr em causa o eurocentrismo de Wallerstein. Janet L. Abu-Lughod aplicou o modelo de economia-mundo ao período situado entre 1250 e 1350, para constatar as ligações comerciais entre a China, a Indonésia, a Índia, o mundo árabe centrado no Egito e ainda alguns

---

([11]) Eric Jones, *The European Miracle: environments, economies, and geopolitics in the history of Europe and Asia* (Cambridge: Cambridge University Press, 2003; 1.ª ed., 1981).

([12]) E. P. Thompson, *The Making of the English Working Class* (Londres: Victor Gollancz, 1963).

([13]) Ellen Kay Trimberger, «E. P. Thompson: understanding the process of history», *Vision and Method in Historical Sociology*, ed. Theda Skocpol, *op. cit.*, pp. 211-243; Craig Calhoun, «E. P. Thompson and the discipline of historical context», *Social Research*, 61 (1994), pp. 223-243; Sumit Sarkar, «The relevance of E. P. Thompson», *Idem, Writing Social History* (Nova Deli: Oxford University Press, 1997), pp. 50-81.

centros europeus do comércio. A sua principal questão era compreender por que razão, no interior desta cadeia, o Oriente entrou em decadência nesse mesmo período([14]). Denys Lombard chamou a atenção para a história de outro «Mediterrâneo», situado entre o arquipélago da Indonésia e o mar da China([15]).

Simultaneamente, diversos foram os historiadores da Índia e da China a romperem definitivamente com as visões eurocêntricas relativamente ao desenvolvimento do capitalismo, a ponto de, mais recentemente, Jack Goody ter procurado sintetizar um conjunto de investigações relativas às relações e imagens entre o Oriente e o Ocidente. Para o antropólogo britânico dobrado de historiador, existem pelo menos dois argumentos que permitem pôr em causa a tese weberiana: o primeiro diz respeito à necessidade de reconhecer que a superioridade comparativa do Ocidente sobre o Oriente é um fenómeno temporário, se tivermos em conta uma perspetiva de longuíssima duração. Assim, em lugar de se aceitar como um dado permanente e estrutural a superioridade europeia ou ocidental, no período posterior a 1498, será necessário reconhecer que, desde a Idade do Bronze, em toda a massa continental eurasiática, existe um movimento pendular que continua nos nossos dias, assistindo-se no presente a uma dominação do Ocidente pelo Oriente em termos económicos; o segundo argumento diz respeito à partilha, às transferências ou às diversas formas de analogia entre diversos padrões de racionalidade, sobretudo no que respeita às atividades económicas, em todas as civilizações do complexo eurasiático. Reconhecer esta racionalidade e o facto de o capitalismo comercial ter tido múltiplas origens constitui a principal crítica a todas as leituras apostadas numa espécie de primitivização do Oriente por parte do Ocidente e, de uma forma mais específica, de primitivização do oceano Índico no período anterior à chegada dos portugueses. No que respeita aos diversos

([14]) Janet L. Abu-Lughod, *Before European Hegemony: the world system A.D. 1250-1350* (Nova Iorque: Oxford University Press, 1989).

([15]) Denys Lombard, *Le carrefour javanais: essai d'histoire globale*, 3 vols. (Paris: Éditions de l'École des Hautes Études en Sciences Sociales, 1990).

aspetos de organização dos mercados e das atividades económicas, Jack Goody considera mesmo que existe uma continuidade entre as práticas das comunidades de mercadores no Índico, as famílias italianas da baixa Idade Média e as companhias de comércio holandesa e inglesa. De uma forma mais genérica, a importância dada aos sistemas de escrita, muito concretamente de contabilidade comercial, e às tradições letradas ou científicas não permite atribuir qualquer excecionalismo ao Ocidente. A principal diferença situa-se, isso sim, entre as civilizações eurasiáticas e as africanas([16]).

Voltemos, agora, a nossa atenção para o modo como se organizaram as leituras de Max Weber, numa sequência onde será possível encontrar também os fundamentos da sociologia histórica. No mundo académico norte-americano, a partir de um dos seus centros de maior prestígio, a Universidade de Harvard, o já referido Talcott Parsons promoveu a difusão da obra de Max Weber desde antes da Segunda Guerra. Tratava-se, claro está, de um uso da obra de Weber posto ao serviço de um programa de investigação sociológica autodenominada funcionalismo, onde a valorização dos aspetos culturais e dos valores, próprios das mais diversas instituições, estruturas e formas de organização social, se articulava com uma atenção particular aos mecanismos de integração social. Em esquema, o funcionalismo opunha-se às perspetivas de inspiração marxista valorizadoras das estruturas materiais e das explicações do social atentas às lógicas do conflito ou mais propriamente da luta de classes. Porém, o funcionalismo associado ao pensamento de Talcott Parsons suscitou críticas acesas desde muito cedo([17]);

([16]) J. Goody, *The East in the West* (Cambridge: Cambridge Univesrity Press, 1996) [trad. portuguesa de João Pedro George, *O Oriente no Ocidente* (Lisboa: Difel, 1999)].

([17]) C. Wright Mills, *The Sociological Imagination* (Nova Iorque: Oxford University Press, 1959); Alvin W. Gouldner, *The Coming Crisis of Western Sociology* (Nova Iorque: Basic Books, 1970); J. K. Rhoads, «On Gouldner's crisis of Western sociology», *American Journal of Sociology*, vol. 78 (1972), pp. 136-154; Guy Oakes e Arthur J. Vidich, *Collaboration, Reputation, and Ethics in American Academic Life: Hans H. Gerth and C. Wright Mills* (Urbana:

e foi sempre confrontado com outras perspetivas de análise sociológica, mesmo no interior do departamento em que trabalhava Parsons, conforme testemunham os trabalhos de outro sociólogo com quem manteve relações notoriamente amistosas, George C. Homans([18]). Mesmo Edward Shils, um sociólogo de Chicago que colaborou com Parsons em Harvard durante algum tempo e que com ele partilhou os mesmos interesses por Weber, só a custo pode ser considerado seu seguidor([19]).

University of Illinois Press, 1999). Cf. Charles Camic, «Reputation and predecessor selection: Parsons and the institutionalists», *American Sociological Review*, vol. 57, n.º 4 (1992), pp. 421-445. Para a redescoberta de Parsons na década de oitenta do século XX, cf. Richard Münch, «Talcott Parsons and the Theory of Action. I. The structure of the kantian core», *The American Journal of Sociology*, Vol. 86, No. 4 (jan., 1981), pp. 709-739; *Idem*, «Talcott Parsons and the theory of action. II. The continuity of the development», *The American Journal of Sociology*, Vol. 87, No. 4 (jan., 1982), pp. 771-826; J. Alexander, *Theoretical Logic in Sociology*, vol. 2 – *The Modern Reconstruction of Classical Thought: Talcott Parsons* (Londres: Routledge and Kegan Paul, 1984); David Sciulli e Dean Gerstein, «Social Theory and Talcott Parsons in the 1980s», *Annual Review of Sociology*, Vol. 11, (1985), pp. 369--387; Robert J. Holton e Bryan S. Turner, *Talcott Parsons on Economy and Society* (Londres: Routledge, 1986).

([18]) George Caspar Homans, *English Villagers of the Thirteenth Century* (Cambridge, Mass.: Harvard University Press, 1941); *Idem, The Human Group* (Nova Iorque: Harcourt, Brace, 1950); *Idem, Social Behaviour: its elementary forms* (Nova Iorque: Harcourt, Brace & World, 1961); *Idem, Sentiments & Activities: essays in social science* (Nova Iorque: Free Press of Glencoe, 1962). Cf. sobre Homans e Harvard: Lewis A. Coser, «Self Portrait of a Maverick», *Contemporary Sociology*, vol. 14, n.º 4 (Julho 1985), pp. 429-432; Barry V. Johnston, «The contemporary crisis and the social relations department at Harvard: a case study in hegemony and disintegration», *The American Sociologist*, vol. 29, n.º 3 (set. 1998), pp. 26-42; W. G. Runciman, *The Social Animal* (Ann Arbor: The University of Michigan Press, 2000), pp. 58-61. Para uma análise mais integrada das relações existentes entre o funcionalismo de Parsons e a aplicação de uma análise dos sistemas à teoria das sociedades por Homans, cf. Everett E. Hagen, *On the Theory of Social Change* (Londres: Tavistock Publications, 1964; 1.ª ed., Cambridge, Mass.: M.I.T., 1962), pp. 505-513.

([19]) Talcott Parsons e Edward A. Shils, *Toward a General Theory of Action* (Cambridge, Mass.: Harvard University Press, 1951). Sobre o interesse de

Foi igualmente a partir de Harvard, mas fora dos departamentos de sociologia e de relações sociais, onde se fazia sentir de forma mais aguda o poder de Parsons, que se começou a esboçar uma alternativa interpretativa. O exemplo de Max Weber, com as suas macrocomparações, bem como com a sua atenção para com os mecanismos de dominação, continuou a manifestar a sua enorme vitalidade. Barrington Moore, um sociólogo formado em Yale, mas que desde 1951 fez parte de um centro de investigações sobre a Rússia da Universidade de Harvard, afastou-se da obsessão pelos valores que caracterizava o programa de pesquisa de Talcott Parsons([20]). Na sua grande

Shils por Max Weber, cf. *Max Weber on the Methodology of the Social Sciences*, trad. de Edward A. Shils e Henry A. Finch, ed. de E. Shils (Nova Iorque: Free Press, 1949); *Max Weber on Law in Economy and Society*, ed. Max Rheinstein, trad. de E. Shils e Max Rheinstein (Nova Iorque: Simon and Schuster, 1954). Para uma reivindicação do legado conceptual de Max Weber na análise comparativa das novas nações constituídas após a Segunda Grande Guerra, cf. Edward Shils, «On the comparative study of the new states», *Old Societies and New States. The quest for modernity in Asia and Africa*, ed. Clifford Geertz (Nova Iorque, Londres: The Free Press of Glencoe, Collier--Macmillan, 1963), pp. 1-26, *maxime* p. 14, 20-21 [onde estabelece uma interessante relação entre o historicismo alemão, de que Max Weber era herdeiro, e o positivismo, pois ambas as correntes aspiravam à compreensão global e macro das sociedades, concebidas estas em diferentes estados de evolução, em contraste com o «positivismo etnográfico que retirava aspetos singulares fora do contexto» macrossociológico]. De notar que foi no próprio departamento de Relações Sociais que Clifford Geertz defendeu, em 1956, a sua tese publicada com o título *The Religion of Java* (Nova Iorque: The Free Press of Glencoe, 1960), onde se incluem inúmeras reflexões sobre os limites da dominação colonial holandesa no Sudeste Asiático. A redescoberta de Max Weber – inspirando uma fusão entre a sociologia e a história, no estudo da literacia do Ocidente em comparação com outras sociedades – pode também ser documentada em Jack Goody e Ian Watt, «The consequences of literacy», *Comparative Studies in Society and History*, 5 (1963), pp. 304-345 [republicado in Jack Goddy, *Literacy in Traditional Societies* (Cambridge: Cambridge University Press, 1968), *maxime* p. 66].

([20]) Nas suas primeiras obras relativas à história da Rússia e da União Soviética, é ainda possível verificar até que ponto Barrington Moore começou a escrever sob a influência do funcionalismo, cf. Dennis Smith,

contribuição para a sociologia histórica, *Social Origins of Dictatorship and Democracy* (1966), Barrington Moore explorou de que modo as estruturas sociais e políticas influenciaram, na longa duração, a formação dos modernos regimes democráticos ou totalitários. A sua análise comparativa articulava o estudo dos mecanismos do poder, da violência e da exploração económica, com o das hierarquias sociais. Em relação ao mesmo contexto académico, seria interessante saber de que modo o interesse pela modernização dos poderes e do Estado – protagonizado pela sociologia política e por cientistas políticos tais como Seymour Martin Lipset, que ensinou em Stanford de 1975 a 1990, tendo acabado por regressar a Harvard – contribuiu igualmente para a formação de uma sociologia histórica, situada fora dos modelos de Talcott Parsons([21]). No início da década de sessenta, Shmuel Noah Eisenstadt e Reinhard Bendix, dois outros sociólogos com origens e formações muito diversas, mas partilhando o mesmo interesse pela obra de Max Weber, publicaram as suas obras seminais sobre a criação do Estado moderno e a formação dos impérios; para ambos, as formas de racionalidade burocrática e a emergência das práticas de cidadania assumiam um papel central([22]). É, aliás, neste mesmo contexto

---

«Discovering facts and values: the historical sociology of Barrington Moore», *Vision and Method in Historical Sociology*, ed. Theda Skocpol, *op. cit.*, p. 313. Sobre a influência da obra de Barrington Moore, ver Theda Skocpol, com a colaboração de George Ross, Tony Smith e Judith Eisenberg Vichniac, *Democracy, Revolution, and History* (Ithaca e Londres: Cornell University Press, 1998).

([21]) Seymour Martin Lipset, «A sociologist looks at history», *Pacific Sociological Review*, vol. I, n.º 1 (1958), pp. 13-17; S. M. Lipset e Richard Hofstadter, eds., *Sociology and History: methods* (Nova Iorque: Basic Books, 1968).

([22]) Verifique-se o interesse de Bendix e Eisenstadt por Weber em S. N. Eisenstadt, ed., *Max Weber on Charisma and Institution Building: selected papers* (Chicago: Chicago Univesrity Press, 1968); e Reinhard Bendix, *Max Weber: an intellectual portrait* (Garden City, Nova Iorque: Doubleday, 1960). Quanto às suas obras, veja-se: S. N. Eisenstadt, *The Political Systems of Empires* (Nova Iorque: Free Press of Glencoe, 1963); R. Bendix, *Nation-Building and Citizenship* (Berkeley: University of California Press, 1977; 1.ª ed., 1964). Cf. Gary Hamilton, «Configurations in History: the historical sociology

– caracterizado pela emergência da sociologia histórica propriamente dita, pela reflexão conjunta sobre a obra de Weber e pela atenção conferida ao processo de construção de burocracias ao serviço de impérios e de Estados – que se assiste igualmente à redescoberta e ao impacto da obra de Norbert Elias, pelo menos junto de alguns círculos de historiadores e sociólogos([23]).

Se o contexto de redescoberta de Weber e de debate com o funcionalismo de Parsons marcou uma primeira emergência

---

of Reinhard Bendix», *Vision and Method in Historical Sociology*, ed. Theda Skocpol, *op. cit.*, pp. 85-128; Dietrich Rueschemeyer, «Theoretical generalization and historical particularity in the comparative sociology of Reinhard Bendix», *idem*, pp. 129-169. Para uma crítica à orientação tipológica de *The Political Systems of Empires* de Eisenstadt, cf. Pierre Bourdieu, *Sur l'État. Cours au Collège de France 1989-1992* (Paris: Raisons d'agir, Seuil, 2012), pp. 122-130.

([23]) Norbert Elias, *Über den Prozess der Zivilisation*, 2 vols. (Berna: Francke Verlag, 1969; 1.ª ed., 1939). Sobre o autor e a sua obra, os melhores estudos, incluindo as discussões críticas, são os de Peter Gleichmann, John Goudsblom e Hermann Korte, eds., *Materialen zu Norbert Elias' Zivilisationstheorie*, vol. 1 (Francoforte: Suhrkamp Verlag, 1979); *Idem*, eds., *Macht und Zivilisation. Materialen zu Norbert Elias' Zivilisationstheorie*, vol. 2 (Francoforte: Suhrkamp Verlag, 1984); *Theorie, Culture and Society*, vol. 4, n.º 2-3 – *Norbert Elias and Figurational Sociology* (1987); George Mosse, «The civilizing process: the history of manners», *New German Critique*, n.º 15 (outono 1978), pp. 178-183; Samuel F. Sampson, «The formation of European national states, the elaboration of functional interdependence networks, and the genesis of modern self-control», *Contemporary Sociology*, vol. 13, n.º 1 (janeiro 1984), pp. 22-27; Hermann Korte, *Über Norbert Elias* (Suhrkamp Verlag, 1988); C. Lasch, «Historical sociology and the myth of maturity: Norbert Elias' very simple formula», *Theory and Society*, vol. 14 (1985), pp. 705-720; S. Mennell, *Norbert Elias: civilization and the human sciences* (Oxford: Basil Blackwell, 1989); R. van Krieken, «Violence, self-discipline and modernity: beyond the civilizing process», *The Sociological Review*, vol. 37 (1989), pp. 193-218; Roger Chartier, *A história cultural: entre práticas e representações*, trad. Manuela Galhardo (Lisboa: Difel, 1988), pp. 91-119; Ian Burkitt, «Civilization and ambivalence», *British Journal of Sociology*, vol. 47, n.º 1 (março 1996), pp. 135-149; Eric Dunning e Stephen Mennell, «Elias on Germany, nazism and the Holocaust: on the balance between "civilizing" trends in the social development of Western Europe», *British Journal of Sociology*, vol. 49, n.º 5 (setembro 1998), pp. 339-357.

da sociologia histórica, será possível identificar quatro grandes tendências desta mesma disciplina tal como veio a ser configurada nas décadas seguintes. Antes de mais, numa linha tributária da obra fundadora de Barrington Moore, será de reparar na atenção concedida por autores como Charles Tilly, Theda Scokpol ou Jack Goldstone aos comportamentos políticos violentos e às revoluções, situados em confronto com o desenvolvimento da máquina fiscal do Estado centralizador. Depois, será de reparar na atenção concedida aos mecanismos específicos que o processo de construção do Estado mobilizou, nomeadamente no que respeita aos aparelhos militares, visível em Charles Tilly e Paul Kennedy([24]). Em terceiro lugar, será de reparar de que modo todas estas investigações, que trouxeram o Estado de volta à análise sociológica, insistiram na análise comparativa de grandes estruturas políticas situadas no tempo e no espaço, as quais acabaram por contaminar outros debates, nomeadamente o da passagem de uma sociedade feudal a uma sociedade capitalista([25]). Por último, será de reparar que os mesmos autores que levaram a efeito estas análises centradas no processo de construção do Estado, no desenvolvimento do capitalismo e na evolução social situada para lá de sociedades agrárias, pelo menos na sua fase de consolidação, também aspiraram a teorizar sobre os contornos e ambições da sociologia

([24]) Charles Tilly, *The Vendée: a sociological analysis of the counter-revolution of 1793* (Cambridge, Mass.: Harvard University Press, 1964); *Idem, ed., The Formation of National States in Western Europe* (Princeton: Princeton University Press, 1975); *Idem, From Mobilization to Revolution* (Reading, Mass.: Addison-Wesley, 1978); *Idem, Coercion, Capital, and European States, AD 990-1992* (Oxford: Blackwell, 1990); Theda Skocpol, *States and Social Revolutions: a comparative analysis of France, Russia, and China* (Nova Iorque: Cambridge University Press, 1979); Jack Goldstone, *Revolution and Rebellion in the Early Modern World* (Berkeley: University of California Press, 1991); Paul Kennedy, *The Rise and Fall of the Great Powers: economic change and military conflict from 1500 to 2000* (Nova Iorque: Random House, 1987).

([25]) Perry Anderson, *Passages from Antiquity to Feudalism* (London: Humanities Press, 1974); Mary Fulbrook and Theda Skocpol, «Destined pathways: the historical sociology of Perry Anderson», Theda Skocpol, ed., *Vision and Method in Historical Sociology*, *op. cit.*, pp. 170-210.

histórica([26]). Este balanço de uma disciplina também deverá incluir outras áreas, porventura mais parciais, como as que dizem respeito aos estudos sobre a família, a educação e as cidades([27]).

Porém, a consolidação de uma disciplina deverá ser igualmente avaliada através dos seus desaires. Neste caso concreto, há que ter em conta a aparente marginalidade a que parece ter sido votada a disciplina devido à presença de uma tendência mais culturalista que, desde os finais da década de sessenta,

---

([26]) Robert A. Nisbet, *Tradition and Revolt. Historical and sociological essays* (Nova Iorque: Random House, 1969); *Idem, Social Change and History: aspects of the Western theory of development* (Nova Iorque: Oxford University Press, 1969); Gareth Stedman Jones, «From historical sociology to theoretical history», *British Journal of Sociology*, vol. 27, n.º 3 – *Special issue on History and Sociology* (1979), pp. 295-304; Peter Burke, *Sociology and History* (Londres: Allen & Unwin, 1980); Charles Tilly, *As Sociology Meets History* (Orlando: Academic Press, 1981); Philip Abrams, *Historical Sociology* (Ithaca: Cornell University Press, 1982); Reinhard Bendix, *Nation-Building & Citizenship. Studies of our changing order* (Berkeley: University of California Press, 1964); *Idem, Kings or People: power and the mandate to rule* (1984); *Idem, Force, Fate, and Freedom: on historical sociology* (Berkeley: University of California Press, 1984); Ernest Gellner, *Plough, Sword and Book: the structure of human history* (Londres: Collins Harvill, 1988) [«I found that Ernst expressed more powerfully than anyone else now writing the Weberian sense of the astonishing nature of the "escape" from *agraria*, against all the odds», Alan Macfarlane, *The Riddle of the Modern world: of liberty, wealth and equality* (Houndmills, Basingstoke, Hampshire, Londres: Macmillan Press, 2000), pp. VIII-IX]; Theda Skocpol, ed., *Vision and Method in Historical Sociology, op. cit.*; Jean Bachler, John A. Hall e Michael Mann, eds., *Europe and the Rise of Capitalism* (Oxford: Basil Blackwell, 1988); Dennis Smith, *The Rise of Historical Sociology* (Cambridge: Polity, 1991); Randall Collins, *Macrohistory: essays in the sociology of the long run* (Stanford: Stanford University Press, 1999); William H. Sewell Jr., *Logics of History: social theory and social transformation* (Chicago: University of Chicago Press, 2005).

([27]) Peter Laslett, *Family Life and Illicit Love in Earlier Generations: essays in historical sociology* (Cambridge: Cambridge University Press, 1977); Randall Collins, *The Credential Society: an historical sociology of education and stratification* (Nova Iorque: Academic Press, 1979); Philip Abrams, ed., *Towns in Societies: essays in economic history and historical sociology* (Cambridge: Cambridge University Press, 1978).

invadiu todas as ciências sociais, assumindo os contornos de um paradigma hegemónico. Noutro lugar, procurámos descrever de que modo se processou esta invasão. A insistência na análise de discursos e no estudo das representações mentais articulou-se, em boa medida, com análises em pequena escala baseadas em estudos de caso e em pequenos fragmentos; uma atitude mais experimental relativamente ao estatuto das fontes e das representações mentais esbateu as fronteiras entre a realidade observada e as formas da sua evocação, permitindo explorar novas formas de simbolismo e simultaneamente de retórica histórica; e, por último, o campo historiográfico foi sujeito à influência da antropologia cultural de Lévi-Strauss a Geertz, dos estudos relativos à ordem dos discursos de Foucault a Said e das análises das linguagens e da iconografia inspiradas em Cassirer, Panofsky e Gombrich([28]). Foi, aliás, no interior desta tendência culturalista que se sistematizaram algumas das investigações mais inovadoras sobre culturas coloniais e se puseram em causa as certezas das visões eurocêntricas relativas aos grandes processos estruturais de construção da modernidade([29]).

Mais recentemente, uma anunciada terceira vaga de estudos de sociologia histórica – apesar de se pretender restrita ao mundo académico norte-americano – tem procurado recuperar a centralidade das questões relativas à modernidade, mas reivindicando para si um projeto de investigação mais experimental e, também, mais atento a pesquisas com uma forte dimensão cultural, considerada esta enquanto sistema de interpretações dadas pelos agentes às suas próprias ações e aos processos em que participam([30]). Assim, aos modelos, temas e linguagens inspirados em Marx e Weber – predominantes numa

---

([28]) Diogo Ramada Curto, *As múltiplas faces da história, op. cit., passim.*

([29]) Nicholas B. Dirks, ed., *Colonialism and Culture* (Ann Arbor: The University of Michigan Press, 1992); Gyan Prakash, *After Colonialism: Imperial Histories and Postcolonial Displacements* (Princeton: Princeton University Press, 1995); Frederick Cooper e Ann Laura Stoler, eds., *Tensions of Empire: colonial cultures in a bourgeois world* (Berkeley: University of California Press, 1997).

([30]) Julia Adams, Elisabeth S. Clemens, e Ann Shola Orloff, eds., *Remaking Modernity: politics, history, and sociology* (Durham: Duke University Press,

segunda vaga, os quais consolidaram a sociologia histórica como disciplina – contrapõe-se agora um programa de investigação baseado em quatro novas dimensões: primeiro, uma maior atenção deverá ser dada às iniciativas e decisões de agentes individuais e de grupos; depois, será necessário reconhecer os desafios colocados por aqueles que falam em nome de grupos subalternos; em terceiro lugar, importa ter em conta os domínios que se encontram para além das formas mais tradicionais da vida política, explorando sistemas classificatórios, poderes simbólicos e diversas tecnologias destinadas a impor uma ordem social; finalmente, importará recuperar muitos elementos do social – tornados invisíveis por uma anterior vaga de estudos interessada sobretudo em formas de racionalidade –, os quais dizem respeito à religião, emoção, violência, hábitos e costumes, enfim, a uma série de elementos não racionais da vida social([31]). No interior deste novo programa de pesquisa, cuja coerência é assumidamente menor em comparação com um anterior momento, as questões de género, de raça e das sociedades coloniais passaram a apresentar-se como temas privilegiados de investigação – precisamente por se constituírem em objetos centrais para repensar a modernidade. Estas considerações de carácter programático confirmam, assim, a nossa constatação inicial de carácter mais genérico relativa à ausência generalizada do colonialismo e do imperialismo dos diferentes programas sociológicos([32]).

2005), *maxime* pp. 1-72 («Introduction: social theory, modernity, and the three waves of historical sociology»).

([31]) *Idem, ibidem*, p. 64.

([32]) George Steinmetz, «Precoloniality and colonial subjectivity: ethnographic discourse and native policy in German overseas imperialism, 1780s-1914», *Political Power and Social Theory*, vol. 15 (2002), pp. 135-228; *Idem*, «"The devil's handwriting": precolonial discourse, ethnographic acuity and cross-identification in german colonialism», *Comparative Studies in Society and History*, vol. 45, n.º 1 (2003), pp. 41-95; *Idem, The Devil's Handwriting: precoloniality and the German colonial state in Qingdao, Samoa, and Southwest Africa* (Chicago: The University of Chicago Press, 2007); *Idem*, ed., *Sociology and Empire: the imperial entanglements of a discipline* (Durham, N.C.: Duke University, 2013).

Escrever história global

DIOGO RAMADA CURTO
(IPRI – UNL)

Em 2006, Patrick O'Brien escreveu um manifesto sobre história global(1). Na primeira parte, descreveu as principais direções assumidas nas abordagens atuais à história global: conexões e interações que seguem a abordagem de William McNeill à história mundial, bem como histórias comparativas refletidas, no mínimo, em dois espelhos ou cenários diferentes, constituindo processos divergentes, de Marc Bloch a Kenneth Pomeranz. A segunda e a mais extensa parte do artigo é consagrada às tradições historiográficas ocidentais e não ocidentais, conferindo uma atenção especial a contextos específicos em que surgiram histórias universais. Por fim, numas notas conclusivas, O'Brien explicita a sua defesa de uma escala global de análise, denunciando as histórias pós-modernas e anti-iluministas do fragmento e defendendo, sob um ponto de vista ético, uma perspetiva cosmopolita baseada numa educação capaz de integrar no seu currículo histórico macronarrativas bem investigadas, capazes de abarcar e compreender o mundo. Resumindo, O'Brien, no seu manifesto, passou em revista as tradições historiográficas avaliando-as em função do seu contributo para com a história mundial e propondo a restauração de uma forma iluminista e cosmopolita de escrever história global. Publicado como uma introdução a um novo jornal sediado na London School of Economics, o *Journal of Global History*, o manifesto de O'Brien pode

(1) Patrick O'Brien, «Historiographical traditions and the modern imperatives for the restoration of global history», *Journal of Global History*, vol. I (2006), pp. 3-39.

ser lido como o resultado de uma mudança pessoal, uma vez que o autor foi, em tempos, conhecido pela sua defesa radical de uma escala nacional de análise em oposição ao sucedido na periferia, nomeadamente em relação às causas da revolução industrial(2). Porém, o seu campo de referências alterou-se, tendo passado a revelar um interesse especial pelos debates conduzidos a partir dos campos universitários norte-americanos. Desde as tentativas de os historiadores de Chicago escreverem sobre história mundial a alguns aproveitamentos limitados do movimento de estudos subalternos. As críticas que se seguem devem ser lidas como uma contribuição «para a construção de narrativas cosmopolitas e fidedignas da nossa herança universal»(3).

O'Brien apresenta uma tipologia dual, baseada em conexões e comparações, excluindo do seu horizonte um investimento mais direto na compreensão e na contextualização das obras de historiadores mundiais. Admitindo como certo que as pressões do tempo e do espaço não permitiriam múltiplos exercícios de contextualização, é possível defender uma seleção simples dos principais fatores que influenciam os textos históricos atuais centrados no estudo da globalização. Colocando de parte a relação determinante com a situação atual em que movimentos de população, formas de comunicação, fluxos económicos e financeiros, guerras internacionais e formas renovadas de imperialismo formam um grande contexto, devem ser consideradas pelo menos duas dimensões de carácter contextual(4). A existência de condições sociológicas e institucionais determinadas normalmente numa base nacional constitui um dos fatores que explicam a existência de várias correntes historiográficas.

---

(2) *Idem*, «European economic development: the contribution of the periphery», *Economic History Review*, vol. 35, n.º 1 (February 1982), pp. 1-18.

(3) *Idem*, «Historiographical traditions and the modern imperatives for the restoration of global history», *op. cit.*, pp. 38-39.

(4) Sebastian Conrad e Dominic Sachsenmaier, eds., *Competing Visions of World Order; global moments, 1880s-1930s* (Nova Iorque: Palgrave Macmillan, 2007), pp. 1-25.

No caso da França, que, como tal, está bastante ausente do texto de O'Brien, o interesse de Fernand Braudel em fazer uma história mundial macroscópica e comparativa correspondeu a uma linha de investigação previamente iniciada pelas perspetivas enciclopédicas de Henri Berr e Lucien Febvre, antes da Segunda Guerra Mundial. O seu impacto, pelo menos no Ocidente, levou à formação de um autêntico paradigma de análise histórica centrado nas questões da modernização e do desenvolvimento do capitalismo. A rutura em relação a este paradigma – que em parte corresponde ao começo da circulação de outras perspetivas como a da *microstoria* italiana ou a análise de configurações sociais específicas, tal como foram desenvolvidas por Norbert Elias – implicou, não só um conflito geracional, como uma enorme mudança em termos das outras disciplinas com as quais os historiadores passaram a dialogar. De qualquer modo, é difícil resumir a mudança que se verificou de Braudel a Roger Chartier, sem ter em conta muitas outras contribuições fora do âmbito do trabalho dos historiadores, no sentido exato da palavra, de Claude Lévi-Strauss a Michel Foucault, de Pierre Bourdieu a Michel de Certeau. Todos estes nomes, que evocam diferentes disciplinas (antropologia, filosofia, sociologia, hermenêutica e psicanálise), sugerem até que ponto as mudanças atuais verificadas na disciplina da história têm estado relacionadas com o modo de articulação da história com diversas disciplinas.

Com efeito, é através da relação entre história e ciências sociais – em boa medida ausente no artigo de O'Brien – que é possível contextualizar formas de escrita da história influenciadas por perspetivas globais ou, pelo contrário, por outras que assumidamente as recusam. Este último ponto é válido em relação a França, onde o abandono do programa de Braudel sobre história mundial, mais evidente a partir da década de oitenta do século XX, não foi seguido da desistência de um diálogo entre história e ciências sociais. Apesar de se terem posto de lado as reivindicações de Braudel relativas à herança durkheimiana da história e das ciências sociais, bem como a sua promoção de Georges Gurvitch ao estatuto de grande sociólogo, os historiadores franceses continuaram a empreender as suas reflexões interdisciplinares(5). A sua capacidade de inovação dependeu, em boa medida, desta abertura disciplinar. Aliás, foi neste âmbito que a investigação histórica comparativa desenvolvida por Norbert Elias – totalmente à parte dos modelos braudelianos de *histoire globale* – inspirou tantas investigações.

Noutro ângulo, seria necessário compreender melhor o contexto em que se situa *The Rise of the West* (1.ª ed. 1963), de William McNeill. Na perspetiva da Universidade de Chicago, podem ser feitas especulações relativamente à influência de um dos seus antecessores, Marshall Hodgson, que defendeu um ponto de vista islamocêntrico sobre história mundial. De igual modo, a obra enciclopédica de Donald Lach, relativa às perceções europeias da Ásia, correspondeu a algumas ideias propostas por McNeill. Mais interessante será procurar ligações e contrastes fora do âmbito da disciplina da história: das obras do sociólogo Edward Shils, interessado em romper com as abstrações de um funcionalismo estrutural parsoniano, às investigações antropológicas mais relevantes de Marshall Sahlins. Este último antropólogo, que trabalhou numa pequena escala de análise e prestou uma atenção especial ao modo de produção dos significados culturais, foi porventura mais influente para os historiadores de Chicago, que trabalhavam em diferentes campos, do que o seu colega William McNeill. Por conseguinte, tanto no caso francês da escola dos *Annales* como no da Universidade de Chicago, será possível identificar casos óbvios de como a história se envolveu seriamente com as ciências sociais.

Resumindo, na primeira parte do seu artigo, Patrick O'Brien prossegue mais através da utilização de uma tipologia, criando antinomias fáceis de entender, do que através de uma análise histórica contextual. Porém, a insistência no contexto histórico, em que as histórias mundiais emergiram e declinaram, ajudará a criar uma perspetiva nova e talvez mais fidedigna.

---

(5) Um exemplo em Jean Boutier, Passeron Jean-Claude Pesseron, Jacques Revel, eds., *Qu'est-ce qu'une discipline?* (Paris: Éditions de l'École des Hautes Études en Sciences Sociales, 2006).

Quanto à história da história mundial no Ocidente, O'Brien apresenta-a da seguinte maneira: Heródoto foi o pai fundador de uma perspetiva universal; porém, o modelo da história política e militar de Tucídides foi mais influente durante o período romano e, mais tarde, durante o Renascimento; contemporâneos de Santo Agostinho escreveram histórias orientadas para Deus, mas em que tentavam ultrapassar as fronteiras estreitas do mundo greco-romano; com o Renascimento houve uma «contração de centros de interesse», uma vez que os historiadores se empenharam no estabelecimento de «passados utilizáveis para ajudar príncipes a integrarem populações e a assegurar as fronteiras necessárias para a formação dos Estados-nação([6]); com efeito, durante o início da época moderna, o interesse crescente por conhecer outros sítios fora da Europa raramente originou investigações sobre as suas histórias; só durante o Iluminismo, sobretudo com *Essai sur les moeurs*, de Voltaire (1756), foi retomado o interesse histórico por uma perspetiva universal iniciada por Heródoto; depois do Iluminismo, dois séculos de «triunfalismo ocidental», traduzidos por vezes em racismo, outras vezes nas linguagens do desenvolvimento social, orientalismo ou modernização económica, coincidiram com a profissionalização do ofício de historiador, no contexto dos interesses da formação dos Estados-nação e de acordo com o modelo de erudição e prova documental estabelecido por Ranke; durante este período, só excecionalmente, à semelhança do que aconteceu com Karl Lamprecht e Max Weber, foram violadas as fronteiras nacionais e imperiais. Resumindo, uma linha de história global ou mundial é constituída por apenas alguns pontos definidos pelas obras de Homero na Antiguidade, Voltaire e alguns dos seus seguidores durante o Iluminismo, os historiadores de Göttingen durante o início do século XIX, a que se seguiram Lamprecht ou Weber, no século XX. Assim, para O'Brien, a «restauração da história global», anunciada no título do artigo, tem como objetivo recuperar Voltaire e o projeto do

([6]) O'Brien, «Historiographical traditions and the modern imperatives for the restoration of global history», *op. cit.*, p. 9.

Iluminismo sobre história global, para daí retirar as respetivas consequências éticas de oposição ao relativismo desconstrutivista das epistemologias do fragmento.

No entanto, uma análise das narrativas sobre a historiografia ocidental deveria estar orientada para dois pontos fracos. O primeiro está relacionado com a falta de interesse pela história das sociedades não europeias a que se assistiu do Renascimento ao Iluminismo, apesar de, no mesmo período, se ter desenvolvido um verdadeiro sistema de recolha de informação por parte dos europeus([7]). Curiosamente, trata-se de um argumento que foi denunciado há mais de vinte anos, num artigo citado, mas não necessariamente utilizado por Patrick O'Brien([8]). Nessa ocasião, Peter Burke quis desafiar uma afirmação prévia de Karl Löwith, para quem o *Essai sur les moeurs* descrevia que «os padrões da Europa eram medidos pela primeira vez pela proeza de uma civilização não cristã»([9]). Neste caso, a civilização chinesa foi promovida por Voltaire e alguns escritores do Iluminismo, mas não todos, a um papel-chave no processo de rutura com antigas perspetivas eurocêntricas sobre história mundial([10]). No entanto, Burke expressou as suas dúvidas relativamente à obra pioneira de Voltaire, uma vez que esta foi precedida de pelo menos dois séculos de investigações notáveis sobre as sociedades não europeias([11]). Nos limites de um

([7]) *Ibidem.*

([8]) Peter Burke, «European views of world history from Giovio to Voltaire», *History of European Ideas*, vol. 6, no. 3 (1985), pp. 237-251.

([9]) Löwith, *Meaning in History* (Chicago, 1949), p. 105.

([10]) Juan Ferrater Mora, «Cuatro visiones de la historia universal» [Buenos Aires, 1945, 1950], *Idem, Obras selectas*, vol. 1 (Madrid: Revista de Occidente, 1967), p. 351: «La preferencia de Voltaire por la China, a la que supone, como ningún otro pueblo de la tierra, razonable y moderada, coincide con el movimiento de aproximación a todos los pueblos de los que se conocía solamente lo que contrastaba con la própria cultura; coincide con el interés por todo lo que se salía del marco de la historia de Occidente, única que había sido tratada, hasta bien entrado el Renascimiento, por los mejores historiadores».

([11]) Burke, «European views of World History from Giovio to Voltaire», *op. cit.*, p. 237.

simples artigo, o historiador cultural inglês reviu muitas das obras de história escritas ou publicadas durante esses séculos sobre o Islão, a Índia, a China, o Japão e a América espanhola. As implicações resultantes de reconhecer as muitas opiniões seculares a uma escala universal sobre a história mundial, propostas desde a Renascença, sugerem também a existência de formas paralelas de globalização anteriores ao Iluminismo (sob este ponto de vista, o período de 1783 a 1823 não é mais do que uma «conjuntura profunda na história mundial)» ([12]).

O segundo ponto fraco da narrativa construída por O'Brien diz respeito à falta de clareza na forma como se escreveu sobre história mundial durante o século XX. Com efeito, referências disponíveis no artigo implicam mais a construção de um panteão canónico iniciado por Lamprecht e Weber, incluindo historiadores de Chicago como Hodgson e McNeill e um historiador francês bastante isolado como Braudel. A escassez de figuras que compõem este panteão talvez seja utilizada de forma a justificar a necessidade de restaurar o projeto do Iluminismo simbolizado por Voltaire e atualmente atacado por historiadores pós-coloniais pertencentes ao movimento de estudos subalternos. Contudo, se o projeto do Iluminismo relativo a histórias mundiais é concebido como sendo baseado em opiniões críticas sobre o triunfalismo europeu, desenvolvido por Raynal, Anquetil Duperron e muitos outros, é forçoso ter-se em consideração a vasta galeria de historiadores do século XX que contribuíram para romper com diferentes formas de eurocentrismo, especialmente presentes na história da expansão e do colonialismo europeus. Por conseguinte, deve ser construída uma nova narrativa que inclua as obras, publicadas muito tempo antes, de Frantz Fanon, de Jacob van Leur sobre a Indonésia, de Gilberto Freyre sobre o Brasil, de Fernando Ortiz sobre Cuba e a América espanhola, de Pannikar sobre a Índia e de Jan Vansina sobre a África.

A construção de histórias mais elaboradas e bem contextualizadas sobre história mundial contribuirá para ultrapassar

---

([12]) O'Brien, «Historiographical traditions and the modern imperatives for the restoration of global history», *op. cit.*, p. 23.

algumas antinomias utilizadas por O'Brien, que são boas para um manifesto, mas não correspondem necessariamente ao que sucedeu no passado e acontece atualmente. No entanto, é só na última parte do seu artigo que se percebe que a restauração do projeto iluminista de uma história global constitui um programa contrário às histórias pós-modernas do fragmento. O'Brien passa, então, em revista as diferentes formas de micro-histórias, biografias ou estudo dos grupos subalternos, onde é possível encontrar ecos do *linguistic turn*, inspirado em relações de poder e de conhecimento promovidas por Foucault, orientadas para a desconstrução de metanarrativas globais, contaminadas por visões eurocêntricas([13]). A este respeito, o grupo de estudos subalternos em geral e Dipesh Chakrabarty em particular figuram no topo do grupo de inimigos que servem de alvo aos ataques de O'Brien. Diretamente relacionada com esta antinomia, surge outra relativa ao uso de línguas locais associadas à fragmentação de objetos analíticos, por um lado; e, por outro lado, a utilização do conhecimento ocidental – envolvendo conceitos úteis como ferramentas de análise histórica, mas também de direitos humanos, que também podiam ser libertadores e adaptados a objetivos locais([14]). Estas antinomias definem o global face ao fragmento ou uma espécie de linguagem universal inspirada num suposto Iluminismo cosmopolita europeu face às línguas locais. A força destas oposições é justificada pelo estilo polémico do manifesto. Contudo, as mesmas antinomias dificilmente podem ser consideradas enquanto resultado sério e ponderado de uma análise historiográfica. A abordagem dos estudos subalternos dificilmente pode ser reduzida às histórias pós-modernas do fragmento, como defendeu, de modo convincente, Sumit Sarkar, há muito tempo([15]). Do mesmo modo, historiadores italianos e franceses envolvidos na *microstorie* investiram sobretudo na compreensão de dinâmicas locais, mas sem nunca perderem de vista os processos

([13]) *Ibidem*, p. 33.

([14]) *Ibidem*, p. 37.

([15]) Sumit Sarkar, «The decline of the subaltern studies...».

globais[16]. Por fim, a questão da linguagem mais precisa, de forma a conduzir a investigação histórica a uma escala global – como acontece com a questão de observadores endógenos e exógenos relativamente a um determinado campo de análise social –, não pode ser resolvida por uma simples imposição de conhecimento universal ocidental traduzido em inglês[17].

Por todos estes motivos e críticas, o artigo de Patrick O'Brien só pode ser considerado por aquilo que pretende ser: um manifesto e não um exercício de análise histórica relativo às diferentes tradições historiográficas. À semelhança do que acontece com todos os movimentos de restauração, o grau de invenção do passado ultrapassa a construção de «narrativas fidedignas». Contudo, a longa vida e a carreira extremamente produtiva de Patrick O'Brien sugerem que, talvez, uma nova mudança no futuro próximo venha a contribuir para pôr de parte todas as antinomias inúteis contidas nesse mesmo manifesto.

*

* *

Escrever história global pressupõe diferentes níveis de concetualização. Mesmo que a maior parte dos historiadores envolvidos numa área orientada para a análise de grandes estruturas e o estabelecimento de macrocomparações mostre relutância em aceitar as próprias ferramentas de análise como um objeto, alguns dos que se dedicam a escrever a história do global têm manifestado interesse em articular a produção de resultados, através da escrita da história, com uma reflexão vigilante sobre as condições que compõem a análise histórica.

---

(16) Jacques Revel, *A invenção da sociedade* (Lisboa, Difel, 1991).

(17) Robert K. Merton, *The Sociology of Science. Theoretical and Empirical Investigations* (Chicago: The University of Chicago Press, 1973), pp. 99-136: «The Perspectives of Insiders and Outsiders»; Joseph Miller, «History and Africa/ Africa and History», *American Historical Review*, vol. 104, n.º 1 (1999), pp. 1-32.

Maxine Berg e os seus colegas de Warwick, em conjunto com Patrick O'Brien, inicialmente movidos pelos seus interesses sobre mudanças económicas, mais especificamente sobre a história das mercadorias e do consumo moderno a uma escala mundial, integrados numa dinâmica rede de historiadores da economia, têm procurado fazer essa mesma articulação desde o final da década de noventa do século XX(18). Vários têm sido os exercícios relativos às diferentes formas de escrever e de contextualizar a história global, que sugerem, pelo menos, a existência de uma atitude mais atenta sobretudo em relação às formas de concetualizar a própria prática analítica.

O grande desafio historiográfico que se coloca neste momento consiste, pois, na criação de uma atitude mais reflexiva relativamente ao *modus operandi* de qualquer historiador interessado numa análise de problemas a uma escala global. Talvez por isso, os trabalhos elaborados nas duas últimas décadas por um grupo específico de historiadores da economia mundial, mais do que serem objeto de um qualquer tipo de festejo, necessitam de ser criteriosamente avaliados e criticados. Será sempre possível evocar outras histórias que desafiam os modos de escrever história global pelo simples facto de ultrapassarem as cronologias comummente aceites que se iniciam em torno de 1800, para investirem nas perspetivas da história universal da Renascença ao Iluminismo ou desviarem os nossos pontos de vista da suposta centralidade de um cânone ocidental. Assim, as principais reflexões sobre a história dos conceitos utilizados para escrever a história do global podem ser feitas em torno de quatro pontos principais.

---

(18) Discussão do Colóquio «Writing the History of the Global», org. Maxine Berg, British Academy, 21-22 de maio de 2009, que resultou no livro de M. Berg, ed., *Writing the History of the Global: challenges for the twenty-first century* (Oxford: Oxford University Press, British Academy Original Paperback Series, 2012). O convite para questionar como se escreve sobre história global foi feito por Maxine Berg e pelos seus colegas de Warwick, inicialmente movidos pelo seu interesse por mudanças económicas, mais especificamente sobre a história das mercadorias e do consumo moderno a uma escala mundial.

O primeiro constitui quase uma surpresa se tivermos em consideração os principais interesses económicos do grupo inicial de historiadores já referido. Trata-se do enorme espaço concedido ao estudo das ideias, numa abordagem com múltiplas camadas, devido às suas implicações diretas nas formas de escrever a história global, centradas essencialmente na análise das grandes estruturas económicas e sociais. Se esta atitude não pode ser considerada como sendo revisionista, é porque será necessário reconhecer que não revela nada de novo: Lucien Febvre, desde a publicação de *La Terre et l'évolution humaine. Introduction géographique à l'histoire* (Paris, 1922), deu início a um programa ambicioso de *histoire totale* abrangendo diferentes camadas de tempo, espaço e análise, da geografia à noção de «capital intelectual», inspirando-se nas obras de Émile Durkheim. Claro que será sempre difícil esclarecer quais as diferenças principais entre um projeto atual de escrita da história global que atribua um papel decisivo às ideias, comparativamente com a abordagem a vários níveis de Febvre, seguido de Fernand Braudel e de muitos outros que foram buscar a sua inspiração aos *Annales*. Contudo, existem motivos para acreditar que a escrita sobre uma nova história global não pode ser prosseguida sem uma reflexão profunda acerca das contribuições de Febvre e dos seus discípulos (como, aliás, fez Prasannan Parthasarathi, baseando-se no método comparativo de Marc Bloch, que foi claramente inspirado em *Les Règles de la Méthode Sociologique* de Durkheim).

Por mais que o debate historiográfico acerca do lugar a conceder às ideias na história do global se afigure inconclusivo – mais do que um conceito unificado, funcionando num único nível analítico –, a circulação de ideias potencia várias interpretações. À semelhança do que aconteceu com os motivos de ação de Max Weber, as ideias podem ser consideradas um «componente cognitivo de ação», dando voz a agentes menores e narrando a história de indivíduos marginais (como aconteceu no estudo de caso de Linda Colley) ([19]). Comparativamente com descrições

([19]) Linda Colley, *The Ordeal of Elizabeth Marsh: a Woman in World History* (Londres: Harper Press, 2007).

mais fragmentadas paralelas à de Elizabeth Marsh ou com articulações sobre obras de arte entre a China e o Renascimento italiano (evocadas por Craig Clunas), as ideias podem ser também suportadas por teorias de escolha racional. Neste último caso, as dúvidas sugeridas por Kenneth Pomeranz relativamente à intencionalidade de agentes económicos e instituições como uma explicação para a grande divergência contrastam claramente com a centralidade assumida por «processos de construção e engenharia do conhecimento» referidos por Jack Goldstone em relação à passagem do crescimento cíclico para crescimento sustentado. Para Goldstone, os conhecimentos técnicos e as ideias agiram como uma dimensão de abordagens estruturais maiores, o que só por si contrasta com o convite a uma sociologia da ciência mais localizada, concebida em função de laboratórios específicos, assim denominados por Bruno Latour e referidos por Simon Schaffer([20]).

Quais as ideias que foram globalizadas? Qualquer resposta a esta questão implica referências a configurações de tempo específicas. Os mapas-mundo, por exemplo, são um dos exemplos mais evidentes de representações globais. O famoso mapa-mundo coreano do século XV conhecido por Honil Kangni Kukto Chi To Map (Seul, 1402) foi feito no momento em que Ptolomeu era descoberto em Itália e em que foram criados novos projetos cartográficos([21]). De 1550 a 1630, foram publicadas na Europa descrições universais, compilações de relatos de viagem, geografias e histórias de Ramusio, Hakluyt, Botero, de Bry e Purchas. Um período de especial intensidade voltou a surgir no século XVIII com a publicação de uma coleção de livros in-folio

---

([20]) Bruno Latour, Steve Woolgar, *Laboratory Life: The Social Construction of Social Facts* (Berverly Hills, Londres: Sage Publications, 1979). Para uma crítica de Latour, cf. Pierre Bourdieu, *Science de la science et refléxivité: Cours au Collège de France 2000-2001* (Paris: Éditions Raisons d'Agir, 2001) [trad. Pedro Elói Duarte, *Para uma Sociologia da ciência* (Lisboa: Edições 70, 2008)].

([21]) G. Ledyard, «The Kangnido: a Korean world map, 1402», *Circa 1492*, ed. Jay Levenson (Washington: National Library of Congress, 1992), pp. 328-332.

ou in-4.º: da autoria do geógrafo francês Antoine Bruzen de La Martinière, foi publicado o *Grand Dictionnaire Géographique et Critique*, em 10 vols. (Haia, Amesterdão, Roterdão, 1726-1739); o *Epitome de la Bibliotheca Oriental, y Occidental, Nautica e Geográfica* de Antonio de León Pinelo foi editado em três volumes espessos por Andrés González de Barcia (Madrid, 1737-1738); a obra profusamente ilustrada *Cérémonies et coutumes religieuses de tous les peuples du monde*, 11 vols. (Amesterdão, 1723-1743), baseada nas impressões de Bernard Picart e nos textos dos abades Banier e Le Mascrier, foi reeditada com o título *Histoire générale des cérémonies religieuses de tous les peuples du monde*, 7 vols. (Paris, 1741); a compilação monumental de Sale, Bower, Psalmanazar e outros, *An Universal History*, publicada num formato maior e noutro mais pequeno (1736-65, 1747-66); o *Essai sur les moeurs* (Amesterdão, 1756) de Voltaire; a *Histoire philosophique et politique des établissements & du commerce des Européens dans les deux Indes* (Amesterdão, 1770) de Raynal, em colaboração com Diderot; as investigações históricas sobre a Europa, a América e a Índia de William Robertson; e, ainda, *A New Chart of History* de Joseph Priestley, dedicado a Benjamin Franklin (Londres, 1769), apresentada por Simon Schaffer.

Apesar de não ter ficado demonstrada uma intenção de postular uma perspetiva eurocêntrica na conferência, a importância dada ao tratamento de ideias europeias sugere que foi dada mais atenção a ideias originárias do Ocidente. David Washbrook levantou a questão de como os discursos europeus sobre direitos humanos circulavam globalmente, sobretudo durante um período em que o colonialismo britânico usava duas medidas diferentes: o liberalismo em casa e a exportação para a Índia de um Estado despótico. Após os seus estudos sobre as teorias políticas do liberalismo na Índia, sobretudo a apropriação das ideias de Benjamin Constant e Giuseppe Mazzini na Índia, Christopher Bayly defendeu que «a primeira coisa a ter sido realmente globalizada foi a imaginação». Por fim, os argumentos de Washbrook e de Bayly relativos à circulação de ideias, especialmente as originárias da Europa, deveriam ser entendidos em função das suas perspetivas sobre colaboração entre diferentes tipos de elite num cenário colonial, assim como a existência de redes de comunicação.

O segundo ponto geral pode ser considerado como um alargamento temporal na conceção dos principais processos de mudança na história global. Com efeito, em muitas das intervenções – como aconteceu com as perguntas diretas de Eric Hobsbawm e com algumas observações formuladas por Felipe Fernánde-Armesto – verificou-se uma nítida transferência de interesse dos processos de modernização identificados com a Revolução Industrial inglesa para processos maiores de mudança situados antes da «Grande Divergência» de 1800. Por esse motivo, impõe-se perguntar: Quais as consequências de adotar um enquadramento temporal muito mais alargado? Uma das consequências em termos de concetualização diz respeito ao papel assumido pela ecologia, sustentatibilidade e meio ambiente. Por um lado, quando utilizados em relação ao problema político do aquecimento global, os novos termos abrangem aspetos distintos dos que foram evocados outrora para designar a relação entre as pessoas e a natureza. Por outro, podemos pensar em termos da geografia histórica, remetendo para o vocabulário da geografia humana de Vidal de la Blache, Febvre e Braudel.

Outra maneira de conceber o alargamento temporal consiste em dar maior atenção a outras ruturas, muito para lá da moderna industrialização. Talvez a transição de sociedades pastorais para civilizações agrárias, referida por Jan de Vries ou Bin Wong seja, neste caso, um dos melhores exemplos. Muito antes da Revolução Industrial, historiadores europeus e analistas chineses, representantes de sociedades agrárias, retrataram o império Mongol de Genghis Khan no século XIII e os tártaros, durante o século XVII, como exemplos de sociedades pastorais – estes eram de facto considerados uma espécie de bárbaros que haviam deixado de ser selvagens. De qualquer modo, não é por acaso que *A New Chart of History* (1769) de Joseph Priestley dedicou tanto espaço aos tártaros: entre as sociedades pastorais e as agrárias será possível encontrar inúmeros elos e relações culturais transversais. É talvez esta sobreposição que apresenta uma resposta à questão sugerida relativamente a outro contexto por Megan Vaughan: como é possível compreender historicamente África com base num conceito pomeranziano de «grande divergência»? A resposta a esta questão é simplesmente negativa devido à sobreposição de diferentes tipos de sociedades, que dão origem a uma série de culturas transversais que atravessam sociedades pastoris, agrárias e até comerciais – em África e na Eurásia – e não permitem um conceito de rutura como o que foi cunhado por Pomeranz em 1800, como consequência do carvão e do comércio armado («armed trade») ([22]).

Relativamente ao que aconteceu nos últimos quinhentos anos, Jack Goldstone regressou à sua obra sobre o progresso formulada em torno do conceito de «florescências» de crescimento cíclico([23]). Trata-se de um conceito com que se pretendem explicar as diferentes idades de ouro originadas por formas de dinamismo comercial no seio de sociedades agrárias e extremamente malthusianas. Para Goldstone, o conceito de «revolução industriosa» proposto por Jan de Vries há muitos anos, mais do que uma antecipação da Revolução Industrial, não é mais do que uma das «florescências». Só por volta de 1800 a Inglaterra deu início a um processo de crescimento económico sustentado, rompendo com uma conceção cíclica. Contudo, como sugeriu Goldstone num dos debates, a crise económica atual revela a continuidade resiliente de «florescências» prévias.

O terceiro aspeto evocado várias vezes durante a conferência diz respeito àquilo a que os sociólogos chamam ligação micro-macro. Linda Colley sublinhou que a sua obra, desenvolvida a um nível biográfico e orientada para a compreensão de narrativas individuais, desafiou o triunfalismo de muitas grandes histórias, incapazes de dar voz a marginais, mulheres ou pobres. A sua questão metodológica prende-se nitidamente com as tra-

---

([22]) Kenneth Pomeranz, *A Grande Divergência – a China, a Europa, a Europa e a formação da economia mundial moderna* (Lisboa: Edições 70, «História e Sociedade», 2013).

([23]) Jack Goldstone, *História global da ascensão do Ocidente 1500-1850* (Lisboa: Edições 70, 2010).

dições historiográficas situadas à margem de histórias globais, mundiais e comparativas: Será possível articular a história global com os ensinamentos da história feita a partir de baixo, associada ao legado de E. P. Thompson ou às biografias de Carlo Ginzburg e Natalie Zemon Davies?

Sanjay Subrahmanyam expressou a mesma insatisfação relativamente à escrita de grandes histórias comparativas ou estruturais. O seu muito discutível projeto de «histórias conectadas» foi diretamente inspirado, afirmou ele, por uma tradição antiquária bem representada por Julius Scaligerus, nas suas tentativas de adaptar as sociedades do Novo Mundo a uma cronologia bíblica, bem como nas análises cuidadosas e positivistas dos textos de Jean Aubin, um historiador francês especializado na dinastia dos Saváfidas da Pérsia e no Estado português da Índia durante os séculos XVI e XVII. Declarou que havia necessidade de prosseguir um caminho filosófico de escrever sobre história global situado a uma escala micro de análise. No entanto, o gosto pelas antiguidades, a filologia ou a simples análise e tradução de textos, inspiradas na leitura do sânscrito, não podem ser consideradas um substituto de formas de concetualização novas ou mais exatas. A reconstrução pormenorizada de factos positivos e todas as tentativas de tradução de textos, demonstradas por alguém como Aubin, não podem ser consideradas de forma alguma como uma espécie de *microstoria* desafiando a análise estrutural de Braudel. Resumindo, o gosto pelas antiguidades e a filologia, embora sejam parte integrante do ofício de historiador, dificilmente substituem as formas de concetualização.

Tensões entre a relação micro-macro foram também detetadas na relação entre objetos regionais ou escalas regionais de análise, em contraposição ao global: Christopher Bayly defendeu a coexistência de diferentes níveis de análise; Bin Wong defendeu a dependência da história global da análise regional; Simon Schaffer levantou uma questão importante referindo-se à necessidade de entender localmente, nos seus laboratórios próprios, a produção da ciência para formular, pelo menos a partir do Iluminismo, enunciados gerais e universais; e J. D. Hill insistiu nas complexidades originadas por exposições públicas e museus interessados em utilizar objetos locais para contar histórias globais.

Ora, é não só possível como estimulante refletir sobre as mesmas tensões concetuais e metodológicas, aqui evocadas em termos do elo micro-macro, revisitando quadros anteriores de produção histórica. Em França, durante a década de cinquenta do século XX, Braudel, com a sua defesa de grandes e vastas estruturas económicas ou materiais, foi confrontado com uma outra perceção da abordagem estrutural, desenvolvida por Lévi-Strauss. Este último autor privilegiou as estruturas mentais e linguísticas, atribuindo uma grande relevância à família e ao parentesco, mas, talvez ainda mais importante, abriu caminho a um vasto campo de investigações ao conceber a figura do «bricoleur», a qual inspirou muitos investigadores interessados na «human agency». Durante o mesmo período, em diferentes círculos académicos anglo-americanos, encontram-se múltiplos indícios do mesmo conflito. Karl Wittfogel escreveu um manifesto contra aquilo que julgava ser uma análise fragmentária como resposta às explicações globais sustentadas por regimes marxistas e totalitários. Opondo-se a *The Poverty of Historicism* (1957), bateu-se por análises globais e macrossociais, reproduzindo um esquema paralelo ao confronto entre os dois grandes poderes durante a Guerra Fria. Outros historiadores e intelectuais, como Isaiah Berlin e Ernst Gombrich, assumiram outra orientação, defendendo a necessidade de concentrar a análise histórica em pensadores individuais, discursos fragmentados e artefactos singulares. Não foi por acaso que, no departamento de História da Universidade de Chicago, o impacto de *The Rise of the West* (1963) de William McNeill foi difícil de comparar com alguns estudos de caso fornecidos, mais tarde, por Marshall Sahlins, quando este entrou no departamento de Antropologia daquela universidade em 1972. Mais recentemente, historiadores e cientistas sociais como William Sewell, Jr. e Craig Calhoun continuaram a desafiar as explicações históricas globais e estruturais, insistindo na subjetividade dos temas, na natureza contingente dos atos sociais e nas diferentes escolhas individuais no seio das grandes estruturas. O simples inventário de todas as tensões aqui concetualizadas em termos do elo micro-macro implica que tenhamos presente que diferentes escalas de análise correspondem sempre a diferentes formas de explicação ou concetualização, bem como a modos diversos de problematizar os processos históricos de mudança.

Por último, um ponto-chave diz respeito ao facto de conceitos utilizados na história global não poderem ser considerados ferramentas analíticas neutras ou desprovidas de preconceitos. Por outras palavras, qualquer operação de concetualização em história global e comparativa pressupõe escolhas e uma responsabilidade moral óbvia. Quando Patrick O'Brien abriu a conferência, evocou precisamente a responsabilidade assumida por historiadores que adotam programas de escrita da história do global: ensinando como ultrapassar bairrismos ou como descentrar estudantes e um público mais vasto de identidades nacionais ou religiosas. David Washbrook foi talvez mais fundo ao denunciar a responsabilidade moral dos historiadores que escrevem sobre história global. Para ele, a escolha de conceitos como conexões, circulação e movimentos de pessoas e mercadorias – correntes na área – baniram da história global essas explicações relativas ao uso da coerção, da tecnologia da exploração e da prática de violência. Tal como Christopher Bayly expressou já há alguns anos: «as interconexões e as redes de comunicação parecem falar mais de diálogo e adaptação do que de domínio» ([24]). Seguindo a mesma linha de pensamento, outros participantes na conferência, como Sevket Pamuk e Peer Vries, nas suas observações, regressaram ao tema do poder dos Estados e ao seu papel na história global. Apesar de algumas chamadas de atenção, as investigações apresentadas na conferência não trataram diretamente de guerras, revoluções, formas de violência do quotidiano e movimentos de resistência. Durante os dois dias da conferência de Londres, não foi disparado um único tiro! Será isto um sinal de que a escrita sobre história

([24]) C. A. Bayly, *The Birth of the Modern World 1780-1914* (Malden, Mass.: Blackwell, 2004), p. 475.

global procura um caminho eufemístico de compreensão dos principais processos de mudança? Ou será simplesmente a consequência de que manifestações de violência, como batalhas e guerras, continuam a ser consideradas um fenómeno superficial, relegadas para a categoria de acontecimentos menores em comparação com a força explicativa das grandes estruturas, como pensava Braudel?

As obras bastante interessantes de Alfred Crosby foram várias vezes evocadas ao longo dos debates como um exemplo de história ambiental, comprometida com questões de sustentatibilidade, que deve fazer parte da escrita sobre história global. De acordo com um dos argumentos de Crosby, podemos questionar-nos sobre qual o número de ameríndios que foram mortos devido à mudança biológica introduzida pela chegada dos europeus ao Novo Mundo. Porém, o historiador inglês David Arnold dedicou um livro à contestação de uma parte central do argumento de Crosby([25]). Defendeu que a responsabilidade humana do assassínio em massa dos ameríndios não pode ser descartada em benefício de uma história ambiental ou biológica. O facto de o livro de Arnold nunca ter sido referido durante a conferência talvez seja um sinal de que o interesse por grandes análises estruturais, a começar pelas investigações sobre história ambiental, predominou relativamente a um interesse em captar a responsabilidade humana. Contudo, estou convencido de que, com os exemplos de Washbrook e Arnold, uma atitude mais vigilante em relação à responsabilidade moral de historiadores e cidadãos, também eles agentes da história, foi posta em marcha e incluída em futuros programas de escrita sobre história global.

([25]) David Arnold, *The Problem of Nature – environment and culture in historical perspective* (Oxford: Wiley-Blackwell, 1996).

4

Circulação de objetos e práticas de identidade

A relevância da história das ciências para a história global

TIAGO SARAIVA
(Drexel University)

Botânica e comércio mundial

O frontispício do *Hortus cliffortianus* de Carl Linnaeus, publicado em Amesterdão, em 1737, tem no seu centro a figura mitológica de Cibeles, a Mãe-Terra, com Diana atrás como Lua e Apolo como Sol à sua esquerda(1). A ação conjunta destes garante a fertilidade da deusa, confirmada pelas chaves e flores no seu colo. O rosto de Apolo não é outro senão o do próprio Lineu, aqui celebrado tanto pela luz que é capaz de produzir como pela bananeira que aparece na extremidade superior direita da imagem(2). Lineu gabava-se de ter conseguido que pela primeira vez uma bananeira desse fruto na Europa, sugerindo o termómetro o facto de tal proeza ter sido conseguida na estufa do jardim de George Clifford, a quem o título do livro fazia referência. O busto em plano recuado em volta do qual Ceres vai colocando uma grinalda de flores pertence a este rico mercador, diretor da Companhia Holandesa das Índias Orientais, que instalara a meio caminho entre Haarlem e Leiden um dos mais exuberantes jardins de toda a Europa e cuja planta aparece na parte inferior da imagem. O livro catalogava as plantas existentes no jardim de Clifford, organizado segundo a nova nomenclatura de Lineu.

---

(1) Carolus Linnaeus, *Hortus cliffortianus* (Amesterdão, 1837).

(2) Staffan Müller-Wille, «Gardens of paradise», *Endeavour* 25.2 (2001), pp. 49-54; Lorraine Daston e Peter Galison, *Objectivity* (Nova Iorque: Zone Books, 2007), pp. 55-57.

Figura 1 – Frontispício por Jan Wandelaar de C. Linnaeus, *Hortus Cliffortianus* (173

Os leitores a quem a obra era dirigida não teriam certamente dificuldade em sugerir uma interpretação adicional da gravura. Eram muitas as publicações de história natural ou de relatos de viagens da primeira metade do século XVIII onde a Europa surgia como rainha recebendo oferendas de figuras simbolizando a América, a Ásia e África, uma tradição que remontava às cerimónias quinhentistas de «marchas triunfais, tomadas de posse, casamentos e exéquias reais» ([3]). No *Hortus cliffortianus*, Europa está sentada sobre um leão, iluminada por Apolo-Lineu, e recebe de um índio representando a América uma *Hernandia* (denominação em honra do naturalista renascentista Espanhol Francisco Hernández), de uma figura orientalizada com turbante e brinco – Ásia – um vaso com uma planta de café e de um negro simbolizando África *Aloe.* O jardim de Clifford seria assim o local onde se reuniam plantas de todo o mundo, reconstituindo-se, sobre as orientações de Lineu, o Jardim do Paraíso.

Hortus paradisus era uma das expressões favoritas de Lineu para se referir ao jardim botânico. Não se tratava de uma simples metáfora, mas de uma referência muito concreta ao seu conceito de espécie, tal como formulado em *Genera plantarum*, publicado no mesmo ano do *Hortus cliffortianus*([4]). Para Lineu, Deus teria criado todas as plantas na sua forma adulta, tendo-as colocado numa ilha montanhosa no equador, a qual englobava todos os climas necessários à sua sobrevivência. Com o recuo dos oceanos, as diferentes espécies ter-se-iam espalhado pelos diferentes *habitats*, tendo o homem contemporâneo apenas acesso a fragmentos dessa totalidade original. A taxonomia proposta por Lineu, e que o tornaria célebre na história das ciências, classificando as plantas segundo os seus órgãos sexuais, seria uma forma de (re)estabelecer as relações originais entre todas

---

([3]) Para uma genealogia da iconografia de personificação dos continentes, ver Francisco Bethencourt, *Racismos: das Cruzadas ao século XX* (Lisboa: Círculo de Leitores, 2015), pp. 100-114.

([4]) Para a tradição dos jardins botânicos como jardins do paraíso, ver Richard Drayton, *Nature's Government* (New Haven: Yale University Press, 2000).

as espécies, entretanto perdidas ao longo da história([5]). O botânico, ao colecionar no seu jardim espécies de plantas todas as partes do mundo, estaria literalmente a restaurar a ordem divina original.

A concretização desta grandiosa mundivisão dependia dos interesses muito mundanos de mercadores e agentes imperiais. Não foi por acaso que Lineu escreveu as suas obras mais importantes na Holanda enquanto aí viveu, de 1735 a 1738. O caso de James Clifford não era único, e na primeira metade do século XVIII era na Holanda que se encontravam as maiores coleções de plantas, bem como de animais, de toda a Europa. Com a intenção de se substituírem a espanhóis e portugueses no monopólio do comércio do Oriente e do Atlântico de especiarias e outras mercadorias de origem exótica, sendo o açúcar o caso mais importante, as companhias Holandesas das Índias Ocidentais e Orientais haviam estabelecido jardins de aclimatação no Cabo, em Malabar, Java, Ceilão e no Recife, os quais trocavam plantas com Leyden e Amesterdão. As oferendas de vasos com plantas exóticas à Europa no frontispício do *Hortus cliffortianus* davam conta do alcance global do império Holandês. E, como Lineu bem lembrava na dedicatória com que abria o livro, o conhecimento botânico não era uma atividade para o sábio isolado e para os seus parcos recursos individuais, necessitando de «comércio mundial [*commercia per totum orbem*], bibliotecas com todos os livros publicados sobre plantas, jardins, estufas e jardineiros».

A noção de «comércio mundial» a que Lineu aqui faz referência é ambígua([6]). Sendo o seu patrono um destacado membro da elite comercial holandesa, parece ser uma alusão direta à atividade mercantil que fez a fortuna de Clifford e que

---

([5]) Paul Lawrence Farber, *Finding Order in Nature: the naturalist tradition from Linnaeus to E. O. Wilson* (Baltimore: Johns Hopkins University Press, 2000); J. L. Larson, *Reason and Experience: the representation of natural order in the work of Carl Linnaeus* (Berkeley: University of California Press, 1971).

([6]) Staffan Müller-Wille, «Nature as a marketplace: the political economy of Linnaean botany», *History of Political Economy* 35.5 (2004), pp. 154-172.

proporcionou os recursos necessários para a prática botânica tal como exercida por Lineu([7]). Esse comércio era sobretudo de plantas, como o açúcar, o café ou o chá. Mas é possível perceber também na expressão outro sentido que diz respeito ao facto de qualquer botânico depender das trocas entre botânicos para constituir os seus jardins e herbários. A botânica, segundo Lineu, dependia de um comércio mundial entre botânicos com acesso a diferentes pontos do globo, regido por uma economia moral que outorgava valor científico a plantas e sementes e que transcendia os interesses imperiais dos patronos que pagavam jardins e pessoal. A reconstituição do Jardim do Paraíso não podia ser feita apenas com recurso as redes de cada um dos impérios europeus, como bem demonstrava o «comércio» que Lineu estabelecera com Antoine e Bernard de Jussieu, em Paris, e Albrecht von Haller em Göttingen ou Johan Jacob Dillen, em Oxford. Ao nome destes naturalistas responsáveis pelos principais jardins botânicos europeus há ainda que adicionar os discípulos ou, melhor dizendo, os apóstolos de Lineu ao serviço das diferentes potências imperiais. Pehr Kalm, depois de ter viajado pelo império Russo, participou em expedições às colónias britânicas na América do Norte; Pehr Löffling herborizou em Nova Granada (Venezuela) ao serviço da Coroa espanhola; Carl Peter Thunberg explorou o Cabo, Java, Ceilão e Japão, como cirurgião da Companhia Holandesa das Índias Orientais; Daniel Solander e Herman Spöring embarcaram com o capitão Cook no *Endeavor* rumo ao Pacífico Sul. Todos estes botânicos enriqueceram as coleções de jardins em Madrid, Londres, Paris, Sampetersburgo ou Leyden. Mas todos eles se envolveram em trocas de novidades botânicas com o seu mentor Lineu, fazendo assim da botânica um espaço transimperial. Um espaço à escala global, com os jardins botânicos europeus no centro, acumulando e trocando materiais entre si.

O *Systema Naturae* de Lineu, publicado também na Holanda dois anos antes do *Hortus cliffortianus*, ensinava a olhar para a

---

([7]) Lisbet Koerner, *Linnaeus: nature and nation* (Cambridge, Mass: Harvard University Press, 1999).

estrutura floral de uma planta e, por meio de uma chave, classificá-la numa das 24 classes por si propostas. Mais do que um livro para ler do princípio ao fim, tratava-se de um livro para usar, um instrumento capaz de «criar espécimenes globais a partir da natureza local» (8). Munidos do livro-instrumento, qualquer naturalista, de qualquer lugar remoto, podia integrar o espaço global da botânica. Lineu, não só propôs uma visão da história natural da Terra que dava conta da dispersão das diferentes espécies pelas diferentes geografias, como dependia também de uma rede de pares que lhe dava acesso à totalidade do globo, todos unidos por meio de uma nomenclatura que produzia uma comunidade científica que partilhava o mesmo olhar sobre a natureza. Não restarão assim grandes dúvidas sobre a natureza global da botânica.

Botânicos e patriotas agrários

Voltemos ao assunto dos patronos para explorar outras escalas históricas. No seu regresso à Suécia, para convencer rei e rainha da necessidade de financiar um jardim botânico em Uppsala que reunisse «deputados de todo o mundo», sendo os deputados as diferentes espécies, Lineu mobilizou um elaborado argumento sobre as grandes vantagens que o país poderia esperar de todas essas transferências de plantas (9). Além da glória de associar a Coroa sueca à reconstituição do jardim do paraíso, tratava-se de demonstrar as possibilidades de aumentar as riquezas do país através de uma política de substituição de importações (10). Lineu, ao mesmo tempo que promovia a formação de uma comunidade global de naturalistas, apresentava-se perante os seus patronos como um patriota que prometia a

(8) Daniela Bleichmar, *Visible Empire: botanical expeditions and visual culture in the Hispanic Enlightenment* (Chicago: University of Chicago Press, 2012), p. 56

(9) Sobre o jardim botânico de Uppsala, ver Gunnar Broberg, ed., *Linnaeus and His Garden* (Uppsala: Swedish Linnaean Society, 1983).

(10) Koerner, *Linnaeus*.

prosperidade do seu país pela exploração sistemática dos recursos naturais mundiais, aclimados à Suécia no espaço do jardim botânico de Uppsala. A sua botânica é indissociável do seu entendimento da importância da *oeconomia* – a ciência dos produtos naturais e dos seus usos – como nova ciência auxiliar da máquina administrativa do Estado, que fazia de Lineu um destacado cameralista. Assim provam a sua participação ativa na Sociedade Real Patriótica sueca e a sua constante defesa do ensino da *oeconomia* na universidade.

Importa sublinhar aqui que o argumento patriota dependia do estatuto global do jardim de Uppsala. Só continuando a receber espécimenes de todo o globo podia o jardim manter a sua utilidade para a prosperidade do país. Talvez os jardins botânicos franceses, holandeses ou ingleses se pudessem dar ao luxo de depender apenas das respetivas possessões imperiais para compor as suas coleções, mas tal opção não era viável para um país da periferia europeia como a Suécia. Como Lineu explicaria no seu *Hortus uppsaliensis* (1745), a boa fortuna nacional dependia da manutenção desse novo espaço global.

Esta sobreposição feita por Lineu entre bom governo nacional e jardim botânico global foi adaptada de forma original por Joseph Banks para justificar a importância do Jardim de Kew nos finais do século XVIII. Banks era um destacado membro da aristocracia rural inglesa, um «patriota agrário» que via na terra a base natural da riqueza da nação e nas *enclosures* a instituição-chave da prosperidade britânica. As *enclosures* haviam alegadamente libertado o potencial produtivo da terra até então adormecido sob o odioso regime dos *commons*. O dever de todo o proprietário ilustrado, de que Banks seria o melhor exemplo, era o de melhorar – *improve* – as condições da sua propriedade, tornando-a mais produtiva e contribuindo assim para o bem-estar geral. Depois de Banks ter participado na famosa viagem de circum-navegação do *Endeavor* na companhia dos referidos apóstolos de Lineu, George III convidou-o em 1772 para reorganizar os Jardins Reais de Kew. Banks aproveitou a oportunidade para fazer destes o centro de uma grande experiência de expansão das *enclosures* ao conjunto do império. Em 1788, exortava a

Companhia das Índias Orientais a transformar a Índia numa colónia agrícola, salvando-a do seu decadente comércio de artigos de luxo, e em 1791 exigia mesmo que aquela aplicasse os Inclosure Acts do Lincolnshire aos territórios sob seu controlo.

Banks era certamente mais prudente do que Lineu quanto às possibilidades de aclimatação de espécies tropicais ao clima inglês, não propondo que a Inglaterra se tornasse produtora de ananases ou bananas, ao contrário do que aquele tentara na Suécia. A ideia era antes a de transformar Kew no ponto de passagem obrigatório de uma grande transferência entre este e oeste, levando para as Índias Ocidentais plantas das Índias Orientais e vice-versa. Banks descrevia Kew como uma «grande bolsa de plantas [*botanical exchange house*] do império» ([11]). Se em 1769 havia cerca de 600 espécies cultivadas em Kew, em 1789 havia 5500, um número que ascenderia a 11 000 em 1813. A famosa expedição da *Bounty*, por exemplo, fora organizada por Banks para transferir fruta-pão do Taiti para as plantações de açúcar da Jamaica. O assunto era importante, pois tratava-se de encontrar uma nova forma de alimentar os escravos das Índias Ocidentais Inglesas no momento em que a independência norte-americana interrompera as remessas de arroz das Carolinas e de trigo da Pensilvânia. Como bem sabemos por meio de uma megaprodução de Hollywood, as coisas não correram bem entre o capitão Bligh, aliás Trevor Howard, e o seu lugar-tenente, aliás Marlon Brando, o que sugere que as viagens de plantas nem sempre se desenrolaram conforme o planeado em Kew.

Este não foi um caso isolado. Não é evidente a relevância das grandes coleções de plantas acumuladas em Kew por Banks e seus sucessores para o movimento à escala global de plantas. O jardim de Uppsala de Lineu não tornou a Suécia autossuficiente em produtos dos trópicos, e Kew, apesar de toda a propaganda à sua volta, tão-pouco se pôde gabar de ser a causa direta das transferências de plantas que estiveram na base do império Britânico. O algodão americano a partir do qual Manchester desenvolveu a sua indústria têxtil chegou ao Sul dos Estados

---

([11]) Drayton, p. 108.

Unidos via México, sem qualquer intervenção inglesa. Os grandes esforços promovidos por Banks de substituir o algodão das Índias Ocidentais por variedades superiores provenientes do Norte da Índia não tiveram qualquer sucesso. O cultivo de cana-de-açúcar, o grande impulsionador das plantações esclavagistas das Américas, chegou ao Novo Mundo através da Madeira e de São Tomé, muito antes da institucionalização dos jardins botânicos na Europa. A transformação das ilhas Maurícias em primeiro fornecedor de açúcar da Inglaterra durante a primeira metade do século XIX não se deve à ação dos botânicos de Kew. Em 1810, Banks enviou para Ceilão (Sri Lanka) William Kerr, jardineiro em Kew, com o intuito de organizar o jardim botânico local e converter a agricultura da ilha às supostas vantagens do comércio imperial, confirmando a intenção de fazer de Kew o promotor de uma *enclosure* à escala imperial. Ceilão, nos anos seguintes, tornou-se de facto um importante produtor de café, mas tal deveu-se à iniciativa individual dos donos de plantações organizados numa sociedade agrícola local sem qualquer relação com o jardim botânico. A historiografia invoca repetidamente os dois grandes casos de sucesso, já na segunda metade do século XIX, de transferência para a Índia, via Kew, de borracha a partir da selva amazónica e de chinchona das encostas dos Andes para a produção de quinino como fármaco para o combate de malária. Mas historiadores mais atentos a outras fontes, que não as deixadas por cientistas, demonstraram o papel menor dos botânicos ingleses nessas transferências, arriscando mesmo caracterizar como fiascos as iniciativas lançadas a partir de Kew.

Como afirmavam há já uma década William Beinart e Karen Middleton, «as narrativas ortodoxas sobre a "botânica como instrumento de transferência de plantas" são agora alvo de contestação» ([12]). Colonos, proprietários de plantações, comerciantes e mesmo escravos e *coolies* foram os grandes protagonistas das ditas transferências. Não há qualquer projeto em que Lineu

---

([12]) William Beinart and Karen Middleton, «Plant transfers in historical perspective: a review article», *Environment and History* 10.1 (2004), pp. 3-29, maxime p. 13.

ou Banks se tenham envolvido com consequências históricas semelhantes às do transporte de sementes de arroz por mulheres e homens brutalmente embarcados nos porões de navios negreiros do golfo da Guiné para as Carolinas. Fontes inglesas referem repetidas vezes o exemplo da transferência de laranjas doces realizada pelos portugueses no século XVI da Índia para os pomares de Setúbal e os grandes lucros obtidos com a venda destas a ingleses e flamengos. Thomas Sprat, em 1667, invoca essa mesma história para fazer da aclimatação de plantas um dos grandes temas de estudo da Royal Society, agremiação científica de que Banks seria presidente de 1778 a 1820. As laranjas foram importantes para convencer o público da necessidade de um jardim botânico, mas nada do que se fez em Kew alterou a dinâmica mundial do comércio de laranjas.

Não há uma relação direta entre o comércio mundial entre botânicos, que fez de Lineu e Banks figuras cimeiras da história das ciências, e o comércio de açúcar, algodão, chá ou laranjas, que fez do capitalismo um fenómeno global. Pelo acima descrito, não há dúvida quanto à natureza global da botânica, mas esta parece ser de escassa importância histórica para entender a história global. Numa formulação mais brutal, não se entende botânica sem história do capitalismo global, mas não é preciso conhecer história da botânica para entender história global.

Patriotas americanos e o *hortus paradisus*

Para suavizar o diagnóstico, vale a pena olhar com alguma atenção para o maior fracasso na história dos projetos de transferência de plantas. Entre a ascensão ao trono de Carlos III, em 1759, e as invasões napoleónicas, em 1808, a Coroa espanhola organizou cerca de sessenta expedições científicas, um esforço sem paralelo nos demais impérios, cuja principal justificação era a bonança comercial prometida por botânicos. Se Banks imaginava uma *enclosure* global, os naturalistas do Iluminismo católico espanhol pretendiam a quebra dos monopólios comerciais dos demais impérios europeus, restaurando no mesmo passo as glórias passadas de um Império em alegada decadência desde o século XVII. Segundo Daniela Bleichmar, mais do que falar de expedições, os historiadores deveriam referir-se a tais iniciativas como instituições, pois Hipólito Ruiz e José Pavón, por exemplo, estiveram nada mais nada menos que onze anos (1777-88) no Chile e no Peru. Quanto a José Celestino Mutis, começou a explorar a atual Colômbia vinte anos antes de ser oficialmente formada a Real Expedição Botânica do Novo Reino de Granada, em 1783, a qual só terminaria em 1816, já depois da morte daquele, devido à guerra da independência.

Mutis pretendia encontrar variedades americanas de canela, pimenta, noz-moscada e chá, contrariando assim a ascendência da Holanda e da Inglaterra nestes lucrativos comércios. Em 1787, Mutis enviava ao conde de Floridablanca, o ministro reformista de Carlos III, o seu chá de Bogotá, argumentando que este certamente curaria a doença de que aquele padecia, demonstrando assim a possibilidade de substituir o chá chinês por aquela variedade americana([13]). Um projeto não menos ambicioso e urgente dizia respeito à expansão do cultivo de chinchonas, um lucrativo monopólio espanhol, até então limitado às plantações das encostas andinas do Equador, em alegado declínio. Durante a década de oitenta do século XVIII, Mutis enviou para Madrid repetidas amostras de chinchona colombiana para demonstrar que as propriedades antimaláricas desta eram equivalentes à da chinchona equatoriana, justificando-se assim abrir um novo *estanco* em Bogotá. As pressões dos produtores equatorianos parecem ter sido suficientes para que a Coroa suspendesse em 1789 a comercialização de chinchona colombiana.

Nenhum dos planos grandiosos de Mutis resultou, o que não impediu que este enviasse para Madrid uma imensa quantidade de material, nomeadamente cerca de 5400 ilustrações botânicas e 1000 anatomias florais produzidas por nada mais

---

([13]) Marcelo Frias Nuñéz, «El té de Bogota: un intento de alternativa al té de China», *Nouveau Monde et renouveau de l'histoire naturelle*, ed. Marie--Cecile Benassy-Berling, 3 vols. (Paris: Presses de la Sorbonne Nouvelle, 1986-94), vol. 3, pp. 201-19.

nada menos que 60 artistas contratados em Madrid, Bogotá, Quito e Popayan. Casimiro Gómez Ortega, como diretor do Jardim Botânico de Madrid, tinha boas razões para se imaginar numa posição semelhante à de Joseph Banks em Kew ou de André Thouin no Jardin du Roi, em Paris, vendo na sua instituição um «centro de correspondência... de experiências úteis em botânica e agricultura e de propagação de plantas merecedoras de serem multiplicadas». Só o anglocentrismo de grande parte da historiografia das ciências impediu durante demasiado tempo que se percebesse que a Espanha reformada dos Bourbons participou de forma intensiva daquele comércio entre botânicos de que Lineu falava.

Mas a intenção aqui não é reclamar o lugar dos botânicos espanhóis nas ciências do Iluminismo, mas a de questionar o interesse histórico das atividades destes, uma vez que deduzimos o seu papel negligenciável no grande processo mundial de troca de plantas, base da história global do capitalismo. E esta é uma questão, não apenas do historiador, mas dos próprios atores históricos. Naturalistas crioulos – significando crioulo no império Espanhol um natural das Américas de ascendência espanhola – questionaram o interesse da botânica tal como praticada por Mutis. José Antonio Alzate, por exemplo, não se coibia de denunciar de Nova Espanha (México) o escândalo de semelhante esforço de catalogação da natureza americana se destinar a formar justamente um catálogo. As belas ilustrações que Mutis enviava para Madrid focavam-se naqueles aspetos, nomeadamente os órgãos reprodutivos, que permitiam decidir qual o lugar de uma planta no sistema de Lineu, mas deixavam de fora uma imensa quantidade de conhecimento fundamental sobre a forma como esta se cultivava, quais as plantas com que aparecia associada e quais os animais que dela dependiam. As imagens com certeza contribuíam para que Mutis ou Gómez Ortega integrassem a comunidade global de seguidores de Lineu, mas pouco ajudavam a melhorar, *improve*, diria Banks, o reinado de Nova Espanha.

José Caldas explorara durante três anos os Andes equatorianos ao serviço de Mutis com a tarefa de classificar variedades de chinchona, mas os seus mapas de distribuição geográfica de plantas na cordilheira, ou os seus estudos das características das chinchonas em função de altitude e nível do mar, aproximavam-no da crítica feita por Alzate. Ao regressar a Bogotá, Caldas tomaria parte ativa nas sociedades patrióticas que pretendiam reformar o reino segundo os preceitos ilustrados e, em 1808, no contexto do vazio de poder criado pela invasão napoleónica de Espanha, juntou-se às forças independentistas como engenheiro militar e ideólogo. Em 1816, seria preso e fuzilado pelo exército espanhol, tornando-se um dos mártires do patriotismo colombiano([14]).

É importante reter nesta história a relação entre práticas naturalistas e o patriotismo crioulo de Caldas e Alzate. A forma de estes perceberem a natureza americana nada tinha de anticientífica, propondo antes uma ciência alternativa à de Lineu, mais atenta ao conhecimento do local como base do seu patriotismo([15]). E, mesmo tendo em conta as distâncias que mantinham com o agente imperial Mutis, é bom não esquecer que partilhavam com este o grande projeto de desvendar os enormes recursos da natureza americana. Foi a partir da obsessão do império Espanhol em catalogar os seus domínios que aqueles exerceram a sua epistemologia crítica. Mutis não pretendia aclimatar em Nova Granada plantas de todo o mundo, como Lineu em Uppsala ou Banks em Kew. A sua intenção não era criar o *hortus paradisus* em Bogotá. Era, sim, demonstrar que Nova Granada era o *hortus paradisus*, contendo alegadamente toda a diversidade necessária para alimentar sonhos de produção de especiarias, ou qualquer outra mercadoria, que devolveriam a grandeza ao império Espanhol. O que os naturalistas espanhóis demonstravam repetidamente era que a ilha montanhosa origi-

---

([14]) Jorge Cañizares-Esguerra, *Nature, Empire, and Nation. Explorations of the History of Science in the Iberian World* (Stanford: Stanford University Press, 2006), pp. 112-128.

([15]) Antonio Lafuente and Nuria Valverde, «Linnaean Botany and Spanish Imperial Biopolitics», Londa Schiebinger and Claudia Swan, orgs., *Colonial Botany, Science, Commerce, and Politics in the Early Modern World* (Philadelphia: University of Pennsylvania Press, 2005), pp. 134-48.

nal localizada no equador e contendo todas as espécies a que se referia Lineu tinha existência real nos Andes. A cordilheira, nas suas diferentes altitudes, continha toda a diversidade de climas do globo e era por isso capaz de receber qualquer forma de vida, alimentando toda a espécie de sonhos políticos. Os múltiplos esquemas de aproveitamento dos recursos locais desenhados por Caldas não tiveram melhor destino que os de Mutis, mas foram essenciais para imaginar um novo país contendo todas as riquezas necessárias à prosperidade dos seus habitantes. Bem mais importante do que colocar os cientistas crioulos no cânone científico ocidental é perceber a sua centralidade política nas novas nações americanas.

É impossível não traçar aqui paralelos com o que se passou no império Português e com o papel de José Bonifácio de Andrada e Silva na independência brasileira. A historiografia tem insistido na importância de distinguir o caso brasileiro do da América espanhola pela ausência, no primeiro, de um nacionalismo crioulo. As elites iluministas brasileiras, formadas em Portugal, cultivariam o patriotismo do Império, um federalismo luso-universal em que cada território era «uma província da monarquia», segundo a famosa expressão do ministro Sousa Coutinho. Ora, se não há qualquer dúvida quanto ao contraste nas formas de institucionalização do Império, também não é menos certo que os naturalistas ao serviço da Coroa portuguesa, tal como fizeram os seus congéneres espanhóis, insistiram no tema das riquezas infinitas do território brasileiro, sendo Andrada e Silva o mais destacado cultor do género. Num discurso de 1819, por ocasião da sua despedida da Academia das Ciências de Lisboa, da qual era secretário desde 1812, Andrada e Silva expunha a sua grandiosa visão do Brasil como «novo Portugal... que fará uma época na história futura do universo». A plausibilidade de semelhante discurso radicava na sua caracterização do território com «um sem-número de rios caudais, riquíssimo nos três reinos da natureza», localizado «quase no meio do globo, defronte e à porta da África..., com a Ásia à direita, e com a Europa à esquerda. Que região se lhe pode igualar?». Note-se a semelhança com o discurso de Caldas, para quem Nova Granada estaria destinada a ser a nova Alexandria devido à sua posição central no globo, com rios navegáveis para transportarem os produtos do interior para o litoral e com portos tanto no Pacífico como no Atlântico. A mesma retórica aplicava-se ao Peru, ao México e ao caso mais improvável da Argentina.

Andrada e Silva fazia parte do grupo de discípulos de Domingos Vandelli, que não só mantivera correspondência com Lineu e o traduzira para português, como adotara também o seu programa no Jardim Botânico da Ajuda e no Real Gabinete de História Natural. Não espanta por isso que na passagem de Andrada e Silva por Paris este se tenha tornado membro da Société Linnéenne e que em 1790 se juntasse à delegação que requisitou à Assemblée Nationale a elevação de um busto do botânico sueco. Munidos dos livros-instrumentos de Lineu traduzidos por Vandelli, os naturalistas portugueses puseram de pé um grande projeto de inventariação dos recursos naturais brasileiros que fez chegar a Lisboa uma enorme quantidade de materiais entre sementes, gravuras e relatórios. Ângela Domingues fez uma descrição eloquente da dimensão desta empresa, que, como como bem destacou, integrou, além de naturalistas, uma rede extensa de governadores, colonos, militares, funcionários eclesiásticos e degredados. O veredicto da historiadora é no entanto negativo, interrogando-se sobre o destino dado a tanta informação e chamando a atenção para a forma como a administração imperial tomou decisões sem tirar qualquer proveito do muito material recolhido, armazenado e esquecido nos corredores e caves das instituições lisboetas.

Talvez valha a pena então lembrar que o caminho entre acumular informação e desenhar novas políticas imperiais foi sempre menos direto do que o reclamado por cientistas em Leiden, Uppsala, Paris, Kew, Sampetersburgo ou Madrid. Os historiadores que estudaram a fundo essas instituições poderiam repetir o diagnóstico feito para Lisboa. O que nos leva de volta ao argumento do patriotismo. Quero insistir mais uma vez que a atenção histórica que Andrada e Silva merece tem mais que ver com a sua combinação entre prática científica e ação política do que com uma reclamação do seu lugar no panteão científico. Como tratar como assunto menor o facto de um dos «patriarcas da independência» brasileira ser um naturalista? Andrada e Silva não teve qualquer dificuldade em adaptar o projeto imperial de Vandelli e Sousa Coutinho a um projeto de construção nacional, propondo em 1821 uma Academia de Agricultura que estudasse esse «país novo e em grande parte desconhecido, por causa da admirável extensão do seu território, das muitas e diferentes nações que o habitam, e quase infinita variedade das suas naturais e espontâneas produções» ([16]).

O que sugiro é a necessidade de seguir a pista de Lineu e a dimensão patriótica do seu *hortus paradisus* para entender os projetos políticos de independência de Brasil, Colômbia, Peru, Equador ou México. Em todos eles, os naturalistas assumiram-se como elementos centrais das elites independentistas, portadores de uma imaginação política derivada da sua forma de entender a natureza americana como o *hortus paradisus* de Lineu. E não é portanto por acaso, como nos lembra Juan José Saldaña, que todas as constituições políticas dos novos Estados incorporaram de forma explícita a ideologia patriótica científica.

Para explorar um pouco mais este argumento, vale a pena invocar aqui a estreita relação de personagens como Andrada e Silva e José Caldas com Alexander von Humboldt, o mais popular de todos os homens de ciência da primeira metade do século XIX. Jorge Cañizares-Esguerra já nos elucidou sobre o facto de os métodos de geografia botânica de Humboldt, nomeadamente os seus mapas que correlacionam altitude e distribuição de plantas, terem sido rapidamente incorporados por Caldas depois da missão daquele ao serviço da Coroa espanhola às Américas. Mas o que importa a Esguerra é chamar a atenção para a evidência de que nas viagens americanas de Humboldt este estabelecera um diálogo estreito com uma tradição científica obcecada em demonstrar como toda a diversidade da Terra estava contida nos Andes.

([16]) José Augusto Pádua, «Aprofeciados Desertos da Líbia. Conservação da natureza e construção nacional no pensamento de José Bonifácio», *Revista Brasileira de Ciências Sociais,* 14, n.º 44 (2000), pp. 119-142.

Foi com os românticos alemães, sobretudo com Goethe e Schiller, que Humboldt se passou a interessar por relações de interdependência e a inquirir sobre a unidade imanente à imensa diversidade dos fenómenos naturais, revelando «as grandes harmonias da natureza». Humboldt devia também aos seus congéneres europeus a noção de que as plantas, em vez de serem tomadas como unidades individuais à maneira de Lineu, deveriam ser percebidas como elemetos integrantes de comunidades cuja composição era alterada por variáveis físicas como altitude, temperatura e composição do solo. Mas foi com os seus interlocutores americanos que aprendeu a descrever a ascensão ao Chimborazo, nos Andes, que se julgava ser então o pico mais elevado da Terra, como uma viagem à escala global. No sopé da montanha, a floresta de árvores de grande porte sobre as quais se desenvolvem orquídeas, begónias e bromélias, enquanto no alto se encontram apenas líquenes e os arbustos mais resistentes, semelhantes aos que encontrara no cimo dos Alpes. A montanha era um microcosmos que mostrava a totalidade do globo a todo

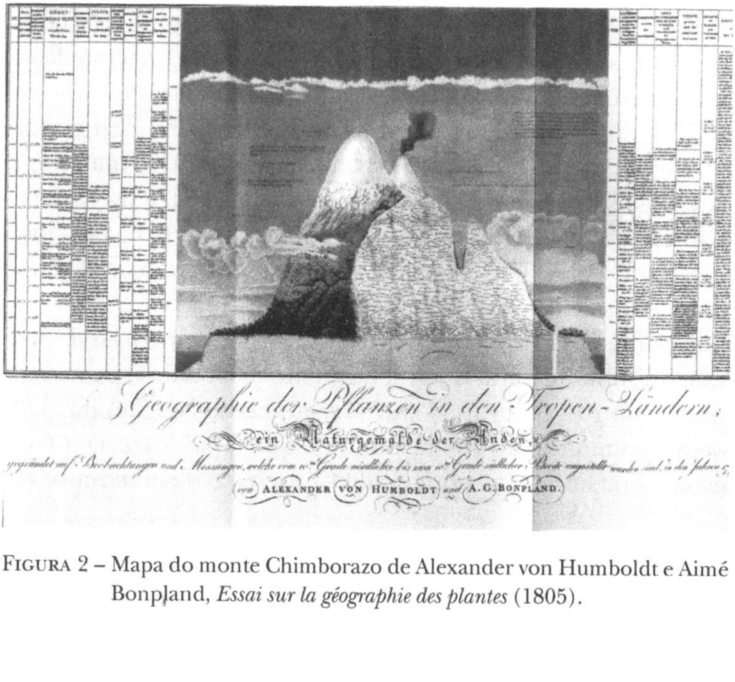

FIGURA 2 – Mapa do monte Chimborazo de Alexander von Humboldt e Aimé Bonpland, *Essai sur la géographie des plantes* (1805).

aquele que a soubesse ler por meio dos instrumentos e livros, os quais Humboldt sempre carregava consigo. Foi esta capacidade de sugerir ligações entre fenómenos locais e grandes forças universais, de ver o global através do local, que captou a imaginação do público e fez dos cinco volumes de *Cosmos* um dos grandes sucessos de livraria europeus da primeira metade do século XIX.

A ciência, tal como é apresentada em *Cosmos*, é um conhecimento global: não trata apenas assuntos de escala global, como depende de uma comunidade de observadores global. Humboldt é o primeiro a desenhar linhas isotérmicas no mapa-mundo, fazendo da temperatura um fenómeno à escala do globo, mas que necessita de medições feitas por indivíduos distribuídos pelas diferentes geografias. Essa comunidade está ligada entre si, não apenas pela sua atenção à natureza, mas também pelos instrumentos com que medem aquela, possibilitando a partilha entre todos de resultados. As linhas isotérmicas apresentadas por Humboldt são a melhor materialização do comércio mundial entre naturalistas a que Lineu se referia. E se Lineu argumentava que necessitava de um jardim global para fazer da Suécia uma nação próspera, os naturalistas americanos apropriam-se da ciência global de Humboldt como justificação para a existência das suas pátrias. O nacionalismo americano é de natureza global.

Para o confirmar, olhemos, ainda que brevemente, para *O coração dos Andes*, de Frederic Church, de 1859, «o mais popular, o mais famoso dos quadros pintados até então nos Estados Unidos» ([17]). Church, juntamente com Thomas Cole ou Albert Bierstadt, fazia parte do grupo de pintores que, deixando Nova Iorque e subindo o rio Hudson, transformaram a paisagem norte-americana num motivo de elevado conteúdo moral e fizeram do sublime natural um sentimento nacional. Tratava-se de pintar motivos naturais, como as cataratas do Niágara na qualidade dos monumentos nacionais de que o país carecia. O que espanta na obra mais popular de Church é o de aí se represen-

---

([17]) Aaron Sachs, *The Humboldt Current: A European Explorer and His American Disciples* (Oxford: Oxford University Press, 2007).

tar uma paisagem sul-americana. Church, ávido leitor das obras de Humboldt, foi no encalço do naturalista pelos Andes e pelo Orinoco e pintou várias paisagens a partir de lugares descritos em *Cosmos.* Todos reconheciam o tema do quadro, pois Humboldt era uma celebridade nos Estados Unidos, onde várias cidades adotaram o seu nome e o centenário do seu nascimento seria celebrado em 1869 de forma apoteótica por dezenas de milhares de pessoas. O Chimborazo ao fundo, espécie de emblema humboldtiano por excelência, confirmava o assunto da pintura. *Cosmos* prometia uma descrição da totalidade da natureza, uma súmula do conhecimento científico passado e presente que expandia a sensibilidade dos seus leitores para o mundo à sua volta. Church não se coibiu de tentar passar essa ambição global para a tela, fazendo desta um microcosmos: da selva representada em primeiro plano ascende-se até ao cume branco do Chimborazo, passando por diferentes tons de castanho e todos os climas do mundo. Church pinta pássaros e plantas com o detalhe exigido a naturalistas, mas oferece também uma grande visão de conjunto, num jogo constante de proximidade e distância que, rezam as crónicas, levavam as almas mais sensíveis ao desmaio. Tais sensações de vertigem, onde o próximo participa

FIGURA 3 – Frederic Edwin Church, *Heart of the Andes*, 1859, óleo sobre tela, 168 × 303 cm, Metropolitan Museum of Art, New York.

do longínquo, exigiam a precisão científica das representações. A fórmula romântica de Humboldt não opunha razão e sensibilidade, fazendo antes da ciência fonte de novos sentimentos, o conhecimento através do qual o público de *Cosmos* ou de *O coração dos Andes* aprendia a sentir o globo.

Para que não restassem dúvidas quanto ao carácter nacionalista da imensa tela, aquela era exibida numa montagem na qual, sobre a pesada moldura, apareciam os retratos dos pais fundadores: Washington, Jefferson e Hamilton. À semelhança do patriotismo de Bolívar (outro admirador de Humboldt) na Venezuela ou de Andrada e Silva no Brasil, também nos Estados Unidos o nacionalismo expresso na tela de Church e no culto de Humboldt era global. O bardo da América apresentava-se em 1855 como «Walt Whitman, um Cosmos». E, na sua saudação ao mundo, um ano mais tarde, anunciava:

> Dentro de mim alarga-se a latitude, alonga-se a longitude,
> A Ásia, a África, a Europa, estão a oriente – da América cuidam a ocidente,
> Enlaçando o bojo da terra serpenteia o equador...
> Dentro de mim zonas, mares, cataratas, florestas, vulcões, grupos,
> A Malásia, a Polinésia e as grandes ilhas da Índia Ocidental.

Ouvidos portugueses habituados à *Mensagem* de Fernando Pessoa certamente encontram aqui ecos de «A Europa jaz posta nos cotovelos: de Oriente a Ocidente jaz fitando...». Maria Irene Ramalho, no seu inspirado *Poetas do Atlântico*, ensinou-nos a ler estas inter-relações Whitman/Pessoa como interpoesia, como literaturas nacionais que «re-situam a nação no sistema mundial». Neste texto, tratou-se de outorgar à ciência esse mesmo poder que Ramalho percebeu na poesia.

As plantas de Lineu, Banks, Mutis ou Vandelli nunca circularam como prometido para concretizar ambiciosos desenhos imperiais. Mas as práticas dos botânicos foram essenciais para articular projetos políticos como o de uma Suécia autossuficiente gerida por *oeconomistas*, a extensão das *enclosures* inglesas ao conjunto do império Britânico ou nações americanas que continham a totalidade do globo. Não encontramos nos jardins botânicos a chave da circulação global de plantas, mas estes revelam o poder da ciência para «re-situar a nação no sistema mundial».

FIGURA 4 – *Heart of the Andes*, exposto na Feira Metropolitana de Auxílio da Comissão Sanitária de Nova Iorque de1864. Collection of the New York Historical Society. Frederic Edwin Church, *Heart of the Andes*, 1859, óleo sobre tela, 168 × 303 cm, Metropolitan Museum of Art, New York.

Na pista da mandioca colonial e pós-colonial: das formas de representação do global

NUNO DOMINGOS
(Instituto de Ciências Sociais da Universidade de Lisboa)

A CUF da Mafalala

Na década de sessenta, em Lourenço Marques, capital de Moçambique colonial sob o domínio português, um grupo de habitantes do bairro suburbano da Mafalala decidiu organizar um clube de futebol. Os jovens jogadores acordaram em designar por CUF da Mafalala o novo grupo desportivo, nome pelo qual passariam a ser conhecidos nas competições de bairro que decorriam nas periferias da cidade. Este grupo de entusiastas do futebol resolvera apropriar-se da denominação de um clube que se vinha destacando no campeonato da metrópole. A fundação do Grupo Desportivo da CUF, em 1937, inseria-se no âmbito das políticas de gestão social da Companhia União Fabril, um dos maiores grupos empresariais e financeiros portugueses, fundado por Alfredo da Silva em 1898 e à época já propriedade da família Mello([1]). Crescendo significativamente durante o corporativismo do Estado Novo, a CUF desenvolveu a sua atividade em inúmeros sectores, desde a indústria química à metalúrgica e à construção naval, passando pelos têxteis, pela agroindústria e pela área financeira, nos seguros e na banca (Santos 1977).

Parte importante dos investimentos do grupo CUF situava-se no espaço colonial. Na Guiné, explorava desde 1921, depois de adquirida a Sociedade António da Silva Gouveia, a produção

(1) Sobre o Grupo Desportivo da CUF, ver Nuno Batista Domingues (2004), pp. 329-356.

de oleaginosas, exportando amendoim e castanha-de-caju. O grupo dominava, na década de cinquenta, 30 a 40% do comércio de importação e exportação da Guiné (Clarence-Smith 1990, p. 178). Em Angola, operava por intermédio da Companhia do Congo Português, da Comfabril (Companhia Fabril e Comercial do Ultramar), da companhia de Seguros Império, do banco Standart Totta (que também chegou a Moçambique em 1966), participando ainda na Sociedade Portuguesa de Lapidação de Diamantes (*Ibidem*). Em São Tomé, investira em plantações, detendo a Companhia da Ilha do Príncipe. Em Moçambique, geria a Tabaqueira, a Companhia Têxtil do Punguè (1959), a Companhia Industrial de Cordoarias de Moçambique (Cicomo, 1966), a fábrica de descasque de caju em Nacala (Socaju, 1968) e as Agências de Turismo e Transportes de Moçambique (Navetur, 1969) ([2]).

Em carta enviada para o Barreiro, os jogadores da Mafalala informaram o Grupo Desportivo da CUF da sua iniciativa, aproveitando para solicitar o envio de equipamentos desportivos para Lourenço Marques. Como recorda Issufo Batata, um dos fundadores da CUF da Mafalala: «Eles mandaram uma dúzia de camisolas e nós, em agradecimento, pedimos para ser sócios. Mandámos fotografias. Fomos sócios da CUF» ([3]). Os cartões institucionalizavam a ligação destes habitantes do subúrbio africano com a organização desportiva da margem sul do Tejo; tornavam-nos, simultaneamente, elementos de uma rede de contactos maior, membros de um grupo que os representava pelas cidades da metrópole mas também, eventualmente, em competições que internacionalizariam esta representação, conduzindo-a por Madrid, Londres ou Milão, em jornadas desportivas contadas nos jornais, nas rádios e nas televisões, narrativas que chegavam também ao subúrbio de Lourenço Marques.

([2]) Sobre a importância do caju para a histórica económica de Moçambique até à atualidade, ver Ribeiro (2010).

([3]) Entrevista realizada a 22.05.2006 em Maputo.

Quando soube da constituição da CUF da Mafalala, o jornalista e poeta José Craveirinha(4) protestou junto dos organizadores, que conhecia do bairro. Abissínia Ali, outros dos fundadores do clube suburbano, mais tarde jornalista desportivo, reproduziu o diálogo com o poeta: «"Quem são os donos da CUF da Mafalala?" – perguntou-nos. "Somos nós" – respondemos. "Então vocês não tiveram outro nome para pôr a não ser o da CUF? Digam lá por que é que puseram o nome de CUF?" "Não temos dinheiro para comprar camisolas, pensámos que pondo o nome da CUF havia de vir pelo menos camisolas lá de Portugal". "Não, vocês fizeram mal." O poeta propôs, então, uma alternativa: "Vocês punham Clube *Tsumbula* da Mafalala. Vocês vinham ter comigo e eu dava as camisolas."» (5)

Em ronga, uma das línguas mais representativas no Sul de Moçambique, *tsumbula* é a palavra que designa a mandioca, uma raiz tuberosa que era na altura, como é ainda hoje, um dos alimentos fundamentais da subsistência de grande parte da população de Moçambique.

A sugestão de Craveirinha era consentânea com o seu interesse em valorizar alguns dos símbolos que melhor identificavam uma tradição local desprezada pelo colonizador. Para ele, a mandioca juntava-se a outros produtos, práticas e tradições que representavam uma africanidade, ou moçambicaneidade, fossem eles a expressão de um reduto folclórico em evolução(6),

---

(4) José João Craveirinha nasceu em Lourenço Marques, em 1922. Poeta consagrado, jornalista, colaborou em diversas publicações periódicas, nomeadamente em *O Brado Africano*, *Itinerário*, no *Notícias*, *Mensagem*, *Notícias do Bloqueio* e *Caliban*. Foi funcionário da Imprensa Nacional de Lourenço Marques. Jogou futebol em clubes de Lourenço Marques. Esteve preso pela PIDE durante cinco anos. Após a independência de Moçambique, foi membro da Frelimo e presidiu à Associação Africana. Foi Prémio Camões em 1991. É um dos mais reconhecidos poetas da língua portuguesa e um dos maiores escritores africanos. A sua primeira obra, *Xibugo*, data de 1964.

(5) Entrevista realizada em 02.06.2006 em Maputo.

(6) Sobre a relação da obra de José Craveirinha com a sua «política cultural», ver Leite (1991), Matusse (1998) e Chaves (1999).

fundador de uma comunidade, ou o resultado da capacidade de o africano resgatar ao europeu determinadas atividades, tradições literárias, musicais e desportivas, que conseguia manipular e transformar (Craveirinha 2008). A emergente poesia moçambicana, onde se destacavam o próprio Craveirinha e Noémia de Sousa, a pintura de Malangatana e de Chichorro, o futebol de Coluna e Eusébio, a música de Fany Pfumo e do guitarrista Daíco, eram consequência desta troca produtiva.

Craveirinha considerava que este modelo de relação cultural, distinto do preconizado pela retórica lusotropical presente na propaganda do regime português, só se concretizaria se os africanos não se deixassem aculturar. A atitude de certos elementos de uma pequena burguesia africana que desprezava as suas raízes, eliminando-as do processo de troca e adotando acriticamente o costume europeu, demonstrava a existência deste risco (Craveirinha 2008, p. 71). O cenário agrava-se pela difusão de uma cultura popular massificada, representada pelo cinema americano, por novas tendências musicais, como o *rock* (Craveirinha 1954, pp. 1 e 4), e pelo futebol mercantilizado, contrário aos «verdadeiros» valores desportivos, disciplinador dos jogadores africanos, castrador da sua individualidade e talento (Craveirinha 1959, p. 6). Difundida pelos jornais, pelo cinema e pela rádio esta cultura popular representava uma dimensão do colonialismo económico; ela era distinta da alta cultura presente na tradição europeia e do registo folclórico, géneros que não enfermavam dos vícios do comércio.

Porém, ao escolherem CUF da Mafalala para nome de uma modesta equipa do subúrbio pobre de Lourenço Marques, os seus promotores não estavam apenas, para desgosto de Craveirinha, a ceder às dimensões mais perversas de uma cultura popular globalizada[7]. Faziam-no homenageando uma empresa que, já num contexto de guerra, representava o contínuo esforço de uma colonização económica portuguesa que

---

[7] Embora Craveirinha, mesmo na sua produção poética, tivesse recorrido aos referentes mais politizados deste universos culturais em processo de massificação.

transformara a existência dos moçambicanos, arrastando muitos para regimes laborais coercivos.

Da mandioca

Coroada por Craveirinha enquanto traço de uma identidade cultural africana oposta ao interesse dos colonialistas, a mandioca era na realidade originária da América do Sul, mais concretamente da grande região da Amazónia, onde fazia parte da dieta de inúmeras populações indígenas sul-americanas([8]). O nome teria origem numa lenda tupi([9]). Do seu foco originário dispersou-se por vários territórios contíguos, no enorme espaço preenchido pelo que é hoje o Brasil, a Colômbia, as Guianas, a Venezuela, o Chile, o Peru, o México, as Antilhas, as Honduras, o Haiti, São Domingos, a Jamaica, Cuba e até à Florida. A domesticação da mandioca ocorreu muito anteriormente à presença europeia nas Américas.

Antes da chegada dos portugueses ao Brasil, da mandioca fazia-se um conjunto de farinhas e bebidas alcoólicas. Na carta ao rei D. Manuel, Pero Vaz de Caminha tomou a mandioca por uma espécie de inhame([10]): «Diziam que em cada casa se acolhiam 30 a 40 pessoas, e que assim os achavam; e que lhes davam de comer aquela vianda que eles tinham, a saber muito inhame… nem comem senão desse inhame que aqui há muito» (Cascudo 2004, p. 74). Em *Casa Grande e Senzala*, Gilberto Freyre descreve como a mandioca, plantada pelos índios, foi adotada pelos colonos portugueses (Freyre 2003 [1933], p. 94). Sobre a sua utilidade no sistema colonial brasileiro, Câmara Cascudo cita o colono, empresário literato, Gabriel Soares de Sousa (1540-

([8]) Alguns autores desafiam esta versão. Vincent Lebot refere-se à existência de dados arqueológicos que apontam para focos de disseminação alternativos, na América Central, mais concretamente no que hoje é o México, a Guatemala e as Honduras, ou no que é hoje a Venezuela e o Peru (Lebot 2009, p. 3).

([9]) Que envolve uma heroína índia chamada Mani (Cascudo 2004, pp. 95-96).

([10]) Trepadeiras que produzem diversos tipos de tubérculos.

-1591): «Desta farinha de guerra usam os portugueses que não têm roças, e os que estão fora d'elas na cidade, com que sustentam seus criados e escravos, e nos engenhos se provém dela para sustentarem a gente em tempo de necessidade» (Cascudo 2004, p. 202). Pelas suas propriedades alimentares, pela capacidade de adaptação a solos menos ricos, pela resistência a pragas e desastres naturais, a mandioca passou a ser um dos elementos indispensáveis na alimentação dos colonos mais pobres e dos seus escravos, penetrando no sertão pelas expedições de bandeirantes, que a transportaram e plantaram noutras áreas e regiões (Cascudo 2004, p. 95). Esta raiz não possuía, porém, as mesmas propriedades nutricionais do trigo, desempenhando deficientemente o papel deste na economia alimentar europeia (Freyre 2003 [1933], p. 94 e 190). Se já na altura a mandioca ajudava a suportar um sistema de plantação, alimentando mão de obra escrava, rapidamente se estendeu para fora deste universo, tornando-se o sustento de escravos libertos e base de reprodução de um pequeno campesinato que crescia nas margens das plantações (Kiple e Ornelas 2001, p. 183).

A mandioca iria expandir-se pelo mundo à boleia da globalização do tráfico de escravos.

Os portugueses, que também lhe chamaram «farinha de pau», colocaram-na nos porões dos navios negreiros que iam buscar escravos à Guiné, alimentando-os no regresso. Até ao princípio do século XVIII foi cultivada em África apenas com o propósito de suportar o tráfico (Lebot 2009, p. 7). Esta dieta da escravidão generalizou-se progressivamente: estendeu-se à enseada de Cabinda, aos portos do rio Zaire, às praias do Congo, até à baía de Luanda e depois até ao Índico, chegando a Moçambique e alcançando as Índias pelo menos no século XVIII (Cascudo 2004, p. 92). Nas áreas interiores do continente, esta raiz acabou por prosperar por intermédio da ação de redes comerciais controladas por africanos (Lebot 2009, p. 7). No final do século XIX, quando se torna uma cultura hegemónica em África, a mandioca já era comercializada em Angola, constituindo-se ainda como um produto indispensável no sistema alimentar de São Tomé (Kiple e Ornelas 2001, p. 183).

Na África ocidental, sobretudo a partir do século XIX, a mandioca garantia as necessidades energéticas dos trabalhadores das emergentes economias de plantação locais (Ohadike 1981). O controlo sobre a sua produção possibilitava aos colonizadores uma gestão mais controlada dos contingentes de mão de obra. Assim, a centralidade que conquistou nas dietas locais esteve igualmente relacionada com a transformação dos sistemas laborais em África desde o final do século XIX, período de colonização mais efetiva. A uma escala ainda não vista, os produtos agrícolas provenientes destes sistemas de plantação entraram em circuitos globalizados colocando África no interior de uma divisão internacional do trabalho e da produção, progressivamente mais interdependente. Mas, ao contrário de outras culturas agrícolas, requeridas por um mercado internacional, a mandioca possuía funções distintas, constituindo-se principalmente como um meio fundamental para a reprodução demográfica de uma pouco dispendiosa mão de obra local.

A resistência da planta e a sua facilidade de armazenagem, tanto na sua forma natural como transformada em farinha, não foi apenas importante para a subsistência das populações rurais. À volta das cidades, uma população de trabalhadores africanos contribuiu para a urbanização da mandioca, consumida em áreas com maior densidade populacional (Jones 1959). Os trabalhadores africanos imigrados, a laborar em plantações, complexos mineiros ou nos serviços subproletarizados das cidades emergentes, trataram também de disseminar a planta, trazendo para as suas terras de origem novos hábitos de consumo e técnicas de preparação dos alimentos.

Em 1960, a expansão da mandioca por África estendia-se por toda a cintura tropical (Murdock 1960, p. 529).

Da mandioca em Moçambique

A chegada da mandioca à África Oriental é mais discutida. Os franceses são apontados como os introdutores da planta nas Maurícias, em 1736, e depois em Madagáscar (Kiple e Ornelas

2001, p. 184); os portugueses, na mesma altura, levaram-na pela costa do que é hoje a Tanzânia e o Quénia, transportando-a para Zanzibar e para a ilha de Moçambique. Pelo menos desde o século XIX que o processo de difusão da mandioca se autonomizou da ação do colonizador. Redes africanas trataram de comercializar e vulgarizar este produto (Jones 1959).

Em 1897, o Governador Alfredo Freire de Andrade, lamentando-se da dependência alimentar de Moçambique, atribuiu ao seu antecessor, Pedro de Saldanha de Albuquerque, o primeiro esforço do cultivo da mandioca entre os colonos em Lourenço Marques, em 1760, «para ao menos evitarem que até o pão e a mandioca lhes viessem de fora» (Freire de Andrade 1897, p. 50). Décadas antes, o primeiro livro não oficial impresso em Moçambique, redigido pelo goês José Vicente da Câmara em 1859, imputa a Baltasar Manuel Pereira do Lago, Governador-Geral (1765-1779), um empenho mais sistemático na introdução da raiz (Vicente da Gama 1859) ([11]). Segundo esta narrativa, que vale a pena citar, os colonos haviam perdido o controlo da difusão da mandioca, disseminada entre os africanos, mas cultivada com pouco método. Tal circunstância proporcionou uma autonomia aos africanos que lhes conferia poder sobre a relação colonial. Este tipo de argumento será repetido várias vezes, embora por motivos distintos. Nesta altura, a questão não era ainda a da racionalização do trabalho africano mas a importância da manutenção de relações comerciais. Sem a autonomia alimentar conferida pela mandioca, os «cafres», tratados aqui como «o inimigo», continuariam mais facilmente o seu trabalho na angariação de marfim e de ouro, que o colonizador trocava por tecidos metropolitanos ou por álcool.

> Nesta África e julgo em todos os seus dilatados Impérios se via produzir a terra naturalmente uma qualidade de pequenas arvores que creando grossas raízes, delas se alimentarão os cafres mais incultos, naquelles annos de gafanhotos e bexigas,

---

([11]) O documento está disponível em macua.blogs.com/files/plantao_da_mandioca.doc.

> únicas causas das rigorosas fomes que aqui se tem experimentado, dando as sobreditas raízes o nome de Inhames de Mujáo, usando deste alimento assado ou cosido sem saberem o que comião. Sendo muito mais reprovável que vindo a esta terra tantos filhos do Brazil, e tendo servido n'ella tantos com residência, nunca em todo o tempo d'esta conquista se viesse ao conhecimento de que as taes arvores erão da mais perfeita e singular mandioca de que se podia ter tirado todo aquelle providente interesse que della gozão todos os Estados da America, quando nestas colonias muito mais necessário pela falta d'agricultores, sobrada preguiça, e dependência em que todos vivem, de que os mesmos cafres, nossos inimigos lhe o queirão cultivar o que necessitão para comer. Seguro a V. Ex.ª com toda a verdade segundo o pleno e fiel conhecimento em que estou de toda esta conquista que depois de se estabelecer nela num virtuoso zello, e incansável luta dos nossos Gloriozos Reis e Fé de Jesus Christo, nenhuma causa lhe pode ser mais proveitosa do que o aparecimento e fabrico da mesma mandioca: porque estou vendo palpavelmente a sua utelidade, e as graves consequências que se seguem d'esta qualidade do commercio com aquelles cafres, os quaes em não tirando as suas utelidades d'esta nossa sustentação, sem remedio se havião de applicar a maiores produções de marfim e descubrimentos d'ouro, não podendo passar sem aquella roupa que lhe manda desta Capital a troca de seus mantimentos. (Vicente da Gama 1859)

Reconhecido o seu valor material inestimável, o governador-geral Pereira do Lago terá estimulado os colonos a produzi-la, não deixando para isso de empregar meios coercivos. Apesar de os dados fornecidos pela historiografia salientarem que a mandioca apenas se impôs como um alimento essencial em África a partir de meados do século XIX (Jones 1959), em 1859, segundo o manuscrito citado, fazia parte da alimentação de «4 quintos da população do Districto da Capital e uma grande parte da dos outros Districtos». Os seus usos eram variados e traziam inúmeros benefícios:

> alem de comer-se a sua raiz assada, cozida e guizada; faz-se d'ella a farinha conhecida com o nome da farinha de páo; fabrica-se bella tapioca, tão procurada no mercado; extrahe-se

> a olanga (polvilho); reduz-se a macaca que para os cafres é alimento mais nutriente, e por elles preferido a outro qualquer: e muito própria e bastante usada para cevar os animaes domésticos; das folhas da planta se prepara um saborozo esperegado, que é commum em todas as mesas ou quasi todas de Moçambique; e os negros também comem guizadas as folhas, e as preferem a toda a outra matapa (verdura). (Vicente da Gama 1859)

No princípio dos anos vinte do século XX, a mandioca era fundamental na dieta dos trabalhadores indígenas (Zamparoni 1998, 101-102). A fixação pela administração colonial de um regime alimentar mais completo para o trabalhador africano não era cumprida pelo próprio Estado e por grande parte dos empregadores privados, ganhando a mandioca e o milho um peso excessivo nas dietas laborais (*ibidem* 103). Integrados nestes regimes de trabalho, muitos africanos acabaram por ver a sua dieta simplificar-se e deteriorar-se. Simultaneamente, alguns dos usos que davam a alimentos tradicionais, como as bebidas alcoólicas que produziam a partir de vários produtos como a mandioca, foram perseguidos pelo Estado, preocupado em promover a circulação de vinho metropolitano (Capela 1973).

Da ciência da nutrição

No prefácio à monografia de Audrey Richards, *Hunger and Work in a Savage Tribe* (1932), o antropólogo Bronislaw Malinowski anunciou a criação de um novo tema de investigação antropológico: as funções sociais e culturais dos processos nutritivos. Num período em que a psicologia conquistara, com os trabalhos de Freud, uma preponderância num campo alargado das ciências sociais e humanas, Malinowski sugeria que a alimentação havia sido negligenciada face aos estudos focados na vida sexual, que o autor considerava em número exagerado e em alguns casos de teor pseudocientífico (Richards 1932, X-XII). Ora, a alimentação, continuou o antropólogo, destacava-se como um dos princípios elementares da ação e interesses humanos:

encontrava-se na base da organização social, do parentesco, da produção, da cooperação, do trabalho. E, se o tema levantava inúmeras questões filosóficas, as suas conclusões, adiantou, interessavam muito aos economistas (Richards 1932, XIII). As questões da nutrição já antes haviam sido trabalhadas no Quénia colonial pelos médicos ingleses J. L. Gilks e J. B. Orr. Num estudo publicado em 1927, onde se comparavam as dietas dos Kikuyu e dos Masai, investigaram a relação da dieta com as características físicas dos indivíduos, atendendo à alimentação dos homens e das mulheres. Importava aos autores compreender, por um lado, de que forma o conhecimento das dietas africanas poderia ajudar a combater alguns dos problemas da sociedade metropolitana, nomeadamente os que resultaram da massificação de uma alimentação processada entre o operariado industrial (Brantley 1997, 56). Por outro lado, este conhecimento ajudaria certamente a produzir melhores trabalhadores para a administração colonial e para as empresas que operavam no Quénia (*ibidem* 1997, 50 e 58).

A ciência da nutrição acrescentava conhecimento aos estudos parcelares desenvolvidos por outras ciências e especialidades, nomeadamente a «medicina tropical». Trabalhos antropológicos como o de Audrey Richards tornavam, porém, a questão da alimentação mais rica e autónoma, enquanto objeto das ciências sociais e humanas. Ainda assim, num quadro em que independência destas ciências nunca deixou de estar condicionada pelas perspetivas e objetivos da administração colonial, Richards participou na elaboração de um relatório oficial publicado em 1939 sobre nutrição no império Britânico, onde participaram também Gilks e Orr. Abundante nas suas conclusões, este documento continuava a traduzir o interesse em perceber a relação entre a dieta e a «virilidade» das populações locais.

No contexto do império Português, a ligação entre dieta e trabalho – formulação mais rigorosa, no contexto da economia política da época, do que a expressa pela relação entre dieta e saúde – era um tema há muito presente, desde logo por ser um esteio da empresa do tráfico e da subsequente exploração do trabalho escravo. O contexto de ocupação colonial efetiva conduziu a um desenvolvimento destas questões, e ainda no século XIX o problema da alimentação animou disputas no interior das instituições coloniais sobre como poderia servir melhor os intentos da soberania portuguesa e daqueles que em nome desta procuravam servir os seus interesses (Direito 2013). Progressivamente, o desenvolvimento de trabalhos sobre o mundo agrícola metropolitano, no quadro de experiências de reforma agrária partilhadas internacionalmente, inspirou algumas destas discussões e a formulação de estratégias de ação (*ibidem* 2010) ([12]). Como provaram os trabalhos empíricos de médicos e antropólogos realizados a partir dos anos XX do século passado em contexto colonial britânico, o problema da alimentação e da nutrição, mantendo como dimensão crucial a relação entre dieta e trabalho, transformou-se à medida que a própria questão da exploração laboral e do incremento da produção se complexificaram, por imperativos de gestão económica, política e social. Em 1954, foi formada junto do Ministério do Ultramar uma Comissão de Nutrição, coordenada por Rui de Sá Carneiro e com sede no Instituto de Medicina Tropical. Na sua origem próxima terá estado uma recomendação feita no 1.º Congresso Nacional de Medicina Tropical em 1952, bem como a experiência na Guiné da secção de Nutrição do Instituto de Medicina Tropical (Comissão de Nutrição... 1955, p. 538), um grupo anexo à disciplina de Higiene, Climatologia e Geografia Médica. Esta nova comissão possuía uma composição interdisciplinar onde se destacavam os médicos, mas se encontravam também os representantes dos serviços de agricultura, da missionação católica e a Inspeção Superior dos Negócios Indígenas.

A posição da mandioca nos debates que envolveram diversos especialistas no quadro da administração colonial portuguesa é elucidativa das transformações da economia colonial e das formas de regulação social e política, mas também dos seus bloqueios. Em 1929, o engenheiro agrónomo Francisco Monteiro

---

([12]) Na metrópole, os planos de desenvolvimento agrícola conduziram à embrionária institucionalização de uma sociologia aplicada (Ágoas 2010).

Grilo, ao descrever o estado da agricultura em Moçambique, separou o cultivo do colono da prática indígena, no contexto da qual se destacava, ao lado da cultura do milho, do caju e do amendoim, a mandioca: «indubitavelmente a planta que mais área tributa todos os anos e que fornece o sustento base da enorme maioria da gente de cor» (Grilo 1929, p. 265). O autor considerava nessa altura a hipótese de a mandioca ajudar a desenvolver uma indústria de exportação. A publicação de vários artigos sobre a mandioca em jornais e revistas especializados, publicações técnicas ligadas à empresa colonial portuguesa, revelavam o interesse crescente do Estado e de investidores privados nesta planta. Em revistas de agronomia dedicadas ao mundo colonial, como a *Gazeta do Agricultor*([13]), a *Revista Agrícola* ou a *Agronomia Moçambicana*([14]), quase sempre ligadas à investigação aplicada, o alimento e as suas técnicas de produção eram pormenorizadamente descritos e valorizadas as suas possibilidades como cultura de exportação para a Europa e os Estados Unidos, como sucedia em territórios próximos, como Madagáscar (Deveza 1952, pp. 15-16).

Numa perspetiva mais atenta à gestão do território e das populações, o médico José Firmino Santana, numa intervenção no Congresso do Mundo Português em 1940, relevou a importância da mandioca para evitar fomes graves entre as populações locais na África colonial portuguesa, sobretudo em anos de crise. Sugeriu então a necessidade de investigação sistemática das questões da alimentação e da nutrição, como vinha acontecendo noutros contextos coloniais. A constituição da nutrição como problema científico articulava-se com os projetos de modernização colonial e ganhou nova força no pós-guerra. Expressões eufemísticas como «promoção social» e «bem-estar rural» caracterizavam as políticas integradas de gestão social e económica

([13]) Publicada desde 1949 pelos serviços de Agricultura e Serviços de Veterinária em Lourenço Marques.

([14]) Publicada desde 1967 pelo Instituto de Investigação Agronómica de Moçambique.

no interior das quais a nutrição era fundamental([15]). Tratava-se então de integrar mais funcionalmente a alimentação em projetos de modernização que definiram também o período do pós-guerra colonial (Cooper 2004).

Fundados na acumulação de conhecimento empírico e no desenvolvimento de estudos que articulavam vários saberes científicos, estes estudos tardaram no cenário português.

Foi precisamente sobre a relação entre a nutrição e o bem-estar rural que Manuel Simões Alberto, militar, etnógrafo, funcionário colonial, escreveu no *Boletim da Sociedade de Estudos de Moçambique*, em 1954, «O problema da alimentação entre as populações rurais nativas de Moçambique» (Alberto 1954). O domínio sobre a ciência da nutrição procurava melhorar as dietas das populações, aperfeiçoando os seus índices físicos e a disposição mental. Em Moçambique, afirma o autor citado, privilegiava-se a cultura de «plantas industriais», dirigidas à exportação, em detrimento de «plantas alimentares». Esta prioridade, compreensível do ponto de vista do benefício económico imediato, era prejudicial a médio prazo, já que as fomes e carências generalizadas impediam o desenvolvimento da força de trabalho e contribuíam para a permanência do que Simões Alberto chamou a «criminosa preguiça atávica» da população africana (*ibidem*, p. 117).

A mandioca foi por diversas vezes considerada um elemento propiciador desta perversa natureza africana. Repetido por responsáveis coloniais sobre este e outros aspetos, o argumento invocava a cultura do africano como explicação do atraso colonial português. Em 1961, num artigo da *Revista Agrícola* sobre o valor da cultura da mandioca alimentação humana, referia-se que a raiz, «pela sua rusticidade e limitada necessidade de assistência durante o desenvolvimento, torna-se uma das culturas mais desejadas para a índole dos africanos, cuja técnica agrícola é ainda rudimentar e para quem os resultados mais desejáveis

([15]) Que possuía uma dimensão internacional, junto da FAO e de outras organizações como o Food Research Institute, baseado na Universidade de Stanford. Sobre Angola, ver Soares (1961).

são geralmente os que imponham menor esforço e menor dependência das irregularidades atmosféricas» (Coutinho 1961, pp. 8-11). Sobre Angola, onde a mandioca teria chegado em meados do século XVIII e desempenhara então um papel importante na sedentarização de populações rurais, José Redinha escrevia em 1969, na revista do Instituto de Investigação Científica de Angola, que a cultura da mandioca se adaptou à «psicologia do africano» e à «lei do menor esforço». Fartando-lhe o estômago, foi a «planta ideal para um regime de trabalho pouco rigoroso e muito convincente para um povo pouco adaptado à vida agrícola» (Redinha 1968, p. 106). Sobre esta questão, o médico Andrade da Silva preferiria salientar, numa análise «ao problema alimentar em Moçambique» realizada em 1954, que se devia também à subalimentação e ao excesso de hidrocarbonados como a mandioca, face à carência de proteínas, «as tão discutidas "indolência" e "apatia" do indígena» (Silva 1955, 710).

Simões Alberto defendeu que o problema da alimentação carecia de um tratamento articulado e global que juntasse equipas de antropólogos e biólogos, sociólogos e missionários, veterinários, agrónomos e funcionários da administração([16]). No contexto das grandes empresas empregadoras, já se encontravam «devidamente regulamentadas e estudadas cientificamente as rações» destinadas aos serviçais, sucedendo o mesmo na alimentação dos soldados nativos (Simões Alberto, p. 122). A necessidade de estudar o problema da alimentação deveria ser enfrentada por equipas de investigação, carência que a Comissão de Nutrição do Ministério do Ultramar criada nesse mesmo ano procuraria suprir.

Um dos primeiros estudos aplicados sobre nutrição em Moçambique, conduzido por Carlos Santos Reis junto da população maconde no Norte do território, foi apresentado na Conferência Interafricana de Nutrição realizada em Luanda em

([16]) Existem alguns estudos etnográficos sobre as técnicas de cultivo e preparação da mandioca, nomeadamente no contexto do subúrbio e grande periferia rural de Luanda, como por exemplo Santos (1968) e Dias (1962).

1956 (Reis 1956a) ([17]). O autor apoiava-se no estado da arte da ciência da nutrição e no que esta dizia acerca da relação entre a alimentação e o «desenvolvimento somático do indivíduo». Faz logo no início uma referência aos trabalhos de Orr e Gilks no Quénia, curiosamente citados a partir de *Geopolítica da Fome* do brasileiro Josué de Castro (1953), para depois se centrar noutro conjunto de trabalhos, quase todos realizados junto de populações pobres de países desenvolvidos, de Paris a Oslo, passado pelos Estados Unidos (*ibidem*, 561-562). Para além destes estudos parciais, Santos baseava-se nas informações estatísticas produzidas pela FAO e pelo *Food and Nutrition Board* britânico. O autor queixava-se da falta de trabalhos sobre o tema nos territórios coloniais portugueses. Em Moçambique havia apenas algumas investigações muito genéricas sobre o tema, realizadas por médicos ([18]). Era urgente transformar este cenário, pois, como Marcelo Caetano já havia notado: «O trabalhador indígena mal alimentado e permanentemente doente tem de ser um trabalhador inferior» (*ibidem*, 562).

Este estudo entre os macondes, os grandes fornecedores de mão de obra fronteira com o Niassa, procurava aquilatar de que forma a dieta alimentar condicionaria o desenvolvimento físico de 386 trabalhadores de várias empresas agrícolas ([19]). Na descrição da dieta típica da população maconde, a mandioca destacava-se. Por sua vez, o regime alimentar oferecido na fábrica para o propósito desta investigação, mas também as melhores condições sanitárias e um exercício físico regular, melhoraram a condição somática do trabalhador, aumentando a sua ingestão de calorias de vitaminas de lípidos animais, o que ficou provado por inúmeros estudos quantitativos. Noutros con-

([17]) Na mesma conferência, Carlos Santos Reis apresentou «Necessidades energéticas dos povos moçambicanos» (Reis 1956b). O autor liderou ainda vários estudos etnográficos sobre a alimentação na Guiné (Reis 1964, 1977-78).

([18]) Casos de A. Ribeiro Pinto (1946) e Tomás Gonçalves (1948).

([19]) A investigação foi realizada na firma de produção de sisal Moçimboa Sisal Lda.

textos empresariais, como o da produção de sisal, o fornecimento controlado de alimentação já respondia aos objetivos de produtividade([20]). Estudos como *Promoção social em Moçambique* (1964) procuravam incluir estas experiências parciais e o conhecimento internacional sobre o problema da nutrição no âmbito de uma reforma agrária no território, primeiro e fundamental passo para sustentar um processo de modernização que teria depois na indústria o seu eixo fundamental([21]). Uma modernização controlada, que evitasse uma sobrecarga populacional dos espaços urbanos difícil de gerir, envolvia uma intervenção do Estado no espaço rural que incentivasse uma agricultura dirigida ao mercado, socialmente protegida pela administração – a partir das regedorias, atualização dos sistemas de chefatura africanos –, pelo planeamento urbano, pela construção de infraestruturas e por diversas políticas sociais. Só assim, consideravam os autores invocando os princípios inclusos no terceiro Plano de Fomento colonial, se poderiam estabilizar as populações rurais e evitar situações de subnutrição generalizadas.

No mesmo ano, na *Gazeta do Agricultor*, insistia-se nas possibilidades produtivas da mandioca, «uma das culturas que melhor se prestam para a colonização da terra se a indústria cooperar com o agricultor, dando-lhe assistência técnica e fomentando a produção garantindo a compra do produto por um preço compensador» (Silva 1964, p. 109). Uma técnica mais evoluída e controlada, desde a plantação à transformação, passando pela escolha das sementes, o método de adubação e de colheita e o combate às pragas, permitiria explorar as suas múltiplas virtudes, na fabricação de álcoois, acetona, glucose, álcool etílico, álcool butílico, celulose e glicerina, mas também na indústria da panificação e na pastelaria, na extração de amido para alimentação

---

([20]) Inês Galvão deteta estes discursos sobre a racionalização da alimentação nas assembleias técnicas da Associação dos Produtores de Sisal de Moçambique durante a década de cinquenta (Galvão 2013).

([21]) Os autores deste trabalho são António José da Costa Tavares, Victor Hugo Velez Grilo, Laurindo José da Costa, Aníbal do Nascimento Ferreira e António Rita-Ferreira.

e usos industriais, na produção de combustível a partir do álcool, de rações para gado, na transformação em bebidas alcoólicas e na fabricação de estrumes (caules) (Mirrada 1969, pp. 34-35). Os trabalhos da ciência colonial agronómica salientavam a importância de melhorar os métodos de cultivo. Os serviços de agricultura procuravam promover as variedades da planta, preparar as sementes e incentivar técnicas como a polinização livre (Pires 1960, pp. 11-14).

Da persistência da mandioca

Esta representação modernizadora do território de Moçambique, tão presente na linguagem heroica das várias ciências coloniais, repercutia-se timidamente no terreno. Se a grande empresa estrangeira se encontrava na vanguarda da utilização racional da alimentação para aumentar a produtividade, a persistência da mandioca enquanto alimento fundamental na subsistência da grande maioria da população revelava outro quadro geral: o de uma economia precária dependente das próprias estratégias do trabalhador para se autorreproduzir enquanto força de trabalho.

Não sujeita a processos de modernização produtiva, a persistência da mandioca representava a força do chamado sector tradicional da agricultura moçambicana, definido assim por oposição ao sector «evoluído». Esta visão dualista do mundo rural moçambicano, útil aos propósitos desenvolvimentistas que animavam as políticas públicas, simplificava uma realidade agrícola mais complexa, onde as situações face à propriedade, ao trabalho e às técnicas eram substancialmente mais diversas([22]). Dados oficiais publicados em 1969 apontavam para que a mandioca ocupasse 500 000 hectares de área cultivada, mobilizando

([22]) Bridget O'Laughlin nota que esta visão dual foi replicada em Moçambique, num contexto de redefinição política, pelas perspetivas inspiradas no marxismo que vão caracterizar as políticas da terra no período pós-independência (O'Laughlin, 2013).

700 000 agricultores, que produziam 700 000 toneladas, 650 000 das quais para autoconsumo (*Agricultura de Moçambique* 1969, p. 150). A mandioca constituía nesta altura a maior produção do sector tradicional, seguida do milho (350 000 toneladas, 310 000 das quais para autoconsumo em 275 000 hectares, produzidos por 430 000 agricultores) e da mapira (200 000 toneladas para autoconsumo, 275 000 hectares de área cultivada por 360 000 agricultores). O quadro respeitante ao sector «evoluído», onde não há referência a agricultores, mas apenas a empresas, é dominado pela cana-de-açúcar: 1 615 000 das toneladas de açúcar produzido eram controladas por apenas três empresas. Uma lógica de concentração, ainda assim bastante menor, verificava-se na produção de sisal, onde as 35 000 toneladas provenientes do sector evoluído (20 000 do tradicional) pertenciam a 12 empresas, e na do chá, onde 35 empresas produziam um total de 65 000 toneladas([23]).

Este panorama da estrutura de produção agrícola ocorria numa colónia com 5,7% de território agrícola em 1971, o equivalente a 4 450 000 hectares, 2 170 000 dos quais no sector tradicional, onde predominava a pequena exploração familiar. Estimava-se existirem 1 500 000 explorações com a dimensão média de 1,4 hectares, cuja dinâmica de comercialização respeitava sobretudo ao algodão e ao amendoim. A cultura forçada do algodão, tão importante para a história do Norte de Moçambique no século XX, erodiu os solos e ocupou terrenos onde antes se cultivavam alimentos de subsistência, como a mandioca (Hedges 1999, p. 153) ([24]). Apesar desta circunstância, a manutenção de uma agricultura familiar, onde imperava a mandioca, embaratecia o processo de proletarização de uma classe camponesa moçambicana, regulando por baixo os salários, e mantendo-a politicamente mais controlável (O'Laughlin 2002). Esta semiproletarização não era possível em todos os contextos,

---

([23]) Sobre a economia do sisal em Moçambique, ver Inês Galvão (2013).

([24]) Sobre a cultura forçado do algodão, ver Pitcher (1993), Fortuna (1993), Isaacman (1997).

nomeadamente quando os trabalhadores se encontravam deslocados, longe dos seus lugares de origem, não estabilizados. Restava ainda o problema produtivo.

Para os sectores modernizadores ligados à exploração industrial de produtos primários, a baixa produtividade da terra e do trabalho no sector tradicional bloqueava a passagem de uma agricultura de subsistência para uma agricultura de mercado assente na agroindústria (Costa 1971 e 1973). Como afirmava o diretor da revista da Associação Industrial de Moçambique: «Deixando de lado as importantes culturas alimentares de subsistência, da mandioca, do milho, da mapira, etc., que por muito tempo se hão de manter na base da alimentação das populações rurais, e importante objeto de intenso autoconsumo, preocupar-nos-emos apenas com a produção agrícola de matérias-primas industriais» (Costa 1971, p. 30). Para o sucesso deste empreendimento, importava ir eliminando a pequena exploração familiar, por tradição fechada a inovações que podiam ser estimuladas pela criação de cooperativas, e apostar em culturas mais lucrativas, nomeadamente o algodão, o caju, as oleaginosas e a economia florestal (*ibidem*, pp. 31-32). No âmbito desta construção económica do território, fundada na dinâmica dos mercados internacionais, a mandioca não era uma prioridade.

A economia simbólica das práticas alimentares

Da variabilidade dos usos da mandioca dependeu o seu valor prático e simbólico numa economia dos consumos alimentares. Para o colono, as práticas alimentares diferenciavam-no do africano: a alimentação definia também as fronteiras das «ilhas de branco» colonas, para utilizar a expressão de Kennedy (1987). Ao procurar traçar a genealogia da rejeição portuguesa da alimentação do «outro» durante a expansão colonial, Alfredo Margarido assinalou, citando o escritor angolano Raul David, o valor das práticas alimentares enquanto critério de obtenção do estatuto do assimilado (Margarido 2000, pp. 41-42). Atingir essa meta implicava o afastamento de uma tradição alimentar onde imperavam produtos como a mandioca, colocada assim ao lado de outras práticas que definiam, na perspetiva do colonizador, uma condição civilizacional atrasada, caracterizada pela persistência da poligamia, pelas crenças religiosas tradicionais, pelas formas não europeias de vestir, pelo uso das línguas locais e pela não inserção no mercado de trabalho colonial.

Neste quadro de segregação, será relevante verificar a existência de permeabilidades, como as promovidas, por exemplo, pela presença de colonos pobres junto de populações africanas; ou mesmo, noutros casos, pela curiosidade culinária estimulada em alguns colonos pelo efeito de uma politização ou de uma abertura cultural, neutralizadoras do preconceito e do hábito instalado. Nas cidades, o poder da divisão matricial entre a comida do europeu e a comida do africano convivia com práticas culinárias em transformação. O meio urbano suscitava trocas e experiências, a adoção de novos produtos e técnicas de preparação, o uso de modernos utensílios, a constituição de novos rituais de comensalidade, ajustados aos ritmos do trabalho e do lazer([25]). Este processo de inovação ocorria em cidades como Lourenço Marques, onde conviviam tradições alimentares. A gastronomia das diversas comunidades indianas em Moçambique é a este propósito um dos exemplos mais notáveis([26]).

Em 1971, Maria Adelaide Leitão coligiu em *A Gazeta do Agricultor* receitas nas quais a mandioca era o ingrediente principal (Leitão 1971). Nesse artigo assume o interesse em reconhecer a culinária africana e divulgar as receitas do «produto mais disperso pela Província, nomeadamente entre as gentes rurais». Embora a autora não explicite a lógica de seleção, a canonização de um receituário que mistura receitas «tradicionais» com

---

([25]) Veja-se o clássico de Jack Goody, *Cozinha, culinária e classes* (1998) e as páginas dedicadas por Bourdieu ao papel da comida, dos seus usos e rituais no contexto das práticas de distinção (Bourdieu [2010 (1979), pp. 277-317].

([26]) No caso dos colonos, chegariam a Lourenço Marques com tradições que refletiam tanto a sua origem regional como a sua condição de classe. Ver, a propósito da formação de uma comida nacional, Sobral (2008).

invenções recentes que parecem adaptar fórmulas culinárias conhecidas pelos colonos e mesmo de origem brasileira, contribuía, numa pequena escala, para alterar o estatuto da mandioca. Os processos de preparação, a mistura com outros alimentos, a sua transformação em pudins, cremes, doces, biscoitos, sugerindo-se mesmo o uso de fermento *Royal*, a colocação no prato ao lado de carne e peixe, a utilização de máquinas de amassar ou de fornos, a apresentação em pratos culinários onde abundam chávenas e xícaras, elevavam o valor simbólico do alimento.

Revelando modos de apropriação que interessaria investigar com maior cuidado, estes percursos culinários heterodoxos da mandioca não evitavam a associação da planta ao negro, sobretudo a partir do consumo da sua farinha em «bruto», sinais de uma condição de pobreza extrema e necessidade primária que parte do discurso colonialista tomava por atraso civilizacional. A associação da mandioca aos africanos pobres e ruralizados era assim mais sensível no espaço urbano. Os hábitos das populações rurais chegadas a cidades como Lourenço Marques distinguiam-nas, não apenas da população colona, mas também dos africanos que há mais tempo habitavam em meio urbano. Alguns destes haviam contactado na cidade com outros alimentos e modos de confeção, alterando rotinas alimentares e expectativas de consumo. A aspiração a novas experiências marcava o quotidiano do subúrbio e de alguns dos seus habitantes. Entre estes encontravam-se os jovens jogadores de futebol da CUF da Mafalala.

Mas mesmo neste meio urbano repleto de estímulos e trocas persistiam elevados índices de consumo da mandioca. Esta circunstância denunciava os bloqueios impostos a tais desejos aquisitivos, traduções de uma vontade de mobilidade social. Num subúrbio carenciado, o consumo de mandioca desenhava a estratificação social. Em *Os Africanos de Lourenço Marques*, diagnóstico sociográfico dos subúrbios da capital de Moçambique realizado pelo antropólogo António Rita-Ferreira no final dos anos sessenta, a questão da alimentação apresentava-se como um dos indícios dos enormes desequilíbrios dos projetos de modernização colonial (Rita-Ferreira 1967-1968). A sobrevivência alimentar das populações neste espaço urbano dependia de alimentos como a mandioca, o milho, a mapira ou a batata-doce, cultivados nos espaços vagos da periferia, ou chegando à cidade pelo trânsito contínuo de produtos agrícolas transportados por redes de relações que uniam o mundo rural à cidade (*ibidem*, p. 428). Sessenta a 75% dos orçamentos destes «africanos de Lourenço Marques» esgotava-se em alimentação; 76% dos inquiridos comiam apenas duas refeições por dia, e 11% apenas uma; 83% dos entrevistados pela equipa de Rita-Ferreira consideraram não se alimentarem suficientemente (Rita-Ferreira 1967-1968, p. 429). O desequilíbrio no sistema alimentar local confirmava estudos anteriores realizados com a mesma população, onde se verificavam carências significativas na ingestão de proteínas, cálcio, ferro e fósforo e das vitaminas A, B e C (*ibidem*, p. 430).

Se uma alimentação económica ajudava o sistema colonial a reproduzir uma mão de obra barata, remetida na capital de Moçambique para um subúrbio segregado([27]), a subnutrição generalizada afetava, no entanto, o desempenho laboral de muitos destes trabalhadores africanos, situação que ia preocupando os técnicos da produtividade, nas empresas e no Estado (Rita-Ferreira 1967-68, p. 353).

*

O estatuto deste alimento na Lourenço Marques da década de sessenta torna mais significativa a sugestão de José Craveirinha para que os futebolistas da Mafalala preterissem, na escolha do nome da sua equipa, um símbolo da exploração económica do colonialismo português, abraçando uma marca da «identidade africana». O universo de valorização política e nacionalista deste produto alimentar contrastava, porém, com o seu valor

([27]) Sobre a Maputo colonial durante o século XX, nomeadamente na primeira metade, veja-se Valdemir Zamparoni (1998).

simbólico num sistema de relações sociais urbanas. A consciência de classe manifestava-se por vezes de forma inesperada. Se, para Craveirinha, a *tsumbula* celebrava uma cultura desprezada pelo colonizador e por membros da pequena-burguesia africana, será fácil admitir que os jovens jogadores da Mafalala, na fronteira entre a «cidade de cimento» e a «cidade de caniço», sentissem a desqualificação material e simbólica associada a um alimento que, representando o negro, simbolizava a pobreza e o mundo rural. Num contexto desportivo onde se sucediam as demonstrações de virilidade, o facto de a mandioca ser genericamente cultivada, transformada e preparada por mulheres sugeria uma desqualificação complementar. Pelo contrário, a adoção do nome CUF da Mafalala colocava estes jovens no ritmo do mundo. O vínculo ao campeonato de futebol metropolitano, fonte de múltiplas referências para os habitantes do subúrbio e onde se destacavam notáveis filhos daqueles bairros periféricos – Matateu, Coluna, Hilário e Eusébio, entre outros –, desencadeava um universo de práticas e expectativas de modernidade([28]) que só uma conclusão precipitada poderia associar a uma adesão aos desígnios soberanistas do colonialismo português (Domingos 2012). Qual seria o estatuto de um grupo conhecido por Mandioca da Mafala num campeonato suburbano onde jogavam equipas como o Barcelona de Xipamanine, os Brasileiros da Mafalala ou o Águias Negras da Mafalala? Nas informais «peladas de bairro» ou nos campos suburbanos, como no de Xipamanine, imaginavam-se os gestos de jogadores longínquos: a destreza malabarista dos brasileiros, relevada em Lourenço Marques pela digressão de equipas como Ferroviária de Aracuara, ou a afamada «dureza italiana», subterfúgio «legítimo» e cosmopolita para que nos jogos no bairro de Chamanculo, como conta o antigo jogador e selecionador de Moçambique Augusto Matine, a violência excedesse os limites permitidos pela lei: «como não havia televisão, não se sabia muito bem como se jogava noutros países. Havia sempre alguém, no entanto, que por uma razão ou por outra visitara

([28]) Expectativas de modernidade na expressão de Ferguson (1999).

esses lugares, e que falara com alguém, ou conhecera alguém que visitara» ([29]).

No quadro das narrativas de uma cultura popular globalizada, onde se moviam estrelas de cinema, músicos famosos e desportistas notáveis, o projeto do Clube Mandioca da Mafalala, expressão do anticolonialismo culturalista de Craveirinha, desligava-se das expectativas práticas dos seus promotores. Encontrava-se assim do lado de fora de um mundo feito de imagens que inundavam as margens dos subúrbios pobres e discriminados, onde a situação económica continuava ainda a ser definida pelos altos consumos de mandioca.

Da representação do mundo

Um estudo colonial de 1974 estimava que a mandioca, depois de transformada em farinha, constituísse «a alimentação básica de cerca de 50% da população moçambicana», sobretudo nas regiões da Zambézia e de Nampula (Mota e Lourenço 1974, p. 49). Planta alimentar que mais área ocupava no território, a sua produção e transformação permaneciam rudimentares (*ibidem*, p. 58). O mesmo trabalho confirmava o diagnóstico de outras pesquisas: a mandioca era «um alimento energético mas pobre em proteínas e noutros nutrientes». (*ibidem*). A sua utilização exclusiva provocava carências várias. Faltavam investigações que permitissem perceber como adicionar aos consumos da raiz os nutrientes em falta. Análises revelavam elevados níveis de contaminação da mandioca com alguns tipos de bactérias e fungos: o «uso exagerado destas farinhas, em desequilíbrio com outras fontes nutricionais, pode levar a perturbações de ordem fisiológica muito graves». (*ibidem*). Quatrocentos milhões de indivíduos da região tropical dependiam então da mandioca. Poucos anos depois da independência da antiga colónia portuguesa, a raiz conservava-se como alimento básico no espaço rural e urbano, num cenário em que os moçambicanos apenas dispunham de 73% das calorias diárias aceitáveis (Clute 1982).

([29]) Entrevista realizada a 13.11.2007 em Lisboa.

A longa guerra civil que terminou em 1992 e os falhados projetos de desenvolvimento agrícola e social agravaram o quadro de necessidades alimentares (O'Laughlin 2013, West 2009). Em 2003, as culturas do milho e da mandioca representavam cada uma 25% do valor da produção agrícola (McSween; Walker; Salegua e Pitoro 2006, p. 2). Sobretudo presente no litoral do país, a mandioca é a principal cultura alimentar de 1 200 000 famílias rurais e alimento básico de 40% desta população (*ibidem*). As moléstias que afetavam a raiz, como a doença da podridão radicular, ameaçavam ainda mais a sobrevivência das populações. Nesta altura, apenas 5% da produção era comercializada (*ibidem*). Dados recentes indicam a permanência das situações de subnutrição. A malnutrição crónica atingia em 2010 40% das crianças moçambicanas, e nas zonas rurais do Norte do país este número atingia os 55% (Resultados de Pesquisa da Direção de Economia, 2013, p. 2). Por essa altura, apenas 66% das famílias rurais e 78% das famílias urbanas possuíam níveis de consumo alimentar adequados (*ibidem*, p. 3) ([30]).

Os atuais padrões mundiais de consumo de mandioca oferecem uma representação específica do processo de globalização alimentar, possibilitando associações com outros índices que medem o desenvolvimento humano, como a esperança média de vida, a carência alimentar, a obesidade ou a disseminação de certas doenças. O consumo da raiz é decisivo para a segurança alimentar de 500 milhões de pessoas, sobretudo na região tropical, onde continua a ser um dos três mais importantes alimentos. Cultivada por agricultores pobres, sobretudo por mulheres, em países dependentes de financiamentos externos, simboliza bem a manutenção atual de economias de subsistência e as lutas políticas que habitam a formação dos mercados (Fligstein 1996).

Como observatório no tempo longo de um antigo e complexo processo de globalização([31]), a história da mandioca

---

([30]) Ver também Selvester e Garrett (2011).

([31]) Revelando, como nota Cooper, que o uso recente e intensivo da expressão não corresponde exatamente ao início de um fenómeno de trocas alargado. Cooper (2001).

permite perceber algumas das suas dinâmicas a partir da sua incrustação social, para recorrer ao conhecido conceito de Polanyi (2013[1944]). Possibilita assim relativizar um certo sentido teleológico oferecido pela palavra globalização, rapidamente transformada num meio não discutido de leitura do mundo. Esta linguagem aparentemente neutra pode conduzir o intérprete, notou Bourdieu, a tomar sem consciência «posição no próprio debate que tenta objetivar» (Bourdieu 1989, p. 291).

À boleia da experiência colonial portuguesa, a mandioca acompanhou outros trânsitos, desempenhando nesse quadro uma função específica, a de alimentar, em diferentes períodos, os escravos transportados de África para as Américas. Mais tarde esteve presente nas etapas de conquista colonial, tanto no Brasil como em África, acabando os seus usos por servir de caracterização de um poder com dificuldades em ultrapassar modelos de organização social sustentados em métodos básicos de exploração laboral. Os camponeses moçambicanos que cultivavam o algodão e outras matérias-primas agrícolas no quadro de regimes laborais forçados produziam para satisfazer a procura dos mercados externos, tendencialmente globais. Se estes camponeses produzissem também a sua alimentação, cultivando milho, mapira e mandioca, a sua força de trabalho seria ainda mais barata. Já em meados do século XX, em Moçambique, a permanência de incapacidades produtivas e a necessidade económica e política de gerir melhor a organização social levou a mandioca para o âmbito das preocupações periciais de uma ciência da nutrição, elemento coadjuvante da reprodução mais racional da mão de obra africana, um velho desígnio colonial. Aproximando-nos do terreno, a manutenção do consumo desta raiz nos espaços rural e urbano, tanto no chamado período do colonialismo tardio como já depois da independência das antigas colónias, revela os contornos do processo de estratificação social, tanto no que respeita às suas bases materiais como às dimensões simbólicas que as reificam e acrescentam complexidade, revelando também os evidentes limites dos processos de modernização.

Este consumo de subsistência assinala apenas uma das fronteiras, significativa por condicionar qualquer tipo de projeto de vida, de um espaço de múltiplos fechamentos. Estes não demonstram apenas a rigidez das estruturas sociais locais, pois nas fronteiras dos Estados do Norte continuam a ser travados os movimentos daqueles que procuram fugir dos consumos alimentares da pobreza no Sul. A história da mandioca oferece assim uma representação do mundo e das suas dinâmicas menos refém de uma narrativa linear dos fluxos e dos trânsitos e mais reveladora da incrustação bastante particular e desigual que rege a economia política das trocas alargadas.

Referências bibliográficas

Ágoas, F. (2010). «Economia rural e investigação agrária nos primórdios da sociologia em Portugal», Nuno Domingos e Victor Pereira (eds.). *O Estado Novo em questão.* Lisboa: Edições 70, pp. 197-231.

Agricultura de Moçambique (1969) *Indústria de Moçambique*, vol. 2, n.º 5, p. 50.

Alberto, M. S. (1954). «O problema da alimentação entre as populações rurais nativas de Moçambique», *Boletim da Sociedade de Estudos de Moçambique*, Ano XXIII, n.º 83, pp. 115-125.

Bourdieu P. (1989). «História de uma estética pura», *O Poder Simbólico.* Lisboa: Difel.

Bourdieu, P. (2010). *A Distinção. Uma crítica da faculdade do juízo.* Lisboa: Ed. 70.

Brantley, Cynthia (1997). «Kikuyu-Maasai Nutrition and Colonial Science: The Orr and Gilks Study in Late 1920s Kenya», *The International Journal of African Historical Studies*, vol. 30, n.º 1, pp. 49-86.

Capela, José (1973). *Vinho para o preto*, Afrontamento: Porto.

Cascudo, L. da C. (2004). *História da alimentação no Brasil.* São Paulo: Global Editora.

Chaves, R. (1999). «José Craveirinha, da Mafalala, de Moçambique, do mundo», *Via Atlântica*, n.º 3, pp. 140-168.

Clarence-Smith, G. (1990). *O Terceiro Império Português (1825-1975).* Lisboa: Teorema.

Clute, R. E. (1982). «The role of agriculture in african development», *African Studies Review*, vol. 25, n.º 4 (Dec., 1982), pp. 1-20.

Comissão de Nutrição do Ministério do Ultramar. (1955) *Anais do Instituto de Medicina Tropical*, vol. 12, n.º 3, 1955, pp. 537-546.

Cooper, F. (2001). «What is the concept of globalization good for? An African historian's perspetive», *African Affairs*, 100, pp. 189-213.

Cooper, F. (2004). «Development, modernization, and the social sciences in the era of decolonization: the examples of British and French Africa», *Revue d'histoire des sciences humaines (Les sciences sociales en situation coloniale)*, vol. 10, pp. 9-38.

Costa, P. (1973). «Estratégia de desenvolvimento de Moçambique», *Indústria de Moçambique*, vol. 6, n.º 7.

Costa, P. (1971). «Para uma estratégia integrada de desenvolvimento de Moçambique», *Indústria de Moçambique*, vol. 4, n.º 1, pp. 26-33.

Coutinho, L. P. (1961). «A cultura da mandioca e o seu valor na alimentação humana», *Revista Agrícola*, vol. III, n.º 31, abril, 1961, pp. 8-11.

Craveirinha, J. (1959). «A tática acima da técnica», *O Brado Africano*, 11.04.1959, p. 6.

Craveirinha J. (2008). *O folclore moçambicano e as suas tendências*. Maputo: Alcance Editores,

Craveirinha, J. (1954). «Resposta ao "Sr. Valentim"», *Notícias*, 12.06.54, pp. 1 e 4.

Deveza M. C. (1952). «A mandioca – sua importância cultural», *Gazeta do Agricultor*, vol. 32, janeiro de 1952, pp. 15-16.

Dias, M. (1962). «Preparação da farinha de mandioca torrada (farinha dos musseque)», *Garcia da Orta*, vol. 10, n.º 1, 1962, pp. 59-76.

Direito, B. (2013). *Políticas coloniais de terras em Moçambique: o caso de Manica e Sofala sob a Companhia de Moçambique, 1892-1942*, Tese de Doutoramento em Ciência Política. Lisboa: Universidade de Lisboa.

Domingos, N. (2012). *Futebol e colonialismo. Corpo e cultura popular em Moçambique*. Lisboa: ICS.

Domingues, N. B. (2004). «O futebol e a indústria no Barreiro», José Neves e Nuno Domingos (eds.) *A Época do Futebol*. Lisboa: Assírio e Alvim, pp. 329-356.

Estatística Agrícola de Moçambique (1973). Missão de Inquérito Agrícola de Moçambique. Lourenço Marques: Comissão para os Inquéritos Agrícolas do Ultramar.

Ferguson, J. (1999). *Expectations of Modernity, Myths and Meanings of Urban Life on the Zambian Copperbelt*. Berkeley: University of California Press.

Fligstein, N. (1996). «Markets as politics: a political-cultural approach to market institutions», *American Sociological Review*, vol. 61, n.º 4 (Aug. 1996), pp. 656-673.

Freire de Andrade, A. (1897). *Colonisação de Lourenço Marques*. Porto: Typographia de A. J. Silva Teixeira.

Freyre, G. (2003). *Casa grande e senzala*. Recife: Global Editora, 1.ª ed. 1933.

Fortuna, C. (1993). *O fio da meada: o algodão de Moçambique, Portugal e a economia-mundo, 1860-1960*. Porto: Afrontamento.

Galvão, I. (2013). *Sisal em carne viva, poder, ciência e o problema do trabalho numa economia de plantação (Moçambique, c. 1930-1960)*, tese de dissertação em Antropologia Social e Cultural. Lisboa: Instituto de Ciências Sociais, Universidade de Lisboa.

Gonçalves, T. (1948). *Boletim médico do círculo de saúde do Sul do Save*, n.º 2.

Goody, J. (1998). *Cozinha, culinária e classes*, Oeiras: Celta. 1.ª ed. 1982.

Grilo, F. M. (1929). «Moçambique agrícola», in *Boletim da Agência Geral das Colónias*, n.º 50, pp. 256-284.

Hedges D. (1999) *História de Moçambique – Moçambique no auge do colonialismo, 1930-1961*, vol. 2. Maputo: Livraria Universitária Eduardo Mondlane.

Isaacman A. (1997). *Cotton is the Mother of Poverty: peasants, work, and rural struggle in colonial Mozambique, 1938-1961*. Portsmouth: N. H.: Heinemann.

Jones, W. O. (1959). *Manioc in Africa*. Stanford: Stanford University Press.

Kennedy, D. (1987). *Islands of White*. Dhuram: Duke University Press.

Kiple, K., Ornelas, K. (2001). *The Cambridge World History of Food*. Cambridge: Cambridge University Press.

Lebot, V. (2009). *Tropical Root and Tuber Crops*. Wallingford: Centre de Coopération Internationale en Recherche Agronomique pour le Développement.

Leitão, M. A. (1971). «A mandioca na culinária africana», *Gazeta do Agricultor*, vol. 23, n.º 262 (março de 1971), pp. 69-74.

Leite, A. M. (1991). *A poética de José Craveirinha*. Alto dos Moinhos: Veja.

McSween S., T. Walker, V. Salegua, Pitoro, R. (2006). *O impacto económico de variedades de mandioca tolerantes à doença da podridão radicular sobre a segurança alimentar no litoral de Moçambique*, Maputo: Instituto de Investigação Agrária de Moçambique, Direção de Formação, Documentação e Transferência de Tecnologias, Relatório de Pesquisa, n.º 1P, agosto de 2006.

Margarido, A. (2000). *A lusofonia e os lusófonos. Novos mitos portugueses.* Lisboa: Edições Lusófonas.

Matusse, G. (1998). *A construção da imagem de moçambicanidade em José Craveirinha, Mia Couto e Ungulani Ba Ka Khosa.* Maputo: Universidade Eduardo Mondlane.

Mirrada, J. H. M. (1969). «Cultura da mandioca», *Gazeta do Agricultor,* vol. 11, n.º 237, fevereiro de 1969, pp. 34-36.

Mota, T. P., e Lourenço, M. C. (1974). «Farinha de mandioca de Moçambique», *Agronomia Moçambicana,* vol. 8, pp. 47-60.

Murdock, G. P. (1960). «Staple Subsistence Crops of Africa», *Geographical Review,* vol. 50, n.º 4 (Out., 1960), pp. 523-540.

Nutrition in the Colonial Empire (1939) Report of the Colonial Advisory Council Parts I and II [Cmd. 6051], Londres

Ohadike, D. C., (1981). «The influenza pandemic of 1918-19 and the spread of cassava cultivation on the lower Niger: a study in historical linkages», *The Journal of African History,* vol. 22, n.º 3 (1981), pp. 379-391.

O'Laughlin, B. (2002). «Proletarianisation, agency and changing rural livelihoods: forced labour and resistance in colonial Mozambique», *Journal of Southern African Studies,* 28:3, (2002), pp. 511-530.

O'Laughlin, B. (2013). «Through a divided glass: Dualism, class and the Agrarian question in Mozambique», *The Journal of Peasant Studies,* vol. 23, n.º 4, pp. 1-39.

Pinto, A. R. (1946). *Programa de Ação Sanitária e Profilática,* Lourenço Marques, Imprensa Nacional.

Pires, F. F. (1960). «Cultura da mandioca», *Revista Agrícola,* Ano 1, n.ºs 26 e 27, nov-dez, 1960, pp. 11-14.

Pitcher A. (1993). *Politics in the Portuguese Empire: the state, industry and cotton, 1926-1974.* Oxford: Oxford University Press.

Promoção Social em Moçambique (1964). Lisboa: Junta de Investigações do Ultramar, Estudos de Ciências Políticas e Sociais, n.º 71, Centro de Estudos de Serviço Social e de Desenvolvimento Comunitário, junto do Instituto Superior de Ciências Sociais e Política Ultramarina.

Polanyi, K. (2013). *A grande transformação.* Lisboa: Ed 70. 1.ª ed. 1944.

Redinha, J. (1968). *Subsídio para a história e cultura da mandioca entre os povos do Nordeste de Angola.* Luanda: Instituto de Investigação Científica de Angola, pp. 95-108.

Reis, C. S M (1956). «Alimentação e variações somáticas em trabalhadores aborígenes», Conferência Interafricana de Nutrição: 3.ª sessão, Luanda, pp. 561-588.

Reis, C. S M (1964). «Contribuição para o estudo da nutrição dos povos da Guiné Portuguesa. III – Inquérito etnográfico à alimentação materno-infantil», *Anais do Instituto de Medicina Tropical* – vol. 21 n.º 1/2 (jan/jun 1964), pp. 123-130.

Reis, C. S M. (1977-78). «Contribuição para o estudo do estado de nutrição dos povos da Guiné Bissau: IV – A missão de estudos nutricionais de 1959/1960», *Anais do Instituto de Higiene e Medicina Tropical*, vol. 5, n.º 1/4 (janeiro/dezembro de 1977/78), pp. 371-378.

Reis, C. S. M. (1956). «Necessidades energéticas dos povos moçambicanos», in Conferência Interafricana de Nutrição: 3.ª sessão, Luanda, 1956, pp. 627-667.

Resultados de Pesquisa da Direção de Economia (2013). Ministério da Agricultura, *Flash*, n.º 64.

Ribeiro, F. B. (2010). *Entre martelos e lâminas, dinâmicas globais, políticas de produção e fábricas de caju em Moçambique.* Porto: Afrontamento.

Richards, A. I. (1932). *Hunger and Work in a Savage Tribe: a functional study of nutrition among the southern bantu*, Londres, Routledge.

Rita-Ferreira, A. (1967-1968). *Os Africanos de Lourenço Marques.* Lourenço Marques: Separata das Memórias do Instituto de Investigação Científica de Moçambique.

Santos, A. de S. (1968). «Prensas de Mandioca nos Musseques dos Arredores de Luanda», *Boletim do Instituto de Investigação Científica de Angola*, vol. 5, n.º 2, pp. 153-165.

Santos, A. R. dos (1977). «Desenvolvimento monopolista em Portugal (fase 1968-1973): estruturas fundamentais», *Análise Social*, vol. 13 (49), pp. 69-95.

Selvester, K., Garrett, J., (2011). *Ligações produtivas entre agricultura, nutrição, e segurança alimentar: o caso de Moçambique.* Maputo: Ministério da Agricultura.

Silva, A. de Freitas (1964). «A Mandioca», *Gazeta do Agricultor*, vol. 16, n.º 179, abril, 1964, pp. 109-117.

Silva, M. A. de Andrade (1955). «O problema alimentar de Moçambique», *Anais do Instituto de Medicina Tropical*, vol. 12, n.º 4, 1955, pp. 691-712.

Soares, A. de C (1961). *Política de bem-estar rural em Angola.* Lisboa: Junta de Investigações do Ultramar, Centro de Estudos Políticos e Sociais, n.º 49.

Sobral, J. M. (2008). «Cozinha, nacionalismos e cosmopolitismo em Portugal (séculos XIX-XX)», Cabral, M. V.,Wall, K., Aboim, S., Silva, F. C. da, *Itinerários, a investigação nos 25 anos do ICS.* Lisboa: ICS, pp. 99-123.

Vicente da Gama, J. (1859). *Almanach civil eclesiástico histórico-administrativo da província de Moçambique,* Anno de 1859, 3.º depois do Bissexto, Imprensa Nacional de Moçambique.

Zamparoni, Valdemir (1998). *Entre narros e mulungos: colonialismo e paisagem social em Lourenço Marques, c. 1890 . c. 1940,* tese apresentada para a obtenção do grau de doutor em História Social São Paulo. Faculdade de Filosofia, Letras e Ciências Humanas da Universidade de São Paulo.

West H. G. (2009). *Kupilikula: o poder invisível em Muda, Moçambique.* Lisboa: ICS.

O movimento em modo *pause*

JOÃO LEAL
(Universidade Nova de Lisboa, Centro em Rede de Investigação em Antropologia)

A globalização é sinónimo de movimento: de pessoas, de capital, de ideologias, de cultura (Inda & Rosaldo, 2002). Esse movimento é um movimento com consequências. Estas podem ser descritas com recurso à conhecida metáfora da teoria do caos: «o bater de asas de uma borboleta em Nova Iorque pode influenciar o tempo em Tóquio». Onde está Tóquio podia estar Marraquexe. As vidas locais são agora afetadas de forma mais intensa por fluxos e movimentos cuja origem se situa a milhares de quilómetros de distância. Não é só o tempo meteorológico que em Tóquio – ou em Marraquexe – depende do que se passa longe, é também a vida das pessoas que lá vivem que é agora influenciada – no caso de Marraquexe – por remessas dos emigrantes ou pelo afluxo de turistas.

Embora haja autores que sustentem o contrário, esta importância do movimento na formatação da vida humana não é inédita. A história da humanidade sempre foi – para citar uma expressão recorrente nos estudos contemporâneos sobre globalização – a história de uma «humanity on the move». A antropologia está particularmente bem colocada para relembrar esta condição móvel da humanidade. Desde logo – como mostram os estudos da antropologia biológica – porque todo o processo da evolução humana foi um processo que se desenrolou no espaço total do planeta e que envolveu movimentos – de populações que se dispersaram, de invenções tecnológicas que se espalharam em mancha – que conduziram gradualmente à ocupação humana de territórios cada vez mais distantes. O povoamento da América foi um dos grandes e últimos episódios desses antigos movimentos de pessoas e de cultura. Antropólogos norte-americanos, como Franz Boas (1940a e 1940b) ou Paul Radin (1934), escreveram sobre ele de forma pioneira, mostrando – antes de Lévi-Strauss – que foram essas migrações que fundaram, por exemplo, a unidade e a diversidade das mitologias ameríndias. Mais tarde, a segunda colonização da América – primeiro com a conquista, depois com a escravatura – atestou a continuada importância do movimento na formatação – voluntária ou forçada – de novas formas culturais. Entre elas contam-se – no Brasil ou nas Caraíbas – as religiões afro-americanas ou – no México – as festas religiosas assentes no chamado «sistema de cargos», estudadas ora como testemunhos de um catolicismo imposto – mas sincretizado – ora como provas da tenacidade teimosa das cosmologias pré-conquista entre as populações indígenas (Dehouve, 2006).

O movimento sempre foi, portanto, constitutivo da história da cultura. Há entretanto algo de novo no movimento contemporâneo. Essa novidade decorre antes do mais de um salto quantitativo que pode ser sintetizado na frase «nunca tantas pessoas de moveram tanto em tantas direções». Mas resulta também de vários saltos qualitativos. O movimento contemporâneo acrescentou aos emigrantes e colonos de sempre novos atores: voluntários – como os turistas – ou forçados – como os refugiados. Processa-te também – graças ao desenvolvimento tecnológico dos meios de transporte – a uma velocidade inédita. Em simultâneo – e mais recentemente – as inovações na área das tecnologias de informação permitiram desligar o movimento de ideias e formas culturais do movimento físico das pessoas (Bauman, 1998).

Isto é: se a humanidade sempre se moveu, agora move-se, não só mais e mais rapidamente, mas de uma forma qualitativamente diferente. Em consequência, multiplicaram-se as conexões e articulações entre pessoas e coletivos à escala planetária e as vidas locais estão agora mais fortemente encaixadas – e encaixadas de formas diferentes – em fluxos globais.

I – O movimento: irrestrito?

Para além de ser uma realidade verificável, o movimento tornou-se também um dos tropos centrais da ideologia contemporânea da globalização, em particular na sua versão neoliberal. Esta assenta na apologia do movimento irrestrito, do movimento pelo movimento. Há entretanto vários problemas com esta tematização ideológica do movimento. Limito-me a sugerir dois ou três, a que regressarei mais tarde. O movimento é seletivo: o capital circula melhor do que o trabalho, os pobres menos do que os ricos. O movimento descansa: a transnacionalidade dos emigrantes do passado deu lugar a soluções – como a etnicidade ou a assimilação – que arrefeceram gradualmente o vaivém entre terra de origem e terra de acolhimento (Leal, 2009). O movimento pode mesmo ser ilusório: a inscrição do logo de uma cerveja australiana num escudo de um *big man* de um dos múltiplos grupos étnicos que compõem a Papua-Nova Guiné não significa o desaparecimento do *ethos* guerreiro do grupo. Viajou a mercadoria, mas por enquanto não viajou senão a mercadoria.

Não é que o movimento não exista. Mas não é irrestrito e não se deixa prender a generalizações. É neste ponto que a antropologia pode entrar. Como Lila Abu-Lughod sugeriu, em 1989, uma das forças da antropologia resulta da sua capacidade de construir «etnografias do particular» que problematizem e contrariarem generalizações (Abu Lughod, 1989). Duas décadas depois, essa sugestão mantém-se válida. A mais-valia da antropologia resulta do modo como olha as pessoas e as coisas: de perto e devagar. E do modo como, ao fazê-lo, dá voz às inúmeras fricções (Tsing, 2005) que contrariam a ideologia do movimento irrestrito e que tornam problemáticas algumas das suas generalizações.

No final do século XIX, quando a imagem fotográfica passou a poder captar o movimento, este foi decomposto por intermédio de conjuntos de fotogramas – como *Man Jumping* de Etienne-Jules Murey ou *Annie G. in a Canter* de Eadweard Maybridge (Varnedoe, 1990, p. 110-112) – que permitiam parar o movimento sem entretanto o imobilizar. À semelhança do tratamento dado ao movimento pelos cronofotógrafos oitocentistas, a antropologia deve intervir nos debates sobre o movimento na vida social e cultural contemporânea com uma aproximação em modo *pause*. Não se trata tanto de imobilizar o movimento, mas de o arrefecer para sobre ele construir uma perspetiva capaz de surpreender o modo como realmente se move.

II – O movimento em modo *pause: take one*

No modo *pause*, a antropologia deve – antes do mais – introduzir nos debates contemporâneos sobre o movimento a sua experiência de trabalho – frequentemente desconhecida – com a mobilidade e os fluxos de pessoas, ideias e formas culturais.

De uma forma geral a antropologia novecentista foi associada à imobilidade: imobilidade daquela parte da humanidade que ficou de fora da modernidade; imobilidade de grupos fechados sobre si próprios, social e culturalmente autossubsistentes; imobilidade de culturas definidas como tradicionais. Embora exagerada, esta visão contém alguns elementos de verdade. De facto, a antropologia moderna – que se desenvolveu *grosso modo* entre os anos vinte e trinta do século XX – privilegiou frequentemente uma lógica do estudo atomizado de sociedades de pequena escala imobilizadas no tempo e no espaço pelo olhar do etnógrafo.

No entanto, em defesa da antropologia, deve também ser dito que esta possui uma importante tradição – frequentemente menosprezada pelos próprios antropólogos – de trabalho a partir do movimento. Essa tradição desenvolveu-se logo na viragem do século XIX para o século XX, quando na Alemanha, nos EUA e na Inglaterra o difusionismo substituiu o evolucionismo como paradigma dominante da antropologia. Para os difusionistas, as migrações e os empréstimos culturais – aquilo a que nós hoje chamamos o movimento de pessoas e culturas – eram mecanismos centrais na produção e reprodução da cultura. Não é que o difusionismo ignorasse a importância de outros mecanismos de desenvolvimento histórico das culturas, como a invenção independente ou a convergência (Wissler, 1923, p. 99-109). Mas era sobretudo a difusão – como mecanismo cofundador da cultura – que lhe interessava. Neste quadro, a tarefa dos antropólogos era a de traçar os mapas e os sulcos deixados pelo movimento de grupos sociais e de elementos culturais. Enquanto alguns desses mapas eram desenhados a escalas mais restritas – como nos estudos de Boas sobre as populações índias da costa do Noroeste americano (1940c) –, outros eram esboçados a escalas mais englobantes – como nos estudos de W. H. R. Rivers sobre os sistemas de parentesco na Melanésia (1914). O carácter conjetural das conclusões obtidas pelos antropólogos difusionistas e, no caso da Inglaterra, os exageros dos hiperdifusionistas – incluindo Rivers – conduziram entretanto ao declínio das ideias difusionistas. Estas, no quadro da querela entre os «antigos e os modernos» que marca o nascimento – nos anos vinte do século XX –, da antropologia moderna, passaram a ser vistas como uma espécie de doença infantil da antropologia.

Apesar disso, ideias sobre difusão continuaram a alimentar a pesquisa antropológica, nomeadamente no quadro da chamada teoria da aculturação. Esta partiu da constatação de duas grandes limitações do difusionismo clássico. Por um lado, este subscrevia uma visão atomizada dos processos de mobilidade da cultura, privilegiando os modos de circulação de elementos culturais isolados (mitos, máscaras, formas de organização política, etc.). Por outro, tinha uma visão excessivamente passiva dos processos de aceitação, no quadro de uma cultura determinada, dos elementos culturais vindos de fora. Foi a partir da constatação destas duas limitações que se desenvolveu, a partir dos anos quarenta, a teoria da aculturação, associada a nomes como Melville Herskovits (1948) ou Ralph Linton (1963). Esta, mais interessada nos resultados do movimento do que no movimento em si, irá substituir a visão atomizada do difusionismo clássico por uma aproximação holista, que passa a entender os processos resultantes do contacto de culturas como processos ativos, marcados pelo sincretismo, pela reinterpretação e pela contra-aculturação. A sua atenção à capacidade de resistência dos sistemas de valores culturais mais densos – aquilo a que

Herskovits chamava «imponderáveis culturais» (1966) – em situações de contacto de culturas deve ser também sublinhada.

Contudo, tal como o difusionismo clássico, a teoria da aculturação também tinha limitações. Uma delas era o culturalismo, cujas consequências se manifestavam numa insuficiente atenção prestada aos processos de formatação política dos contactos de cultura. Estes faziam parte do *background* da análise, mas em muitos casos tinham um protagonismo reduzido. Foi em parte contra essa tendência que se rebelaram autores como Eric Wolf e Sidney Mintz. Eric Wolf (1966, 1982), ao mesmo tempo que argumentou que primitivos e camponeses, apesar da sua imobilidade cultural aparente, estavam fortemente inseridos no sistema mundo, mostrou como essa inserção era formatada desde o início por mecanismos globais de dominação associados ao Estado ou ao mercado. Sidney Mintz, concentrando-se na história global do açúcar (1986) e no estudo antropológico e histórico das culturas afro-americanas como produtos culturais complexos da globalização (Mintz & Price, 2003), sublinhou também o modo como movimento e cultura, poder e mercado se encontram complexamente articulados entre si.

Estas tradições de reflexão antropológica sobre o movimento colocam a antropologia numa posição privilegiada para trabalhar em modo *pause* sobre os processos contemporâneos de mobilidade de pessoas, ideias e formas culturais. A elas podemos pedir emprestadas três grandes ideias: o movimento como mecanismo cofundador da cultura (difusionismo clássico); o carácter dinâmico dos impactos do movimento em diferentes culturas (teoria da aculturação); o movimento como um processo formatado económica e politicamente à escala global (Wolf e Mintz).

III – O movimento em modo *pause: take two*

As etnografias contemporâneas do movimento têm confirmado – mesmo que não dialoguem explicitamente com elas – o acerto destas ideias. Simultaneamente, têm permitido um rastreamento mais aprofundado dos fluxos globais que torna ainda mais problemática a narrativa do movimento irrestrito. Desse rastreamento emergiram três ideias centrais.

A primeira: o movimento acontece segundo ritmos diferentes. Ao lado dos globais, continuam a existir os locais. Trabalhando sobre a Nigéria, Ulf Hannerz mostrou como as formas de conexão com o mundo variam ao longo de um contínuo que vai dos *beento* cosmopolitas aos *bush* locais. Num dos polos – o dos *beento* –, a abertura ao mundo é máxima e organiza-se em torno de uma «geografia carismática» (Hannerz, 1992, p. 229) integrada pelas grandes metrópoles. No outro polo – o dos *bush* –, encontram-se «os milhares de aldeias às quais as influências transnacionais tendem a chegar de um modo mais fragmentário e indireto» (*idem*: 230). As velocidades do movimento variam também de acordo com aquilo que está a circular. O capital circula mais e melhor do que o trabalho, do mesmo modo que a desregulação financeira é acompanhada de políticas restritivas de emigração e/ou da generalização das «migrações virtuais» baseadas no *outsourcing* do trabalho especializado do Primeiro para o Terceiro Mundo (Amesh 2006). Do mesmo modo, a circulação de bens e produtos culturais (roupa, marcas de bebidas, *fast food*) que são parte daquilo a que Bauman (1998) chama a economia global do desejo é mais rápida do que a circulação de sistemas de valores culturalmente densos sobre família, género, etc. Estes sistemas de valores circulam eles próprios segundo velocidades diferentes: a teologia da prosperidade associada às religiões neopentecostais, por exemplo, viaja mais depressa do que ideias sobre a democracia política. Como mostrou Appadurai, o movimento não é isomórfico, mas marcado por disjunturas que fazem com que certas coisas circulem melhor do que outras (Appadurai, 1990, p. 37).

Segunda ideia: o movimento desenha múltiplos mapas. Esta é uma ideia que tem sido trabalhada sobretudo em reação às teses do imperialismo cultural – tanto as eufóricas como as apocalípticas –, que falam de um movimento homogeneizador de um só sentido: do Ocidente para o resto do mundo, do centro para a periferia. Contra essas ideias, têm sido propostos vários argumentos. Não há um Ocidente, mas vários Ocidentes. Além dos movimentos do centro para a periferia, há movimentos internos ao centro. Há também movimentos entre periferias. Há finalmente movimentos da periferia para o centro. Estes vários pontos foram trabalhados por autores como Ulf Hannerz (1992, p. 219–222) ou Jonathan Inda e Renato Rosaldo (2002) e têm sido confirmados pela crescente multipolarização do mundo.

Neste conjunto de argumentos, há um em particular que gostaria de reter. Os mapas da globalização dos ideólogos do movimento irrestrito baseiam-se numa conceção do espaço que apenas trabalha com duas instâncias: o global e o local. Essa conceção tem dificuldade em pormenorizar escalas intermédias do movimento. Há o global e há o local, o infinitamente grande e o infinitamente pequeno, mas, entre os dois, nada se interpõe. Contra essa conceção há que construir mapas mais pormenorizados do movimento que levem em conta as múltiplas escalas que medeiam entre o global e local. Muitas das inovações culturais no mundo contemporâneo, por exemplo, circulam, não tanto de acordo com mapas globais, mas de acordo com mapas que, transcendendo a localidade, possuem uma dimensão mais restrita, de âmbito regional ou nacional. Vistos da Europa, os subúrbios ou os *malls* norte-americanos retêm um forte carácter local, assim como há qualquer coisa de especificamente brasileiro nos condomínios de luxo fechados estudados por Teresa Caldeira em São Paulo (2000). A um nível mais englobante, deve insistir-se também sobre a importância que têm escalas macrorregionais (Sudeste Asiático, Médio Oriente, etc.) na mediação entre fluxos globais e vidas locais. Como escreveram Sinclair e outros autores a propósito dos «fluxos globais de televisão», o mundo «está dividido num certo número de regiões, cada uma das quais com as suas dinâmicas internas e com os seus laços globais» (Sinclair, Jacka & Cunningham, 2000, p. 301). São também mapas macrorregionais desse tipo que desenham os fluxos migratórios contemporâneos, com a América do Norte, a Europa, o golfo Pérsico e a Austrália a operarem como polos de movimentos migratórios com origens distintas, formando sistemas com dinâmica própria.

Terceira ideia: o movimento tem resultados culturalmente contraditórios. Como defendem os teóricos que subscrevem as teses do imperialismo cultural, este não deixa de produzir homogeneidade cultural. A generalização de culturas juvenis à escala mundial ou a difusão global de marcas de produtos alimentares e de vestuário são um bom exemplo disso. Mas a eles podem somar-se exemplos mais substantivos. É o que se passa com o Estado-nação. Originária do Ocidente, a ideia de que o mundo se deve organizar em Estados-nação – a ideia de que essa é a única forma legítima de organização política – espalhou-se em mancha pelo mundo. Com a sua difusão generalizou-se, não apenas uma determinada tipologia política, mas um imaginário social e cultural relativamente homogéneo.

Mas a homogeneização cultural é apenas uma das faces da medalha. O movimento global de formas culturais é um processo complexo, marcado por fenómenos de hibridização – termo que na terminologia contemporânea corresponde à aculturação difusionista – que originam novas formas e significados culturais. Esses fenómenos de hibridização comportam, por um lado, um trabalho de reinterpretação: formas culturais idênticas passam a receber significados diferentes. A série *Dallas* vista por aborígenes australianos não é a mesma que é vista pelo espectador médio norte-americano (Michaels, 2002), do mesmo modo que um MacDonald's em Pequim é diferente de um MacDonald's norte-americano (Yan, 2005), que por sua vez é diferente de um MacDonald's brasileiro. Simultaneamente, formas culturais locais e formas culturais vindas de fora articulam-se entre si para produzir novas composições. O Natal – um dos principais rituais globais do mundo contemporâneo – é um em Trindade (Miller, 1993), outro entre os Iñupiak do Alasca (Bodenhorn, 1993) e outro ainda na Suécia (Löfgren, 1993). Em Trindade, o Natal envolve compras, mas essas compras não se destinam a presentes que são oferecidos e retribuídos, mas à aquisição de bens – cortinas, mobílias – para a casa, que nessa altura do ano deve ser limpa, pintada e reparada. Do mesmo modo, entre os Iñupiak, o Natal envolve, para além das cerimónias litúrgicas próprias da época, a realização de uma grande refeição comunitária de carne de baleia. E assim sucessivamente. Isto é, circulando globalmente, estas e outras formas culturais são submetidas a processos de torção local que as transformam à chegada em coisas diferentes do que eram à partida.

Mas as formas culturais não são tudo. A cultura é também um conjunto de valores que organiza os modos de conduta. E, se olharmos para o passado, podemos perceber que a cultura assim vista apresenta maior resiliência ao movimento do que é geralmente aceite. Assim, Glazer e Moynihan (1963) puderam demonstrar – no livro que assinalou o início do fim da ideologia norte-americana do *melting pot* – o modo como em Nova Iorque os imigrantes europeus de terceira e quarta geração, ao mesmo tempo que se americanizaram, guardaram valores culturais distintivos que fazem deles americanos diferentes. Do mesmo modo, tanto Herskovits (1966) como Sidney Mintz e Richard Price (2003) puderam constatar o modo como um dos fatores de unidade das culturas africanas no Novo Mundo tem a ver com sistemas de valores e orientações culturais mais profundos. Como escreveram Mintz e Price, «os elementos mais formais» exerceram «menos influência nas instituições nascentes dos africanos recém-escravizados do que fizeram [os] seus pressupostos fundamentais comuns sobre as relações sociais ou o funcionamento do universo» (2003, p. 29).

Levando em conta algumas das razões que foram sendo apresentadas, Ulf Hannerz pôde defender – acertadamente – que a globalização não põe fim à diversidade cultural do mundo, mas substitui um determinado tipo de diversidade cultural por outro. Segundo ele, «o sistema mundo, em vez de criar homogeneidade cultural massiva está a substituir um tipo de diversidade por outra» (Hannerz, 1987, p. 555). «A nova diversidade é baseada mais em inter-relações e menos em autonomia» (Hannerz, 1987, p. 555) e pressupõe a generalização de culturas crioulas, vistas enquanto «fontes de vitalidade cultural» (Hannerz, 1987, p. 557). O que aconteceu nesse primeiro grande laboratório do movimento global de pessoas e culturas que foram as Caraíbas parece dar razão a esta visão otimista da diversidade cultural nas condições da globalização. Do cruzamento sucessivo e frequentemente violento de várias culturas nasceram novas formas culturais misturadas, de tal forma que a mestiçagem pôde até ser transformada em ideologia oficial dos novos Estados caribenhos (Kahn, 2004). Passou-se o mesmo no Brasil com os processos históricos de formação das diferentes religiões afro-brasileiras, do candomblé da Bahia ao tambor de mina do Maranhão, passando pela umbanda.

A esta capacidade de criar formas culturais híbridas nas condições da globalização há que acrescentar o modo como o movimento e as pressões homogeneizadoras da globalização cultural produzem movimentos de contra-aculturação, baseados no regresso a formas culturais autênticas, mesmo que essa autenticidade seja mais imaginada do que propriamente real. Mais uma vez, o caso das religiões afro-brasileiras é ilustrativo. Nascidas de processos de mistura de diferentes influências culturais, estas têm hoje no «regresso a África» uma das tendências estruturantes. É também na mesma linha que pode ser entendida a generalização, no mundo contemporâneo, de movimentos e políticas de identidade. Estes, ao transformarem a cultura em emblema identitário, contribuem poderosamente para a demarcação de novas fronteiras – culturais – no preciso momento em que outras e mais velhas fronteiras – económicas, políticas – se tornam mais porosas.

Mas, ao lado destes fenómenos de apropriação diferenciadora – que substituem uma forma de diversidade cultural por outra –, há que levar em conta que o movimento de pessoas e formas culturais tem efeitos destruidores irreversíveis. O etnocídio, apesar de esta expressão, popularizada nos anos setenta pelo antropólogo francês Robert Jaulin (1970), já não estar em voga, existe. O melhor indicador desse movimento de irreversível perda da diversidade cultural do mundo tem a ver com a língua. Segundo uma previsão citada por David Crystal (2000, p. 19), nos próximos cem anos deverão desaparecer metade das seis mil línguas atualmente faladas no mundo. Não é uma previsão especialmente catastrófica, se for levado em conta que seis mil línguas é o número que sobra de cerca das 14 500 línguas que eram faladas no mundo em 1490 (MacGillivray, 2006, p. 260).

E, a cada língua que desaparece – como sabemos desde as teses de Edward Sapir e Benjamim Lee Whorf sobre o vínculo entre língua e cultura –, é um mundo cultural distinto que chega irrevogavelmente ao fim.

São pois contraditórios os resultados do movimento. Não só homogeneização, mas hibridização. Não só resiliência da cultura como sistema de valores, mas plasticidade da cultura enquanto conjunto de «fragmentos e remendos» (Lowie, 1920). Não só etnocídio, mas novas formas de organização da diversidade cultural do mundo. Seja como for, o movimento, ao chegar aos seus destinos, encontra restrições e fricções, é torcido e fragmenta-se.

IV – O movimento em modo *pause: take 3*

Ritmos diferentes, mapas múltiplos, resultados contraditórios: nada que se assemelhe portanto ao movimento irrestrito. Não é que o movimento não seja – como diriam os difusionistas – um dos principais mecanismos cofundadores das culturas contemporâneas. Mas segue percursos complexos, como aqueles que começaram a ser mapeados pela teoria da aculturação. E é também – como demonstraram Wolf e Mintz – formatado política e economicamente.

Falar do movimento em modo *pause* é também – nessa medida – falar dos constrangimentos económicos e políticos que pesam sobre ele. É por isso necessário acrescentar às três ideias já apresentadas uma quarta: o movimento é fraturado por desigualdades e assimetrias. Essas assimetrias estão inscritas nos movimentos de formas culturais anteriormente mapeados. Embora a multipolarização do mundo esteja em curso, os movimentos de formas culturais entre a periferia e o centro continuam a ser desiguais. E, mesmo que esta tendência venha a ser invertida, no interior das escalas macrorregionais que organizam o movimento global, a relação tenderá sempre a ser assimétrica. Ao lado da hibridização – na qual está em muitos casos inscrito um qualquer tipo de violência simbólica – continuará o lento processo de multiplicação dos «disappearing worlds» sobre cujo mapeamento paciente se construiu a antropologia moderna. E, se nuns casos, a importação de estilos de vida produzidos à escala global continua a coexistir com a manutenção de sistemas de valores culturais locais, que alimentam identidades reforçadas, noutros a identidade – uma «cultura» com aspas (Cunha, 2009) – é o que sobra depois da cultura – sem aspas – ter sido irreversivelmente afetada pela estruturação desigual do movimento.

Mas tem sido sobretudo em relação à mobilidade das pessoas que as assimetrias que fraturam o movimento têm sido sublinhadas. Como defende Zygmunt Bauman, «a mobilidade tornou-se o mais poderoso e desejado fator de estratificação» do mundo contemporâneo (1998, p. 9), não só porque capital e trabalho circulam a velocidades diferentes, mas também porque as condições de acesso ao movimento são social, económica e politicamente diferenciadas. Os reflexos dessa estratificação pelo movimento são vários. Entre os emigrantes, como mostrou Alejandro Portes, a transnacionalidade – condicionada pelo capital cultural e relacional – é mais forte entre a classe média do que entre as camadas populares (Portes, 2004). O movimento é também indissociável da multiplicação de espaços baseados na imobilidade forçada: não apenas o bairro social europeu ou a *inner city* racializada norte-americana, mas também o sistema prisional ou os campos de refugiados. Sobre estes, Bauman pôde escrever que devem ser vistos como uma espécie de hipergueto à escala global: espaços onde fica imobilizado o «lixo humano» produzido pela globalização (2007). Mas não é preciso ir tão longe para falar da imobilidade forçada. Como mostrou Saskia Sassen (1991), a composição social das cidades globais (Nova Iorque, Londres, Tóquio) é uma composição em ampulheta: esvaziadas da classe média – que se deslocou para os subúrbios –, elas têm no topo uma classe cosmopolita que faz da viagem a sua condição existencial, ao passo que na base se encontram grupos social e geograficamente aprisionados às tarefas de manutenção – limpezas, recolha do lixo, etc. –, de que depende o seu funcionamento local. A mobilidade de uns depende da imobilização – social e territorial – de outros.

V – Etnografias do movimento

Ajudando a colocar o movimento em modo *pause*, a antropologia não deve entretanto obstruí-lo. Depois de colocado em modo *pause*, o movimento deve prosseguir, agora que percebemos que tem de contornar obstáculos, que conhece limites e que se desloca num tempo e num espaço que nunca foram homogéneos. A prossecução de etnografias do movimento que retenham as suas complexidades deve pois continuar.

Nelas, dois aspetos são a meu ver importantes. Um deles – no seguimento das sugestões de Appadurai (1996) – tem a ver com o estudo das novas condições, de acrescida fragilidade, em que são produzidas contemporaneamente vidas locais. Não se trata apenas – como sugere Appadurai na parte final do seu artigo – de mapear as novas comunidades transnacionais nascidas do regime contemporâneo do movimento. Trata-se também de perceber como continua ser produzida a proximidade social. Qual é – se quisermos pôr a questão nestes termos – a natureza do laço social num mundo atravessado pelas seduções e perigos do movimento? Um segundo aspeto tem a ver com a necessidade de multiplicar narrativas descentradas sobre o movimento. Continuamos a ter um mapa incompleto daquilo a que Eisenstadt chamou «múltiplas modernidades» (2000). Mas não se trata apenas disso: o próprio mapeamento do movimento – mesmo quando é feito a partir de visões mais periféricas – continua em larga medida a depender de agendas excessivamente habitadas pelo espectro do imperialismo cultural. Contra essa tendência, há que multiplicar pontos de vista que nos permitam construir geografias alternativas do movimento. Estas devem também incluir lugares mais comuns – ou menos previsíveis – onde o movimento é mais tangencial e obedece a rotinas menos heroicas. Um subúrbio envelhecido lisboeta, por exemplo.

Referências bibliográficas

Abu-Lughod, L. (1989). «Writing against culture», R. Fox, *Recapturing Anthropology*. Santa Fe: School of American Research Press, pp. 137-162.

Anesh, A. (2006). *Virtual Migration. The programming of globalization.* Durham, Londres: Duke University Press.

Appadurai, A. (1990). «Disjuncture and difference in the global cultural economy», M. Featherstone, *Global Culture. Nationalism, globalization and modernity.* Londres/Newbury Park/Nova Deli: Sage Publications, pp. 295-310.

Appadurai, A. (1996). *The Production of Locality, Modernity at Large. The cultural dimensions of globalization.* Mineápolis: University of Minnesota Press.

Bauman, Z. (1998). *Globalization: the human consequences.* Polity Press.

Bauman, Z. (2007). *Liquid Times. Living in an Age of Uncertainty.* Cambridge: Polity Press.

Boas, F. (1895). «The growth of Indian mythologies», *Race, Language and Culture.* Chicago: The University of Chicago Press, pp. 425-436.

Boas, F. (1911). «The history of the American race», *Race, Language and Culture.* Chicago: The University of Chicago Press, pp. 324-330.

Boas, F. (1933). «The relationships between North-West America and North-East Asia», *Race, Language and Culture.* Chicago: The University of Chicago Press, pp. 344-355.

Bodenhorn, B. (1993). «Christmas present: Christmas public», D. Miller, *Unwrapping Christmas.* Oxford: Clarendon Press, pp. 176-216.

Caldeira, T. (2000). *City of Walls. crime, segregation, and citizenship in São Paulo.* Berkeley: Berkeley University Press.

Crystal, D. (2000). *Language Death.* Cambridge: Cambridge University Press.

Cunha, M. C. (2009). *«Culture» and Culture: traditional knowledge and intellectual rights.* Chicago: Prickly Paradigm Press.

Dehouve, D. (2006). *Essai sur la royauté sacrée en république mexicaine.* Paris: CNRS Éditions.

Eisenstadt, S. N. (2000). «Multiple modernities», *Daedalus* 129, 1, pp. 1-29.

Glazer, N., & Moynihan, D. (1963). *Beyond the Melting Pot. The Negroes, Puerto Ricans, Jews, Italians and Irish of New York City.* Cambridge MA: The M.I.T. Press.

Hannerz, U. «The global ecumene», *Cultural Complexity. Studies in the social organization of meaning*. Nova Iorque: Columbia University Press, pp. 217-267.

Hannerz, U. (1987). «The world in creolization», *Africa 57*, 4, pp. 546--557.

Herskovits, M. (1948). *Man and His Works. The science of cultural anthropology*. Nova Iorque: Alfred Knopf.

Inda, J. &. (2002). Introduction. In J. &. Inda, *The Anthropology of Globalization. A reader*. Malden MA Oxford: Blackwell.

Jaulin, R. (1970). *La paix blanche. Introduction à l'ethnocide*. Paris: Le Seuil.

Kahn, A. (2004). *Callaloo Nation. Metaphors of race and religious idenity among South Asians in Trinidad*. Durham/ Londres: Duke University Press.

Leal, J. (2009). «Rituais em trânsito: festas do espírito santo, transnacionalidade, etnicidade», J. Crespo, *Estudos em homenagem*. Lisboa: Sem Luz, pp. 57-80.

Linton, R. (1940). *Acculturation in Seven American Indian Tribes*. Gloucester MA: Peter Smith.

Löfgren, O. (1993). «Unwrapping Christmas», T. G. Traditions, *Miller, D.*. Oxford: Clarendon Press, pp. 217-234.

Lowie, R. (1920). *Primitive Society*. Nova Iorque: Boni and Livreright.

MacGillivray, A. (2006). *A Brief History of Globalization*. Londres: Robinson.

Melville, H. (1945). «Problem, method and theory in Afro-American studies», *The New World Negro. Selected papers in AfroAmerican studies, n/l*, pp. 43-61.

Michaels, E. (2002). «Hollywood iconography. A Warlpiri reading», J. Inda & R. Rosaldo, *The Anthropology of Globalization. A reader*. Malden MA – Oxford: Blackwell, pp. 311-324.

Miller, D. (1993). «Christmas Against Materialism», D. Miller, *Unwrapping Christmas*. Oxford: Clarendon Press, pp. 134-153.

Mintz, S. &. Price, R. (1992). *O nascimento da cultura afro-americana. Uma perspetiva antropológica*. Rio de Janeiro, Pallas: Centro de Estudos Afro-Brasileiros.

Mintz, S. (1986). *Sweetness and Power. The place of sugar in modern history*. Londres: Penguin Books.

Portes, A. (2003). «Convergências teóricas e dados empíricos no estudo do transnacionalismo migrante», *Revista Crítica de Ciências Sociais*, 69, pp. 73-93.

Radin, P. (1934). *The Story of the American Indian.* Nova Iorque: Liveright.

Rivers, W. (1914). *The History of Melanesian Society* (vol. II). Cambridge: Cambridge University Press.

Sassen, S. (1991). *The Global City. New York, Londres, Tokyo.* Princeton Nova Jérsia: Princeton University Press.

Sinclair, J., Jacka, E., & Cunningham, S. (1996). «Peripheral Vision», F. &. Lechner, *The Globalization Reader.* Malden MA – Oxford: Blackwell, pp. 301-306.

Tsing, A. (2005). *Friction. An ethnography of global connection.* Princeton: Princeton University Press.

Varnedoe, K. (1990). *A Fine Disregard. What makes modern art modern.* Nova Iorque: Harry Abrams.

Wissler, C. (1923). *Man and Culture.* Nova Iorque: Thomas Y. Crowell Company.

Wolf, E. (1982). *Europe and the People without History.* Berkeley: University of California Press.

Wolf, E. (1966). *Peasants.* Nova Jérsia: Prentice Hall.

Yan, Y. (2005). «China's Big Mac attack», J. &. Watson, *The Cultural Politics of Food and Eating.* Malden MA: Blackwell, pp. 80-103.

Globalização alimentar, identidades e culinária

JOSÉ MANUEL SOBRAL

1. Começou a falar-se de modo crescente em globalização nas últimas três décadas. Esses discursos, que invadiram os meios de comunicação de massa e proliferam na teorização académica, são um reflexo das transformações indubitáveis que ocorreram neste período, nos planos económico, político, social e cultural. O campo económico assistiu a uma expansão da economia capitalista a nível mundial, ainda mais acelerada com a integração nessa órbita da antiga URSS, da China e dos seus satélites. A abolição de grande parte das regulações locais no campo económico permitiu a expansão das empresas transnacionais, o que foi acompanhado pela difusão de uma ideologia que celebrava as vantagens universais de uma atividade económica liberal. A nível político, as alterações disseram sobretudo respeito à erosão do poder soberano dos Estados nacionais, concomitante com a emergência de entidades políticas supranacionais, como a União Europeia. No plano social, ocorreu um fluxo transnacional crescente e uma mobilidade da população de uma intensidade sem antecedentes, que assumiu nomeadamente as formas de uma emigração massiva, em particular do hemisfério Sul ou do Leste da Eurásia em direção aos países mais abastados do Norte. No plano cultural, deu-se o impacto dos modernos sistemas de informação, como os representados pelo telemóvel, pela Internet, pela transformação do inglês numa língua franca mundial e pela proliferação de hábitos e estilos de vida, símbolos e valores associados a padrões ocidentais.

Todavia, o facto de as referências à globalização se terem tornado lugar-comum não significa que haja consenso quanto à sua caracterização ou à avaliação dos seus impactos. Há quem distinga três tendências na abordagem da globalização: as formadas pelos *hiperglobalizadores*, pelos *céticos* e pelos *transformadores*. Os primeiros concebem-na como um momento radicalmente novo na história, datando das últimas décadas, em que ocorre a unificação da economia mundial, tendo como motores a expansão do capitalismo e o desenvolvimento da tecnologia[1]. A nível político, este período seria marcado pelo declínio do Estado-nação, substituído cada vez mais por organizações transnacionais. Os segundos formam outro bloco, que defende que, embora possa haver hoje mais trocas do que no passado, não há verdadeiramente uma economia globalizada, pois a maioria das trocas comerciais ainda ocorrerá no interior de três grandes grupos regionais: a Europa, a Ásia-Pacífico e a América do Norte. Por usa vez, no plano político, os governos de cada Estado continuariam a manter um papel central, se não mesmo reforçado. Finalmente, o terceiro grupo, o dos *transformadores*, defende uma posição intermédia entre uns e outros. Se reconhecem a existência do fenómeno e a sua amplitude como algo sem precedente no domínio da economia, não deixam de assinalar que aquele possui outras dinâmicas, que não as de ordem estritamente económica. E, em seu entender, conquanto a globalização esteja a transformar o campo político, obrigando os Estados a lidarem com realidades que transcendem a sua esfera da ação – como as provenientes da ação das empresas, dos movimentos sociais e dos organismos internacionais –, o fim do Estado-nação não estará à vista[2].

---

(1) É o ponto de vista dos «pró-globalizadores» liberais-conservadores; ver Adrianne Bryant, Leigh Bush e Richard Wilk, «The history of globalization and the food supply», A. Murcott, W. Bellasco e P. Jackson (eds.), *The Handbook of Food Research* (Londres: Bloomsbury Academic, 2016), p. 44.

(2) Ver: Anthony Giddens, *Sociology* (6.ª edition) (Cambridge e Malden: 2009), pp. 108-151; David Held (ed.), *A Globalizing World? Culture, Economics, Politics* (Londres e Nova Iorque: Routledge/The Open University, 2000).

2. Evocamos brevemente este amplo debate, de uma forma necessariamente redutora, pois permite situar num contexto mais amplo a nossa abordagem da globalização alimentar. Esta constitui um tema recente e menos tratado do que outras dimensões deste processo – económicas, políticas ou mesmo a nível cultural –, apesar da sua importância ser crucial. Como já foi assinalado:

> [...] A comida e a globalização são inseparáveis. O comércio a longa distância envolve desde há muito alimentos básicos e produtos de luxo como o vinho, o chá, o café, o arroz, as especiarias e o peixe seco. Assegurar um acesso mais amplo à comida foi uma força impulsionadora subjacente à expansão colonial e ao poder imperial. Os mercados alimentares foram os primeiros a tornar-se mundialmente integrados, ligando áreas e culturas distintas do mundo. Não houve área em que as interações entre a troca global e práticas locais tenham sido tão discerníveis como nas culturas alimentares em mudança. O consumo de alimentos desempenha um papel crucial na construção das identidades locais e nacionais e no autoconhecimento em mudança dos grupos sociais, dos emigrantes e das comunidades étnicas [...] Todavia, na maioria da bibliografia sobre a «globalização» a comida desempenhou um papel de Cinderela, marginalizado e subordinado ao elenco principal constituído pelos mercados financeiros, pelas migrações, pela comunicação e pela cooperação política transnacional. ([3])

A discussão neste âmbito diz respeito, por exemplo, a saber se é correto designar como globalização um único processo, centrado no mundo atlântico, pois teria existido uma via asiática para a globalização. Revela também divergências quanto à sua datação, que são, em parte, um reflexo do debate mais geral. Será ela recente ou mais antiga? Pode aplicar-se o mesmo conceito a processos distintos que ocorrem em momentos históricos

---

([3]) A. Nützenadel e F. Trentman, «Introduction: mapping food and globalization», A. Nützenadel e F. Trentman (eds.), *Food and Globalization: consumption, markets and politics in the modern world* (Oxford e Nova Iorque: Berg, 2008), p. 1.

diversos? Por esse motivo, vários autores preferem falar em «globalizações» da produção e consumo de alimentos e não numa única globalização(4). A diversidade dos processos envolvidos constitui um entrave às tentativas para definir de um modo sintético o que se entende por globalização ou globalizações da alimentação. Para quem se situa numa perspetiva de muito longa duração, a produção, movimento e consumo de alimentos torna-se global de diferentes maneiras. Teria o seu início com a própria dispersão da humanidade pelo mundo, acompanhada das técnicas adequadas para adquirir e preparar alimentos, seguindo-se a domesticação de plantas e animais e sua expansão e a troca de alimentos a grande distância, para finalmente se chegar a um momento, como o atual, em que cozinhas, técnicas e sabores se difundem em todo o globo, podendo encontrar-se diferentes opções culinárias num mesmo local(5).

Um enunciado resumido do que tem sido contemplado nos estudos sobre a globalização da alimentação, numa perspetiva focalizada em processos recentes, ajuda-nos a vislumbrar, embora de um modo parcial, o conjunto de fatores que aquela implica. Podemos dizer que abrange os domínios da produção agroalimentar capitalista, bem como o comércio alimentar internacional e seus efeitos. Envolve políticas económicas – como os subsídios atribuídos aos produtores nos EUA ou na União Europeia – e os seus efeitos, como a incapacidade de competir dos agricultores de muitos países não desenvolvidos. Implica também as questões relacionadas com a sustentabilidade da generalização de um determinado tipo de dieta – a carnívora, muito característica dos países mais ricos do Norte – consumidora de enormes recursos do planeta e a difusão de hábitos

(4) *Ibidem*, pp. 3-4. Ver igualmente David Inglis e Debra Gimlin, «Food globalizations: ironies and ambivalences of food, cuisine and globality», David Inglis e Debra Gimlin (eds.), *The Globalization of Food* (Oxford e Nova Iorque: Berg, 2009), p. 9.

(5) Adrianne Bryant, Leigh Bush e Richard Wilk, «The history of globalization and the food supply», A. Murcott, W. Bellasco e P. Jackson (eds.), *The Handbook of Food Research* (Londres: Bloomsbury Academic, 2016), p. 49.

alimentares, como o *fast food*, originários dos Estados dominantes a nível mundial. Envolve igualmente as questões da fome e da segurança alimentar, reveladoras das enormes desigualdades inerentes a estes processos, e os riscos dos alimentos para a saúde humana decorrentes do comércio global de alimentos, suscitados por epizootias, como a da encefalopatia espongiforme bovina, provocada pela alimentação de herbívoros com derivados de animais(6).

Nem a definição do que se entende por globalização alimentar nem a localização da sua emergência no tempo, questões correlacionadas, são consensuais. Há quem situe o início do processo de globalização alimentar há uns 10 000 anos, com a domesticação em partes diversas da Terra de plantas selvagens como o centeio, o trigo ou o milho e de animais como as galinhas ou o porco e a sua expansão por vastas zonas do globo(7). Outros autores preferem identificar a globalização com tempos mais recentes, optando por designar como «protoglobalização», não só os períodos que se seguem ao Neolítico, como momentos já relativamente recentes em que se assiste – como na Europa medieval – ao contacto entre o Ocidente e o Extremo Oriente. Este último fornecia às classes dominantes do primeiro as especiarias que distinguiam a sua cozinha, como a pimenta, a canela ou o açúcar.

Assim, a globalização propriamente dita iniciar-se-ia com os processos decorrentes da viagem de Colombo à América, que puseram a Eurásia em contacto com o novo continente, sendo as últimas décadas apenas a fase mais recente dessa dinâmica(8).

---

(6) Ver uma abordagem que contempla muitos destes aspetos: Lynne Phillips, «Food and globalization», *Annual Review of Anthropology* (2006), pp. 35, 37-57.

(7) Kenneth F. Kiple, *A Movable Feast: ten millennia of globalization* (Cambridge e Nova Iorque: Cambridge University Press, 2007), pp. 1-2.

(8) David Inglis e Debra Gimlin, «Food globalizations: ironies and ambivalences of food, cuisine and globality», David Inglis e Debra Gimlin (eds.), *The Globalization of Food* (Oxford e Nova Iorque: Berg, 1999), pp. 10-14. Uma caracterização e periodização um pouco distinta, que reconhece, no entanto, o impacto da «troca colombiana», encontra-se entre quem

Esse momento seria um ponto de viragem decisivo na mundialização alimentar, pois implica o início de uma troca de alimentos entre diversas zonas do globo – distintas regiões da Eurásia, a América, a África – e um fluxo de pessoas – colonos, escravos, emigrantes – sem paralelo anteriormente, bem como o começo do desenvolvimento do comércio a longa distância e em larga escala([9]). Mesmo quem descarta a ideia de o processo de globalização ter um início assinala a relevância deste momento, pois terá constituído a base do vasto processo de conexão e troca que se seguiu e em que veio a assentar a sociedade contemporânea([10]). Entre os alimentos envolvidos no intercâmbio encontram-se as batatas, o milho, o tomate, a mandioca, os diversos tipos de pimento, o feijão (*Phaseolus vulgaris*), os piripiris, originários do continente americano, hoje alimentos básicos em culinárias situadas em outras áreas. Provém daí igualmente o cacau, base do chocolate, que se universalizou. O gado – bovino, suíno, ovino, caprino, equino –, as aves de capoeira ou o trigo viajaram, entretanto, da Europa para a América. O café terá partido da África e o chá da Ásia. O cultivo da soja viajou recentemente da Ásia para a América, regressando à Ásia sob a forma de alimento do gado aí consumido de modo crescente devido à mudança de dietas vegetais para dietas carnívoras([11]). Entretanto, pela mesma época da «troca colom-

---

defende que, dado o facto de a maioria do que se comia e era utilizado nas cozinhas já provir de muitas partes do mundo, se poderia afirmar que a globalização alimentar estaria concluída em meados do século XVIII. Ver Adrianne Bryant, Leigh Bush e Richard Wilk, «The history of globalization and the food supply», A. Murcott, W. Bellasco e P. Jackson (eds.), *The Handbook of Food Research* (Londres: Bloomsbury Academic, 2016), p. 38.

([9]) A. Nützenadel e F. Trentman, «Introduction: mapping food and globalization», A. Nützenadel e F. Trentman (eds.), *Food and Globalization: consumption, markets and politics in the modern world* (Oxford e Nova Iorque: Berg, 2008).

([10]) Sidney Mintz, «Food, culture and energy», A. Nützenadel e F. Trentman (eds.), *Food and Globalization: consumption, markets and politics in the modern world* (Oxford e Nova Iorque: Berg, 2008), p. 22.

([11]) *Ibidem.*

biana», difundem-se massivamente as especiarias provenientes do Oriente depois de aberta a rota do cabo da Boa Esperança.

Mais do que uma simples troca de alimentos, tratou-se de um processo complexo de «difusão, aceitação e reinterpretação culinária ou "indigenização", por vezes acompanhado de importantes mudanças culturais» ([12]). Esta reinterpretação foi de tal amplitude que o chá veio a ser fortemente identificado com a cultura alimentar inglesa, o café com a americana – fruto da reação à identificação dos ingleses com o chá – e a batata se transformou em alimento básico da Europa, a mandioca da África, o bovino passou a figurar nas mesas das Américas – do hambúrguer aos churrascos do Brasil, do Uruguai e da Argentina – e mesmo do Japão, onde elementos de ordem religiosa proscreviam o seu papel como alimento. Condimentos originários do México – como o piripiri – penetraram nas culinárias do subcontinente indiano, o tomate e mesmo o milho – de que se faz a *polenta* – tornaram-se parte da cozinha italiana ([13]). Entre-

---

([12]) *Ibidem.* Uma mudança radical foi a da alteração do estatuto da carne no Japão, que acompanhou a ocidentalização mais geral ocorrida na segunda metade do século XIX, a qual punha fim a um tabu secular sobre a carne – apenas consumida por grupos marginais –, sustentado pelo culto do imperador e pelo Budismo e pelo Xintoísmo, o primeiro prescrevendo o respeito pelos seres vivos, o segundo definindo como impureza a morte de seres humanos e animais. Ver Emiko Ohnuki-Tierney, «We eat each other's food to nourish our body: the global and the local as mutually constituent forces», in Raymond Grew (ed.), *Food in Global History* (Boulder: Westview Press, 1999), pp. 251-255.

([13]) Ver: sobre o chá, Alan Macfarlane e Iris Macfarlane, *Green Gold: the empire of tea* (Londres: Ebury, 2003); sobre a batata, Redcliffe N. Salaman, *The History and Social Influence of the Potato* (Cambridge: Cambridge University Press, 1949); sobre a mandioca em Angola, Laurens van der Post, *First Catch your Eland: a taste of Africa* (Londres: Hogarth Press, 1977), p. 106; sobre a carne bovina no Japão, Emiko Ohnuki-Tierney, «We eat each other's food to nourish our body: the global and the local as mutually constituent forces», Raymond Grew (ed.), *Food in Global History* (Boulder: Westview Press, 1999), pp. 240-272; sobre a difusão dos piripiris no sub-continente indiano e os impactos na cozinha italiana, Felipe Fernández-Armesto, *Food: a history* (Basingstoke e Oxford: 2001), p. 190.

tanto, a construção dos impérios coloniais levou à produção de alimentos baratos, que pudessem ser transportados a longa distância e que servissem a força de trabalho que os sustentava. Alguns desses alimentos vieram a ser ingredientes básicos das cozinhas nacionais e locais e da comida «nostálgica» ([14]). Tal sucedeu com o bacalhau salgado e seco nas Caraíbas e em Portugal, por exemplo([15]).

Para termos uma noção mais concreta das dinâmicas económicas, sociais, políticas e culturais intercontinentais envolvidas na produção, comércio e consumo de alimentos a partir de uma base americana, tomemos o exemplo do açúcar de cana, objeto do estudo antropológico e histórico de Sidney Mintz([16]). Planta originária da Ásia, a cana-de-açúcar penetrou na Europa pela bacia do Mediterrâneo, encontrando um mercado como produto de luxo e droga no mundo medieval europeu. Os portugueses terão um papel crucial nos primeiros tempos da sua difusão – a plantação da cana e a produção de açúcar circularam do Algarve para a Madeira, daí para S. Tomé e Príncipe e finalmente para o Brasil([17]). As consequências mais importantes decorrerão da sua plantação na América (em particular nas Caraíbas e no Brasil, mas atingindo a Luisiana, nos atuais EUA). Ao cultivo da cana está ligado o desenvolvimento de um sistema agroindustrial, assente na articulação entre a plantação e o engenho transformador, tudo suportado pela mão de obra escrava, cujo principal destino foi servir a produção de açúcar. A histó-

---

([14]) Adrianne Bryant, Leigh Bush e Richard Wilk, «The history of globalization and the food supply», A. Murcott, W. Bellasco e P. Jackson (eds.), *The Handbook of Food Research* (Londres: Bloomsbury Academic, 2016), p. 40.

([15]) Ver: Mark Kurlansky, *Cod: a biography of the fish that changed the world* (Londres: Vintage Books); José Manuel Sobral e Patrícia Rodrigues, «O "Fiel amigo": o bacalhau e a identidade portuguesa», *Etnográfica*, 17 (3) (2013), pp. 619-649.

([16]) Sidney Mintz, *Sweetness and Power: the place of sugar in modern history* (Nova Iorque: Viking, 1985).

([17]) João Lúcio de Azevedo, *Épocas de Portugal económico* [Lisboa: Livraria Clássica Editora, 1947 (2.ª ed.)], pp. 215-269.

ria demográfica de vários continentes – Europa, África, América – e a sua configuração social e cultural foram marcadas por um tráfico de escravos sem precedentes na história humana, que multiplicou na América a população de origem africana, a qual em muitos locais substitui os ameríndios dizimados, e despovoou zonas amplas do continente africano. O modelo das plantações foi muito mais tarde transferido para África e para o Oriente, moldando assim fortemente o colonialismo e o imperialismo modernos, em que assentaram as bases para a emigração pós-colonial contemporânea. Entretanto, o açúcar passou de elemento de luxo da cozinha e remédio a alimento ou condimento vulgarizado. Deixou de ser um dos elementos distintivos da culinária dos possidentes – tão bem documentada no seu peso na doçaria antiga portuguesa a que se imputa uma matriz conventual – para passar a estar presente sob diversas formas na alimentação barata dos mais modestos e pobres, ao mesmo tempo que, sendo fator responsável pela obesidade, é postergado em nome da imagem corporal *legítima*, a do corpo magro([18]).

A historiografia da globalização ou das globalizações alimentares distingue ainda outros momentos-chave, como o que ocorre nas últimas décadas do século XIX. Este é marcado pela importância assumida por antigas colónias europeias no fornecimento de alimentos que outrora haviam sido importados da Europa([19]). Mas as regiões tropicais não são quem agora desempenha um papel relevante, mas as situadas em zonas temperadas, a norte e a sul – na América do Norte e do Sul, na Austrália, na Nova Zelândia –, que irão fornecer alimentos básicos da sua

---

([18]) A. Nützenadel e F. Trentman, «Introduction: mapping food and globalization», A. Nützenadel e F. Trentman (eds.), *Food and Globalization: consumption, markets and politics in the modern world* (Oxford e Nova Iorque: Berg, 2008), p. 1. O açúcar é hoje apresentado como o inimigo principal de uma alimentação saudável; cf. http://www.theguardian.com/society/2016/apr/07/the-sugar-conspiracy-robert-lustig-john-yudkin (acesso a 16.05.2016).

([19]) *Ibidem.* Sidney Mintz, «Food, culture and energy», A. Nützenadel e F. Trentman (eds.), *Food and Globalization: consumption, markets and politics in the modern world* (Oxford e Nova Iorque: Berg, 2008), pp. 21-35.

dieta, como o trigo e, em menor grau, a carne, dependente do transporte refrigerado, cimentando uma maior interdependência a nível global(20). E há mesmo quem fale no outro momento específico da globalização que tem lugar após a Segunda Guerra Mundial, norteado pela produção agroindustrial em massa de alimentos subsidiada pelo Estado e assente em medidas protecionistas que favorecem os Estados mais poderosos e em que os Estados Unidos surgem numa posição dominante(21).

3. O exemplo do açúcar alerta para as implicações de vária ordem presentes na produção, comércio, distribuição e consumo de alimentos. Entre as que marcam a cena contemporânea conta-se a presença crescente nas sociedades mais afluentes – concentradas na Europa Ocidental e na América do Norte – de produtos alimentares de todo o mundo, que aí chegam dado o incremento nas trocas por via aérea. As frutas tropicais passaram a ser uma presença ubíqua nesses mercados, as frutas sazonais comuns na Europa ficaram disponíveis fora da estação, como as cerejas do Chile em dezembro. A diversificação que se encontra na oferta de alimentos também está disponível sob a forma de produtos culinários. Com as mercadorias, passaram a circular ingredientes e chefes(22). O número de restaurantes criados pelas populações que emigraram em massa aumentou. Desenvolveu-se um cosmopolitismo culinário, já razoavelmente antigo em antigas metrópoles coloniais como a Grã-Bretanha ou a França, ou destinos tradicionais da imigração, como os EUA, mas que agora passava a ocorrer em países que só neste período se tornaram destino dos fluxos migratórios, como

(20) Sidney Mintz, «Food, culture and energy», A. Nützenadel e F. Trentman (eds.), *Food and Globalization: consumption, markets and politics in the modern world* (Oxford e Nova Iorque: Berg, 2008), p. 23.

(21) *Ibidem.*

(22) Richard Milne, «Local-Global», Peter Jackson and the CONANX group (eds.), *Food Words: essays in culinary culture* (Londres: Bloomsbury, 2013), p. 121.

Portugal. Esse pluralismo culinário é um indício e uma consequência da aceleração da globalização.

Embora se situe fora do âmbito da problemática aqui abordada, em que se trata das articulações entre comida e identidade, vale a pena recordar que a globalização não levou ao fim da fome, da escassez e da deficiência em termos alimentares. Continua a existir a este respeito um contraste enorme entre as sociedades afluentes, situadas maioritariamente no Norte global – onde persistem desigualdades enormes e onde a obesidade é uma preocupação – e as sociedades do Sul global, onde se situam maioritariamente as populações mais carenciadas([23]). Há quem defenda, aliás, que a globalização liberal, e muito concretamente a especialização em produtos agrícolas destinados à exportação para o mercado mundial em detrimento de cultivos de subsistência, serão responsáveis por crises deste teor([24]).

A globalização foi entendida por muitos como implicando a homogeneização crescente das cozinhas a nível internacional, representando em particular a hegemonia da culinária proveniente da principal economia agroindustrial, os Estados Unidos. A comida rápida, simbolizada pela cadeia de restauração McDonald's ou por bebidas como a Coca-Cola, foi tida como um sinal e um instrumento dessa homogeneização que, com o fim da antiga URSS e das chamadas «democracias populares» e a abertura da China ao sistema capitalista, parecia não encontrar barreiras. Não há qualquer dúvida da importância desta dinâmica, embora não haja concordância na avaliação dos seus efeitos, pois a receção do *fast food* foi muito variada e mesmo condicionada por fatores locais. Se pôde ser recebida, como sucedeu no Japão, derrotado pelos norte-americanos em 1945,

---

([23]) Peter Jackson, «Hunger and Famine», Peter Jackson and the CONANX group (eds.), *Food Words: essays in culinary culture* (Londres: Bloomsbury, 2013), pp. 100-102.

([24]) Adrianne Bryant, Leigh Bush e Richard Wilk, «The History of Globalization and the Food Supply», A. Murcott, W. Bellasco e P. Jackson (eds.), *The Handbook of Food Research* (Londres: Bloomsbury Academic, 2016), pp. 39-40.

como símbolo de uma ocidentalização desejada, os significados que lhe foram atribuídos teriam restringido o seu impacto, pois, por exemplo, terá sido metamorfoseada numa espécie de substituto das refeições – ou numa refeição ligeira – e não propriamente convertida em elemento estrutural da dieta alimentar([25]). Nesta linha, a ideia de uma homogeneização – ou mesmo de um imperialismo alimentar –, de uma «McDonaldização» do mundo, tem sido criticada, em particular em trabalhos que se debruçaram sobre a receção local de produtos icónicos desse processo([26]). Assim, defendeu-se que o êxito da Coca-Cola em Trindade se deveu, entre outros fatores, a apropriações locais complexas, que não só fizeram dela uma bebida conotada com uma das etnicidades importantes da ilha – os africanos –, como transformaram a mistura de rum com Coca-Cola numa bebida local «intensamente nacionalista»([27]). Estudos feitos sobre a introdução da cadeia McDonald's em lugares tão significativos – por simbolizarem a entrada dessas sociedades na economia global capitalista – como Pequim e Moscovo alinham na mesma crítica à tese de uma imposição global de homogeneidade cultural através da alimentação pelas grandes empresas da «comida rápida». Afirmou-se existir em todos esses casos uma revalorização do local – que conferia sentidos específicos ao seu êxito – ligada ao sucesso dessas empresas e defendeu-se ser difí-

---

([25]) Emiko Ohnuki-Tierney, «We eat each other's food to nourish our body: the global and the local as mutually constituent forces», Raymond Grew (ed.), *Food in Global History* (Boulder: Westview Press, 1999), pp. 256-257.

([26]) De acordo com o principal proponente da tese da «McDonaldização» da sociedade, esta significa o triunfo de uma organização da produção de comida padronizada de acordo com os padrões do «fordismo» e do «taylorismo», de uma organização burocrática racional no sentido weberiano e também de imperialismo cultural (norte-americano). Ver George Ritzer, *The McDonaldization of Society* (Thousand Oaks, Califórnia: Pine Forge Press, 2000).

([27]) Daniel Miller, «Coca-Cola: a black sweet drink from Trinidad», James L. Watson e Melissa L. Caldwell (eds.), *The Cultural Politics of Food and Eating: a reader* (Malden e Oxford: Blackwell), p. 57.

cil separar o transnacional do local. Para além de, evidentemente, simbolizarem a América, em Pequim os restaurantes teriam sido também apreciados pela sua limpeza e higiene, pela afabilidade no trato e por constituírem uma rutura com a monotonia do consumo alimentar do tempo do maoísmo. Além disso, terão sido apropriados como locais propícios ao desenrolar de rituais familiares locais importantes, como os aniversários das crianças, ou à sociabilidade juvenil e dos reformados. De qualquer modo, não só não puseram fim à apreciação da cozinha chinesa, como foram contemporâneos da difusão de outras cozinhas exógenas na China. Esse processo de localização implicaria, aliás, uma subversão radical face às práticas seguidas na América: a comida rápida, acompanhada de uma presença apressada no espaço do restaurante, é substituída por uma presença demorada e por uma apropriação do espaço para namorar, conversar, estudar ou ler o jornal([28]). Em Moscovo, o McDonald's terá sido mesmo objeto de um processo de «nacionalização» – de «russificação» –, chegando a cozinha caseira a incluir comidas introduzidas pela cadeia norte-americana. Em resumo, há dinâmicas locais que recriariam e interpretariam o global, conferindo-lhe um sentido que não é o originário([29]). Todavia, a adaptação às condições locais seria sinal, noutra perspetiva, do triunfo da «McDonaldização», que subverteria importantes normas culturais, como, para dar um exemplo sintético, comer em pé no Japão([30]).

([28]) James L. Watson, «China's Big Mac attack», James L. Watson e Melissa L. Caldwell (eds.), *The Cultural Politics of Food and Eating: a reader* (Malden e Oxford: Blackwell), pp. 69-79. Yunxiang Yan, «Of hamburger and social space: consuming MacDonald's in Beijing», in James L. Watson e Melissa L. Caldwell (eds.), *The Cultural Politics of Food and Eating: a reader* (Malden e Oxford: Blackwell), pp. 80-103.

([29]) Melissa L. Caldwell, «McDonald's and consumerism in Moscow», in James L. Watson e Melissa L. Caldwell (eds.), *The Cultural Politics of Food and Eating: a reader* (Malden e Oxford: Blackwell), pp. 180-196.

([30]) George Ritzer, *The McDonaldization of Society* (Thousand Oaks, Califórnia: Pine Forge Press, 2000), pp. 174-176.

Fosse como fosse, o valor emblemático da «comida rápida» – o facto de ser identificada com a América – transformou-a quer em objeto de desejo quer em alvo de crítica, neste caso por ser tida por muitos como veículo do imperialismo norte-americano. Este último aspeto permite-nos compreender as razões subjacentes aos ataques que evocam a defesa da autenticidade culinária das sociedades em que se instalou, como ocorreu em França – com a destruição de um restaurante McDonald's visto como símbolo da «malbouffe» (má comida) – e em Itália, onde o desembarque daquela cadeia em Roma marcou o início do movimento do *slow food* ([31]). Estas reações, em que a defesa da comida nacional/local estava vinculada à da sustentabilidade de produtos e produtores, da saúde, da segurança e da soberania alimentares, face ao poder das grandes multinacionais, tiveram um amplo eco a nível internacional ([32]). O dirigente camponês José Bové, envolvido no ataque ao restaurante em França, passou a ser uma figura de relevo nos movimentos da globalização alternativa, enquanto o *slow food* se metamorfoseou de movimento de base nacional em organização transnacional.

Não por acaso, as reações mais notórias a esta ameaça de homogeneização – se não mesmo de imperialismo – tiveram como palco sociedades com uma indústria alimentar e uma culinária de enorme importância à escala global. A «grande cozinha» francesa dominou a culinária de elite no século XIX e grande parte do XX, enquanto a italiana, pela sua grande imigração para o continente americano, viu aquilo que foi originariamente um produto seu, a piza, transformado num dos pratos básicos da *fast food*. Em ambas, a cozinha é um elemento fulcral das representações da identidade nacional. Com isto,

---

([31]) Alison Leich, «Slow food and the politics of "virtuous globalization"» David Inglis e Debra Gimlin (eds.), *The Globalization of Food* (Oxford e Nova Iorque: Berg, 2009), pp. 45-63.

([32]) Ver: Adrianne Bryant, Leigh Bush e Richard Wilk, «The history of globalization and the food supply», A. Murcott, W. Bellasco e P. Jackson (eds.), *The Handbook of Food Research* (Londres: Bloomsbury Academic, 2016), p. 45; Gillian Crowther, *Eating culture: an anthropological guide to food* (Toronto: University of Toronto Press, 2013), pp. 215-223.

queremos dizer que existe uma dimensão nacionalista nestas reações. A rejeição da «comida rápida» – e do modo de vida também ele rápido a que está ligada – faz-se através da invocação de tradições culinárias – locais, regionais e, em síntese, nacionais – «autênticas» ([33]). O *slow food* representa, sem dúvida, a mais importante destas reações difundida em vários continentes. Com raízes na contracultura que emerge na Europa e na América do Norte em finais dos anos sessenta, e na esquerda italiana ligada à defesa das tradições culturais populares, surge nos anos oitenta como movimento que questiona a chamada globalização neoliberal na produção e no consumo de alimentos. Face ao que era percebido como ameaça de homogeneização decorrente da padronização do agroalimentar e das práticas culinárias, de que seria símbolo o *fast food* de origem norte-americana, propôs-se a defesa dos elementos das tradições regionais e locais, dos alimentos – e seus produtores – à cozinha. A defesa de uma produção sustentável, da alimentação biológica e da biodiversidade – ameaçadas, segundo os promotores do movimento, pelo poder das grandes empresas, como as que detêm o controlo das sementes geneticamente modificadas –, bem como do comércio justo, representam outras facetas do movimento. Este define-se explicitamente contra um estilo

([33]) Sobre a hegemonia da cozinha francesa nos séculos XIX e XX e o gastronacionalismo: Priscilla Parkhurst Ferguson, *Accounting for Taste: the triumph of French cuisine* (Chicago e Londres: The University of Chicago Press, 2004); Micaela DeSoucey, «Gastronationalism: food traditions and authenticity politics in the European Union», *American Sociological Review* [2010(75)3], pp. 432-455. Acerca do caso italiano, Massimo Montanari, *L'identità italiana in cucina* (Roma e Bari: Editori Laterza). Ver genericamente sobre a relação entre identificações nacionais e cozinhas, Allison Leich, «Slow food and the politics of "virtuous globalization"», David Inglis e Debra Gimlin (eds.), *The Globalization of Food* (Oxford e Nova Iorque: Berg, 2009), pp. 45-63. Sobre as questões da autenticidade culinária: Charles Lindholm, *Culture and Authenticity* (Malden e Oxford: Blackwell Publishing), pp. 77-87; Mónica Trüninger e José M. Sobral, «Contested authenticities: a review of consumers perspetives», Isabel Mafra (ed.), *Current Topics on Food Authentication* (Trivandrum, India: Transworld Research Network), 2001.

de vida de que a comida é símbolo: à «vida rápida» opõe a «vida lenta», conceito ligado à exaltação do prazer alimentar. Não recusando a globalização, e construindo redes envolvendo produtores e consumidores de vários continentes, definem a sua postura como «globalização virtuosa» ([34]).

O *fast food* tem reagido a essas críticas através de processos de localização, como já referimos. Entretanto, Massimo Montanari, que sublinhou o facto de se inserirem produtos locais nos McDonald italianos – em Portugal, entretanto, apareceram sopas de legumes identificadas com práticas culinárias tradicionais –, foi um dos vários autores a insistirem no facto de a difusão de modelos alimentares «globalizados» ter excitado – paradoxalmente, em seu entender – «[...] a procura da diversidade, a reconstrução de raízes mais ou menos inventadas, a redescoberta ou reinvenção das tradições "locais"» ([35]).

Como afirmou Sidney Mintz:

> [...] A comida em sociedade é um veículo investido culturalmente de significado simbólico. A comida, a um tempo prosaica e quotidiana, mas no entanto tão vital, é um dos mais poderosos índices sociais de diferença e identidade [...]. Por isso é que a padronização e a produção em massa de alimentos em todo o mundo, e as pressões agregadas para disseminar estas comidas por todos os cantos do globo por modos impessoais e rotineiros, podem ser facilmente interpretadas como um ataque perigoso, intencional ou não, da especificidade local e cultural([36]).

([34]) Geoff Andrews, *Slow food: una storia tra politica e piacere* (Bolonha: Il Mulino, 2010). Uma visão crítica das despesas envolvidas na promoção do prazer alimentar e do que se entende ser o elitismo do *slow food* encontra-se em George Ritzer, *The McDonaldization of Society* (Thousand Oaks, Califórnia: Pine Forge Press, 2000), pp. 217-218.

([35]) Massimo Montanari, *Il risposto della polpetta e alter storie intorno al cibo* (Roma e Bari: Editori Laterza, 2010), pp. 208-209.

([36]) Sidney Mintz, «Food, culture and energy», A. Nützenadel e F. Trentman (eds.), *Food and Globalization: consumption, markets and politics in the modern world* (Oxford e Nova Iorque: Berg, 2008), p. 21.

Este tipo de reações não é propriamente novo, como iremos ver. Entretanto, assinala outra dimensão da globalização, a que está ligada ao proliferar da heterogeneidade e do pluralismo culinário, tanto presente na mistura de tradições culinárias – crioulização e mestiçagem para um Poulain – como na exaltação da cozinha local, expressão do território – o *terroir* dos franceses – e das práticas dos seus habitantes, e na canonização da cozinha classificada como tradicional em património([37]). Este cenário plural e diversificado nada tem a ver com antevisões de há trinta ou quarenta anos, em que se previa uma homogeneização alimentar à escala global([38]).

Um teórico influente da globalização, Manuel Castells, defendeu ser este processo marcado pela «ressurgência nacionalista» – que não só não se confunde como pode estar mesmo associada ao desaparecimento de Estados plurinacionais (como as antigas URSS e Jugoslávia) e à crise do estatismo, pois assistir-se-á à erosão dos poderes do Estado. Esta ressurgência constituirá uma reação de defesa das comunidades nacionais – bem como das comunidades religiosas e locais – e surge como resistência contra dinâmicas que põem em causa a sua identidade([39]). Sem podermos desenvolver aqui a análise desta abordagem, parece-nos que ela é concordante com a defesa das identidades culinárias nacionais que nos parece subjacente aos movimentos que referimos e que também está presente na criação e promoção de uma cozinha nacional portuguesa, sobre a qual nos iremos debruçar nesta parte final do texto, a título de ilustração

---

([37]) Ver: Jean-Pierre Poulain, *Sociologies de l'alimentation* (Paris: Presses Universitaires de France, 2002), pp. 19-34; Allison James, «Cuisiner les livres. Identités globales ou locales dans les cultures alimentaires?», *Anthropologie et sociétés*, vol. 18, n.º 3 (1994), pp. 39-56; Massimo Montanari, *L'identità italiana in cucina* (Roma-Bari: Editori Laterza), p. 83.

([38]) Priscilla Parkhurst Ferguson, *Word of Mouth*, Berkeley (Londres, Los Angeles: University of California Press, 2014), pp. 3-4.

([39]) Manuel Castells, *The Power of Identity*, vol. 2 de *The Information Age: economy, society and culture* (Malden e Oxford: Blackwell Publishers, 1997), pp. 1-67.

destas reações[40]. Este movimento inicia-se em finais do século XIX – um momento importante, para alguns, da globalização ou das globalizações alimentares –, e essa afirmação parece ainda intensificar-se nas últimas décadas, precisamente aquelas que muitos associam inequivocamente a tal processo[41].

Ao longo do século XIX, a culinária dominante em Portugal, como em geral, é de matriz internacional, com uma dominação francesa. Isto significa que o ideal culinário das elites – aristocracia, grande burguesia – seguia esse modelo, que era de rigor em ocasiões cerimoniais, no paço real, em aniversários e acontecimentos políticos. Todavia, isso não significava que a alimentação destas classes fosse exclusivamente desta matriz. Comiam certamente pratos de outra origem – como a família real que, quando em Vila Viçosa, inseria pratos da cozinha alentejana na sua dieta , mas estes eram reservados para ocasiões mais prosaicas. Nas últimas décadas do século XX, assistimos a uma reação nacionalista, que atravessa textos de Júlio Dinis, Fialho de Almeida ou Eça de Queirós, de que existe pelo menos um precursor – Garrett terá sido um dos primeiros a defender as excelências de uma cozinha nacional, o que se vincula à sua ideia de reabilitar a cultura popular oral nacional com o romanceiro e criar uma literatura e um teatro nacionais. A cozinha é, assim, nacionalizada a partir do romantismo, intensificando-se esse processo com o nacionalismo finissecular[42]. É Fialho quem escreve, é certo que no tom paródico de *Os gatos*, que Portugal está ameaçado pela invasão de «preparados desenxabidos»

([40]) Jeffrey M. Pilcher, *Food in World History* (Nova Iorque e Londres: Routledge, 2006), pp. 63-70.

([41]) Maren Möhring, «Transnational food migration and the internalization of food consumption», A. Nützenadel e F. Trentman (eds.), *Food and Globalization: consumption, markets and politics in the modern world* (Oxford e Nova Iorque: Berg, 2008), pp. 129-150.

([42]) Ver para todos estes aspetos: José Manuel Sobral, «The country, the nation and the region in representations of Portuguese food and cuisine», Nuno Domingos, José Manuel Sobral e Harry West (eds.), *Food Between the Country and the City: ethnographies of a changing global foodscape* (Londres: Bloomsbury, 2014), pp. 145-160.

oriundos de Paris e que «[...] A desnacionalização da cozinha é [...] talvez primeiro que a dos sentimentos e das ideias, o primeiro avanço indicativo da derrocada dos povos»([43]). Estas considerações, ligadas a um processo de mundialização culinária em que o centro está em Paris são compreensíveis se tivermos em conta a conjuntura nacionalista finissecular – na economia, o protecionismo, na política, movimentos nacionalistas imperialistas, mas também de reação (nacionalista) aos impérios na Europa e fora dela, nacionalismo no campo cultural – que se traduz no apoio dado à investigação das chamadas «tradições nacionais» através da etnografia – e no campo artístico.

Essa reação nacionalista intensificar-se-á explicitamente em diversos livros de cozinha, que reivindicam apresentar a cozinha nacional([44]). Virá a ter o seu apogeu durante o regime nacionalista do Estado Novo, quando um dirigente patronal da indústria e figura máxima do campo gastronómico português, além de apoiante do Estado Novo, António Maria de Oliveira Bello (Olleboma), publica a sua *Culinária portuguesa* (1936). É importante termos em conta o momento, que é de auge do nacionalismo a nível mundial e particularmente na Europa.

Como é evidente, falarmos em criação de cozinha nacional apenas implica que esta é objetivada – ou codificada – num conjunto de preparados definidos como «nacionais», de maior ou menor antiguidade no território português, muito diversificado em termos regionais. Não implica aceitar que houve uma essência culinária nacional – ou um receituário absolutamente autóctone – então redescoberta. A cozinha portuguesa – no sentido de cozinha praticada em Portugal – desenvolveu-se em

([43]) José Manuel Sobral, «Cozinha, nacionalismo e cosmopolitismo em Portugal (séculos XIX-XX)», M. Villaverde Cabral, S. Aboim e F. Carreira da Silva (eds.), *Itinerários: a investigação nos 25 anos do ICS* (Lisboa: Imprensa de Ciências Sociais, 2008), p. 112.

([44]) José Manuel Sobral, «The country, the nation and the region in representations of Portuguese food and cuisine», Nuno Domingos, José Manuel Sobral e Harry West (eds.), *Food between the Country and the City: ethnographies of a changing global foodscape* (Londres: Bloomsbury, 2014), pp. 145-160.

contacto com outras e é, como todas, um produto nunca estático de trocas e hibridações.

A cozinha portuguesa foi objeto nas décadas mais recentes – aquelas em que se assistiu à criação da globalização como problemática científica – de diversos processos de exaltação, a que apenas podemos aludir de forma sumária. Um deles foi o da produção de livros que se propuseram inventariar a cozinha portuguesa por regiões (ou províncias) ([45]). Ao mesmo tempo, esse movimento foi acompanhado de iniciativas nacionais e locais, de promoção de uma restauração que reivindica exprimir culturas culinárias ou defender comidas e produtos – como sucede com a atividade das confrarias gastronómicas e enófilas e com a realização de feiras, festivais e concursos ([46]). As políticas de turismo, a nível estatal e das autarquias locais, contribuem para essa dinâmica. Entre os chefes de cozinha com posições dominantes no campo culinário encontra-se frequentemente a referência à inspiração da cozinha portuguesa, conquanto reinventada por práticas vanguardistas. Um dos jovens chefes que goza de notoriedade justificou deste modo as suas opções: «Faço uma cozinha contemporânea de inspiração portuguesa, porque o povo daqui ainda tem fortes raízes na culinária regional» ([47]).

([45]) A codificação de uma cozinha nacional na Grécia é um dos casos que apresenta semelhanças notórias com o português. Ver Shannan Peckham, «Consuming nations», Sian Griffiths e Jennifer Wallace (eds.), *Consuming Passions: food in the age of anxiety* (Manchester & Nova Iorque: Mandolin, 1998), pp. 171-172.

([46]) A Federação Portuguesa das Confrarias Gastronómicas foi criada em 2011; ver sobre o seu historial e propósitos http://fpcggeral.wix.com/fpcg, acesso a 16.05.2016. A nível nacional, alguns dos eventos principais têm lugar em Santarém, caso do Festival Nacional de Gastronomia, http://www.festivalnacionaldegastronomia.pt, acesso a 16.05.2016, e a Feira Nacional de Agricultura, http://www.cnema.pt/calendario_apresentacao.php?aID=6550, acesso a 16.05.2016.

([47]) Cf. http://revistaepoca.globo.com/Revista/Epoca/0,,EMI145373-15228-1,00-A+NOVA+COZINHA+PORTUGUESA.html acedido a 07.02.2011.

Este movimento nada tem de especificamente português, como se asseverou. A *nouvelle cuisine* francesa também teve uma grande importância na defesa de uma cozinha inscrita em territórios específicos, enquanto as políticas de denominação de origem – do vinho, do queijo, do azeite... – contribuíram também para a ênfase colocada no «local»([48]). E a consagração recente a nível governamental (Resolução do Conselho de Ministros n.º 96/2000 de 26 de julho) da cozinha portuguesa como componente da identidade nacional é consentânea com a política cultural de agências supranacionais. O «gastronacionalismo» afirmou-se nas últimas décadas, ligado a estratégias de comercialização da marca «nacional»([49]), e encontrou reflexo e suporte na ação de agências internacionais como a União Europeia – com a sua promoção produtos alimentares certificados que consagram especialidades circunscritas a determinados espaços, regiões ou locais (DOP, Denominação de Origem Protegida/IGP, Indicação Geográfica Protegida/ETG, Especialidade Tradicional Garantida) inseridos num dado país([50]). Ou como a Unesco. Esta última passou a incluir a cozinha, classificada em termos da sua associação a um Estado (nação), no património cultural imaterial da humanidade, reforçando assim as identificações nacionais([51]). Este facto veio reforçar a saliência enorme

---

([48]) Ver: Jean-Pierre Poulain, *Sociologies de l'Alimentation* (Paris: Presses Universitaires de France, 2002), p. 22; Amy B. Trubek, *The Taste of Place: a cultural journey into terroir* (Berkeley e Los Angeles: University of California Press, 2008), pp. 1-53.

([49]) O «repas gastronomique des français», por exemplo, entendido como prática tradicional costumeira, foi inscrito em dezembro de 2010 na lista do património cultural imaterial da humanidade. Cf. http://www.unesco.org/culture/ich/index.php?lg=fr&pg=00011&RL=00437, acesso a 07.02.2011.

([50]) O Conselho da Europa editou mesmo uma obra sobre a culinária de cada membro; ver Darra Goldstein e Kathrin Merle (eds.), *Culinary Cultures of Europe* (Estrasburgo: Council of Europe Publication, 2005).

([51]) Atsuko Ichijo e Ronald Ranta, *Food, National Identity and Nationalism: from everyday to global politics* (Houndmills, Basingstoke: Palgrave MacMillan, 2016), pp. 168-170.

– a nível económico, político e simbólico – desses artefactos construídos, que são as cozinhas nacionais[52].

Este tipo de processos leva-nos a concluir que os tempos da globalização alimentar e culinária, se acarretam uma difusão culinária sem precedentes, e uma fusão de diversos estilos, são também marcados por dinâmicas globais que insistem na defesa da heterogeneidade e, com esta, na persistência e reificação de identidades, como as nacionais, que alguns supunham estar destinadas ao desaparecimento.

Referências bibliográficas

Andrews, Geoff, *Slow Food: una Storia tra Politica e Piacere*, Bologna: il Mulino, 2010.

Azevedo, João Lúcio de, Épocas de Portugal Económico (Lisboa: Livraria Clássica Editora, 1947) (2.ª ed.).

Bryant, Adrianne, Leigh Bush e Richard Wilk, "The History of Globalization and the Food Supply", in A. Murcott, W. Bellasco e P. Jackson (eds.), *The Handbook of Food Research* (Londres: Bloomsbury Academic, 2016).

Caldwell, Melissa L., "McDonald's and Consumerism in Moscow", in James L. Watson e Melissa L. Caldwell (eds.), *The Cultural Politics of Food and Eating: a Reader* (Malden e Oxford: Blackwell, 2004).

Castells, Manuel, *The Power of Identity*, vol II. de *The Information Age: Economy, Society and Culture* (Malden e Oxford: Balackwell Publishers, 1997).

Crowther, Gillian, *Eating Culture: An Anthropological Guide to Food* (Toronto: University of Toronto Press, 2013).

DeSoucey, Micaela "Gastronationalism: Food traditions and authenticity politics in the European Union", *American Sociological Review*, 2010 (75)3: 432-455.

---

52 Ver Allison K. Smith, «National cuisines», in Jeffrey M. Pilcher (ed.) *The Oxford Handbook of Food History* (Oxford e Nova Iorque: Oxford University Press), pp. 444-460.

Ferguson, Priscilla Parkhurst, *Accounting for Taste: The Triumph of French Cuisine* (Chicago e Londres: The University of Chicago Press, 2004).

Ferguson, Priscilla Parkhurst, *Word of Mouth* (Berkeley, Londres, Los Angeles: University of California Press, 2014).

Fernández-Armesto, Felipe, *Food: A History* (Basingstoke e Oxford: Macmillan, 2001).

Giddens, Anthony, *Sociology* (6th edition) (Cambridge e Malden: Polity Press, 2009).

Goldstein, Darra e Kathrin Merle (eds.), *Culinary Cultures of Europe* (Estrasburgo: Council of Europe Publication, 2005).

Held, David (ed.), *A Globalizing World? Culture, Economics, Politics* (Londres e Nova Iorque: Routledge/the Open University, 2000).

Ichijo, Atsuko e Ronald Ranta, *Food, National Identity and Nationalism: from Everyday to Global Politics* (Houndmills, Basingstoke: Palgrave MacMillan, 2016).

Inglis, David e Debra Gimlin, "Food Globalizations: ironies and Ambivalences of Food, Cuisine and Globality", in David Inglis e Debra Gimlin (eds.), *The Globalization of Food* (Oxford e Nova Iorque: Berg, 2009), 2-42.

Jackson, Peter, "Hunger and Famine", in Peter Jackson and the CONANX group (eds.), *Food Words: Essays in Culinary Culture* (Londres: Bloomsbury, 2013), 100-102.

James, Allison, "Cuisiner les Livres. Identités globales ou locales dans les cultures alimentaires?", *Anthropologie et Sociétés*, vol. 18, n.º 3, (1994): 39-56.

Kiple, Kenneth F., *A Movable Feast: Ten Millennia of Globalization* (Cambridge e Nova Iorque: Cambridge University Press, 2007).

Kurlansky, Mark, Cod: A Biography of the Fish that Changed the World (Londres: Vintage Books, 1997.

Leich, Alison, "Slow Good and the Politics of 'Virtuous Globalization' in David Inglis e Debra Gimlin (eds.), *The Globalization of Food* (Oxford e Nova Iorque: Berg, 2009; 45-63.

Lindholm, Charles, *Culture and Authenticity* (Malden e Oxford: Blackwell Publishing, 2007).

Macfarlane, Alan e Iris Macfarlane, *Green Gold: The Empire of Tea* (Londres: Ebury, 2003).

Miller, Daniel, "Coca-Cola: A Black Sweet Drink from Trinidad", in James L. Watson e Melissa L. Caldwell (eds.), *The Cultural Politics of Food and Eating: A Reader* (Malden e Oxford: Blackwell, 2004), 57.

Milne, Richard, "Local-Global", in Peter Jackson and the CONANX group (eds.), *Food Words: Essays in Culinary Culture* (Londres: Bloomsbury, 2013), 120- 121.

Mintz, Sidney, "Food, Culture and Energy", in A. Nützenadel e F. Trentman (eds.), *Food and Globalization: Consumption, Markets and Politics in the Modern World* (Oxford e Nova Iorque: Berg, 2008), 21-35.

Möhring, Maren, "Transnational Food Migration and the Internalization of Food Consumption", in A. Nützenadel e F. Trentman (eds.), *Food and Globalization: Consumption, Markets and Politics in the Modern World* (Oxford e Nova Iorque: Berg, 2008), 129--150.

Montanari, Massimo, *Il Risposto della Polpetta e alter Storie intorno al Cibo* (Roma e Bari: Editori Laterza, 2010).

Montanari, Massimo, *L' Identitá Italiana in Cucina* (Roma e Bari: Editori Laterza, 2010).

Nützenadel, A. e F. Trentman, "Introduction: Mapping Food and Globalization", in A. Nützenadel e F. Trentman (eds.), *Food and Globalization: Consumption, Markets and Politics in the Modern World*, (Oxford e Nova Iorque: Berg, 2008), 1.

Ohnuki-Tierney, Emiko, "We Eat Each Other's Food to Nourish Our Body: The Global and the Local as Mutually Constituent Forces", in Raymond Grew (ed.), *Food in Global History* (Boulder: Westview Press, 1999).

Peckham, Shannan, "Consuming Nations", in Sian Griffiths e Jennifer Wallace (eds.), *Consuming Passions: Food in the Age of Anxiety* (Manchester & Nova Iorque: Mandolin, 1998) 171-182.

Phillips, Lynne, "Food and Globalization", *Annual Review of Anthropology*, (2006), 35, 37-57.

Pilcher, Jeffrey M., *Food in World History* (Nova Iorque e Londres: Routledge, 2006).

Post, Laurens van der, *First Catch your Eland: A Taste of Africa* (Londres: Hogarth Press, 1977)

Poulain, Pierre, *Sociologies de l'Alimentation* (Paris: Presses Universitaires de France, 2002).

Ritzer, George, *The McDonaldization of Society* (Thousand Oaks, Califórnia: Pine Forge Press, 2000).

Salaman, Redcliffe N. *The History and Social Influence of the Potato* (Cambridge: Cambridge University Press, 1949).

Sidney, Mintz, *Sweetness and Power: The Place of Sugar in Modern History* (Nova Iorque: Viking, 1985).

Smith, Allison K., "National Cuisines", in Jeffrey M. Pilcher (ed.) *The Oxford Handbook of Food History* (Oxford e Nova Iorque: Oxford University Press, 212), pp. 444-460.

Sobral, José Manuel e Patrícia Rodrigues, "O 'Fiel Amigo': O Bacalhau e a Identidade Portuguesa", *Etnográfica*, 17 (3), (2013), 619-649.

Sobral, José Manuel, "Cozinha, Nacionalismo e Cosmopolitismo em Portugal (séculos XIX-XX), in M. Villaverde Cabral, S. Aboim e F. Carreira da Silva (eds.), *Itinerários: a Investigação nos 25 Anos do ICS* (Lisboa: Imprensa de Ciências Sociais), 99-123.

Sobral, José Manuel, "The Country, the Nation and the Region in Representations of Portuguese Food and Cuisine", in Nuno Domingos, José Manuel Sobral e Harry West (eds.), *Food Between the Country and the City: Ethnographies of a Changing Global Foodscape* (Londres, Bloomsbury. 2014), 145-160.

Trubek, Amy B., *The Taste of Place: A Cultural Journey Into Terroir* (Berkeley e Los Angeles: University of California Press, 2008).

Trüninger, Mónica e José M. Sobral, "Contested Authenticities: A Review of Consumers Perspectives", in Isabel Mafra (ed.), *Current Topics on Food Authentication* (Trivandrum, India: Transworld Research Network, 2001), 1-22.

Watson, James L., "China's Big Mac Attack", in James L. Watson e Melissa L. Caldwell (eds.), *The Cultural Politics of Food and Eating: A Reader* (Malden e Oxford: Blackwell, 2004) 69-79.

Yan, Yunxiang, "Of Hamburger and Social Space: Consuming MacDonald's in Beijing", in James L. Watson e Melissa L. Caldwell (eds.), *The Cultural Politics of Food and Eating: A Reader* (Malden e Oxford: Blackwell, 2004), 80-103.

Globalização e cosmopolitismo. A mundialização da cultura indiana

ROSA MARIA PEREZ(*)
(Instituto Universitário de Lisboa, ISCTE, Centro de Estudos Internacionais)

> My friends and I eagerly circulated and read with a great sense of expectancy articles by European scholars [...]. Though I learned a great deal from all this feverish reading, I soon tired of trying to read Indian history through Europe and began to look at the literature on the Third World [...]. Above all, I became intrigued by anthropology because it seemed to call into question the Eurocentric universalism of history. (Gyan Prakash, 2003, pp. 116-117)

I

A globalização, sugeriu Pratap Mehta, comprime o tempo e o espaço, aproxima histórias distantes em morfologias novas e sem precedentes, questiona os limites do Estado-nação (Mehta, 2000). Uma nova cultura pública é transmitida por canais transnacionais, novos modelos de estratificação social e de poder emergem, e novas instituições tornam-se necessárias para lhes dar forma e inteligibilidade. Para um entendimento destes processos que respeite a diversidade social e que assegure a abertura intelectual a diferentes culturas e formas de pensamento, sugere aquele autor o conceito de cosmopolitismo (Mehta, 2000, p. 622).

(*) Os antropólogos Gilberto Velho e Joaquim Pais de Brito organizaram no último congresso da Associação Portuguesa de Antropólogos (Lisboa: 2009) uma mesa sobre cosmopolitismo na qual me convidaram a participar e que me interessou pelas potencialidades analíticas do tema. São-lhes devidos os meus agradecimentos.

Este conceito ganharia eficácia heurística – e humanista – relativamente a globalização pela possibilidade de transcender horizontes e afiliações locais, de prescindir de identidades limitativas a bem de uma comunidade de perspetivas(1).

A antropologia deu à estampa, nesta década, um conjunto significativo de publicações sobre o tema do cosmopolitismo (Vertovec & Cohen, 2000) (Appiah, 2007) (Robinson, 2007) (Werbner, 2008), ao mesmo tempo que desenvolveu projetos de investigação e graus académicos(2) conducentes, em alguns casos, à abertura de novos centros(3). Articulado com questões de migração e de diáspora, de transnacionalismo e multiculturalismo, o termo permuta com globalização, que, entretanto, caiu no domínio público e foi absorvido pelo senso comum e pelos *media*, cabendo em grande medida à antropologia, mais do que a outras ciências sociais, o seu resgate teórico através de etnografias sistemáticas e prolongadas.

Autores como Frederick Cooper, Ann Laura Stoler, Anthony Pagden, Marshall Sahlins, Nathan Watchtel e Steven Greenblatt

(1) A proposta de Mehta merece ser transcrita: «[Cosmopolitanism] coincides with a sense that the global was not quite there but lodged everywhere [...] [It is] a way of conceiving citizenship appropriate to a multicultural society, a way of being receptive to others that avoided both the logic of assimilation that eroded difference or an enclavism that made dialogue impossible» (Mehta 2000, p. 623).

(2) Veja-se, nomeadamente, o programa de doutoramento *Pathways to Cosmopolitanism*, Universidade de Manchester, dirigido pela antropóloga Nena Glick-Shiller, diretora do Research Institute for Cosmopolitan Cultures, da mesma universidade, e que, em 1992 cunhou, com Linda Bash e Cristina Blanc-Szanton, o conceito de «transnacionalismo» (Glick-Shiller, Nena, Linda Bash & Cristina Blanc-Szanton, 1992).

(3) Veja-se Centre for Cosmopolitan Studies, St. Stephens College, Escócia, dirigido pelo antropólogo Nigel Rapport, cuja conferência inaugural, em setembro de 2009, teve o título «A cosmopolitan anthropology?»; veja-se também Cosmopolitan Civil Societies Research Centre (CCS), da Universidade de Tecnologia de Sydney, aberto com o objetivo de «um melhor entendimento da mudança social e da coesão cultural na Austrália e noutras sociedades cosmopolitas», e com a recém-criada revista eletrónica *Cosmopolitan Civil Societies*.

têm tentado, sob um ponto de vista histórico ou antropológico, diluir os grandes binarismos, tomados como irredutíveis e irreversíveis, através dos quais têm sido apreendidos os fenómenos de globalização – ao mesmo tempo que lhes retiraram uma natureza eminentemente contemporânea pela identificação de dispositivos globais em diferentes períodos da história, os quais exibem dimensões de negociação e de resistência, de troca e de integração, que, por vezes, sugerem a comparação com a moderna noção de globalização enquanto processo pós-colonial[4].

É meu entendimento que o fenómeno polivocal da globalização ganha em integrar esta componente de cosmopolitismo que, além disso, dilui algumas estigmatizações que o termo adquiriu, sobretudo na sua conotação com processos de migração, adaptação e deslocamento. A Índia contemporânea oferece um contexto privilegiado para este debate.

II – A Índia cosmopolita

No início dos anos noventa do século XX, mais precisamente em 1991, Manmohan Singh, assessor económico de Indira Gandhi, então ministro da Economia do filho, Rajiv, e hoje em dia primeiro-ministro, iniciou o processo de liberalização da economia indiana que conduziu a Índia de um país fortemente carenciado à quarta potência económica do mundo, com um crescimento de 9% até 2008, início da grande recessão mundial. Desde a independência, em 1947, a Índia passou, pois, de país em desenvolvimento a potência mundial, atraindo o investimento internacional em grande escala e desafiando os estereótipos

(4) Um dos principais volumes sobre cosmopolitismo foi coorganizado por quatro dos principais autores dos estudos pós-coloniais (Carol Breckenridge, Sheldon Pollock, Homi Bhabha & Dipesh Chakrabraty, 2002) e abre o prefácio intitulado «Cosmopolitanisms» com a constatação de que, não sendo o tema uma entidade nova, dada a sua genealogia (com início nos estoicos e num percurso que desembocou em Kant), e levantando diferentes questões, pode deter eficácia operatória para a análise de fenómenos ditos globais.

correntes de civilização tradicionalista e resistente à mudança. Eis o que levou, nos últimos anos, os *media* e estudos académicos a categorizarem-na através de indicadores verdadeiramente explosivos: a segunda maior nação do mundo demograficamente falando, com 1,1 bilião de habitantes, ou seja, um sexto da população do globo, e, geracionalmente falando, a mais jovem, e um crescimento demográfico de aproximadamente 2,11% (Censos de 2001), constituindo, na sua diversidade, a maior democracia do mundo([5]).

Por isso, independentemente das suas divisões internas em língua, casta, religião e região, segundo o historiador inglês E. P. Thompson, a Índia é talvez o país mais importante para o futuro do mundo, pelo qual passam todas as convergências influentes (Kumar & Kapur, 2008, p. 79). Este estatuto é confirmado pelo crescimento económico sustentado dos últimos anos([6]), pelo lugar de liderança no domínio da ciência e da tecnologia, por uma classe média de mais de 300 milhões de indivíduos – equivalente, portanto, à população dos Estados Unidos da América –, educada, profissionalizada em diferentes sectores e tendo o inglês como língua dominante. O turismo tornou-se um objetivo económico importantíssimo com o desenvolvimento de uma política de reabilitação patrimonial e orientalizou-se sob a etiqueta de *Incredible India.*

O protagonismo indiano no palco da contemporaneidade foi reconhecido pela atribuição – iniciada ainda em pleno *raj* britânico – de seis prémios Nobel no domínio das ciências: na Física, Chandrasekhara Venkata Raman, em 1930, na Fisiologia, Hargobind Khorana, em 1968, e, de novo na área da Física, Subramaniam Chandrasekar, em 1983, na Economia, Amartya

([5]) Os livros mais recentes têm, a este nível, títulos significativos: *Planet India. How the Fatest-Growing Democracy is Transforming America and the World*, Kambar, 2007; ou *The elephant, the tiger and the cell phone. Reflections on India, the Emerging 21st Century Power*, Tahroor, 2007.

([6]) Manhoman Singh previu apenas 7,7% de crescimento no período de 2008-2009, contra 9% em 2007-2008 e 9,6% no ano anterior. Todavia, depois da vitória do Partido do Congresso nas últimas eleições, a Bolsa indiana atingiu os valores mais altos de sempre.

Sen, em 1998, da Paz, Madre Teresa de Calcutá, em 1979, que, embora nascida em Skopje, na então Jugoslávia, se tornou cidadã da Índia na sua causa contra a desproteção humana, e na literatura, Rabindranath Tagore, em 1913, domínio com grande reverberação na futura produção literária indiana. Efetivamente, e para mencionar apenas um caso, um dos mais desejados prémios literários dos nossos dias, o *Man Booker Prize*, que contempla, desde 1969, o melhor romance escrito em língua inglesa por um membro da Commonwealth, da Irlanda ou do Zimbabué, tem laureado regularmente autores de ou com origem na Índia(7). Além disso, a famosa e debatida *short list* do *Booker*, constituída pelos seis finalistas, tem incluído sempre um ou mais escritores indianos.

Outro fenómeno de relevo global e com grandes implicações académicas deve merecer a nossa atenção: as universidades e institutos de investigação europeus e americanos têm como investigadores de excelência pensadores indianos que reconfiguraram o campo das ciências sociais – ao mesmo tempo que delimitaram uma elite (intelectual e social) no interior da diáspora e sublinharam as desigualdades inerentes ao processo de movimentação de indivíduos e de grupos. Com origem predominante, embora não exclusiva, no grupo de pensadores indianos que formaram os chamados *Subaltern Studies*, autores como Ranjit Guha, Partha Chatterjee, Dipesh Chakrabarty, Homi Bhabha, Gayatri Spivak, Arjun Appadurai, Gyan Prakash e Akhil Gupta redefiniram os cânones académicos «ocidentais» e as articulações entre disciplinas, sobretudo entre antropologia e história(8). Este redesenhar da geopolítica das relações académicas entre «Oriente» e «Ocidente» (Assayag e Bénéï, 2003)

(7) V. S. Naipaul, *In A Free State*, 1971; R. P. Jhabvala, *Heat and Dust*, 1975; S. Rushdie, *Midnight's Children*, 1981 – de novo premiado com o melhor Booker dos trinta anos do prémio, em 2009 – A. Roy, *The God of Small Things*, 1997; K. Desai, *The Inheritance of Loss*, 2006; A. Adiga, *The White Tiger*, 2008.

(8) Para uma interessante apresentação destes autores, veja-se Assayag e Bénéï 2003.

em termos críticos e heurísticos não mereceu ainda a atenção dos cientistas socais. Evidentemente que esta nova política de conhecimento, com novas condições de produção e de lugares de enunciação e alinhada por novas geografias de capital, desafia as oposições disponíveis sobre local e global, nacional e transnacional, centro e periferias. Como sugeriu Visweswaran, as antropologias pós-coloniais começam a negociar os termos da intimidade e da distância que enformam a análise social, ao mesmo tempo que a própria teoria se transformou ao integrar estrategicamente a experiência transnacional (Visweswaran, 1994, p. 235).

III – A globalização da cultura indiana

Noutro plano, dizia Shekhar Kapur, realizador de *Elizabeth* e de *Bandit Queen*, que Bollywood definiria e dominaria o entretenimento global no século XXI. De que fenómenos falamos? Precisamente, e de novo, da conjuntura histórica específica da entrada da Índia na economia transnacional ao longo dos últimos 20 anos, na pós-liberalização e na centralidade dos *non resident indians* (NRI) na política indiana. Os NRI são parte integrante daquilo que é um dos maiores fluxos mundiais de circulação de grupos, a diáspora indiana, a mesma que levou para as academias e institutos de investigação da Europa e dos Estados Unidos notáveis especialistas das ciências e das tecnologias e uma mão de obra versátil oferecida por uma população que constitui um dos fatores de maior rejuvenescimento demográfico do mundo ocidental.

A mesma diáspora, ainda, que tem estimulado uma crescente produção em ciências sociais sobre religião, género, nacionalismo, pós-colonialismo e que tem desafiado os académicos a prescindirem de categorizações cristalizadas sobre o universo social indiano([9]). Como sabemos, a categoria *diáspora*

([9]) A definição de diáspora tem ocupado substantivamente as ciências sociais nas duas últimas décadas, desde os trabalhos de Homi Bhabha,

foi cunhada em finais dos anos de oitenta do século XX para designar os grandes movimentos de pessoas e de grupos em canais transnacionais, beneficiando das novas tecnologias de comunicação e de informação e participando na economia global. A Índia presta-se como poucos contextos à avaliação teórica desta categoria, por um lado, e, por outro, a etnografia produzida sobre a diáspora indiana, sobretudo na Europa e nos Estados Unidos, tende a fazer colapsar uma parte substancial da lógica norte-atlântica e a desestabilizar algumas conceções correntes([10]), porque ineficazes para captar a multiplicidade de vetores e de agendas, de lógicas temporais e espaciais (globais e nacionais), de processos de des- e reterritorialização e de refrações de género associados à diáspora indiana no mundo. Efetivamente, a reapreciação do conceito torna-se necessária para analisar, sobretudo, os efeitos da diáspora na própria Índia, que conduziu à definição de novas categorias para os emigrantes indianos, NRI (Non Resident Indians) e PIO (People of India Origin) e à criação de um Ministério próprio, Ministry of Overseas Indian Affairs, face à densidade política e económica destes grupos, cujas remessas se tornaram centrais para a economia nacional([11]).

Este impacto refletiu-se em novas formas de produção e de distribuição cultural, particularmente ao nível dos *media*, com uma televisão por cabo que atravessa o mundo([12]) e define novos modelos sociais na própria Índia. Simultaneamente, o cinema

---

Arjun Appadurai, Stuart Hall, James Clifford e Paul Gilroy, que, paralelamente, viram nela um dispositivo privilegiado para teorizar questões de cidadania e nacionalismo, economia transnacional, políticas culturais, descolonização e globalização. Ultimamente, temos assistido a um debate crescente por parte de estudiosos como Ien Ang (2001), Aihwa Ong (1999 e 2006), Avtar Brah (1996 e 2008).

([10]) Para uma análise elaborada destas questões, vide, nomeadamente, o número especial de *Interventions*, 2003, e o ensaio introdutório sobre diáspora de Abbas & Erni, 2005.

([11]) Segundo as últimas estatísticas, as remessas dos indianos na diáspora constituem a maior reserva do Bank Reserve of India.

([12]) Uma avaliação da extensão geográfica da diáspora indiana no mundo pode ser feita na *Encyclopedia of the Indian Diaspora* (2006).

comercial indiano passou a integrar conteúdos sobre e para a diáspora, sendo a estreita relação entre os dois assinalada pelo *Pravasi Bharatiya Divas* (Dia Nacional dos NRI), no qual personalidades do cinema são chamadas a desempenhar o papel de embaixadores culturais, assim assinalando também os laços entre o Estado e a diáspora. As estrelas de cinema começaram, entretanto, a ser presenças habituais em Cannes; essas mesmas estrelas candidataram-se a lugares políticos nos dois principais partidos da Índia (Congresso e BJP) e ganharam lugares no *lok sabha*, a Câmara Baixa do Parlamento, como foi o caso do emblemático Amitabh Bachchan. Este mundo de estrelas e a dinâmica produção de filmes musicais em hindi sediada em Bombaim recebeu a designação informal de Bollywood([13]).

Curiosamente, a mudança da política de Estado relativamente ao cinema indiano, com a declaração, em maio de 1998, de que o Governo daria o estatuto de indústria à produção de filmes (tornando-os, assim, elegíveis para apoio a infraestruturas e para a concessão de crédito, como o atribuído a outras indústrias), coincidiu com a liberalização económica acima referida e tinha como objetivo ressituar a Índia no contexto da globalização, através de uma negociação concertada entre a indústria do cinema e o Governo. Foi a altura em que o cinema de Bombaim começou a virar-se para os mercados da diáspora e que a Índia abriu ela própria os seus mercados a produtos e a culturas ocidentais (especialmente de matriz anglo-americana). O próprio termo «Bollywood» foi cunhado nos anos de noventa do século XX como desejo de que o fenómeno se tornasse semelhante ao de Hollywood, isto é, um cinema de larga escala, nacional e internacional e um sucesso de bilheteiras internacionais.

Assistimos atualmente a uma cultura pública transnacional – de literatura, filmografia, música, vestuário, alimentação, ioga – que conduz necessariamente a reimaginar a Índia, ao mesmo tempo que permite aos indianos na diáspora estabelecerem laços permanentes com a nação distante, graças à

([13]) Para a análise do termo, veja-se (Rajadhyaksha, 2003) e (Prasad, 2003).

expansão de tecnologias de comunicação e de informação iniciadas no princípio dos anos noventa([14]).

Como devemos entender estes *mediascapes* (Appadurai, 1990) que, mais do que um fenómeno em si, nos permitem avaliar a dimensão social, cultural e política da globalização dos *media*, melhor dizendo, da globalização *tout court*? Como devemos categorizar este cinema que desafia a distinção entre global e local, nacional e regional, e que convida, como sugeria, a uma mais cuidadosa definição da própria globalização, nesse vaivém entre a Índia e o mundo?

Quando analisamos a produção cinematográfica da Índia contemporânea, verificamos que o cinema se globalizou ou, se quisermos, se «bollywoodizou»([15]), por outras palavras, tornou-se o lugar onde as transições decorrentes da globalização são negociadas e tornadas inteligíveis (Rajadhyaksha, 2003), sendo, por isso, indispensável ao Estado. Este cinema, cosmopolita nos seus contornos e nas suas implicações, constitui a indústria cultural dominante na Índia e remete para uma forma de pertença identitária liberta dos direitos de cidadania (Rajadhyaksha, 2003), ao mesmo tempo que redefine os limites socioculturais da Índia e da indianidade.

Em grande medida, o atual contexto de país emergente com as suas grandes transformações a nível social e cultural, com uma classe média letrada e urbana, divorciada em escala e em natureza da grande massa da população rural – que ficou aquém do explosivo crescimento económico ou que foi esmagada por ele –, não constitui o centro de gravidade das audiências.

([14]) Para uma abordagem do papel da televisão neste processo, veja-se (Mankekar, 1999) e (Mehta, 2008). Mehta analisou a forma como a televisão por cabo, com canais em inglês e em hindi, transformou as práticas indianas e possibilitou novas formulações identitárias e de cultura popular; em síntese, como a história da televisão na Índia é a história do encontro da Índia com a globalização (Mehta, 2008).

([15]) Rajadhyaksha entende por «bollywoodization» a transformação de um segmento da indústria fílmica indiana na tentativa de desenvolver um novo sentimento de indianidade e uma forma mais livre de pertença civilizacional (Rajadhyaksha, 2003, p. 34).

Esse centro de gravidade parece ter-se deslocado no sentido das moedas mais fortes dos NRI, e, como resultado, Bollywood parece focar-se menos no desenvolvimento da democracia indiana e mais no estilo de vida de uma crescente classe indiana de consumo, cuja localização parece, por vezes, irrelevante e nem sempre coincidente com os limites do Estado-nação.

Os estudos sobre cinema e diáspora têm precisamente questionado os limites do Estado-nação e abriram o debate sobre o significado da polivocalidade dos fluxos e redes globais. Todavia, embora se verifique um crescente campo de estudos sobre Bollywood e sobre a forma como Bollywood tem reverberado na diáspora indiana no mundo, com estudos maioritários sobre Inglaterra e os Estados Unidos da América (vide, entre outros, Desai 2004) (Dudrah, 2006) (Dwyer, 2000) (Gillespie 2002) (Gitte Stald & Thomas Tuffe, 2002) (Kavoori e Punathambekar, 2008) (Prasad, 2003), tem sido dada uma atenção muito escassa, se não nula, ao impacto do cinema sobre a realidade social indiana, através de etnografias sistemáticas.

O debate sobre Bollywood remete, pois, para questões de globalização e, simultaneamente, leva a questionar os termos a partir dos quais a entendemos, dada a relação intrínseca entre Estado e *media* numa era global([16]). Efetivamente, na era da globalização, a dimensão material e discursiva de Bollywood desempenhou um papel fundamental na definição de nação, de uma nação não limitada pelos limites políticos do território, capaz de integrar a diferença e a distância, de diluir grandes dualidades, de se afirmar, em suma, humanistamente cosmopolita.

IV

Vale a pena lembrar Partha Chatterjee a propósito da sua distinção entre sociedade civil e sociedade política, significando a última a *terra incognita*, povoada, não só por *People Like Us*, mas

([16]) Para o desenvolvimento deste debate, veja-se nomeadamente (Nacify, 2001) e (Shoat & Stam, 2003).

também por *People Like Them* (Chatterjee, 1998) – cujas vidas se desenrolam numa discreta obscuridade –, até serem, por vezes, resgatadas pelo cinema.

Referências bibliográficas

Abbas, M. A., & Erni, J. N. (2005). *Internationalizing Cultural Studies. An anthology*. Oxford: Blackwell.

Ang, I. (2001). *On not Speaking Chinese: Living between Asia and the West.* Nova Iorque: Routledge.

Appadurai, A. (1996). *Modernity at Large. Cultural dimensions of globalization.* Mineápolis: University of Minnesota Press.

Assayag, J., & Bénéï, V. (2003). *At Home in Diaspora. South Asian scholars and the West.* Deli: Permanent Black.

Avtar, B. (1996). *Cartographies of Diaspora. Contesting identities.* Nova Iorque: Routledge.

Brah, A. (2008). «The Asianin Britain», N. Ali, V. Kalra, & S. Sayyd, *A Postcolonial People. South Asians in Britain* (pp. 62-74). Nova Iorque: Columbia University Press.

Breckenridge, C. S. (2002). *Cosmopolitanism.* Durhan: Duke University Press.

Chatterjee, P. (1998). «Beyond the Nation or Within?», *Social Text,* 56, n.º 3, pp. 57-69.

Desai, J. (2004). *Beyond Bollywood: the cultural politics of South Asian diasporic film.* Nova Iorque: Routledge.

Dudrah, R. K. (2006). *Bollywood: sociology goes to the movies.* Deli: Sage Publications.

Dwyer, R. (2000). *All you Want is Money, all you Need is Love: sexuality and romance in modern India.* Nova Iorque: Cassel.

Gillespie, M. (2002). «Dynamics of diasporas: South Asian media and transnational cultural politics», G. S. Tuffe, *Global Encounters: media and cultural transformation.* Luton: University of Luton Press, pp. 173-193.

Kavoori, A., & Punathambekar, A. (2008). *Global Bollywood.* Nova Iorque: New York University Press.

Kumar, S., & Kapur, P. K. (2008). *India of My Dreams.* Nova Deli: Academic Foundation.

Lal, V. B., Reeves, P., & Rai, R. (2006). *Encyclopedia of the Indian Diaspora.* Deli: Oxford University Press.

Mankekar, P. (1999). *Screening Culture, Viewing Politics: an ethnography of television, womanhood and nation in postcolonial India.* Durham: Duke University Press.

Mehta, N. (2008). *Television in India. Satellites, politics and cultural change.* Nova Iorque: Routledge.

Mehta, P. B. (2000). «Cosmopolitanism and the circle of reason», *Political Theory,* 28, n.º 5, pp. 619-639.

Nacify, A. (2001). *An Accented Cinema: exilic and diasporic filmmaking.* Nova Jérsia: Princeton University Press.

Ong, A. (1999). *Flexible Citizenship: the cultural logics of transnationality.* Durham: Duke University Press.

Ong, A. (2006). *Neoliberalism as Exception: mutations in citizenship and sovereignty.* Durham: Duke University Press.

Prakash, G. (2003). «The location of scholarship», J. Assayag, & V. Bénéï, *At Home in Diaspora. South Asian scholars and the West.* Deli: Permanent Black.

Prasad, M. (2003). «This thing called Bollywood», *Seminar,* 525 [http://www.india-seminar.com].

Rajadhyaksha, A. (2003). «The Bollywoodization of Indian cinema: cultural nationalism in a global arena»,*Inter-Asia Cultural Studies,* 4, n.º 1, pp. 25-39.

Shiller, N. G., Bash, L., & Blanc-Szanton, C. (1992). *Towards a Transnational Perspetive on Migration: race, class, ethnicity, and nationalisms reconsidered.* Nova Iorque: New York Academy of Sciences.

Shohat, E. e. (2003). *Multiculturalism, Postcoloniality, and Transnational Media.* New Brunswick, Nova Jérsia: Rutgers University Press.

Stald, G., & Tuffe, T. *Global Encounters: media and cultural transformation.* Luton: University of Luton Press.

Visweswaran, K. (1994). *Fictions of Feminist Ethnography.* Mineápolis: University of Minnesota Press.

Em casa com a globalização. Reflexões antropológicas sobre movimentos e pertenças transnacionais

MARTA VILAR ROSALES
SUSANA TROVÃO
(Universidade Nova de Lisboa, Faculdade de Ciências Sociais e Humanas, Centro em Rede de Investigação em Antropologia)

Os debates sobre globalização e processos transnacionais desenvolvidos, desde o início da década de oitenta, no campo da antropologia tendem a organizar-se em torno de dois eixos. O primeiro – que poderia ser designado como eixo *dos sintomas do novo* – traduz um interesse pela inventariação e categorização dos aspetos inéditos da nova ordem global, procurando apontar causas e indícios de estruturas emergentes, à medida que vai avançando com leituras para os efeitos das mesmas. Um segundo eixo – que poderia ser designado por da *permanência* – centra-se nas dimensões estruturais que coexistem, embora travando um diálogo por vezes tenso, com *o novo*. Diversos nas abordagens e complementares nos contributos produzidos para pensar a contemporaneidade, os dois eixos apresentam uma característica comum: ambos promovem um confronto constante entre as ordens sociais pré e pós-globalização. Esta reflexão partirá desta constatação para discutir dois temas centrais do global, os quais tendem, na maioria das vezes, a ser abordados separadamente: os dos movimentos transnacionais de pessoas e de coisas; e o das modalidades transnacionais de identificação, representação e pertença.

Esta opção reflete, em primeiro lugar, as linhas de investigação que temos vindo a desenvolver nos últimos anos(1).

---

(1) Susana Trovão tem-se dedicado ao estudo das diásporas de origem indiana em diferentes ecologias coloniais e pós-coloniais, no seio de diferentes hierarquias, instáveis e competitivas, do sistema-mundo. Em artigos mais recentes, operacionaliza uma perspetiva comparativa transcolonial

Em segundo lugar, traduz a convicção de que é perspetivando duas dimensões significativas da contemporaneidade, através de uma lente focada nas representações, discursos e práticas quotidianas de grupos e sujeitos concretos, que a globalização melhor se dá a conhecer e permite ser interpelada. Como refere Vertovec (2009), as tentativas realizadas para descrever a globalização a partir «de cima», isto é, a partir da esfera das grandes corporações multinacionais e dos acordos globais, e a partir «de baixo», isto é, centradas exclusivamente nos atores sociais, não produziram até ao momento resultados satisfatórios. As escalas, os espaços e os mecanismos da globalização encontram-se demasiado inter-relacionados para que abstrações exclusivamente de nível macro ou de nível micro sejam produtivas. Assim, este exercício visa, antes de mais, promover uma reflexão no seio da qual movimentos globais e de grande escala, contextos e grupos específicos surjam articulados, de modo a tornarem inte-

---

através da qual analisa continuidades e diferenças *entre* os vários colonialismos e *adentro* dos mesmos. Concomitantemente, tem vindo a explorar os processos dialéticos de reconstrução de memórias coloniais e pós-coloniais, argumentando como estes continuam a ser mobilizados na (re)invenção e pluralização identitária no seio das diásporas pós-coloniais. Paralelamente, os projetos comparativos que coordena sobre famílias transnacionais procuram articular processos de diferenciação e competição interétnica com dinâmicas de género, intergeracionais, de classe e de diversificação religiosa e ainda com diferentes dinâmicas de materialização e competição expressiva.

Marta Vilar Rosales tem-se dedicado ao estudo de diversas migrações transnacionais no quadro das relações coloniais e pós-coloniais portuguesas (de Portugal e de Goa para Moçambique e de Moçambique para Portugal e para o Brasil) e das migrações portuguesas para a América do Norte. Entre as dimensões abordadas nos projetos desenvolvidos destacam-se os movimentos transnacionais de objetos entre as diferentes localizações que compõem as trajetórias migratórias, as relações quotidianas com a materialidade e as práticas regulares de consumo (sobretudo em contexto doméstico), a produção e consumo de produções mediatizadas, as estratégias de gestão das redes de pertença e o desenvolvimento de políticas de posicionamento estratégico nas diferentes localizações que compõem as migrações transnacionais atuais.

ligíveis simultaneamente os grandes fenómenos e as pequenas respostas, as acomodações e as mediações produzidas localmente.

I – Globalização: do que falamos?

Uma das modalidades possíveis de iniciar uma resposta à interrogação enunciada poderá passar por esclarecer que a contemporaneidade global, embora tantas vezes pensada como uma experiência de rutura (Miller, 1995) face aos contextos que a precederam, dificilmente poderá ser definida como uma nova ordem social integrada, tranquila e sem fronteiras, responsável pela produção de modelos consistentes de práticas e/ou formações sociais originais. A globalização é, pois, mais bem entendida como uma interconexão múltipla, complexa e desorganizada (Vertovec, 2009) do económico, do cultural, do político, do ambiental e do social, a qual produz alterações profundas nas modalidades e nas atividades de muitos grupos e instituições.

Não se apresentando como uma nova ordem comummente experienciada em todos os lugares e por todos os grupos sociais, a globalização apresenta, no entanto, um conjunto de elementos caracterizadores e distintivos relativamente consensuais, e de cuja conjugação resulta tanto um aumento generalizado da interconectividade mundial como uma nova reorganização (muitas vezes descrita como compressão) do espaço e do tempo.

Inda e Rosaldo (2002) identificam quatro elementos constituintes e fundamentais deste processo: a intensificação à escala mundial de fluxos cada vez mais velozes (em consequência do desenvolvimento dos transportes e das tecnologias de informação e comunicação) de capital, pessoas, bens, imagens e ideias à volta do mundo, apontando para um aumento generalizado, quer do ritmo das interações entre diferentes grupos, quer para a introdução de novas modalidades e processos na produção e gestão das mesmas; a intensificação das ligações, dos modos de interação e dos fluxos que ligam o mundo, normalizando e regularizando os contactos transfronteiriços; a extensão das práticas sociais, económicas, políticas e culturais a contextos além-fronteiras, possibilitando o desenvolvimento de *ações à distância* e com múltiplas repercussões em diversos locais; e, consequência direta do aumento da rapidez, interligação e extensão dos seus elementos caracterizadores, o aumento significativo das interconexões entre global e local.

Partindo da enumeração anterior, poderá definir-se a globalização como um conjunto de processos espácio-temporais que operam a uma escala global, atravessam rapidamente fronteiras, imprimem uma interconectividade crescente tanto a culturas como a comunidades, ao mesmo tempo que promovem a compressão de horizontes espaciais e temporais, incutindo maior intensidade e instabilidade às vidas quotidianas da generalidade dos atores sociais. Generalista, esta proposta de definição torna-se sobretudo útil por ancorar uma série de questionamentos, os quais, muito embora enunciados precocemente aquando das primeiras discussões do tema, apresentam ainda grande visibilidade. Para a maioria dos autores, refletir sobre a globalização continua a constituir um desafio que passa por abordar os seus impactos reais e potenciais ao nível de três temáticas antropológicas centrais – a das relações entre centro e periferia; a da problemática da diversidade cultural; e a das relações entre global e local.

II – Para além da hierarquia estanque entre centros e margens

A temática das relações centro/periferia não é recente no quadro das ciências sociais. Assumindo contornos diversos nas diferentes disciplinas e contextos sociopolíticos, volta no entanto a despertar a atenção pela mão de autores como Hannerz, Appadurai, Gupta e Ferguson ou Friedman, entre outros. Ulf Hannerz (1989) começa por discutir as consequências de se conceber a globalização (e as assimetrias que esta gera) a partir de um exercício dicotómico como o que opõe centro a periferia. Questionando a natureza cultural desta assimetria e a necessidade de a confrontar com outras assimetrias (de natureza económica, política e militar) para, num segundo momento, se centrar na discussão dos seus impactos ao nível das estruturas de significado e das expressões culturais.

As trocas culturais entre centro e periferia, argumenta Hannerz, devem ser discutidas observando conjuntamente os processos de difusão cultural promovidos pelos centros e as produções culturais da periferia que são geradas enquanto resposta à superioridade demonstrada pelos primeiros. E isto porque, na maioria dos casos, as relações que se estabelecem entre culturas «importadas» dos centros e culturas «locais» das periferias são tidas como relações de competição. Crítico relativamente a esta perspetiva dominante, propõe que se desmonte a assunção de que a produção cultural dos centros será sempre mais bem aceite do que a produção local das periferias, o que acabaria por ditar a extinção destas últimas. Em alternativa, aponta a possibilidade de as periferias importarem, para além da produção cultural dos centros os seus sistemas simbólicos e respetivas ferramentas de descodificação e tradução, o que lhes permitiria integrá-los nas suas próprias produções locais. Em suma, enfatiza as potencialidades que advêm da «coexistência e interação criativas» entre centro e periferia, em que a segunda poderá eventualmente retirar mais-valia da integração progressiva de outros modelos culturais que não os próprios.

Ao contributo de Hannerz juntam-se outras abordagens complementares que chamam a atenção para a complexidade que caracteriza a relação centro/periferia no quadro da globalização. Inda e Rosaldo (2002), por exemplo, reforçam a posição anteriormente enunciada, sugerindo que se proceda a uma revisão da definição de *sujeito periférico* (um sujeito incapaz de se apropriar criticamente das produções culturais dos centros) sobre a qual se apoiam as posições que anteveem o desaparecimento progressivo das culturas mais marginais. Em paralelo, sublinham a bidirecionalidade (embora altamente assimétrica) dos fluxos entre os dois polos, envolvendo processos de combinação de referências e vivências organizadas a partir de dois ou mais quadros culturais de referência.

III – Desconstruir uma representação dicotómica do mundo e da cultura

Daniel Miller (1995) caracteriza a generalidade das reflexões antropológicas sobre a contemporaneidade como resultado de um quadro conceptual que a pensa como experiência de rutura. Esta linha de reflexão dominante faz-se sentir em muitas áreas temáticas da disciplina e, inevitavelmente, também no âmbito das discussões em torno da globalização em geral e, muito particularmente, no que respeita à temática central da diferenciação cultural. Segundo Miller, as diferenças culturais (com as suas raízes históricas) devem ser simultaneamente pensadas como algo que se situa *a priori* e *a posteriori* dos encontros com o outro. No quadro da globalização, as expressões da diferença *a priori* têm maioritariamente sido interpretadas como exercícios de resistência às mudanças resultantes das influências e dos impactos das instituições e movimentos globais. Já no que respeita às diferenças sociais *a posteriori*, a perspetiva dominante apresenta contornos muito diferenciados. As diferenças «novas» são predominantemente observadas a partir de uma lente que procura sobretudo chamar a atenção para a existência de mecanismos culturais que permitem reagir às tendências fortemente homogeneizadoras inerentes à globalização. Assim, a possibilidade de se produzir diferença (que não resulte da continuidade ou do sincretismo de tradições anteriores, mas antes da exploração de novas possibilidades introduzidas pelas instituições globais) aumenta as dimensões atribuídas à rutura introduzida pela globalização, ao mesmo tempo que se contesta o argumento da inevitabilidade da homogeneização cultural.

O posicionamento de Miller traduz, no fundamental, uma das ideias em discussão mais significativas para a antropologia contemporânea. Se a globalização, enquanto processo, produz e impõe ruturas face à ordem anterior e se estas parecem não redundar necessariamente em homogeneização cultural, então como abordar, discutir e apresentar o que resulta como produto desse processo? Ou, dito de outra forma, como resolver algumas das dualidades que marcam, na nossa opinião, há demasiado tempo a discussão antropológica e que opõem, por exemplo, produtos indígenas e importados, autenticidade cultural e cópia ou hegemonia global e apropriação local?

Richard Wilk (1995) propõe um conjunto de pistas para reflexão a partir da abordagem original que realiza aos concursos de beleza internacionais no Belize. Começa por nos explicar que no Belize, tal como em qualquer outra parte do mundo, os concursos de beleza são realizados por organizações locais imbuídas de relações sociais específicas e sustentados por uma teia de significados e de particularismos históricos também eles específicos. Toda esta especificidade e particularismo é, no entanto, recriada a par de um conjunto de relações de uniformidade mais vastas, através das quais se apresentam as diferenças locais a partir de um pacote de modalidades previsíveis e surpreendentemente uniformes a uma escala global.

Wilk chama assim a atenção para o facto de os processos de apropriação do global pelo local não resultarem necessariamente nem em homogeneização nem em resistência, mas antes na integração do local no global a partir de uma «estrutura comum de diferença» (Wilk, 1995, p. 111), isto é, a partir da constituição do que Appadurai (1990) denomina por «globalidades locais», conceito que procura denominar os complexos processos de interação entre contextos locais e conteúdos globais, sem assumir necessariamente a primazia de um sobre o outro.

IV – Requestionando escalas e métodos: *localizações* estratégicas do global

A proposta que resulta do trabalho de Wilk para se ultrapassar a dualidade que opõe o global ao local implica, de acordo com o enunciado no ponto anterior, uma revisão do conceito de globalização enquanto conteúdo ou léxico de bens e conhecimentos comuns, por uma formulação que a apresente enquanto conjunto comum de formatos e estruturas de mediação entre culturas. Os encontros e ligações culturais assumem sobretudo a forma de competições alargadas pelo exercício do poder de decisão sobre o que se pode e deve produzir e consumir no quadro global, colocando a diversidade numa moldura comum, organizada a partir de um conjunto limitado de dimensões que celebram alguns tipos de diferença e rejeitam outros.

O facto de a globalização promover a diferenciação em vez de a suprimir não deve ser interpretado como via para uma fragmentação crescente. Pelo contrário, o facto de a diferenciação promovida assentar fundamentalmente na forma e não nos conteúdos faz com que esta apareça progressivamente mais organizada a partir de estruturas gerais que transcendem o local. Ou seja, se a generalidade das culturas mantém as suas especificidades próprias, também parece ser verdade que as modalidades a partir das quais essas especificidades se materializam se encontram cada vez mais limitadas e uniformes, tornando-se, nesse sentido, progressiva e mutuamente inteligíveis.

Parafraseando Wilk, não nos estaremos a tornar necessariamente mais parecidos uns com os outros, mas antes a comunicar e a representar as nossas diferenças e especificidades de forma cada vez mais inteligível: «o sistema global corresponde a um código comum, mas o seu propósito não é uma identificação comum; é antes a expressão de distinções, fronteiras e disjunturas» (Wilk, 1995, p. 118). O local, o étnico ou o nacional não podem por isso ser vistos como opostos à globalização ou como focos de resistência à mesma, mas antes, e enquanto forem domesticáveis e categorizáveis, como constituintes centrais da cultura global.

Ao contrário do que possa parecer num primeiro momento, a proposta de Wilk não integra um questionamento acerca da autenticidade das novas especificidades e diferenciações culturais. Como refere pertinentemente Miller (Wilk, 1995, p. 3), a diversidade cultural resultante dos encontros e trocas promovidos pela globalização é ainda, demasiadas vezes, acusada de «inautêntica» ou «superficial», sobretudo quando comparada com a diversidade assente em raízes ancestrais. Esta posição, especialmente dominante no quadro dos discursos pós-modernos, é fortemente criticada por Wilk, que caracteriza a diversidade cultural contemporânea como «verdadeiramente autêntica e real» (Wilk, 1995, p. 118), embora expressa através de um espetro cada vez menor de canais, imagens e produtos. As estruturas comuns de diferença constituem-se através de processos de mercantilização e objetificação, os quais produzem uma aparência de artificialidade e homogeneidade. Não obstante, a generalidade dos atores sociais continua a revelar competências para atribuir às produções culturais globais em circulação significados específicos enraizados em práticas locais, por forma a corresponderem aos seus objetivos, materializando um exercício que dificilmente se poderia descrever como arbitrariamente artificial.

Kajsa e Jonathan Friedman (1995) propõem, tal como Wilk, uma reflexão que promove a necessidade de se encontrar uma formulação alternativa ao modelo dicotómico a partir do qual a globalização é normalmente pensada. Centrando-se sobretudo na discussão das relações entre local e global, os Friedman propõem uma caracterização da globalização enquanto processo extremamente complexo no quadro do qual o local é produzido em articulação com processos mais vastos. Embora rodeado e parcialmente constituído no contexto da globalização, o local contemporâneo não deve no entanto ser perspetivado como mero produto de «forças externas» (Wilk, 1995, p. 134), mas como um elemento central que, em articulação com o global, assume uma função fundamental para a geração de novas realidades sociais específicas.

Partindo desta premissa teórica, as relações entre global e local são abordadas tendo em mente a discussão das suas implicações ao nível dos quotidianos. Por muito complexos que os sistemas sociais se apresentem ao olhar do investigador, a vida quotidiana tende a traduzir essa complexidade em esquemas de significado e ação relativamente simplificados. Nesse sentido, a globalização deve ser observada como mais um sistema social, historicamente definido, que compreende e mantém os campos sociais locais e no seio do qual se produz cultura em larga escala.

Abordar as relações entre o local e o global e avaliar os resultados dos encontros entre diferentes produções culturais implica sobretudo a observação das sobreposições e das interseções produtivas que se estabelecem entre ambos: «os processos globais implicam muito mais do que, por norma, se define com um processo cultural. Eles estão diretamente envolvidos na produção de enquadramentos sociais no seio dos quais a cultura é constituída» (Wilk, 1995, p. 135). Isto é, a globalização não constitui um processo impeditivo ou demolidor de estratégias locais, mas antes o processo que, na contemporaneidade, as enquadra, contextualiza e, consequentemente, baliza a sua formação e desenvolvimento.

São muitos os exemplos em que produções culturais «ditas globais» são integradas num contexto determinado sem que essa integração implique necessariamente uma alteração das lógicas que organizam as práticas específicas do mesmo, para além do facto de estas agora se encontrarem circunscritas (e consequentemente dependentes) pelas lógicas que estruturam a globalização. Argumentam, por isso, que os processos culturais globais devem ser pensados fundamentalmente enquanto práticas posicionais ativadas num contexto de interação social, propondo em simultâneo uma abordagem da globalização a partir «das diferentes formas de incorporação do "global" nas estratégias locais, nomeadamente através da relação que se estabelece com as práticas (locais) de identificação e de atribuição de sentido» (Wilk, 1995, p. 136).

Tendo como pano de fundo a ultrapassagem das perspetivas dicotómicas que têm dominado as discussões acerca da globalização, não poderíamos finalizar este exercício sem evocar o desafio, proposto por Saskia Sassen (2007), de «recuperação do lugar» no estudo da globalização e das dinâmicas transnacionais e translocais. Segundo esta autora, certos lugares complexos – interligados entre si e com o restante sistema urbano – materializam de forma condensada determinadas condições, capacidades (de operação e coordenação, sobretudo), formações e práticas sociais constituídas pelos processos de globalização, as quais são frequentemente secundarizadas por abordagens que colocam o foco analítico na hipermobilidade do capital, nas empresas transnacionais e no sistema económico global.

Neste sentido, abordagens socioantropológicas – localizadas mas antilocais – de algumas destas «localizações específicas do global» constituiriam uma passagem estratégica para analisar processos de transnacionalização (não apenas) do capital e das empresas, mas também do trabalho e dos trabalhadores (tanto dos altamente qualificados como dos remetidos para ocupações necessárias, embora desvalorizadas), as dinâmicas de poder que estes processos renovam ou engendram e seus efeitos noutros lugares do sistema urbano; por acréscimo, configurariam uma lente valiosa para focalizar processos de desterritorialização, recontextualização e hibridização cultural, processos de translocalização dos alinhamentos identitários e das pertenças, lutas e reivindicações por reconhecimento e direitos dinamizadas a partir de localidades globais.

Sem descurar a compreensão da globalização em termos de interdependência de processos e instituições globais, Sassen propõe-nos assim um recentramento metodológico direcionado para o estudo de certos fenómenos estratégicos onde se materializaria a globalização. Zonas de processamento de exportações, centros financeiros, empregos e ambientes de trabalho (incluindo o sector da «prestação de cuidados» alimentado geralmente por mulheres de origem imigrante), economias e mercados informais, movimentos diversos de pessoas e de coisas, comunidades e casas como espaços transnacionais, modos translocais de sobrevivência doméstica, famílias transnacionais e suas estratégias, redes transfronteiriças de ativistas, congregações religiosas transnacionais, entre muitas outras lentes, permitem (re)interrogar (com sustentação empírica) potenciais continuidades, desconfigurações e transformações nas práticas sociais da atual fase da globalização.

V – Práticas globais – movimentos contemporâneos de pessoas e coisas

Como referia Appadurai, em 1990, o movimento permanente de pessoas – turistas, refugiados, emigrantes e exilados

– constitui uma «paisagem» fundamental, constitutiva da presente realidade global. O mesmo se passa em relação às movimentações de coisas que as migrações direta ou indiretamente desencadeiam. Paul Basu e Simon Coleman (2008), na introdução de um número temático de *mobilities* dedicado à exploração das interseções existentes entre as migrações e as culturas materiais contemporâneas, chamam a atenção para o facto de o movimento de pessoas ter, desde sempre, implicado o deslocamento de coisas, afetando continuidades materiais e forçando a revisão dos usos e dos sentidos atribuídos às mesmas. Para além disso, migrar implica também ter de lidar com novos mundos materiais que se encontram organizados a partir de normas e valores distintos, os quais afetam, não só o modo como se vive e objetifica a experiência migratória, mas também os relacionamentos (e a sua gestão) entre os que partem e os que ficam. Partindo de uma separação artificial entre movimentos de pessoas e movimentos de coisas, procurar-se-á agora, com inspiração nos resultados de pesquisas que temos vindo a desenvolver, discutir alguns dos aspetos mais relevantes das movimentações globais nos quotidianos dos que viajam, mas também dos que permanecem no local.

Sendo um tema que tem merecido uma atenção muito especial por parte das ciências sociais em geral e da antropologia em particular, as migrações contemporâneas são escrutinadas a partir de uma multiplicidade de perspetivas centradas em dimensões tão diversas quanto importantes como as suas causas, impactos, modalidades, trajetórias e intensidades. Não havendo espaço para uma revisão, mesmo que descritiva, dos muitos trabalhos que têm vindo a ser promovidos no âmbito da temática em geral e, muito especialmente, dos que a colocam e discutem no quadro dos processos de globalização, são de salientar como particularmente importantes para esta reflexão os contributos de autores como Hannerz (1989), Appadurai (1990), Glick Schiller (1995), Portes (1999) ou Vertovec (2009), dado chamarem a atenção para a importância de se refletir sobre os seus impactos em termos da diversidade cultural, dos processos de reprodução social e da produção/gestão da vida coletiva.

A globalização teve efeitos muito profundos no estudo dos movimentos migratórios. Um dos primeiros e com consequências teóricas mais profundas deu-se ao nível da definição do próprio conceito. A crescente importância que os processos de globalização vieram atribuir ao movimento, aos processos de interligação e de quebra e à deslocalização e recolocalização de pessoas em localizações crescentemente plurais resultou na substituição da representação dominante da migração enquanto «viagem única», através de um espaço descontínuo, de uma origem fixa para um novo contexto de acolhimento, por um entendimento progressivo assente no «carácter processual da viagem e da migração» (Gardner, 2002, p. 15).

Esta alteração fez-se inevitavelmente sentir ao nível empírico: os estudos centrados na caracterização das práticas de grupos migrantes perfeitamente circunscritos em localizações específicas e bem delimitadas foram sendo progressivamente substituídos por abordagens sobretudo interessadas em dar conta das atividades multilocais e das relações transfronteiriças que marcam as experiências migrantes contemporâneas. Essas abordagens dão hoje pelo nome genérico de transnacionalismo. O conceito tem sido apropriado a partir de diferentes perspetivas e acionado no âmbito de múltiplos quadros contemporâneos. Por vezes, assume o estatuto de morfologia social específica, retratando situações em que redes sociais complexas, densas e muito ativas espalhadas por diversos espaços atuam no sentido de transformar relações sociais, culturais, económicas e políticas. É igualmente acionado, particularmente no campo dos estudos culturais, para caracterizar um tipo específico de consciência assente em representações em constante mudança, as quais proporcionam uma coerência imaginária a um conjunto de «novas identidades» globais. Tem vindo a ser associado a processos de mistura e interpenetração cultural, a estilos de vida instáveis e fluidos, a processos de hibridismo, creolização e «tradução cultural». Finalmente, assume uma visibilidade importante nas discussões em torno da (re)definição dos conceitos contemporâneos de lugar e de localidade.

De acordo com Vertovec (2009), as migrações transnacionais correspondem a uma categoria lata que procura dar conta de um conjunto de práticas e de instituições que ligam migrantes, não migrantes e múltiplas organizações sociais simultaneamente nas suas origens e em todos os outros locais onde se possam encontrar, constituindo, desta forma, uma formação social específica. Embora anteriores ao Estado-nação, as migrações transnacionais começam a ganhar intensidade e visibilidade sobretudo a partir da década de noventa do século anterior, sempre numa relação de estreita dependência com os desenvolvimentos da globalização, o que as torna uma das «suas manifestações mais significativas» (Vertovec, 2009, p. 2). A consolidação do conceito no campo dos estudos das migrações veio proporcionar uma nova ótica analítica, atribuindo maior visibilidade à intensidade e dimensão dos fluxos de circulação de pessoas, objetos, informação e símbolos desencadeados pelas migrações laborais internacionais.

O que é novo nas migrações transnacionais relativamente aos processos migratórios que as precederam? Vertovec (2009) aponta um conjunto de dimensões distintivas fundamentais. A primeira dá conta do facto de os relacionamentos familiares e dos laços com a origem serem, hoje em dia, tendencialmente mediados e afetados, quer em extensão quer em intensidade e velocidade, pelos avanços tecnológicos que permitem comunicar à distância em tempo real a custos muito reduzidos. Esta proximidade comunicacional quotidiana tem múltiplas implicações na gestão de relacionamentos entre quem fica e quem parte, sendo uma das mais significativas a que se estabelece ao nível das pressões impostas por acontecimentos e pessoas localizados na origem sobre os que migraram. A segunda aponta para uma intensificação das remessas e trocas permanentes de capital e de bens e serviços, não só entre a origem e um destino migratório determinado, mas também no quadro de diferentes destinos migratórios. A última para um aumento substancial das atividades associativas mais ou menos estruturadas entre migrantes.

VI – Debates transnacionais I: processos de subjetivização do sistema global

Tantas vezes idealizadas como comunidades exemplares do atual momento global – «desterritorializadas, hipermóveis, capazes de fornecer [...] mas não de impor, como fazem os Estados-nação aos seus cidadãos/súbditos, identidades flexíveis e múltiplas» (Tololyan, 2000, p. 112), os grupos diaspóricos estabelecidos não se concebem, necessariamente, como identidades híbridas nem como formações sociais desenraizadas. É nesse sentido que literatura disponível mais recente tem vindo a enfatizar a necessidade de distinguir entre fluxos e conexões transnacionais (de pessoas, bens, objetos, mensagens, etc.) e modalidades diaspóricas de identificação, representação e pertença.

Com efeito, tal distinção viabilizou diversos tipos de abordagens que concebem os grupos diaspóricos enquanto formações discursivas e autorreflexivas, dinamizadas por debates «internos» estreitamente articulados com debates mais vastos locais, nacionais e globais, desempenhando um papel ativo em diferentes esferas públicas ou criando espaços públicos globais de debate, no seio dos quais assumem e reconhecem responsabilidades coletivas sobre vários tópicos, respeitantes às suas origens ou às atuais sociedades de acolhimento dos vários segmentos diaspóricos e não só.

Paralelamente, crises globais, conflitos internacionais, mas também determinados discursos mundializados (sobre direitos humanos, multiculturalismo, liberdade religiosa, etc.), parecem contribuir para a crescente visibilidade de determinadas diásporas. Num dos seus livros recentes, Pina Werbner (2002) exemplifica bem o processo de visibilização a que, por exemplo, as populações de religião muçulmana estabelecidas em vários contextos europeus foram submetidas ao longo das últimas duas décadas. Em simultâneo, tais crises e conflitos influenciam significativamente o trabalho reflexivo e de mobilização cívica e política no seio destas redes. Temas como o *Rushie affair*, a guerra do Golfo, os problemas não resolvidos da Palestina e de

Cachemira, as estratégias de «limpeza étnica» contra os muçulmanos bósnios, o colapso da União Soviética e as lutas armadas na Chechénia, o confronto nuclear entre a Índia e o Paquistão, o 11 de Setembro, a invasão do Iraque e do Afeganistão, o «terror Islâmico», o «choque» de «civilizações», etc., são recorrentemente editados, quer nas arenas comunitárias, quer em espaços públicos globais de debate, e alimentados por populações de religião muçulmana dispersas pelo globo.

É certo que o impacto exercido por determinadas perceções acerca da organização do mundo, das relações históricas entre os seus diferentes componentes competitivos ou ainda dos interesses supranacionais e dos motores da geoestratégia global sobre as formações identitárias diaspóricas não constitui uma novidade da atual fase da globalização. A fase colonial do processo de expansão do mercado global, por exemplo, inspirou igualmente processos de subjetivação através dos quais grupos diaspóricos investiram categorias, idiomas e contradições coloniais, as ressignificaram de acordo com as suas perceções da organização hierarquizada do sistema-mundo colonial, utilizando-as como recursos reflexivos nos processos de comparação e debate interno às suas respetivas diásporas (Trovão, 2010a).

Os debates transnacionais travados por diásporas coloniais e pós-coloniais contemplam uma dimensão retórica. Visam construir novas realidades (identitárias ou de uso identitário) do mundo globalizado, dos Estados-nações, dos grupos e segmentos diaspóricos que os atravessam. Oferecendo propostas alternativas, caracterizadas por uma troca constante de julgamentos de valor entre «eles» e «nós», «aqui» e «lá», «agora» e «dantes», etc., estas realidades identitárias tanto podem inverter como ressignificar (em seu benefício) as hierarquias (geoestratégias, políticas, económicas, tecnológicas e civilizacionais) do sistema-mundo percecionado.

Não obstante, algumas destas propostas identitárias podem atenuar lutas de representação e de argumentação internas e externas, como exemplificado nas demonstrações pacíficas de desagrado, resistência e indignação de uma parte significativa da população muçulmana e não muçulmana de algumas cidades globais durante a guerra no Iraque.

Localizações diaspóricas coloniais e pós-coloniais – adentro de localizações mais complexas – interpelam, deste modo, uma maior articulação analítica entre a história global e suas crises, a política e os conflitos internacionais das últimas décadas com processos identitários, locais e translocais, de longa duração, e destes com os novos processos, tanto locais como globais, de mobilização e participação cívica e política (Trovão, 2010b).

VII – Debates transnacionais II: objetificação de experiências e relacionamentos

São ainda escassas as abordagens que optam por abordar em conjunto às temáticas das migrações e das culturas materiais contemporâneas. No entanto, como referem Basu e Coleman (2008), Burrell (2008) e Frykman (2009), abordar as rotas e os tráfegos contemporâneos de pessoas e coisas tendo como objetivo compreender de que modo se intersetam e se constituem mutuamente (Rosales, 2009a) parece produzir uma perspetiva eficaz para discutir a globalização e os seus efeitos ao nível das práticas quotidianas.

Todos os processos migratórios envolvem mais do que a travessia de um contexto político, social e cultural específico para outro(s) contexto(s) diferente(s). Paralelamente, envolvem também a constituição de pontes e ligações capazes de suprimir, ou de pelo menos atenuar, o fosso existente entre estes. A importância da cultura material no quadro das migrações parece fazer-se fundamentalmente sentir ao nível destes processos, dada a forte relação existente entre as biografias sociais de pessoas e coisas. Como refere Burrell (2008), as disrupções espaciais e temporais associadas aos movimentos migratórios contribuem para tornar o entrelaçado entre subjetividade e materialidade particularmente significativo, na medida em que a cultura material, para além de funcionar como um bálsamo apaziguador do desenraizamento, permite aceder a dimensões fundamentais das experiências migratórias, tais como as dificuldades inerentes a lidar com um universo material novo e muitas vezes desconhecido ou que necessariamente implique aprendizagens de novas normas, sistemas de regras e quadros de valores. Assim, e para além dos processos de continuidade ligados aos «consumos da saudade», a observação dos modos como se lida com uma materialidade estranha e muitas vezes assustadora constitui um instrumento poderoso para a análise dos processos de reestruturação dos novos quotidianos, rearticulação de rotinas e, necessariamente, reavaliação das práticas anteriores à migração.

Significativas para o entendimento de dimensões estruturantes decorrentes das experiências quotidianas de quem se desloca, as interseções existentes entre os movimentos transnacionais de pessoas e coisas são também importantes para a discussão dos relacionamentos entre quem fica e quem parte, por um lado, e entre quem parte e quem se fixa em diferentes localizações, por outro. Todas as migrações constituem processos complexos que afetam tanto a vida dos que viajam para diferentes pontos do globo como as do que ficam na origem. Daí que faça sentido pensar estas localizações múltiplas de modo articulado e a gestão das redes que se estabelecem entre elas como mutuamente constitutivas. Se, como refere Miller (2009) a propósito da importância da cultura material doméstica, quem desenvolve bons relacionamentos interpessoais e fortes redes sociais apresenta, na generalidade, também um bom relacionamento com o mundo material, então, observar a circulação de objetos entre diferentes localizações transnacionais poderá funcionar como uma lente produtiva para a discussão desta dimensão fundamental do transnacionalismo contemporâneo – a gestão das redes sociais de pertença.

O que nos pode a materialidade dizer sobre as redes migratórias transnacionais? Por um lado, pode contribuir para clarificar os seus contornos em termos das ligações existentes e da intensidade de contactos mantidos entre os que ficam e os que partem. Por outro, contextualizar expectativas, objetificar experiências, avaliar e confrontar opções, lógicas e percursos migratórios alternativos. Por fim, e como ficou comprovado num estudo recente realizado junto de jovens migrantes a residirem em Lisboa (Rosales, Parra e Jesus, 2009), pode produzir visões alternativas e específicas sobre a globalização e os modos como esta produz uma representação hierarquizada do mundo, dos seus lugares, gentes e coisas, a partir da circulação de objetos comuns tais como sapatos de ténis, roupas «de marca e produtos de beleza entre os muitos membros de uma família migrante que, como referia um deles, se encontram espalhados «um pouco por todo o lado».

VIII – Notas conclusivas

Finalizamos este ensaio com a declaração, em tom de desabafo, de uma convicção que nos vem acompanhando desde o seu início: refletir sobre a temática da globalização é, porventura, um dos mais aliciantes, se bem que difíceis, desafios que se pode colocar a um antropólogo. A razão de ser desta afirmação prende-se, não só com a intensidade, pluralidade e visibilidade que os debates em torno da mesma apresentam, como com o facto de toda esta vitalidade não ter ainda produzido, em nosso entender, um conjunto de princípios globalmente aceites e transversais às inúmeras dimensões da realidade social implicadas no processo.

Enquanto disciplina social, a antropologia, tal como as demais ciências, encontra na globalização um campo amplo e complexo de investigação empírica e reflexão teórica. Este terreno ainda relativamente intrigante caracteriza-se menos, como fomos discutindo ao longo do texto, por apresentar aspetos novos e difíceis de captar do que pelos desafios metodológicos que impõe. Como refere Miller (2010), o trabalho antropológico de qualidade possui a capacidade de revelar o particular como uma manifestação do global, isto é, continua a ser fundamental para a prática antropológica abarcar simultaneamente os universalismos e as singularidades que estruturam a vida quotidiana contemporânea, promovendo as condições necessárias para a produção de comparações generalizantes.

De acordo com os planos de investigação que temos vindo a desenvolver, o processo de globalização suscita-nos sobretudo questões relacionadas com os seus impactos em dimensões concretas dos movimentos contemporâneos de pessoas e coisas. Para além dos aspetos novos resultantes das suas características intrínsecas, interessa continuar a discutir as lógicas objetivas e subjetivas que estruturam diferentes migrações, as modalidades de relacionamento entre quem fica e quem parte, os processos de produção de representações e discursos sobre o *nós* e sobre o *outro*, as estratégias de gestão de diferenças e semelhanças acionadas, os sistemas de posicionamento e hierarquização social (re)produzidos, numa palavra, a produção partilhada e específica de sentido sobre o mundo global.

Referências bibliográficas

Appadurai, A. (1990). «Disjuncture and difference in the global cultural economy», *Therory, Culture and Society*, 7, pp. 295-310.

Basu, P., & Coleman, S. (2008). «Introduction: migrant worlds, material cultures», *Mobilities*, 3, n.º 3, pp. 313-30.

Burrel, K. (2008). «Managing, learning and sending: the material lives and journeys of Polish women in Britan», *Journal of Material Culture*, 13, n.º 1, pp. 63-83.

Ekholm-Friedman, K., & Friedman, J. (1995). «Global complexity and the simplicity of everyday life», D. Miller, *Worlds Apart. Modernity through the Prism of the Global*. Londres: Routledge, pp. 134-68.

Frykman, M. (2009). «Material aspects of transnational social fields: an introduction», *Two Homelands*, 29, pp. 105-14.

Gardner, K. (2002). *Age, Narrative and Migration*. Oxford: Berg.

Glick-Schiller, N. (2008). «Beyond methodological ethnicity: local and transnational pathways of immigrant incorporation», *Willy Brand Series of Working Papers*, 2/08.

Gupta, A. e. «Beyond culture: space, identity and the politics of difference», J. X. Inda, & R. Rosaldo, *The Antropology of Globalization*. Oxford: Blackwell, pp. 65-80.

Hannerz, U. (1989). «Notes on the global ecumene», *Public Culture*, 1, n.º 2, pp. 66-75.

Inda, J. X., & Rosaldo, R. (2002). «Introduction: a world in motion», J. X. Inda, & R. Rosaldo, *The Antropology of Globalization*. Oxford: Blackwell, pp. 1-34.

Miller, D. (1995). «Intoduction: antropology modernity and consumption», D. Miller, *Worlds Apart. Modernity through the prism of the global*. Londres: Routledge, pp. 1-22.

Miller, D. (2010). *Stuff*. Cambridge: Polity Press.

Portes, A. (1999). «Immigration theory for a new century: some problems and opportunities», C. Hirschman, P. Kasinitz, & J. DeWind, *The Handbook of International Migration: the American experience*. Nova Iorque: Russell Sage Foundation, pp. 21-33.

Rosales, M. V. (2009). «Objects, scents and tastes from a distant home: Goan life experiences in Africa», *Two Homelands*, 29, pp. 153-165.

Rosales, M. V., Parra, S., & Jesus, V. C. (2009). *Crescer fora de água? – Expressividades posicionamentos e negociações identitárias de jovens de origem africana na região metropolitana de Lisboa*. Lisboa: ACIDI.

Sassen, S. (2007). *The Sociology of Globalization*. Nova Iorque: WW Norton and Company.

Tololyan, K. (2000). «Elites and institutions in the Armenian transnation», *Diaspora*, 9, n.º 1, pp. 107-36.

Trovão, S. (2010). «From local interethnicities to the dynamics of the world system», C. Westin, J. Bastos, J. Dahinden, & P. Gois, *Identity Processes and Dynamics in Multiethnic Europe, IMISCOE AUP BOOK Series*. Amesterdão: Amsterdam University Press, pp. 149-17.

Trovão, S. (2010). «Uma perspetiva metodológica do transnacionalismo», S. Trovão, & M. Rosales, *Das Índias. Gentes, movimentos e pertenças transnacionais*. Lisboa: Colibri, pp. 101-127.

Vertovec, S. (2009). *Transnationalism*. Oxford: Routledge.

Werbner, P. (2004). «Theorising complex diasporas: purity and hibridity in the South Asian public sphere in Britain», *Journal of Ethnic and Migration Studies*, 30, n.º 5, pp. 895-912.

Wilk, R. (1995). «Learning to be local in Belize», D. Miller, *Worlds Apart. Modernity through the prism of the global*. Londres: Routledge, pp. 110-133.

5

Percursos e usos do passado

Mateus de Castro, o brâmane, entre a Índia e a Europa. Um percurso global?

ÂNGELA XAVIER
(Instituto de Ciências Sociais da Universidade de Lisboa)

I

Um dos temas que têm alimentado os estudos sobre a globalização diz respeito à globalização da história e suas articulações com a história da globalização. Trata-se de um tema que pode ser declinado de várias maneiras, e suscitar múltiplas questões. Uma destas é a de saber de que forma determinadas visões e versões da história, determinadas narrativas da história universal, se foram disseminando, atribuindo um sentido mais ou menos consensual a uma multiplicidade de processos históricos (Bentley, 2006). Por outras palavras: saber como determinadas versões da história se globalizaram, predeterminando os horizontes do pensável de sujeitos por elas enquadrados ou que nelas se reviram. A cristianização da história, tal como foi sendo concebida no mundo europeu desde a Idade Média, e o *topos* de que os cristãos estavam na vanguarda do tempo histórico constituíram-se, por exemplo, como um dos filtros narrativos mais importantes do regime de historicidade que caracterizou a Europa anterior à *Querelle des Antiques et Modernes* e, sobretudo, às Luzes.

A tematização escrita das experiências imperiais europeias da época moderna – sob a forma de crónicas imperiais, de crónicas religiosas ou de literatura de viagens produzida pelos próprios europeus –, complementada, frequentemente, pelo objeto cartográfico, pela iconografia, pela pintura e pela tapeçaria, contribuiu de forma inquestionável para a expansão desta ideia. Tanto enquanto discurso sobre a alteridade – sob a forma de *orientalismo, americanismo* ou *africanismo* – ou enquanto história nacional, a tópica que a inspirou, potenciada pela expansão tipográfica e expressa em atlas e coleções de viagem, em histórias universais e em ficções morais (desde a *Utopia* de More, passando pelos *Essais* de Montaigne, até às *Lettres Persanes* de Montesquieu), em dicionários e enciclopédias (com o exemplo mais conhecido da *Enciclopédie*), e em instituições de saber, caso das academias seiscentistas e setecentistas (das quais a *Royal Society* é provavelmente a mais famosa), continuou a ser declinada na depois secularizada historiografia de feição *whig*, confundindo-se com o *modus operandi* do historiador, o *métier de l'historien*([1]). Na realidade, por demasiadas vezes o historiador foi incapaz de se pensar, e de pensar o mundo, a partir de categorias não europeias – uma das críticas que ainda se pode fazer a algumas das expressões da história global, aliás.

Paradoxalmente, para a globalização desta narrativa e destes modos de fazer a história também contribuíram não europeus. Na época moderna, por exemplo, podem identificar-se muitos sujeitos oriundos da Ásia e das Américas a escreveram textos à maneira dos europeus – situação diretamente dependente dos contextos das dominações imperiais exercidas por estes últimos.

Essa adoção de práticas culturais europeias, genuína ou pragmática, enquanto manifestação de adesão efetiva à dominação imperial ou como instrumento de resistência à dominação, manifestação daquilo que James C. Scott designou como a publicitação de um *hidden transcript*, isto é, a assunção pública de uma resistência à dominação que já se manifestava nos bastidores do palco, continua a merecer reflexão (Scott, 1990) (Scott, 1985).

A partir de uma pequena história – a do brâmane Mateus de Castro e da sua escrita –, a partir desse fragmento menor da grande história das colonizações, procurarei expor, neste ensaio, algumas das *nuances* que experiências deste tipo podiam encerrar.

([1]) Diogo Ramada Curto, *Para que serve a história?* (Lisboa: Tinta da China, 2013).

II

Mateus de Castro, filho de brâmanes convertidos ao Cristianismo residentes na aldeia de Navelim, situada na ilha de Dívar, nos territórios de Goa, nasceu em 1594 (Mello, 1954) (Sorge, 1986) (Faria, 2007).

Tal como aconteceu com muitos dos filhos de elites locais cristianizadas, o pequeno Mateus aprendeu as primeiras letras provavelmente com o pároco da aldeia de Navelim, prosseguindo os seus estudos de Humanidades no colégio dos Reis Magos, administrado pelos franciscanos e situado na outra margem do rio Mandovi, não muito longe da sua aldeia de origem, mas suficientemente distante para Mateus ter de residir, na juventude, entre os frades franciscanos daquele colégio. No início da década de vinte do século XVII, encontramo-lo a tentar ingressar no colégio de São Boaventura, também de franciscanos, para aí seguir estudos superiores e assim aceder à carreira eclesiástica. Segundo o seu testemunho posterior, o arcebispo de Goa, D. frei Cristóvão de Sá (em Goa entre 1612 e 1622), e os superiores dos franciscanos tê-lo-iam dissuadido de o fazer, manifestando as suas suspeitas em relação à ordenação de indianos e, em particular, de brâmanes. Esta suspeição era reforçada pelo impacto que os estatutos de limpeza de sangue haviam tido nos regulamentos de admissão de religiosos nas fileiras franciscanas. Para homens como Mateus de Castro estavam apenas reservadas carreiras no clero secular, já que todo o clero regular impusera fortes restrições à aceitação de não europeus.

Durante a sua infância e juventude – a qual correspondeu aos anos considerados centrais para a alteração do estatuto político simbólico do Estado da Índia e, por conseguinte, de Goa, no contexto da monarquia portuguesa –, Castro assistiu às alterações geopolíticas que aí se verificaram. Em traços gerais, assistiu à perda progressiva da centralidade que o Estado da Índia tivera no século anterior – a crise, declínio ou «decadência do império da pimenta», como lhe chamou Anthony Disney –

(Disney, 1981)[2], tanto no contexto da monarquia dual (a famosa rotação atlântica da Coroa portuguesa) quanto na disputa pelo controlo do comércio no Índico, a qual incluía, doravante, e para além dos rivais tradicionais (mogóis, otomanos, persas, as potências regionais), ingleses e holandeses.

Mas Mateus de Castro também assistiu, na ordem política local, a outras tensões. Às tensões regionais, que envolviam diretamente as relações entre o Estado da Índia e o sultanato de Bijapur (Nayeem, 1974), às tensões entre instituições da Coroa e instituições da Igreja, entre Padroado e a Propaganda Fide, congregação constituída no Papado, em Roma, em 1622, tendo em vista o controlo das atividades missionárias em todo o mundo, às tensões crescentes entre elites locais e «elites colonizadoras».

Estes outros mundos, a par da pequena aldeia de Navelim, enquadraram a imaginação de Mateus de Castro, do mesmo que, descontente com as possibilidades de carreira que lhe eram oferecidas no contexto do Estado da Índia e do Padroado que a Coroa de Portugal aí tinha, partiu para Roma, fazendo o percurso por terra, atravessando o golfo Pérsico, passando por Jerusalém (onde perderia todos os seus papéis e dinheiro), chegando, finalmente, à capital do Papado, no ano de 1625.

Coube ao historiador italiano Giuseppe Sorge desvendar os detalhes dessa viagem de Castro, a partir dos seus próprios escritos e de testemunhos coetâneos (Sorge, 1986). Mesmo assim, não se torna possível imaginar a reação de Castro, uma personagem que o autor do tratado *The Anathomy of Melancholy*, Robert Burton, teria certamente identificado como sendo de «humor colérico», perante a grandiosidade da Roma barroca, mais a mais em celebrações do Ano Santo. Castro não conhecia ainda, certamente, a capital do reino de Bijapur, nas vizinhanças de Goa, a qual era, nesse preciso momento, um centro de artes e de letras, aí agregando várias comunidades e investindo visualmente na expressão do poder. Conheceria, primeiro, Roma,

---

([2]) Veja-se S. Subrahmanyam, *O império asiático português, 1500-1700: uma História Política e Económica, 1500-1700* (Lisboa: Difel, 1996).

a capital da Cristandade, que desempenhava esse papel de cosmopolitismo cultural no seio da comunidade católica.

Nessa Roma, depois das convulsões geradas pelo cisma protestante e do Concílio de Trento, e a partir de Sisto V (1585-1590) e pontífices subsequentes, a chamada igreja triunfante parecia ter espaço para se manifestar.

Quando Castro aí chega, Annibale Carracci já pintara os tetos da sala principal do Palazzo Farnese, e Caravaggio deixara um lastro incontornável na pintura espiritual, mas também na pintura de costumes, na pintura dos que hoje se designariam por «subalternos» (que Castro incontornavelmente era). Para além dessas obras e da arquitetura dos séculos anteriores, do *Juízo Final* de Michelangelo e dos tetos da Capela Sistina, Castro poderá terá visto as igrejas barrocas de Santa Maria della Scala, de Santi Ambrogio e Carlo, de Santa Maria della Vitoria, entre muitas outras. Não terá já presenciado, porém, ao aparato efémero construído por Bernini, em São Pedro de Roma, por ocasião das festas de canonização de Santa Isabel de Portugal, em junho de 1625, (Lorizzo, 2003), mas é provável que se tenha cruzado com Bernini e com Borromini, os quais trabalharam para a família Barberini nas décadas em que Castro esteve em Roma, família a quem Castro ficou a dever boa parte da sua carreira romana.

Os Barberini, mercadores originários da Toscana e opositores dos Medici, os quais se transferiram para Roma no século XVI, haviam alcançado, nos finais desse século, uma posição de poder e de riqueza invejável. No século seguinte, um dos seus descendentes, Maffeo Barberini (1568-1644), educado pelos jesuítas, com um doutoramento em direito pela Universidade de Pisa, recebeu o capelo cardinalício, vindo a ser eleito, em 1623, pontífice, com o nome de Urbano VIII. A corte dos Barberini em Roma viria a ser conhecida pela sua grandiosidade, na qual circulavam desde Bernini até Francesco Borromini, Claude Lorrain, Nicholas Poussin ou Athanasius Kircher (Christina Barberini, 2008).

A par da sua «política cultural», é sob o signo de Urbano VIII que se verifica o impulso dado à Congregazione da Propaganda

Fide (fundada em 1622 por Gregório XV) e a extensão das suas competências, cuja direção seria entregue, em 1632, ao cardeal Antonio Barberini, irmão do papa, bem como a fundação do Collegium Urbanum, em 1627, que tinha como objetivo formar missionários de todas as partes do mundo. Castro chega a Roma precisamente quando essa conjuntura que lhe diz diretamente respeito está a desenvolver-se.

Num primeiro momento, Castro ter-se-á inclinado a ser carmelita, talvez por haver beneficiado, ao longo da sua viagem, do apoio de membros deste instituto cujo papel na fundação da Congregazione della Propaganda Fide fora igualmente central, mas em Roma iria aproximar-se da regra de São Filipe de Neri. Com a proteção de Ingoli, o secretário da Propaganda Fide, e do cardeal Barberini, Castro estudou Filosofia e Teologia no colégio anexo à igreja de S. Giovanni dei Fiorentini, associado ao Oratório de S. Filipe de Neri, aí obtendo os graus de doutor em ambas as disciplinas, em 1631, ao mesmo tempo que era ordenado padre. Durante os anos que esteve em Roma, Castro foi um interlocutor privilegiado de Ingoli a propósito da situação dos católicos que residiam sob o padroado do rei de Portugal na Índia. A versão que Castro providenciou – a de ter desempenhado em Roma o papel de *native informant*, não da Coroa de Portugal, mas de uma emergente instituição do Papado –, entra em conflito direto com os memoriais que haviam sido enviados ao papa pelos próprios interlocutores de Goa (Mello, 1954, pp. 213-214). Segundo Castro, os memoriais recebidos em Roma ocultavam parte das situações vividas na Índia, nomeadamente as dificuldades colocadas aos locais que, como ele, aspiravam a uma carreira eclesiástica, o que, finalmente, era desfavorável à expansão do Cristianismo.

A presença oportuna de Castro em Roma naquela conjuntura institucional concreta tornou-o uma peça importante das políticas entretecidas pelo Papado, através da Propaganda Fide, em relação ao Padroado do rei de Portugal na Ásia. Não surpreendentemente, nesse mesmo ano, Mateus de Castro recebeu autorização para regressar à Índia, com o título de protonotário apostólico, munido de privilégios especiais que duravam quinze anos, os quais o dotavam de poderes quase episcopais (Sorge, 1986, pp. 17-18).

O seu regresso à Índia faz-se, contudo, e ao contrário do percurso inicial, o qual conduzira Castro de Goa a Roma, sem passar pela Península Ibérica, no contexto do Padroado português. Assim sendo, parte para Madrid, onde se encontrava a corte de Filipe IV, e depois para Lisboa, onde embarcou na frota que o fez regressar a Goa, em março de 1633.

Como é que o homem que, dez anos antes, fora desaconselhado a prosseguir os estudos no colégio de São Boaventura, e que regressava agora à mesma cidade, com estudos no centro da Cristandade, já ordenado sacerdote, e com um título importante, foi recebido em Goa? ([3])

A incomodidade causada pela presença desse novo Mateus de Castro – isto é, não mais do brâmane Castro da aldeia de Navelim, modesto estudante dos franciscanos do colégio dos Reis Magos, mas do Castro que estudara em Roma, protegido pelos Barberini, que eventualmente conhecera os grandes artistas da época, que passara por Madrid e por Lisboa, que ostentava títulos eclesiásticos – terá sido grande. O percurso de Castro representava, precisamente, as oportunidades e contradições que as múltiplas escalas em que se processava a vida imperial podiam gerar, ao permitir que sujeitos que tinham iniciativa própria, que se não deixavam constranger pelos limites definidos pelas ordens políticas e sociais das quais faziam parte, que estavam conscientes dos múltiplos palcos nos quais se podiam movimentar, traçassem percursos «individuais», percursos que podiam, inclusive, reconfigurar os equilíbrios entre esses vários palcos, entre essas múltiplas escalas. A partir deste recorte, a história deste brâmane é sintomática do papel que pequenos sujeitos, sujeitos aparentemente sem voz, podiam ter no rolar de máquinas maiores – neste caso o Papado e a Coroa de

---

([3]) *Quaestiones Quibus respondere debent Episcopi, Vicari Apostolici, ut Praefecti Missionum, ut e Regionobus sibi comissis plenam S. Congregationis rationem reddant* [ASV, Missioni, 143 (2)].

Portugal – pelo impacto da sua presença numa cena cujos contornos eles próprios não dominavam.

Não interessa explorar todas as vicissitudes que acompanharam essa estada de Castro na Índia, na década de trinta do século XVII, após o seu *tour* romano, mas apenas referir que lhe foi negado o exercício das faculdades de que dispunha. Nessa etapa da sua atribulada e móvel vida, Castro permaneceu menos de dois anos em Goa, regressando a Roma em 1636. Em Roma, o ambiente era já mais complexo do que o que Castro vivera no início da década, aí se multiplicando os conflitos jurisdicionais entre as diversas congregações cristãs, em particular no que dizia respeito às missões em espaço asiático, e é nesse contexto que Castro recebe, em 1637, o título de vigário apostólico e de bispo de anel. Castro parte novamente para a Índia, em 1639, como bispo de Crisópolis, agora na companhia de três capuchinhos franceses, quando aí estavam a arribar, também, os teatinos Pietro Avitibile, Antonio Ardizonne e Andrea Lippomano, os quais também haviam recebido a autorização da Propaganda Fide para iniciarem uma missão na Ásia.

Não sabemos se a sua chegada a Goa se terá realizado num cenário semelhante ao pintado por Hendrik van Anthonissen em 1653, retratando eventos relativos a 1639, precisamente. Sabemos, contudo, que esta estada se prolongaria até 1643, ano em que Castro parte novamente para Roma, desgastado pela oposição sofrida em Goa (Metzler, 1971-76) ([4]).

Nos quatro anos que esteve na Índia, estabeleceu-se na corte de Bijapur, juntamente com outros sacerdotes brâmanes por si consagrados, os quais seguiam a regra instituída por São Filipe de Neri. Dá notícia dessa missão à Propaganda Fide, para a qual pede ajuda, propondo-se, ao mesmo tempo, estendê-la até ao Ganges (Metzler, 1971-76) ([5]).

([4]) ASCPF, Actae, vol. XVI, fls. 79v-80, 139-139v, 320-322v, 325v.

([5]) ASCPF, Actae, n.º 15, fls. 330v-331, n.º 31; Thekkedath, 1992, pp. 417 e ss. **265**. [*ca.* 1655]; BA,.), Cod. 50-V38, fls. 246-247v; Cod. 46-XI1, fl. 1; 46-X7, fl.103v-117v; Cod. 46-XI1, fl. 14.

A corte de Bijapur era à época, como se disse, um grande centro de cultura, comércio, educação e saber no subcontinente indiano, nela confluindo várias comunidades oriundas de diferentes partes da Índia. Depois do Governo de Adil Shah II (1580-1627), conhecido patrono das artes, poeta, calígrafo e músico, a corte de Bijapur embelezara-se. Sucedera-lhe Muhammad Adil Shah Gazi (1627-1655), responsável pela construção do Gol Gumbaz, edifício que possuía a maior abóbada suspensa do mundo inteiro e que serviria de mausoléu do sultão, o qual estava ser construído no período em que Mateus de Castro permaneceu naquela corte. Se Roma terá impressionado Castro, a grandiosidade da corte de Bijapur – onde, desde o século XV, se haviam instalado famílias brâmanes dos territórios de Goa ao serviço da então corte bramânica – não o terá deixado insensível.

Data desta altura, aliás, a acusação de que teria conspirado com Muhammad Adil Shah Gazi e as forças holandesas contra a conservação do poder imperial português e o Estado da Índia.

Os interesses dos holandeses em Bijapur eram evidentes, e o quadro de Jan Baptist Weenix disso dá conta, ao retratar a chegada do embaixador holandês àquela corte, tal como Hendrick van Anthonissen retratara a baía de Goa, em 1639, e é natural que o já cosmopolita Castro, que em Roma negociara com a instituição rival do Padroado da Coroa de Portugal, tivesse tido contactos com representantes da VOC. Acusado de conspiração, foi forçado a abandonar Goa, pela terceira vez, em abril de 1643, tendo como destino, novamente, a sede do Papado.

No contexto destas suas viagens, Castro deixou alguns testemunhos escritos, sendo os de maior relevância o ensaio intitulado *Espelho de Bramenes*, que André Ferrão e Nicolau Dias haviam feito circular por Salcete e por Bardez, na década de quarenta do século XVII, e uma carta a D. João IV, na qual demonstra a sua fidelidade à Coroa portuguesa.

Quando lido a partir de uma perspetiva estritamente europeia, o título atribuído por Castro ao seu livro é enganador, já que o vincula à longa tradição de literatura especular europeia

– da qual os «espelhos de príncipes» constituem o vértice(6) –, sem obedecer, contudo, às convenções literárias desta. Daí que importe ler o *Espelho de Bramenes* tendo em conta, também, a tradição de literatura especular local, de influência indiana, persa ou arábica, cuja ressonância também se fazia sentir, certamente, nos territórios de Goa (Bosworth, 1970) (Gelder, 2001) (Sani, 1989). Um objeto híbrido entre estes dois mundos da escrita, o *Espelho de Bramenes* adquire um carácter seminal devido ao contexto político e social em que surge, e por aquilo que suscita. Na realidade, este pequeno ensaio inaugura um novo campo comunicativo, povoado por atores indianos que manuseavam, de maneira incerta, objetos de discurso que oscilavam entre o mundo europeu e o mundo asiático.

Para além do título, é sobretudo na tópica que o *Espelho de Bramenes* contribui para a cristianização da história à qual me referi no início deste ensaio. Mateus de Castro começa por dizer que está «prompto pera dar mil uidas pera defensão da patria e bem commu» – e pátria e bem-comum eram dois tópicos de grande ressonância no universo político português da época –, pretendendo, apenas, que «os naturaes fossem tratados como uassalos, e nam como escrauos». Para alcançar esse objetivo, Castro situa os indianos no contexto mais vasto dos impérios ibéricos e do espaço europeu. Em primeiro lugar, relembra a existência de vários príncipes que tinham reinos com «diuersas nacções», nos quais cada uma destas nações «goza de todos os bens de sua pátria». Aduz ainda que, quando estes príncipes faziam agravos a tais nações, o natural era serem «logo mortos como moscas», achando que esta reação em defesa da justiça e da pátria era «de iure naturae» – e aqui remete para o direito de resistência a príncipes tiranos que era objeto de ampla discussão na Europa desse período. Castro prossegue culpando os jesuítas da perdição das cristandades asiáticas, voltando a incitar à revolta quando desabafa «si mínima cousa destas fizesem em

(6) Budra, P. «The mirror for magistrates and the politics of readership», *Studies in English Literature, 1500-1900*, 32(1), «The English Renaissance» (Winter, 1992), pp. 1-13.

Europa, ia não haueria Paulistas no mundo», recontando episódios de violência sofrida pelos jesuítas europeus que haviam sido abafados por ordem do pontífice, queixando-se das estratégias desenvolvidas por estes e pelos franciscanos no sentido de impedirem os indianos de adquirirem as armas e as letras. Se toda esta discussão se fazia segundo os termos do discurso político cristão, apesar da radicalização do direito à resistência, na segunda parte do texto Castro enunciou alguns dos *topoi* que vieram a ser repetidos pela literatura posterior de autoria indiana e cristã: a de que o rei Gaspar, um dos Reis Magos que prestara homenagem a Cristo, era brâmane, o que atribuía aos brâmanes, na Ásia, a primazia no reconhecimento de Cristo como filho de Deus; de que o envio de São Tomé, o primeiro a tocar em Cristo ressuscitado, era uma compensação pelo reconhecimento que o rei Gaspar manifestara, enfim, de que a história dos brâmanes tinha uma cronologia que era cristã (Sorge, 1986) ([7]).

Escrito em meados do século XVII, o *Espelho de Bramenes* é o primeiro exemplo conhecido de uma literatura de origem local, redigida em latim ou em português, que teve um impacto importante nos modos de relacionamento entre as populações de Goa e a Coroa de Portugal, e estas mesmas populações e a Índia (tendencialmente subalternizada) e a Europa (tendencialmente iconizada), contribuindo, precisamente, para a naturalização de um vocabulário, de uma tópica, de formas de linguagem, de maneiras de raciocinar sobre a própria história.

Ao mesmo tempo que o seu tratado tinha essa produtividade nos territórios de Goa – já que, ainda que não muito citado pelos seus conterrâneos, a sua sombra se pressente na sua escrita, Castro regressou à Índia, em 1651, munido de novas atribuições, agora relativas aos territórios de Golconda e do Pegu, no contexto de que visitaria, agora, o imperador mogol, Shah Jahan,

---

([7]) ARSI, Goa 34, f. 46, *apud* Giuseppe Sorge, *Matteo de Castro (1594-1677) profilo di una figura emblematica del conflitto giurisdizionale tra Goa e Roma nel secolo 17.*

mas pouco se conhece sobre essa sua última visita ao continente asiático onde havia nascido.

Em 1658, o já bispo de Crisópolis regressou definitivamente a Roma, passando a residir no Collegium Urbanum, até que a morte o visitou, em 1671 (Metzler, 1971-76).

III

A história de Mateus de Castro permite-nos olhar, a partir de baixo, a partir do pequeno ator, do colonizado, para algumas das *nuances* que os processos de mobilidade, conexão e circulação que normalmente associamos à ideia de globalização encerraram.

Torna visíveis, por exemplo, os paradoxos desse processo: a mobilidade e conexão potenciadas pelas experiências imperiais podiam gerar situações que desafiavam, precisamente, os equilíbrios estabelecidos. Neste caso, em virtude das circunstâncias e do reconhecimento que a sua identidade e posição adquiriram nessa conjuntura, a um pequeno ator local foi permitido um percurso de vida inesperado, em palcos muito diferenciados (e por economia de espaço omiti, neste ensaio, as suas passagens por Madrid e por Lisboa).

Torna visíveis, também, algumas das suas ironias: os usos virtuosos dos novos instrumentos de comunicação disponibilizados pela intensificação da circulação tecnológica, de ideias, de modos de fazer que estas mesmas experiências também encerraram podiam ter consequências igualmente inesperadas. Mateus de Castro estudou, ao longo da vida, em instituições de ensino ocidentalizadas (o colégio dos Reis Magos, em Goa) ou verdadeiramente ocidentais (caso das escolas anexas à Chiesa de San Giovanni dei Fiorentini, em Roma, e depois do Collegium Urbanum). Essa sua formação moldou, evidentemente, o modo como expressou as suas convicções – tanto na forma, como nos conteúdos. A tópica que utiliza no *Espelho de Bramenes*, por exemplo, iria contribuir para a cristianização da história bramânica e para a naturalização da ideia, entre os brâmanes da época moderna convertidos ao Cristianismo, de que a sua história era uma história cristã e de que era a partir das matrizes dessa história cristã (desenhadas na Europa) que devia ser pensada. A expressão pública do idioma e da imaginação política do colonizador, de modo que a argumentação utilizada pudesse ser reconhecida e legitimada pelo mesmo (e, dessa forma, produzir algum efeito) teve, frequentemente, ressonâncias imprevisíveis. Na realidade, o acumular desses movimentos no xadrez político imperial contribuiu ativamente para a colonização da imaginação das populações não europeias a partir da enciclopédia de ideias (de ideias políticas, nomeadamente), produzidas pelos europeus, e, dessa forma, para a naturalização dos conteúdos dessa enciclopédia.

No entanto, a partir deste caso, também se torna possível visualizar as violências que os processos de globalização encerraram, não apenas ao nível macro, mas sobretudo a um nível micro – ao tornar claros os constrangimentos, os limites, as imposições que as populações submetidas à dominação imperial portuguesa (com frequência reconhecida como uma das entidades políticas que potenciou o processo de globalização, ao conectar quotidianamente vários continentes) vivam no seu dia a dia. Sob a perspetiva da maior parte dos portugueses, a homens como Castro só era possível um determinado tipo de mobilidade, uma mobilidade limitada, uma mobilidade que não pusesse em causa a ordem de relações políticas e sociais. Ao mesmo tempo que o facto de viver num quadro político de múltiplas escalas lhe criava horizontes de oportunidades mais amplos, Castro cedo percebeu que, sob o ponto de vista do poder político, essas oportunidades não haviam sido concebidas para homens como ele.

Por fim, optei, propositadamente, por incluir algumas imagens neste texto para relembrar algo de evidente e por vezes esquecido. A história da globalização é, também, uma história visual. Sobretudo quando nos concentramos na mobilidade dos sujeitos, nos seus percursos pelas quatro partes do mundo, não nos podemos esquecer do brutal alargamento do seu quadro percetivo e dos impactos que isso terá tido no seu entendimento e na sua imaginação. Mateus de Castro vê Goa, vê Jerusalém, vê várias coisas no seu percurso até Roma, experiencia Roma de várias formas, depois Madrid e Lisboa, Bijapur e Agra. E muito mais. Esse património visual da sua experiência não pode nem deve ser esquecido. A escolha de imagens produzidas em contexto não português é também sintomática. Desde logo porque essa escolha decorre da escassez de imagens produzidas em contexto imperial, sobretudo de imagens que não sejam cartográficas. Por outro lado, porque permite entrever a globalização da imaginação visual. A pintura holandesa deixa-nos testemunhos muito interessantes (ainda que não necessariamente realistas) destas cronologias, contribuindo para a globalização de determinadas imagens sobre a Ásia. Por seu turno, as miniaturas de Bijapur e do império Mongol dão-nos acesso, ao invés, ao campo visual indiano, e ao modo como eventos semelhantes àqueles nos quais Castro terá participado – entradas, receções, etc. – eram representados na época. Não apenas enquanto representações, mas enquanto documentos históricos, enquanto atores históricos, estas fontes visuais não podem ser esquecidas.

Referências bibliográficas

Bentley, J. (2006). «Globalizing history, historicizing globalization», B. G. Wills, & W. R. Thompson, *Globalization and Global History*. Nova Iorque: Routledge.

Bosworth, C. E. (1970). «An early Arabic mirror for princes: āhir Dhū L-Yamīnain's EPISTLE TO HIS SON Abdallāh (206/821)», vol. (Jan.,), *Journal of Near Eastern Studies*, 29, n.º 1, pp. 25-41.

Christina Barberini. (2008, dezembro 22). Retrieved from Wikimedia Commons: http://commons.wikimedia.org/wiki/File:Christina_barberini.jpg

Disney, A. (1981). *A decadência do império da pimenta*. Lisboa: Edições 70.

Faria, P. S. (2007). «Mateus de Castro: um bispo «brâmane» em busca da promoção social no império asiático português (século XVII)», *Revista Eletrónica de História do Brasil*, 9, n.º 2, pp. 31-43.

Gelder, G. J. (2001). «Mirror for princes or vizor for viziers: the twelfth-century Arabic popular encyclopedia "Mufīd Al-Ulūm" and its relationship with the anonymous Persian "Ba r Al-Fawāld"», *Bulletin of The School of Oriental and African Studies*, 64, n.º 3, pp. 313-338.

Lorizzo, L. (2003). «Bernini's "apparato effemero" for the canonisation of St. Elisabeth of Portugal in 1625», *The Burlington Magazine*, 145, pp. 354-360.

Mello, C. M. (1954). *The Recruitment and the Formation of the Native Clergy in India (16th-19th century), an historico-canonical study*. Lisboa: Agência Geral do Ultramar.

Metzler, J. (Ed.). (1971-76). *Sacrae Congregationis de Propaganda Fide Memoria Rerum*. Roma/Friburgo/ Viena: Herder.

Nayeem, M. A. (1974). *External Relations of the Bijapur Kingdom (1489-1686 A.D.)*. Hyderabad: Bright Pub.

Sani, M. B.-I. (1989). *Advice on the Art of Governance, an indo-islamic mirror for princes*, Al-Bany: State University of New York Press.

Scott, J. C. (1990). *Domination and the Arts of Resistance: the hidden transcript of subordinate groups*. Yale University Press.

Scott, J. C. (1985). *Weapons of the Weak: everyday forms of peasant resistance*. Yale University Press.

Sorge, G. (1986). *Matteo de Castro (1594-1677) profilo di una figura emblematica del conflitto giurisdizionale tra Goa e Roma nel secolo 17*. Bolonha: CLUEB.

Xavier, A. (2008). *A invenção de Goa, poder imperial e conversões culturais nos séculos XVI e XVII*. Lisboa: Imprensa de Ciências Sociais.

Foi a expansão portuguesa precursora da atual globalização?

PEDRO CARDIM

I

Nos últimos anos, tornou-se quase um lugar-comum dizer que a globalização recebeu um contributo decisivo de Portugal e da sua história. Tanto na literatura especializada quanto no senso comum, os descobrimentos portugueses em África, na Ásia e na América passaram a ser encarados, por muitos, como um fenómeno que prefigura certas facetas da atual globalização, e o mesmo aconteceu com a dominação imperial que Portugal exerceu, durante séculos, nesses continentes. Por vezes, chegou mesmo a sugerir-se que Portugal protagonizou a «primeira globalização» e que, sem a sua precoce experiência global, aquela que atualmente testemunhamos jamais teria ocorrido([1]).

A fim de verificar a existência de relações e até mesmo de uma certa homologia entre o que hoje se descreve como globalização e o tipo de processo inerente à expansão lusa, cumpre antes de mais circunscrever o conceito de globalização, enunciando as suas principais características. De facto, e muito embora existam inúmeras definições de *globalização*, este vocábulo costuma estar associado ao vasto e complexo processo de interconexão das diversas partes do mundo, processo esse que

---

([1]) Veja-se, *maxime*, S. Gruzinski, *Les quatre parties du monde: histoire d'une mondialisation* (Paris: Martinière, 2004); consulte-se também, e a título de exemplo, o livro de J. N. Rodrigues & T. Devezas *Pioneers of Globalization: why the Portuguese surprised the world* (Vila Nova de Famalicão: Centro Atlântico, 2007).

se intensificou muitíssimo nas últimas décadas e que teve como consequência a interdependência sistémica – ao nível económico, político, social e cultural – entre as várias partes do globo. Assim, é característico da globalização, antes de mais, a rápida, e frequentemente instantânea, circulação de informação (textos, imagens e sons), capaz de criar a impressão de que o mundo é um espaço único, uma espécie de «aldeia global» (2). Graças a essa rapidez, a temporalidade da ação humana evoluiu no sentido da compressão dos acontecimentos, e um volume crescente de atividades sociais passou a desenrolar-se em simultâneo e independentemente da localização geográfica daqueles que nelas participam.

Desse modo, o território, na sua aceção tradicional, deixou de ser o *locus* de referência. A dinâmica de globalização ditou o aumento do número de conexões que ignoram as fronteiras geográficas e políticas existentes, tornando-se assim habitual que forças situadas num lugar distante tenham impacto no âmbito local, da mesma forma que o quadro local se tornou capaz de produzir efeitos à escala global. Face a um número cada vez maior de atividades influenciadas pelo que se passa em áreas remotas, a própria separação entre o que toca ao espaço nacional e o que concerne à esfera estrangeira tende a esbater-se. O número e a dimensão de intrusões nos sistemas nacionais aumentou tanto que conduziu a um enfraquecimento significativo e sem precedentes do Estado-nação como unidade soberana autossuficiente (Habermas, 2001).

II

Tendo em conta estas características da globalização, até que ponto é pertinente qualificar os descobrimentos e a experiência imperial portuguesa, entre os séculos XV e XVIII, como a «primeira globalização»?

---

(2) M. Castells, *The Rise of Network Society* (Oxford: Blackwell, 1996).

Ora, como é do conhecimento geral, foi no seguimento da expansão empreendida por Portugal que os diversos continentes passaram a comunicar de um modo muito mais assíduo. Sendo este um dado mais ou menos incontestável, convém no entanto ter presente que a expansão empreendida pelos portugueses se inscreve no movimento mais geral, registado a partir do século XV, de formação das grandes monarquias da Europa Ocidental. Assim, e apesar de ser cronologicamente precoce, o contributo luso para o estabelecimento de ligações entre as diversas partes do globo não foi isolado, antes integrando um processo encetado por várias casas reais do Ocidente europeu e que resultou no desenvolvimento de articulações entre esferas jurisdicionais cada vez mais vastas e complexas (Pujol, 2006).

Encarada desta forma, a expansão dos séculos XV e XVI deixa de ser um fenómeno exclusivamente português e adquire uma feição europeia.

Acresce a isto o facto de a expansão portuguesa jamais ter sido um caso isolado. Na verdade, desde o início Portugal conviveu com dinâmicas expansivas de outras entidades políticas, tanto europeias (monarquia hispânica, França, Inglaterra, Províncias Unidas, etc.) quanto não europeias (império Otomano, império Safávida, sultanato de Omã, confederação Marata, império Chinês, etc.), tendo sido por elas influenciado, ao mesmo tempo que lhes transmitiu a sua marca. Essa contaminação entre imaginários e práticas imperiais foi especialmente forte em certas «áreas de interação», como por exemplo a zona a norte do Maranhão, a bacia do Rio da Prata, o golfo Pérsico, o subcontinente indiano, o Sudeste Asiático, a região das Filipinas ou, ainda, certas «áreas oceânicas» como o Atlântico Sul ou o Índico. Os encontros entre portugueses e outros povos, também eles intérpretes de empreendimentos expansionistas, foram especialmente frequentes em todos esses âmbitos (Gruzinski, 2001).

À semelhança do que fizeram as várias monarquias do Ocidente europeu, a Coroa portuguesa impôs às suas parcelas territoriais – localizadas tanto na Europa quanto fora do Velho

Continente – uma ordem hegemónica, e através dela procurou reduzir a diversidade que as caracterizava para, desse modo, melhor as dominar. Na colonização de espaços extraeuropeus, o saber ocidental foi imposto como uma maneira de pensar, mas também como um modo de conceptualizar o mundo de forma a torná-lo algo de gerível pelos colonizadores. A colonização envolveu, portanto, a imposição da maneira ocidental de ver e de pensar o mundo, problemática que remete, sem dúvida, para a relação entre imperialismo e globalização, já que esta última também propicia a uniformização.

No entanto, e a despeito do processo de associação política que então teve lugar, no seio da monarquia portuguesa continuaram a existir, dentro e fora da Europa, inúmeros exemplos de particularismo, o que significa que tal conglomerado, apesar de ter crescido muito em termos espaciais e de ter apostado numa certa uniformização política e religiosa, não deixou de ser um mundo de identidades múltiplas, de fronteiras incertas e de extrema pluralidade jurisdicional (Guerra, 1995) (Descimon & Cosandey, 2002) (Tallon, 2007). E tal sucedeu porque se tratou de um processo de integração que admitiu a formação de unidades maiores sem a dissolução das menores (Thompson, 1996). Mas também porque essas entidades não foram apenas o produto de uma expropriação, por parte da realeza, dos poderes das demais entidades políticas, tendo sido igualmente o resultado da construção de articulações e mesmo de dependências recíprocas entre as diversas esferas jurisdicionais então coexistentes (Garriga, 2003) (Morelli, 2004).

Implantado em quatro continentes, o conglomerado político português assentou, assim, numa cultura política baseada na ideia da articulação e não apenas da homogeneidade. Disseminou um direito casuístico e valorizador do privilégio (ou «lei local») e difundiu uma ordem social orgânica fundada em laços que combinavam informalidade e durabilidade/substancialidade, como é o caso dos vínculos de parentesco, das redes de negócio (Cooper, 2001), das cumplicidades corporativas de diversos tipos ou, até, das solidariedades administrativas (Elliott, 2004) (Guerra, *L'état et les communautés: comment inventer un empire?*). Uma coisa é certa: o sistema de relações a longa distância não levou necessariamente à uniformização de procedimentos políticos ou à eliminação da diversidade, bem pelo contrário, já que a lógica de crescimento do espaço político português assentou, como referido, numa certa manutenção da diversidade. De facto, ao invés de uma imposição homogénea e uniforme, enveredou-se pela harmonização de esferas jurisdicionais, algumas delas muito contrastantes, o que conduziu a uma inter-relação sem precedentes de diferentes sistemas normativos (Benton, 2002).

No fundo, e devido à diversidade cultural e étnica das populações que foram entrando em contacto graças à expansão lusa, teve lugar um processo de transferência, de imposição e de adaptação de conjuntos normativos a contextos tão diversos como as «praças» no Norte de África, as «conquistas» na África Subsariana e na América do Sul ou, ainda, os diferentes pontos costeiros do oceano Índico e do Sudeste Asiático onde os portugueses se instalaram. Nesses vários quadros geográfico-culturais, as autoridades portuguesas mantiveram, por vezes durante mais de três séculos, uma interlocução com as lideranças locais, e, como não podia deixar de ser, tal interlocução levou a uma interpenetração de sistemas normativos e de formas de governação. Em vez de uma redução da diversidade jurisdicional decorrente da imposição de um poder imperial com vocação global, teve lugar um processo de hibridização jurisdicional e política.

E tal sucedeu porque a postura portuguesa foi muito marcada por uma cultura política que, como atrás se disse, embora não perdesse de vista o objetivo da uniformidade político-jurídica e uma concomitante homogeneização religiosa (Xavier, 2008) – denotando, nesse aspeto, afinidades com a atual dinâmica da globalização, também ela tendencialmente homogeneizadora –, estava profundamente comprometida com a ideia de articulação entre esferas de poder. Esta característica, convém frisar, não retira à expansão portuguesa qualquer componente de imposição arbitrária ou de violência brutal, bem pelo contrário, até porque essa articulação entre esferas de poder foi essencialmente hierárquica e assimétrica, quase sempre a favor do lado europeu. O aspeto mais significativo é o facto de tal propensão para a articulação de esferas jurisdicionais ter tornado o caso português especialmente inclinado para a interação entre culturas políticas diversas, residindo aí uma das explicações para a grande «plasticidade» da sua dominação fora da Europa.

O complexo processo de ampliação do poder que então teve lugar produziu, assim, uma série de efeitos sociais e culturais, tais como a institucionalização de línguas veiculares, a organização de uma hegemonia religiosa mais ou menos flexível, ou, ainda, a coordenação das redes de solidariedade existentes no mesmo espaço político. No Novo Mundo, a inexistência de estruturas políticas assimiláveis aos cânones europeus apontou para a inicial integração desses novos espaços – e das suas populações – no corpo político da monarquia, se bem que, com o passar do tempo, tenham sido estabelecidos acordos com lideranças indígenas e quilombolas. Na Ásia, em contrapartida, as formas de incorporação foram muito variadas, como consequência da diversidade cultural aí encontrada. Acresce que os portugueses, confrontados com o poderio das entidades políticas com as quais interagiram – por exemplo os impérios Mongol ou Chinês, o sultanato de Omã ou a confederação Marata, para citar apenas alguns exemplos –, tiveram de assumir uma constante postura de diálogo. No litoral de África, por seu turno, as soluções de integração foram condicionadas, mais uma vez, pela reação das populações autóctones à interferência portuguesa, mas igualmente pela atividade económica desenvolvida em cada uma dessas áreas. Também aí, sem dúvida, as autoridades lusas tiveram de interagir e de dialogar com as lideranças locais.

O caso português distingue-se, então, por não patentear um plano predestinado ou uma «grande estratégia» para controlar, de um modo uniforme, o vasto conjunto que estava sob a sua alçada. Em vez disso, a dominação colonial portuguesa acaba por ser o resultado de uma série de combinações mais ou menos imprevistas de elementos muito heterogéneos. Dessa situação, em que a integração política coexistiu com o pluralismo jurídico, resultou um universo com contornos frequentemente pouco definidos e marcado por uma amálgama de práticas institucionais muito diversas (Hespanha, 2001) (Saldanha, 1991) (Flores, 2001).

No fundo, a alegada globalização protagonizada por Portugal, embora tenha envolvido o estabelecimento de interconexões à escala global, não obedeceu a uma «grande estratégia» de uniformização e tão-pouco conduziu a um dos fenómenos mais salientes da atual globalização: a desterritorialização e a perda de relevância da inserção territorial, seja ela local, regional ou, até, nacional. Em alguns casos verificou-se, até, o aumento dos particularismos como reação à homogeneização inerente à empresa imperial portuguesa.

III

Prosseguindo neste exercício de confrontar as características do processo expansionista português e os traços mais marcantes da atual globalização, cumpre observar que, ao englobar vastas zonas extraeuropeias, a expansão portuguesa gerou uma série de nexos entre os diferentes continentes, os quais passaram a comunicar de uma forma cada vez mais assídua. Nesse sentido, não há dúvida de que Portugal, com o seu empreendimento imperial, propiciou a emergência de uma certa *consciência global* (Chartier, 2001).

É essa consciência, precisamente, que subjaz ao desenvolvimento do aparato político-jurídico desenvolvido nos diversos espaços sob domínio da Coroa portuguesa. Tal consciência entrevê-se, igualmente, entre as figuras que ocuparam os vários cargos político-administrativos criados pela Coroa para dominar esses vastos espaços (Monteiro & Cunha, 2005) (Bethencourt, 2007). Como quase sempre acontece aquando da prossecução de empreendimentos imperiais, verificou-se uma intensa circulação de pessoas entre os territórios europeus da Coroa lusa e aqueles que se situavam noutros continentes. A consciência global surgiu, assim, entre todos aqueles que se moveram entre a Europa, a África, a Ásia e a América, tirando partido das possibilidades de circulação proporcionadas pelo facto de a monarquia portuguesa deter posições nesses quatro continentes.

Tal consciência do global acaba então por ser inseparável do aumento do movimento de pessoas, de ideias e de objetos inerente ao empreendimento imperial. Pode mesmo dizer-se que essa dinâmica de mobilidade foi, até, crucial para a sobrevivência do conglomerado imperial. De facto, circulando entre esses vários espaços, tais indivíduos – muitos deles unidos por laços de parentesco, de formação escolar, burocrática ou de negócio – acabaram por desenvolver autênticas «redes governativas», e, através de tais redes, foram difundidos modelos político-administrativos, recursos financeiros e, ainda, soluções organizativas, sendo que, muitas vezes, tal processo ocorreu sem qualquer intervenção do centro governativo. Precisamente por funcionarem em rede, estas instâncias foram decisivas para a coesão do conjunto (Studnicki-Gizbert, 2007).

Um bom exemplo do que acabou de ser dito é o papel coesivo das conexões mercantis e financeiras suscitadas pela dinâmica imperial (Costa, 2002). Como é sabido, a expansão portuguesa, ao criar um sistema transcontinental de produção e de troca, propiciou a projeção, sobre os diversos pontos do globo, de circuitos comerciais e financeiros, levando a um aumento significativo da escala de interação mercantil e monetária. É evidente, contudo, que o ritmo da comunicação no período compreendido entre os séculos XV e XVIII nada tem a ver com o de hoje: em pleno século XVIII, a viagem entre Goa e Lisboa continuava a demorar mais de um ano e só se podia realizar quando a monção o permitia... Não obstante, vislumbram-se com clareza pontos de contacto entre a dominação imperial portuguesa e a atual globalização – que também funciona em rede, abrange todo o globo e possui uma forte componente financeira.

IV

Quanto aos povos que – na Europa e fora dela – foram alvo das iniciativas portuguesas de dominação, importa assinalar que não podemos ver na expansão um fenómeno que originou apenas conexões e interações, ou que propiciou um «encontro de culturas», como se tornou habitual dizer-se. É imprescindível ter em conta que o processo de expansão imperial deu origem, também, a violência, a exclusão e a dominação a uma escala global. Além disso, e muito embora a atrás referida consciência global tenha abrangido tanto os europeus quanto os não europeus, é fundamental ter presente que, nos séculos XVI e XVII, a exposição muito fragmentada aos modos de comunicação e a possibilidade de circular no seio desse vasto conglomerado foram dispensadas de um modo muito desigual, com evidente vantagem para os que provinham da Europa. Assim, o movimento de pessoas, ao invés de contribuir para uma integração mais profunda, era, em vez disso, revelador da falta de homogeneidade das conexões transcontinentais.

Pode então dizer-se que a expansão portuguesa tem em comum com a atual globalização o facto de ter criado uma interconectividade bastante assimétrica e geradora de desigualdades, por vezes profundas. Sendo certo que a interconexão entre os vários continentes conduziu, em alguns casos, a um melhor acesso individual à diversidade, as condições de acesso a tal diversidade foram sempre desiguais, até porque o principal objetivo dos portugueses não consistia, como é evidente, em apreender a diferença cultural ou fomentar o cosmopolitismo, mas em alcançar uma posição hegemónica (ainda que, como já referido, mantendo uma relativa diversidade).

Aliás, e como referi, as assimetrias geradas pelos lusos são mesmo constitutivas das relações de dominação então surgidas (Dirlik, 2003) (Dirlik, 2002). À semelhança do que sucede na atual globalização, muitos foram os indivíduos e os grupos excluídos dessa dinâmica de trocas à escala global. Tendo isso em conta, não se estranha que tais processos de interação tenham motivado rejeição.

As situações de conflito geradas pela dinâmica expansiva de Portugal – por exemplo, as muitas revoltas então ocorridas, da América do Sul ao Sudeste Asiático, passando por África e pelo Índico – confirmam aquilo que acabou de ser dito (Figueiredo,

2001). Cumpre assinalar que, em alguns casos, tais revoltas se revestiram de um potencial transformador da arquitetura político-jurídica mais global da monarquia. Ou seja, no espaço de inter-relações múltiplas gerado pela expansão, por vezes o âmbito local revelou ter uma certa capacidade para modificar a arquitetura global da monarquia – o que, uma vez mais, aponta para algumas afinidades entre a expansão lusa e a atual globalização.

De qualquer modo, ontem como hoje, a receção de informação emitida por um polo hegemónico envolve sempre negociação, mesmo em condições de relacionamento assimétrico. Os colonizados, como se sabe, jamais foram meros recetores passivos quando se depararam com processos de dominação. Para além da rejeição – por vezes violenta – dos propósitos dos portugueses, registou-se outro tipo de respostas, como a acomodação, a adaptação ou, até, a apropriação dos recursos do «dominante» (Revel J., 1995) (Cerutti, 1995) (Guha, 1998). Nos âmbitos asiático, africano e americano, são inúmeros os casos de indivíduos ou de grupos que conseguiram interagir juridicamente com as autoridades coloniais e, até, tirar partido dos recursos disponibilizados pelos europeus (Curto, 1998) (Santos, 2005) (Lara, 2007).

V

Sem negar que existem semelhanças entre a globalização dos nossos dias e a dinâmica imperial do passado, é imprescindível ter em conta que esta se distingue pelo facto de estar mais claramente localizada em certos centros, enquanto o fulcro da atual dinâmica global possui uma localização muito mais difusa. Acresce que, e contrariamente ao que se passou no tempo da expansão portuguesa, no atual quadro global a Europa perdeu o papel central de que desfrutou nos últimos cinco séculos.

Não por acaso, hoje assiste-se a um intenso questionamento do saber eurocêntrico, do seu conceito de modernidade e da sua teoria de modernização (Giddens, 1990), ao mesmo tempo que se constata a condição *local* do Ocidente e do conhecimento aí produzido.

Há quinhentos anos, pelo contrário, quando os portugueses colocaram em contacto culturas muito diversas umas das outras, fizeram-no convictos da superioridade da Europa sobre o resto do mundo. Nesse processo, a linguagem foi usada como instrumento de ação e de controlo, e o discurso como instância que, ao classificar, distinguiu, separou e excluiu. Além disso, os portugueses impuseram também as suas técnicas de raciocínio como forma de instauração da ordem, e apropriaram-se, ainda, da memória dos povos não europeus com os quais interagiram, acabando mesmo por, em alguns casos, manipular o sentido de vida dos submetidos (Chakrabarty, 2008).

Continuar a classificar a experiência colonial portuguesa como um «encontro de culturas» à escala global equivale, de certo modo, a escamotear os factos que acabaram de ser apontados e inserir a expansão lusa na grande narrativa da *modernidade*, entendida como o resultado de uma progressiva e uniforme evolução das instituições europeias e das condições – económicas, políticas, culturais – próprias do Ocidente.

O que até este ponto foi exposto sobre a expansão permite-nos questionar, não só esta visão unívoca do caminho para a modernidade, mas sobretudo o alegado contributo português para essa suposta modernização (Rüsen, 2008). Em vez de insistir no papel precursor ou modernizador dos portugueses, a leitura da expansão ora proposta privilegia a interação, em lugar da contraposição entre blocos «nacionais» ou civilizacionais isolados, fixos e homogéneos (*The American Historical Review Conversation on Transnational History*, com C. A. Bayly, Sven Beckert, Matthew Connelly, Isabel Hofmeyr, Wendy Kozol e Patricia Sedd, 2006) (Revel F. H., 2001). Propõe, além disso, que se tenha em conta a história tanto dos povos colonizados quanto das entidades colonizadoras (Stoler, 2005) (Cooper, 2005), na certeza de que tal opção, ao invés de retirar especificidade ao caso português, proporciona um conhecimento muito mais abrangente do mesmo, já que é minha convicção que a realidade «nacional» é compreendida de forma muito mais clara quando se leva em conta tanto os seus aspetos internos quanto externos, bem como a articulação entre ambos (Bentley, 2005). Sendo hoje um dado adquirido que a colonização foi um processo constitutivo de uns e de outros (Gruzinski, 2001) (Subrahmanyam, 2006) (Burton, 2003), é justamente por isso que, a par de se cultivar a história nacional no seu sentido mais convencional, importa captar as interações, os processos de influência e de rejeição, e, ainda, as perceções mútuas (Kocka, 2003) (Paulmann, 1998).

Vista por este prisma, a projeção global dos portugueses deixa de ser uma história dos contactos entre conglomerados civilizacionais fixos, caracterizados por traços essencialistas e marcados por uma nítida contraposição identitária – os portugueses e os não europeus –, passando a constituir uma sucessão de trocas entre entidades interpenetradas, em permanente interação umas com as outras e por isso mesmo caracterizadas pelo hibridismo cultural, pela fluidez de fronteiras e por constantes processos de reconfiguração identitária.

VI

À luz de tudo o que acabou de ser dito, será que podemos classificar a experiência imperial portuguesa, entre os séculos XV e XVIII, como a «primeira globalização»?

Sob o meu ponto de vista, a resposta a esta pergunta é negativa. De facto, análises que, de um modo linear, fazer remontar aos séculos XV e XVI o mundo globalizado no qual hoje vivemos desconsideram o papel determinante da recente evolução tecnológica. A globalização é, sem dúvida, inseparável do desenvolvimento, verificado somente nas últimas décadas, das tecnologias de informação. Foi esse desenvolvimento tecnológico que permitiu o aumento exponencial das possibilidades de comunicação, dando origem a formas de atividade a alta velocidade que levaram a uma situação de verdadeira e incontornável compressão da distância e, concomitantemente, a uma nova maneira de vivenciar a temporalidade. Como é evidente, em pleno século XVI ou XVII, essa comunicação instantânea à escala global estava pura e simplesmente ausente.

Tal não significa, porém, negar que a expansão portuguesa tenha inaugurado um novo regime de relacionamento entre a Europa e as demais áreas do globo, e que nesse regime, precisamente, se possam identificar pontos de contacto com o que hoje se denomina globalização. Contudo, a par das semelhanças apontadas, também existem, como procurei demonstrar ao longo deste curto ensaio, uma série de diferenças que, em conjunto com a componente tecnológica e o seu papel constituinte da atual dinâmica da globalização, impedem que se encare a expansão portuguesa como a «primeira globalização».

Referências bibliográficas

Bentley, J. H. (2005). «Myths, wagers, and some moral implications of world history», *Journal of World History*, 16, n.º 1, pp. 51-82.

Benton, L. (2002). *Law and Colonial Cultures. Legal regimes in world history, 1400-1900.* Cambridge : Cambridge University Press.

Bethencourt, F. (2007). «Political configurations and local powers», F. Bethencourt, & D. R. Curto, *The Portuguese Oceanic Expansion, 1400-1800.* Cambridge: Cambridge University Press, pp. 197-254.

Burton, A. (2003). *After the Imperial Turn: thinking with and through the nation.* Durham, N.C.: Duke University Press.

Cerutti, S. (1995). «Normes et pratiques ou de la légitimité de leur opposition», B. Lepetit, *Les formes de l'expérience. Une autre histoire sociale.* Paris: Albin Michel, pp. 127-149.

Chakrabarty, D. (2008). «In defense of provincializing Europe: a response to Carola Dietze», *History and Theory*, 47, pp. 85-96.

Chartier, R. (2001). «La conscience de la globalité (commentaire)», *Annales HSS*, 1, pp. 119-123.

Cooper, F. (2005). *Colonialism in Question. Theory, knowledge, history.* Berkeley: University of California Press.

Cooper, F. (2001). «Le concept de mondialisation sert-il à quelque chose? Un point de vue d'historien», *Critique Internationale*, 10, pp. 101-124.

Costa, L. F. (2002). *Império e grupos mercantis. Entre o Oriente e o Atlântico (século XVII).* Lisboa: Livros Horizonte.

Curto, D. R. (1998). «Cultura escrita e práticas de identidade», F. Bethencourt, & K. Chauduri, *História da expansão portuguesa – Do Índico ao Atlântico*, vol. II. Lisboa: Círculo de Leitores, pp. 458-531.

Descimon, R., & Cosandey, F. (2002). *L'absolutisme en France. Histoire et historiographie.* Paris: Seuil.

Dirlik, A. (2003). «Confounding metaphors, inventions of the world: what is world history for?», B. Stuchtey, & E. Fuchs, *Writing World History, 1800-2000.* Oxford, pp. 91-133.

Dirlik, A. (2002). «History without a center? Reflections on eurocentrism», E. Fuchs, & B. Stuchtey, *Across Cultural Borders: historiography in global perspetive.* Lanham, pp. 247-284.

Elliott, J. H. (2004). «Rey y pátria en el mundo hispânico», V. Mínguez, & M. Chust, *El imperio sublevado. Monarquía y naciones en España e Hispanoamérica.* Madrid: CSIC, pp. 17-35.

Figueiredo, L. (2001). «O Império em apuros: notas para o estudo das alterações ultramarinas no império Português, séculos XVII e XVIII», J. Furtado, *Diálogos oceânicos. Minas Gerais e as novas abordagens para uma história do Império Ultramarino.* Belo Horizonte: Edfmg-Humanitas, pp. 197-254.

Flores, J. (2001). *Hum curto historia de Ceylan. Quinhentos anos de relações entre Portugal e o Sri Lanka.* Lisboa: Fundação Oriente.

Garriga, C. (2003). «Orden jurídico en el Antíguo Régimen», *Istor. Revista de Historia Internacional,* 16, pp. 13-44.

Giddens, A. (1990). *The Consequences of Modernity.* Stanford: Stanford University Press.

Gruzinski, S. (2001). «Les mondes mêlés de la monarchie catholique et autres "connected histories"», *Annales HSS,* 1, pp. 85-117.

Guerra, F.-X. (1995). «Identidad y soberanía: una relación compleja», F.-X. Guerra, *Las revoluciones hispánicas: independencias americanas y liberalismo español.* Madrid: editorial Complutense, pp. 207--239.

Guerra, F.-X. (s.d.). *L'état et les communautés: comment inventer un empire?* Obtido a 14 de fevereiro de 2005, de Nuevo Mundo, Mundos Nuevos, BAC: http://nuevomundo.revues.org/document625.html

Guha, R. (1998). *Dominance without Hegemony. History and power in colonial India.* Cambridge: Harvard University Press.

Gruzinski, S. (2001). «Les mondes mêlés de la monarchie catholique et autres "connected histories"», *Annales HSS,* 1, pp. 85-117.

Habermas, J. (2001). *The Postnational Constellation. Political essays*. Cambridge: MIT Press.

Hespanha, A. M. (2001). «A constituição do império Português. Revisão de alguns enviesamentos correntes», J. Fragoso, M. F. Bicalho, & M. F. Gouvêa, *O Antigo Regime nos Trópicos. A dinâmica imperial portuguesa (séculos XVI-XVIII)*. Rio de Janeiro: Civilização Brasileira, pp. 163-188.

Kocka, J. (2003). «Comparisions and beyond», *History and Theory*, 42, pp. 39-44.

Lara, S. H. (2007). «Marronage et pouvoir colonial. Palmarés, cacau et les frontières de la liberté au Pernambouc à la fin du XVIIe siècle», *Annales. HSS*, 6, pp. 639-666.

Monteiro, N. G., & Cunha, M. S. (2005). «Governadores e capitães--mores do império Atlântico português nos séculos XVII e XVIII», N. G. Monteiro, M. S. Cunha, & P. Cardim, *Optima Pars. As elites do Antigo Regime no espaço ibero-americano,*. Lisboa: Imprensa de Ciências Sociais, pp. 191-252.

Morelli, F. (2004). «Entre ancien et nouveau régime. L'histoire politique hispano-américaine du XIXe siècle», *Annales HSS*, 4, pp. 759--781.

Paulmann, J. (1998). «Internationaler Vergleich und interkutureller Transfer: zwei Forschungsansätze zur europäischen Geschichte des 18. bis 20. Jahrhunderts», *Historische Zeitschrift*, 267, pp. 649--485.

Pujol, X. G. (2006). *Tiempo de política. Perspetivas historiográficas sobre la Europa moderna* (vol. X). Barcelona: Publicacions i Edicions de la Universitat de Barcelona, Colección Breviaris.

Revel, F. H. (2001). «*Les usages politiques du passé*», in *Enquête*. Paris: Editions de l'Ehess.

Revel, J. (1995). «L'institution et le social», B. Lepetit, *Les formes de l'expérience. Une autre histoire sociale*. Paris: Albin Michel, pp. 63-84.

Rüsen, J. (2008). «The horror of ethnocentrism: westernization, cultural difference, and strife in understanding non-western pasts in historical studies», *History and Theory*, 47, pp. 261-269.

Saldanha, A. V. (1991). «O problema jurídico-político da incorporação de Ceilão na Coroa de Portugal. As doações dos reinos de Kotte, Kandy e Jaffna (1580-1633)», *Revista de Cultura, Instituto Cultural de Macau*, pp. 13-14.

Santos, C. M. (2005). «Entre deux droits: les lumières en Angola (1750--v. 1800)», *Annales. HSS*, 4, pp. 817-848.

Stoler, A. L. (2005). «Colonial Archives and the arts of governance. On the content in the form», F. X. Jr., & W. G. Rosenberg, *Archives, Documentation and Institutions of Social Memory. Essays from the Sawyer Seminar.* Ann Harbour: The University of Michigan Press.

Studnicki-Gizbert, D. (2007). *A Nation upon the Ocean Sea. Portugal's atlantic diaspora and the crisis of the Spanish Empire, 1492-1640.* Nova Iorque: Oxford University Press.

Subrahmanyam, S. (2006). «Sobre comparaciones y conexiones: notas sobre el estudio de los imperios ibéricos de Ultramar, 1490-1640», R. Chartier, & A. Feros, *Europa, América y el mundo. Tiempos históricos.* Madrid/Barcelona: Marcial Pons, pp. 239-262.

Tallon, A. (2007). «Introduction», A. Tallon, *Le sentiment national dans l'Europe méridionale aux XVIe et XVIIe siècles.* Madrid: Casa de Velázquez, pp. 9-17.

«The American historical review conversation on transnational history, with C. A. Bayly, Sven Beckert, Matthew Connelly, Isabel Hofmeyr, Wendy Kozol and Patricia Sedd (2006)», *The American Historical Review*, pp. 1441-1464.

Thompson, I. (1996). «Absolutism, Legalism and the Law in Castile, 1500-1700», R. Asch, & H. Duchhardt, *Der Absolutismus – ein Mythos? Strukturwandel monarchischer Herrschaft in West – und Mitteleuropa (ca. 1550-1700).* Colónia: Böhlau.

Veer, P. v., & Breckenridge, C. A. (1993). «Orientalism and the postcolonial predicament», P. v. Veer, & C. A. Breckenridge, *Orientalism and the Postcolonial Predicament. Perspetives on South Asia* (pp. 1-19). Filadélfia: University of Pennsylvania Press.

Xavier, A. B. (2008). *A invenção de Goa. Poder imperial e conversões culturais nos séculos XVI e XVII.* Lisboa: Imprensa de Ciências Sociais.

Inovação e globalização: Redes artísticas de intercâmbio durante a Idade de Ouro do Islão

JESSICA HALLETT
(Centro de História de Além-Mar; Universidade Nova de Lisboa, Faculdade de Ciências Sociais e Humanas)

Tendemos a pensar a globalização como um ícone do nosso tempo, como a marca de transição para o terceiro milénio. Contudo, para qualquer pessoa que tenha tido a oportunidade de visitar a exposição *Encompassing the Globe*, em Washington (2007), Bruxelas (2007) ou Lisboa (2009), é bastante claro que o mundo se tornou «global» há 500 anos com as grandes viagens marítimas portuguesas. Como Holland Cotter escreveu no *New York Times*: «Uma versão da Internet foi inventada em Portugal há 500 anos por um grupo de navegadores com nomes como Pedro, Vasco e Bartolomeu. A tecnologia era rudimentar. As ligações eram instáveis. O período de resposta era glaciar. (Uma mensagem enviada para as suas redes de ligação podia demorar um ano a chegar). Eles aguentaram tudo. Estavam ansiosos pelo acesso ao mundo. Esta é a história base de *Encompassing the Globe*» (Cotter, 2007).

A história que eu gostaria de partilhar ocorreu ainda mais cedo, oitocentos anos antes das viagens heroicas de Bartolomeu Dias (1450-1500), Vasco da Gama (c.1460-1524) e Pedro Álvares Cabral (c. 1467-1520), quando outro grupo de corajosos marinheiros ligou uma considerável porção do mundo por mar, de Portugal (por via do Mediterrâneo e do mar Vermelho) até tão para leste quanto as margens da China e da Coreia. Os seus nomes não são conhecidos, mas um dos seus descendentes foi o extraordinário marinheiro mercante Sulayman, que se pensa ser a verdadeira personagem por detrás do famoso marinheiro Sinbad das *Mil e Uma Noites* (Ferrand, 1922). As suas ambiciosas viagens marítimas conduziram à criação de extensas redes comerciais e ao estabelecimento de comunidades mercantis migratórias, que serviram para promover a circulação de pessoas, produtos e ideias a uma escala sem precedentes para uma tão vasta região.

No centro geográfico deste mundo enorme estava o Iraque e a cidade de Bagdade, a capital recém-criada da ascendente dinastia Abássida e de um vasto império islâmico que se estendia do oceano Índico ao vale do Indo. Oficialmente conhecida como «a cidade da paz» (*madinat al-salam*), Bagdade foi concebida em verdadeiro estilo imperial como o centro do universo. Num plano circular, tinha quatro portões nos pontos colaterais, direcionados para rotas estratégicas: Kufa (a sudoeste, para Meca e o mar Vermelho); Damasco (a noroeste, para o Mediterrâneo); Khurasan (a nordeste, para a Ásia Central e a Rota da Seda); Basra (a sudeste, para o Golfo e o oceano Índico.)

Na seleção do sítio, diz-se que o califa abássida Al-Mansur (r. 754-75) terá declarado «Não há nenhum obstáculo entre [Bagdade] e a China; tudo o que está no mar pode vir até nós.» (Tabari, 1879-1901)

Era, em termos atuais, aquilo a que André Gunder Frank chamou uma grande cidade «fulcral», uma «placa giratória» ou «centro» nos cruzamentos das maiores rotas comerciais terrestres e marítimas. Estes Abássidas, tal como Holland Cotter escreveu sobre os Portugueses, estavam igualmente «ansiosos pelo acesso [e conhecimento] do mundo». Tornaram-se generosos patronos das artes, letras, teologia, geografia, astronomia, medicina, engenharia e ciências naturais, e Bagdade tornou-se um grande centro de conhecimento em todas as áreas. Foi aqui que muito do conhecimento grego foi preservado e traduzido para árabe durante a «Idade das Trevas» da Europa, e que Muhammad al-Khawarizmi (c.780-850) introduziu o sistema decimal indiano, o funcional zero, e apresentou a primeira solução sistemática para equações lineares e quadráticas (a palavra «algoritmo» é derivada do seu nome).

Uma avaliação mais próxima deste momento histórico, através de um dos mais duráveis sinais materiais de contactos interculturais – a prática (e bela) cerâmica utilitária – revela como o comércio internacional era acompanhado pelo crescimento de ramificações de conhecimento que serviam como motor para inovações artísticas e tecnológicas. O estudo de caso aqui apresentado, oferece um interessante ponto de comparação para os fenómenos tardios associados com a Expansão Ibérica Ultramarina, e tem já ultrapassado as tradicionais barreiras académicas para servir como exemplo da «globalização» pré-moderna no campo da literatura norte-americana contemporânea, nos livros recentes *Shades of the Planet* e *Planetary Modernism*(1).

I – Procurando o conhecimento

«Procura o conhecimento» pregava o profeta Muhammad, «mesmo se tiveres de ir tão longe como a China» (2). O primeiro emissário muçulmano chegou à corte chinesa em 651, e, em meados do século VIII, os marinheiros do Sudoeste Asiático já dominavam a longa travessia oceânica do golfo Pérsico até Guangzhou. Os chineses estavam deficientemente equipados e pouco inclinados a levar a cabo extensas viagens comerciais por mar

(1) O meu trabalho sobre a indústria cerâmica de Basran encontra-se analisado em detalhe em: S. S. Friedman, «Unthinking manifest destiny: Muslim modernities on three continents», *Shades of the Planet: American literature as world*, W. C. Dimock & L. Buell (Princeton: Princeton University Press, 2007), pp. 62-100, S. S. Friedman, *Planetary Modernism and the Modernities of Empire, Nation, and Diaspora*, em preparação.

(2) O artigo seguinte trata um assunto complexo de forma tão breve e simples quanto o possível. Para as legendas e detalhes, o leitor deve consultar: J. Hallett, «Trade and innovation: the rise of a pottery industry in Abbasid Basra», D. Phil, (Thesis, Oxford University, 1999); *Iraq and China: ceramics, trade, and innovation* (exposição), Arthur M. Sackler Gallery, Smithsonian Institution, Washington, 4 de dezembro de 2004, 17 de julho de 2005, http://www.asia.si.edu/exhibitions/past.asp; «Iraq and China: trade and innovation in the Abbasid period» (*TAOCI*, 2005), pp. 21-29; «Pearl cups like the moon, the Abbasid reception of Chinese ceramics», *Shipwrecked. Tang treasures and monsoon winds*, ex. cat. (Washington, Smithsonian Institution, 2011), pp. 75-81.

por essa altura, pelo que a maior parte do comércio internacional foi deixada em mãos de estrangeiros.

Por volta do século IX, e provavelmente na última metade do século VIII, havia uma comunidade muçulmana bem estabelecida e fixada em Guangzhou (em árabe: *Khanfu*), com o seu próprio e bem definido distrito residencial, mesquita e líder comunitário (em árabe: *qadi*; em chinês: *fanzhang*), nomeados pelo governador local. Para além de dirigir os assuntos comunitários do grupo, intimando os mercadores a pagar tributos e taxas, o líder tratava igualmente de matérias religiosas e judiciais. Quando os exércitos de camponeses de Huangchao saquearam a cidade em 878, uma estimativa estabelecia que cerca de 120 000 árabes, persas, judeus, parsis e cristãos viviam na cidade. Este número está, obviamente, inflacionado, mas fornece alguma indicação acerca da aparente força da presença da Ásia Ocidental na costa chinesa por volta do século IX.

O comércio internacional com a China era extremamente lucrativo e, nas fontes chinesas, numerosos muçulmanos são referidos como valendo «o seu peso em ouro» (Qicheng, 1990, p. 99). Estes comerciantes agiam como intermediários na venda de produtos provenientes do oceano Índico Ocidental, tais como marfim, pérolas, incenso, chifres de rinocerontes, tâmaras, assim como especiarias, fragrâncias e tintas do Sudeste Asiático. Ocultaram facilmente as origens dos últimos produtos, vendendo-os como se fossem seus; de acordo com o escritor chinês, «de todos os países estrangeiros detentores de bens preciosos, nenhum ultrapassava os *tashi* (árabes)» (Qicheng, 1990, p. 99). A maioria deste comércio de luxo ia diretamente para a corte imperial chinesa e para a elite governante. Mercadorias de vidro islâmico, moedas de ouro e cerâmicas têm sido encontradas em túmulos reais da China e nos cofres religiosos associados aos mosteiros budistas, especialmente em conjuntos dos propícios «Sete Tesouros» (ouro, prata, lápis-lazúli, cristal, coral, cornalina ou ágata, pérolas e seda).

Na sua viagem de regresso, os mercadores árabes e persas forneciam a corte abássida e a abastada classe média com valiosos bens chineses: seda em bruto, brocados de seda, papel, tinta, cerâmica e chá. A seda e o papel tiveram um impacto muito forte nos abássidas, e tanto a sericultura como o fabrico de papel foram localmente adotados e transformados em indústrias estatais com empresas espalhadas por todo o Império, de Samarcanda para Córdova. O papel era especialmente significativo, pois tornava a leitura e a escrita acessíveis a um público mais abrangente e encorajava a ascendência da administração e da literatura árabes (Bloom, 2001). A cultura de base oral e memorial dos inícios do Islão foi suplantada por outra de base textual nesta altura, e os registos escritos acabaram por se impor. Curiosamente, enquanto a cerâmica chinesa dificilmente pode ser reclamada como tendo tido o impacto que teve, contribuiu também, e extraordinariamente, para influenciar o gosto abássida e serviu para inspirar mudanças fundamentais e duradouras na produção e marketing da fina cerâmica, a qual teria o seu impacto durante o milénio seguinte.

O primeiro registo de cerâmica chinesa nas fontes árabes é o famoso relato da oferta ao Califa Harun al Rashid (r. 786-809), a qual compreendia «vinte peças de produtos da China imperial, incluindo taças, copos, chávenas, cuja tipologia nunca havia sido vista na corte do Califa até então» (Lane, 1947, p. 10) (Karabacek, 1884, p. 284). O imenso prestígio destes produtos parece ter encorajado os artífices iraquianos a experimentarem a sua reprodução. Contrariamente à crença comum, todavia, não foram as finas mercadorias de porcelana do presente de Harun, provavelmente adquiridas por via da rota terrestre da Ásia Central, que serviam como protótipo para imitação. As mercadorias mais influentes foram vasos de cerâmica mais comuns transacionados no golfo Pérsico poucas décadas depois, especialmente as taças brancas dos fornos de Gong Xian, na China do Norte, transportados por canais até à costa, para exportação.

A brilhante superfície branca e a textura dura e resistente da cerâmica chinesa não tinha equivalente local no Iraque e originou a procura de requintados serviços de loiça. Os artífices iraquianos foram rápidos a responder, primeiro imitando a cerâmica chinesa e depois adicionando-lhe elaborações da sua autoria. Nem a matéria-prima essencial (argila branca) nem a técnica de fornos de altas temperaturas para reproduzir a cerâmica chinesa estavam localmente disponíveis no Iraque. Os seus oleiros procuraram em vez disso recriar o efeito visual – a brancura e as formas da cerâmica chinesa – para, pelo menos, «satisfazer o olho». (Crowe, 1975-77) Os seus esforços conduziram à criação de objetos de formas elegantes e à invenção de um vidrado branco opaco, capaz de disfarçar a argila de cerâmica de cor creme do Iraque. Este novo vidrado, produzido a partir do chumbo e tornado opaco a partir do estanho, tornou-se o antecedente do medieval e moderno «estanho vidrado» europeu.

Com a obtenção de uma pura superfície branca, novas possibilidades decorativas puderam ser alcançadas, e a estética chinesa de linhas simples e volumes cedo seria embelezada com cores e desenhos. A base monocromática tornou-se ela própria uma tela de pintura, e os oleiros adaptaram as suas imitações à sua própria estética, preenchendo a superfície com desenhos executados em azul-cobalto numa pintura fluida, como se fosse pincel e tinta sobre papel.

Estas primeiras interpretações audazes de palmeiras, plantas aquáticas, padrões abstratos e caligrafia, dispostas espetacularmente contra um fundo branco, promoveram o brilhante e eterno conceito do «azul sobre branco», no início do século IX.

Com a invenção de pigmentos luminosos para o vidrado algumas décadas mais tarde, a superfície esmaltada foi verdadeiramente transformada em tela pintada, dominada por um florescente padrão colorido para criar «o maior entusiasmo ótico possível» (Caiger-Smith, 1985, p. 24). Misturas de cobre e prata foram pintadas sobre um vidrado previamente aquecido e então convertidas numa incandescente película metálica num segundo forno de aquecimento. Múltiplas cores de brilho, variando a sua tonalidade do verde-azeitona para o carmesim, poderiam ser conseguidas pela variação da composição do pigmento. A técnica do vidrado foi admiravelmente adequada à cópia da prestigiante arte dos copos pintados islâmicos e dos produtos em metais preciosos, elevando o estatuto da cerâmica iraquiana ao da «arte decorativa». Objetos de metal e de vidro serviram como serviços de mesa para a elite, e esta moda serviu sem dúvida como a inspiração por detrás desta nova técnica.

Os efeitos cintilantes do vidrado tiveram um enorme poder atrativo. A realeza encomendou azulejos brilhantes para os seus palácios e mesquitas, enquanto serviços de mesa de estilos variados encontraram a procura de uma vasta clientela ao longo do vasto império Abássida. Com estas mudanças radicais nas técnicas do vidrado e da decoração, humildes oleiros conseguiram transformar a cerâmica comum num veículo de mensagens visuais complexas, assinando inclusive os seus trabalhos com a simples expressão «*amal...*» ou «amala...» (respetivamente, «trabalho de» ou «ele fez»), como observado na taça assinada por Umar.

II – Comércio e inovação

Por detrás destes desenvolvimentos tecnológicos e artísticos encontrava-se a criação de uma indústria complexa e sofisticada. A inovação é sempre um sorvedouro de tempo e um caro investimento, e os oleiros raramente eram pessoas com meios suficientes para se poderem financiar a si próprios na mudança do *status quo*. As abundantes experiências na primeira metade do século IX não podiam ter tido lugar sem um patrocínio substancial – algo que tem sido muito atribuído à entusiástica intervenção dos governantes abássidas. «O surpreendente crescimento da indústria», de acordo com o grande historiador de cerâmica Arthur Lane, foi «devido à descoberta pela Corte da cerâmica como uma arte que valia a pena encorajar» (Lane, 1947, p. 10). Consequentemente, a localização da indústria foi durante muito tempo pensada como tendo sido bastante próxima da cidade redonda de Bagdade, ou da cidade-palácio abássida vizinha de Samarra. Contudo, recentes análises científicas das cerâmicas confirmaram que estas foram produzidas a pelo menos 450 quilómetros para sul, na região de Basra, consequentemente, relacionando a cerâmica de uma cidade portuária provincial do golfo Pérsico com as grandes realizações na produção de cerâmica da época (Mason & Keall, 1991) (Hallett, 2002). A redistribuição desta indústria do centro do poder político para a periferia levanta importantes questões acerca do que promove a inovação nas artes.

Muitos outros fatores, em adição ao decreto imperial ou estatal, podem induzir inovação, tais como a curiosidade, a necessidade, o ganho pessoal, a competição e as forças económicas em geral. Dois importantes aspetos da indústria sugerem que uma situação económica mais confortável pode ser relevante para o seu crescimento e evolução: primeiramente, o modelo primário para a inovação foi a cerâmica chinesa importada por via marítima, o que era visível, não só num contexto de corte, mas também nos mercados locais no golfo Pérsico, implicando que o ímpeto inicial para a inovação podia ter sido a substituição das importações. A segunda característica é o grande sucesso comercial conseguido pela indústria. Estas atividades foram além do alcance limitado das comissões da Corte, destinadas às manufaturas para consumo local e internacional, como foi enfaticamente demonstrado pela vasta distribuição dos seus produtos. Ocorrem em grande número em importantes centros metropolitanos (Bagdade, Fustat) e palácios de corte (Samarra, Qairawan, Medinat al-Zahra), mas a sua distribuição não se restringe aos contextos imperiais, urbanos ou mesmo comerciais. As cerâmicas de Basran têm sido encontradas em quase todos os povoados importantes conhecidos, durante o período abássida, de Samarcanda até Silves (Algarve) ([3]). Regis-

([3]) As primeiras mercadorias islâmicas pintadas em azul-cobalto ou vidrado foram encontradas em escavações mineiras no Hijaz (Ghuraba, Umm Lajj, al-Hawra); nos oásis do deserto e em locais inóspitos ao longo do Darb al-Zubayda (Rabadha, Hasa, Kharj); em cidades-caravaneiras (Zabid, Dhahran, Lasail); em povoados rurais (Abu Sarifa); em entrepostos militares (Silves, Albarracín); em canais fluviais internos (Susa, Kufa, Hilla, 'Ana, Nippur, Abu Sudeira, Qasr Ibrim, Luxor); em estradas internacionais (Afrasyab, Marv, Kankavar, Nishapur, Rayy, Istakhr, Ba'albak, Al-Mina, Hama, Antióquia, Tarsus, Qasr al-Hayr al-Sharqi, 'Amman); e em portos do mar Mediterrâneo (Qum al-Dikka, Alexandria, Málaga). Para referências completas, consultar J. Hallett, «Trade and innovation», pp. 18-19.

tam, ainda, vastas distribuições transoceânicas, tendo sido encontradas em sítios arqueológicos no mar Vermelho e no golfo Pérsico, e ao longo do oceano Índico da África Oriental e Moçambique à Tailândia e Indonésia([4]).

Considerando o ambiente empresarial no porto de Basra, e no Iraque em geral, assim como o espírito da época, é possível que comerciantes empreendedores com vontade de capitalizar as possibilidades comerciais do momento providenciassem o impulso necessário à inovação. Nem os decretos imperiais nem empresas navais mercantis, todavia, devem ser pensados como tendo funcionado em exclusivo. Na produção da maioria do artesanato destinado às elites, a corte e os mercadores operavam numa continuidade que se estendia desde os mecenas iluminados, que estimulavam a inovação fazendo pedidos originais ao artesão, até aos consumidores, que possibilitavam um mercado para produtos inovadores e fruto da inspiração do artista. No caso da indústria cerâmica de Basran, a corte abássida influenciou claramente certos desenvolvimentos na sua história, especialmente na produção do vidrado, embora eu tenha defendido noutro espaço que a indústria devia ser igualmente vista como um fenómeno de sinergia entre artistas e mercados. Em lugar algum é esta sinergia mais evidente do que no vasto contexto internacional da indústria. O oceano Índico forneceu matérias-primas essenciais às primeiras experimentações dos oleiros (tais como o estanho para o vidrado branco opaco), assim como o conhecimento tecnológico que foi transmitido através das complexas redes de comércio de longa distância estabelecidas pelos abássidas.

([4]) As primeiras mercadorias pintadas em azul-cobalto ou vidrado foram encontradas em sítios arqueológicos no mar Vermelho (Aqaba, 'Athar, Jidda, al-Jar, al-Mabiyat, Aden) e no golfo Pérsico (Siraf, Kish, Suhar, Arja, Ras al-Khaima), e em toda a amplitude do oceano Índico desde a África Oriental (Shanga, Manda, Kilwa, Comores) ao Paquistão (Bambore, Brahminabad), Índia (Maldivas), Sri Lanka (Mantai) e Tailândia (Ko Kha Krao). Para referências completas, consultar J. Hallett, «Trade and innovation», pp. 18-19.

III – Povos e processos

As identidades dos oleiros e a forma como estes conseguiram embarcar em tão extensa inovação permanece um enigma. Alguns factos concretos estão disponíveis para sobre eles se construir um retrato de dimensão humana. As provas científicas parecem apontar para a colaboração ou, pelo menos, para alguma forma de comunicação entre os oleiros que trabalhavam em Basra e os seus homólogos da China do Norte([5]). Um estudo dos métodos formais utilizados no fabrico das taças iraquianas revela que os oleiros de Basran possuíam um conhecimento considerável, tendo inclusive já adotado as técnicas usadas pelos oleiros chineses (combinando a roda, o molde e o torno) para modelar as taças.

Estes métodos podiam ter sido transmitidos ao Iraque do Sul por prisioneiros chineses capturados na derrota do exército de Gao Xian-zhi na batalha de Atlakh, próximo do rio de Talas, em 751. Entre os soldados capturados encontravam-se hábeis fabricantes de papel, que montaram a primeira fábrica de papel em Samarcanda, enquanto os outros prisioneiros eram conduzidos a Kufa, então capital do primeiro califa abássida, Abu'l Abbas As-Saffah (r. 750-754), apenas a 300 quilómetros a norte de Basra. Um destes prisioneiros, Du Huan, regressou à China por mar, presumivelmente pela via de Basra, em 762. O relato das suas viagens descreve como ele e os seus colegas introduziram os seus métodos de tecelagem de seda, lavra de ouro e prata, pintura e «muitas outras artes» na cidade real onde foram empregados (Pelliot, 1929) (Jun-yan, 1983). Contudo, não menciona especificamente a produção oleira, e a data da dispersão destes artesãos chineses ocorreu 50 anos antes da iniciação da indústria oleira.

Os oleiros de Basran que assinavam as suas cerâmicas têm nomes árabes clássicos, e portanto nenhuma evidência direta está próxima de confirmar a presença dos oleiros chineses (ou

---

([5]) A investigação aqui apresentada foi levada a cabo durante a Smithsonian Predoctoral Fellowship na Freer Gallery of Art, pela qual agradeço ainda a John Winter, pelo seu apoio e assistência.

convertidos) entre eles. O facto de saberem escrever (cada um assinava o seu nome numa letra característica), e de um deles ser provavelmente neto de um poeta famoso, sugere que tinham fortes ligações à elite erudita. Basra foi reconhecida pela sua vida intelectual vibrante, a qual incluía mentes tão brilhantes como as do poeta al-Jahiz (781-869), um dos mais grandiosos e prolíficos escritores na história árabe. Jahiz e os literatos locais estavam proximamente alinhados com a rica classe mercantil da cidade (mesmo que os parodiassem nos seus trabalhos), e esta circunstância provavelmente criou condições positivas para uma troca dinâmica entre os comerciantes internacionais e os artesãos locais. Sem dúvida, os mercadores itinerantes envolvidos no comércio transoceânico, como demonstrado, são os candidatos mais passíveis de terem transmitido as práticas chinesas de manufatura a Basra, trazendo oleiros chineses para o Iraque ou, mais provavelmente, descrevendo o que haviam observado nas oficinas chinesas

Os mercadores de Basran são conhecidos por terem feito as longas travessias transoceânicas para a China e se terem estabelecido em Guangzhou, e al-Mas'udi menciona especificamente a participação dos navios de Basran no comércio da China (al-Mas'udi, 1861-77, pp. 307-308). Sabemos igualmente que os comerciantes islâmicos estavam em contacto com as oficinas dos oleiros chineses, pois as cerâmicas dos fornos do Sul de Changsha têm palavras árabes inscritas (ou pintadas) sob o vidrado (Whitehouse, 1970) (Dasheng, 1995, pp. 57-58; figs 1-4). A introdução da escrita árabe no repertório decorativo chinês assinala uma mudança significativa nos mecanismos de transmissão cultural do século IX, desde as pouco frequentes missões tributárias e comércio de mão em mão típico da antiga Rota da Seda até aos contactos diretos e trocas de ideias artísticas entre os mercadores estrangeiros e os artesãos chineses.

Além do mais, tem-se tornado cada vez mais claro ao longo das últimas duas décadas que os oleiros chineses estavam bem cientes da preferência islâmica pela cerâmica decorada a azul e já manufaturavam as suas próprias versões para exportação. As pinturas em azul-cobalto destas mercadorias Tang tinham semelhanças com os desenhos a azul-cobalto das mercadorias pintadas em Basra. Evidentemente, eram primeiro destinadas aos consumidores da Ásia Ocidental, pois foram apenas encontradas, até hoje, no distrito residencial muçulmano do porto de Yangzhou, e num navio árabe naufragado escavado próximo de Belitung, na Indonésia (esta é a única e mais importante descoberta subaquática para o período abássida) (*Shipwrecked*, 2011). Desta evidência arqueológica deduz-se que esta barca árabe terá velejado da China em finais de 820 (ou talvez duas décadas mais tarde?) carregando uma carga mista de bens comerciais e de objetos de luxo, incluindo espelhos e mercadorias de ouro e prata. Entre a rica coleção de cerâmicas encontram-se três extraordinários pratos pintados a azul-cobalto com múltiplas folhas recortadas que se assemelhavam às copas das palmeiras vistas nas taças de Basran. Fragmentos das mercadorias registadas em Yangzhou têm, em adição a estes motivos, desenhos lineares reminiscentes da caligrafia árabe. Além do mais, tanto a textura como o vidrado destas mercadorias têm mostrado ser comparáveis às mercadorias de cerâmica branca produzidas em Gong Xian, que os oleiros de Basran procuraram copiar em primeiro lugar. Então, o conceito chinês de puras cerâmicas brancas, assim como o conceito islâmico de azul sobre branco não só fizeram uma longa viagem transoceânica entre a China e o Iraque, como ainda uma longa viagem por terra entre a costa marítima e o coração da China do Norte.

A presença e esplendor destas influências na produção de cerâmica da China do Norte sugerem que algumas mercadorias islâmicas – sem aparentemente estarem destinadas ao mercado chinês – surgiram para servir como amostras de protótipos para a produção de exportação. Nenhuns fragmentos de mercadorias Basran azuis e brancas foram identificados até agora em sítios chineses, mas foram encontrados muito mais para leste, no Sul da Tailândia. Além do mais, um conjunto islâmico de pratos azuis para copos com desenhos registados encontrado em Famensi (província de Shanxi), denota uma clara evidência de transmissão da iconografia islâmica à China do Norte por essa altura. Embora os oleiros chineses pareçam ter usado azul-cobalto local e não importado, estes copos indicam a presença de um importante comércio de copos islâmicos em azul-cobalto com o interior da China, o que também pode ter tido a sua influência.

Todas estas influências e trocas de materiais e técnicas pareceriam apontar para a existência de um intermediário, mais possivelmente os mercadores da Ásia Ocidental, responsável por encomendar e instruir a produção cerâmica chinesa e iraquiana e fornecer a evidência mais conclusiva do comércio internacional como um canal de inovação. Se estes mesmos mercadores transatlânticos tiveram um papel direto no início do crescimento da indústria cerâmica em Basran, tal não pode ser determinado pelas provas em mãos. Certamente, as mercadorias chinesas em azul sobre branco do porto de Yangzhou e o naufrágio de Belitung fornecem um forte apoio aos interesses mercantis nas cerâmicas. Este interesse não era de natureza superficial e estendeu-se além das seguras exportações de mercadorias, correspondendo ao gosto islâmico para adquirir conhecimento de ambos os materiais e técnicas envolvidos.

A cidade de Basra não foi apenas um porto marítimo, mas também uma cidade mercantil diversa, com um rico e vibrante centro mercantil. Foi apropriadamente descrita pelo navegador do século X, al-Muqaddasi (c. 945-1000), como «um porto de mar, um empório de terra e um sítio de manufatura» (al-Muqaddasi, p. 124). Este contexto comercial e marítimo contribuiu, sem dúvida, para o acesso da indústria a recursos apropriados e provavelmente compensou os altos custos envolvidos na inovação, facilitando a vasta distribuição das suas mercadorias. Este contexto mercantil pode explicar igualmente como o investimento de capital necessário à inovação estava localmente disponível e como os métodos de fabricação chineses foram transferidos para o Iraque.

IV – Conhecimento e inovação

Esta história extraordinária de transferências artísticas e tecnológicas do Oriente para o Ocidente compreende três diferentes formas de transmissão de conhecimento, cada uma envolvendo diferentes tipos ou níveis de informação e, consequentemente, de rotas e meios de comunicação.

Em primeiro lugar, o comércio em si mesmo servia como fonte de conhecimento e inspiração. Mudo no que respeitava aos materiais e técnicas concretos, o objeto estrangeiro servia como modelo para emulação a um nível mítico e prático, como fica demonstrado pelo impacto da cerâmica chinesa no gosto abássida. Aqui, a influência era em última análise estilística, estabelecendo os critérios básicos para a forma, a cor, textura e decoração do objeto altamente valorizado. Contudo, o projeto de recriar estas características podia, e fê-lo no caso da indústria cerâmica de Basran, levar a inovações tecnológicas independentes, tal como a invenção do estanho tornado opaco ter conduzido ao vidrado – cuja importância não pode ser sobrestimada.

Em segundo lugar, a transmissão de materiais ausente no ambiente local, a par do conhecimento dos métodos da sua preparação e utilização, forneceu novas possibilidades ao artesão e capacidade para alcançar um grau de proximidade ao original que, de outra forma, seria impossível. Este modo de transmissão requeria mais do que uma transferência física de um objeto para um novo destino, e algumas declarações de facto tinham de ser anexadas ao objeto (por via da fala ou da palavra escrita), para este ser aplicado de forma correta e bem-sucedida no novo ambiente. Este modo de transmissão também foi aplicado a algumas técnicas, tais como a transferência dos métodos de fabrico do molde de base chinês para o Iraque. Aqui, um conhecimento de segunda mão e as observações de um observador na oficina, por exemplo, podiam ser suficientes para a tecnologia estrangeira ser adaptada ao novo ambiente. Em ambos os casos, as rotas de transmissão foram redes contemporâneas de trocas económicas.

Em terceiro lugar, a transferência de tecnologia era tão complexa que não era suficiente para um modelo simples, material ou técnico ser transmitido. O elevado nível de conhecimento e habilidade requeridos para reproduzir a tecnologia num novo meio, exigia experiência em primeira mão sobre o processo de produção. A difusão destas tecnologias mais complexas seguia os padrões da migração humana, e os movimentos dos artesãos qualificados, que levavam consigo o conhecimento dos materiais e técnicas envolvidos.

Este modo de transmissão é o mais lento e é mais esporádico e imprevisível por natureza. A relação artesão-credor-cliente não dava necessariamente aos artesãos a liberdade de fazerem o que quisessem, e tal transferência podia apenas acontecer sob particulares circunstâncias económicas e pelo mecenato direto. Esta forma pode ser observada na transmissão da técnica do vidrado esmaltado, que permaneceu um segredo bem guardado acerca da indústria iraquiana durante mais de cento e cinquenta anos e só saiu do Iraque com a partida dos oleiros de Basra.

V – A propagação da inovação

Na última metade do século X, com a desintegração do império Abássida, o sistema comercial centrado no Golfo começou a declinar. No Norte de África, um califado rival dos abássidas foi estabelecido pelos fatímidas ismaelitas, que fizeram do Cairo a sua capital em 969 e se estabeleceram como a ligação comercial entre o Mediterrâneo e o oceano Índico. O comércio no oceano Índico Ocidental moveu-se do Golfo para o mar Vermelho, e os padrões internacionais de comércio que já uma vez haviam apoiado o crescimento em flecha de Basra no século VIII, eram agora responsáveis pela queda rápida da cidade. A sua importância foi ultrapassada por outros portos na entrada do golfo Pérsico e ao longo do mar Vermelho, e a cidade foi muito reduzida no seu tamanho e vitalidade.

Estes desenvolvimentos refletiram-se na indústria oleira, que desapareceu completamente do cenário iraquiano por esta altura, apenas para ressurgir sob outra forma no Egito, em inícios do século XI. A receita do vidrado de estanho e a técnica do esmalte foram transmitidas ao Cairo por esta altura, presumivelmente por oleiros migrantes de Basra, possivelmente sob o mecenato da corte fatímida. Ambas as técnicas foram finalmente disseminadas a partir desse ponto e ao longo da África do Norte e do Mediterrâneo para a Europa renascentista.

Foi esta tecnologia que originou o crescimento das grandes tradições de faiança e majólica da Europa do Sul, e que com a expansão ibérica ultramarina no século XVI foi transportada para as Américas. Ao fim dos 50 anos da conquista espanhola do México, o vidrado de estanho, não só estava a ser usado na indústria oleira espanhola, como também fora adotado pelos oleiros mexicanos indígenas (Blackman, 1989, pp. 102-103).

O impacto dos resultados dos oleiros de Basran foi sentido, não apenas na Europa, mas também na Ásia Oriental, onde as primeiras experiências chinesas no século IX, com a espetacular combinação do azul sobre branco islâmico, provaram ser inspiradoras. Todavia, seria apenas quinhentos anos mais tarde, no século XIV, que os chineses iriam superar os seus problemas tecnológicos pela utilização do azul-cobalto nos seus fornos de altas temperaturas e o azul e branco chinês, tal como o conhecemos, faria uma triunfante e duradoura entrada neste cenário, inspirando o Delft holandês, o Iznik turco, e a grande tradição portuguesa do azulejo.

VI – Inovação e globalização

As três formas de inovação observadas na indústria oleira de Basran no século IX – estilísticas, técnicas ou materiais e altamente especializadas – continuam a ser relevantes quando observadas em processos de inovação das artes com o crescimento de um verdadeiro mundo global com a expansão ibérica. O processo de cópia dos elementos formais e decorativos de uma vasta gama de objetos comercializados resultou na integração de diferentes formas, motivos e iconografia em tradições artísticas locais, como visto na réplica de cestos e cofres portugueses por carpinteiros indianos que adicionaram ornamentos em marfim embutido; na influência do embutido europeu no bordado asiático; ou na magnífica biblioteca da Universidade de Coimbra, na qual as estantes estão pintadas para imitar o trabalho de laca asiático vermelho e dourado em pigmentos inferiores, para referir apenas alguns exemplos flagrantes.

A segunda forma pela qual o acesso às apropriadas matérias-primas ou técnicas artísticas são chaves de inovação pode ser vista em particular na área da cor. O comércio global de tintas iniciado com a expansão ibérica foi decisivo na alteração da paleta de cores inicial em todo o mundo. Este facto pode ser observado especialmente no caso do índigo asiático, do pau-brasil americano e da cochonilha mexicana, os quais foram trazidos para a Europa por navios ibéricos e circularam igualmente entre a Ásia e as Américas por via do oceano Pacífico. Através deste processo, as cores azul-forte e carmesim, que eram anteriormente privilégio da elite abastada, tornaram-se acessíveis a um mercado mais vasto. Artesãos locais começaram a fabricar têxteis coloridos para diversos tipos de consumidores além da elite governante, e foram ainda mais longe, copiando desenhos estrangeiros com uma assombrosa e enganadora precisão.

Finalmente, o terceiro nível de inovação é talvez mais visível na transferência de complexas técnicas de lavra de ouro e prata, tais como a filigrana, a *repoussé* e o esmaltado, em que a presença de artesãos migrantes pode ser claramente traçada. O crescimento do ouro de filigrana no Minho, do *repoussé* no ouro peruano ou dos bonitos esmaltes na arte mongol podem ser atribuídos, global ou separadamente, aos padrões migratórios dos artesãos índios, espanhóis e portugueses, respetivamente.

Hoje, os processos de inovação artística e comercial no contexto da globalização moderna são mais complexos e ainda aguardam ser devidamente examinados e compreendidos. O desejo de copiar bens e ideias estrangeiros permanece, claro, como uma força principal nos mercados internacionais, e podem ser encontrados paralelismos para os três processos de inovação aqui discutidos. Contudo, a questão da influência de materiais e objetos estrangeiros, como observado com a seda, o papel e a porcelana dos abássidas, deve ser reenquadrada quando confrontada com a maior inovação do nosso tempo – a invenção da imagem digital. Por todo o mundo, o acesso a imagens de todos os tipos está a estimular o crescimento de novas culturas visuais e conjuntos inteiramente novos de referências visuais, que estão muito afastadas das experiências e expectativas dos oleiros de Basran. Não obstante, apesar de todas as mudanças no mundo, apesar do extraordinário caminho da globalização contemporânea, as lições que podemos tirar da perceção destes três processos medievais de inovação artística e comercial permanecem como importantes noções para compreender o mundo em que hoje vivemos

A história da indústria de cerâmica de Basran é a da viagem de uma ideia que se expandiu pelo comércio e pela migração, que prendeu a atenção e a imaginação de artistas e mercados e que foi transmitida em conceito (e execução) ao longo dos séculos do Iraque para a China e vice-versa, e do Iraque para a Europa e para a América. Os resultados dos oleiros de Basran, e dos abássidas em geral, servem também como uma lembrança de sítios que – como resultado negativo dos efeitos de globalização – nos trazem imagens diárias de violência, destruição e sofrimento humano e que têm uma história que justifica ser preservada e merece contemplação. Basra, como porta marítima para a idade de ouro do comércio de Bagdade, conhecimento, arte e ciência, é parte da nossa própria história.

Referências bibliográficas

al-Mas'udi, M. (1861-77). *Les prairies d'or* (vol. I). (C. B. Courteille, Trans.) Paris: Société Asiatique.

al-Muqaddasi, M. i., «Ahsan al-taqasim fi ma'rifat al-aqalim», editado por M. J. De Goeje, Bibliotheca Geographorum Arabicorum, vol. III, Leiden: Brill, 1906.

Blackman, J. O. (1989). «Compositional classification of Mexican majolica ceramics of the Spanish colonial period», R. Allan, *Archaeological Chemistry IV*. Washington, DC: American Chemical Society.

Bloom, J. (2001). *Paper before Print: the history and impact of paper in the Islamic world.* New Haven: Yale University Press.

Caiger-Smith, A. (1985). *Lustre Pottery, technique, tradition and innovation in Islam and the Western world.* Londres: Herbert Press.

Cotter, H. (2007, junho 29). *New York Times.*

Crowe, Y. (1975-77). «Early Islamic pottery and China», *Transactions of the Oriental Ceramic Society*, 41, p. 264.

Dasheng, C. (1995). «Chinese Islamic influence on archaeological finds in Southeast Asia», *Colloquies on Art and Archaeology in Asia – Art, Interaction and Commerce.* 17, pp. 57-58. Londres: Percival David Foundation.

Ferrand, G. (1922). *Voyage du marchand arabe Sulayman en Inde et en Chine rédigé en 851.* Paris: Bossard.

Hallett, J. (2002). *Trade and Innovation*, cap. 12. Londres: The British Library.

Jun-yan, Z. (1983). «Relations between China and the Arabs in early times», *The Journal of Oman Studies*, 6, pp. 96-98.

Karabacek, J. (1884). «Zur muslimischen Keramik», *Monatsschrift f. d. Orient*, 12, p. 284.

Lane, A. (1947). *Early Islamic Pottery, Mesopotamia, Egypt and Persia.* Londres: Faber and Faber.

Mason, R., & Keall, E. J. (1991). «The Abbasid Glazed Wares of Siraf and the Basra Connection: Petrographic analysis», *Iran*, 29, pp. 51–66.

Pelliot, P. (1929). «Des artisans chinois à la capitale abbaside en 751--762», *T'oung Pao*, pp. 110-112.

Qicheng, M. (1990). «A brief account of the early spread of Islamic in China», *Social Sciences in China.*

Shipwrecked, J. R. (2011). *Tang Treasures and Monsoon Winds, ex. cat.* Washington: Smithsonian Institution.

Tabari. (1879-1901). «Tarikh al-rusul wa'l-muluk», M. J. Goeje, *Bibliotheca Geographorum Arabicorum*, vol. 1. Leiden: Brill.

Whitehouse, D. (1970). «Excavations at Siraf: third interim report», *Iran*, 8.

A produção artística e a história da arte face à globalização. Conceito, criação e fruição das artes no início do século XXI

VÍTOR SERRÃO(*)
(Instituto de História da Arte; Universidade de Lisboa, Faculdade de Letras)

Ao Prof. José-Augusto França

I – Tempos de crise, reflexão e mudança

Neste dealbar de milénio, acompanhando os efeitos da globalização à escala planetária, desenham-se novos quadros de referência no chamado *mundo da arte*. Entendo aqui, por útil, o conceito operatório utilizado pelo antropólogo e crítico de arte Arthur C. Danto para caracterizar as teias relacionais entre artistas, agentes, galeristas, mecenas, críticos de imprensa, fotógrafos, leiloeiros e demais promotores da indústria e do mercado das artes, técnicos de conservação e restauro, museólogos, curadores de exposições, sociólogos, historiadores de arte e os públicos (Danto, 1987) (1). Face a um quadro global que altera

(*) O autor agradece as frutuosas trocas de impressões sobre as matérias versadas neste ensaio que teve com José-Augusto França, Delfim Sardo, Luís Afonso, Maria Emília Pacheco, e ainda com António Fontoura, Diogo Ramada Curto, Isabel Costa Lopes, Jorge Estrela, Maria Teresa Bispo, Mário Avelar, Paulo Fidalgo, Pedro Lapa, e Maria Adelina Amorim, a quem se confessa reconhecido.

(1) Veja-se a este propósito H. Gomes, *Relativismo axiológico e arte contemporânea. Critérios de receção crítica da obra de arte – uma leitura de filosofia da arte de Arthur C. Danto*, Departamento de Filosofia (orientação de António Pedro Pitta e Vitor Serrão), Universidade de Coimbra, 2002.

relações de domínio, esbate paradigmas e dilui fronteiras, tanto a produção artística como a própria fruição e consumo das artes e, também, o papel atuante da história da arte – disciplina inserida nesse vasto mundo em mutação, com as suas teorizações críticas, a sua capacidade de interrogar sentidos e a sua metodologia de análise das obras artísticas veem o seu papel interventivo substancialmente alterado nos seus pressupostos.

Mas não se trata, necessariamente, de uma etapa empobrecedora. O autoconhecimento dos patrimónios regionais, o reforço dos olhares microartísticos, a redefinição de «vanguardas periféricas», a valorização generalizada das produções artísticas coloniais e pós-coloniais e o alargamento das práticas pluridisciplinares enriqueceram, reconheçamo-lo, o mundo das artes e os seus propósitos (Ginzburg, 1992). Na realidade, o processo mundial de globalização, ao mudar noções de espaço e tempo, ao fragilizar estruturas de referência de há muito solidificadas abrindo espaço para outras, ao gerar descentramento nos quadros de ligação produtor-fruidor de arte ao seu mundo cultural específico e ao estimular a pluralidade desses centros de exercício do poder, veio modificar também, como sintetizou Stuart Hall (Hall, 1999), a expressão das identidades regionais, questionando a própria noção de «identidade», tal como o Iluminismo a configurara, e revendo-a como chave de uma mais vasta cidadania democrática (mesmo que conflitualmente tolerada), com consequências na própria configuração dos paradigmas do final do século XX. Assim, a globalização verificada no campo cultural pode ser vista nas linhas de transversalidade que percorrem e subvertem as fronteiras nacionais, tornando o nosso planeta um tecido potencialmente mais unificado.

A partir dos anos sessenta do século passado, já não era fácil definir as categorias artísticas (utilizando os cânones tradicionais), estabilizar linhas de comportamento estético (retomando as noções usuais de «vanguarda» e «rutura») e, muito menos, falar de «escolas» artísticas (no sentido mais ou menos académico), e foram precisamente essas *nebulosas discursivas* que tenderam a aproximar as artes da cultura de massas (como sucedeu com a Pop Art, por exemplo), intensificando e valorizando a expressão espontânea e gestual (as artes performativas), a rutura com os cânones (caso da molduração na pintura), a busca de novos materiais e técnicas (Michel Pistoletto e a *arte povera*), a reivindicação de liberdade face a ditames estilísticos, a busca da desmaterialização, a aproximação do artístico ao não artístico (com as várias dimensões do *minimal*), o recurso à criação-citação, a inversão de significados padronizados ou mesmo a crítica absoluta a referenciais percetíveis...

Foi precisamente essa *dimensão transmemorial dos códigos artísticos* – ou seja, a possibilidade que existe de uma revisitação estética constante, patente em todas as esferas da criação([2]), com os seus próprios contornos de identidade (nunca efémeros ou neutrais) – que se impôs à história-crítica da arte, levando-a a analisar à luz das suas razões de ser, fossem políticas, religiosas, ideológicas ou outras, e das razões-outras, mais ou menos justificadas (ou acidentais) de sucesso, de declínio e de revalorização([3]). Existem hoje novas possibilidades de discurso crítico, acompanhando a perceção de que as obras de arte são *corpos vivos* em constante mutação, e não testemunhos mais ou menos relevantes de um passado revisitável. Aprendi de há muito em autores como Giulio Cargo Argan («a cultura estruturalmente historicista pode renovar-se se souber reformular as suas metodologias e tecnologias de perceção») que crítica de arte e história da arte são parcelas de um mesmo corpo de observação analítica em que as obras, precisamente porque as vemos, não como produtos já «antigos», mas como *corpos em movimento*, ganham pleno sentido (Argan, 1986) (Argan, 1995). Com a experiência oferecida pela iconologia, a semiologia, a psicologia e a sociologia da arte, vemos como as obras de arte são mais

---

([2]) A propósito das relações sempre renovadas entre artes plásticas e teatro, veja-se E. Henin, *'Ut pictura theatrum'. Théatre et peinture de la renaissance italienne au classicisme français, Droz*, Genebra, 2007.

([3]) Veja-se G. Dickie, *Introduction to aesthetics. An analytic approach* [Nova Iorque: 1997 (trad. de Rolando Almeida, *El circulo del arte, una teoria del arte*, Paidos: Barcelona, 2005)], quando afirma que «uma obra de arte é uma obra de arte precisamente pela forma como se relaciona connosco e com as nossas considerações».

atraentes, como interlocutoras dinâmicas de diálogos interrompidos (que são diálogos sempre reabertos), quando são melhor *explicáveis* na essência do ato de produção que lhes deu origem e na consequência dos atos de contemplação que preservam como carimbo legitimador, mesmo com o peso dos esquecimentos coletivos sobre causas e significados reais que um dia lhes deram forma e modelação criadora...

De facto, também estas linhas de observação das artes podem ser vistas como conquistas da globalização.

II – Consciência da transcontemporaneidade das artes

Em tempos de madurez do processo da globalização mundial (tempos de crise social generalizada, mas também de possibilidades infinitas de saber e, como tal, *aproximar...*), os próprios fundamentos científicos da história-crítica da arte, ancorada numa tradição formalista e historicista, viram-se, e veem-se, confrontados com a necessidade de redefinir os seus conceitos, fundamentos e objetivos fundamentais, e também os seus limites de análise e perceção no contexto da ciência das humanidades.

Por isso se regressa às origens. Pelo menos, àquela origem que remonta à transbordante lição de um historiador de arte como Aby Warburg (1866-1929) ([4]), que deu sentido à prática da iconologia e expressou as suas tabelas analíticas no famoso *Atlas Bielder* e em noções operativas como a *Denkraum* (espécie de investigação comparada de grau superior) e as *Nachleben* (ou memórias transmigradas dos códigos imagéticos). Depois de um limbo de meio século, verificamos como esse campo de análise fortaleceu a tradição mais recente de estudos iconológicos, representada por nomes como Brendan Cassidy, Daniel Arasse, Hans Belting, Axel Bolvig, Philip Lindley, entre outros autores

([4]) Veja-se, também, E. H. Gombrich, *Aby Warburg: an intellectual. biography* [2.ª ed., Londres: 1986 (trad. espanhola, *Aby Warburg: una biografia intelectual,* Alianza: Madrid, 1992)].

integrados na nova iconologia (Warburg, 1999) (Bolvig & Lindley, 2003) (Cassidy) (Arasse, 2000) (Belting, 2009), criando mecanismos iconológicos de observação da produção artística segundo as renovadas possibilidades da informatização em rede e do comparatismo serial.

Com a globalização, dá-se maior enfoque ao campo da iconologia enquanto instrumento operativo apto a explicar a operacionalidade das obras de arte quando são observadas à luz dos seus *pontos de vista* (como diria Warburg) e da sua complexa teia de significados. Assim, hoje pode estudar-se mais a obra artística na razão direta dos seus *tipos* comportamentais, bem como das suas dimensões transcontextual e transmemorial (Serrão, 2007) (tomando-se como referencial a *nachleben* warburgiana na sua dimensão imagética literal de «vida depois da morte») ([5]), incluindo-se aqui, também, outras ordens de razões e linhas de pesquisa que importa ter em conta. Uma delas é o renovado empenho pelo estudo das situações de produção, do estatuto das artes e dos artistas, e das flutuações caracterizadoras do mercado artístico. Outra é o interesse acrescido pela análise de fenómenos até recentemente menorizados, como os comportamentos de repulsa e de fascínio (a iconoclastia, a iconofilia) face à obra de arte, recorrendo aos testemunhos e exemplos pré e proto-históricos, medievais, modernos e contemporâneos para se intuírem as qualificações relativas e a presença dos seus *sinais* em conjunturas longas (Christin) (Besançon, 1994) (Freedberg, 1989) ([6]). Outra, ainda, é a linha de interesses pelas produções artísticas de periferismo em contexto colonial e de miscigenações culturais, como se o olhar saudosista, a

---

([5]) O conceito de *Nachleben* não se reduz apenas a «renascimento» ou «sobrevivência»; implica a ideia de continuidade de uma herança (pagã, nos casos estudados por Warburg).Veja-se Agamben, *Aby Warburg e la scienza senza nome, Aut aut*, 199-200 (Florença: Nuova Italia, 1984), pp. 54--55.

([6]) Veja-se catálogo da exposição *Iconoclasme. Vie et mort de l'image medievale*, Musée d'Histoire de Berne e Musée de l'Oeuvre Notre-Dame de Strasbourg, coord. de Cécile Dupreux, Peter Jezler e Jean Wirth, 2001.

nostalgia das relações de dominação ou mal-escondidas derivas neocolonialistas se dissipassem de vez (veja-se, no caso português, o desenvolvimento de estudos sobre a arte nos espaços da lusofonia, desde o século XVI à mais fresca atualidade).

Numa palavra: aborda-se mais a produção artística à luz das bases de teorização da história-crítica da arte, com recurso a visões globalizantes, a vastas redes tecnológicas e a novas metodologias pluridisciplinares. São conquistas relevantes que a globalização traz para o campo das artes, caso for entendida, não como espaço de consumismo, apagamento de identidades e exploração desenfreada, mas como oportunidade evolucionista capaz de gerar discursos críticos e de reforçar o sentido pleno da cidadania.

A respeito da visão alargada que nos oferece o historiador de arte marxista Walter Benjamin com os seus conceitos de *aura* e de *imagem dialética* (categorias de história, tempo, melancolia e alegoria) como modos de analisar a própria história global enquanto processo transformador (e não como mera evolução linear e positivista), temos consciência de que com ele, também, se rasgou um processo de trabalho com futuro, segundo o qual a produção artística nos vem solicitar uma nova e mais dinâmica abordagem das relações intrínsecas entre as instâncias de cultura, as da obra de arte e as estruturas sociais envolvidas (Benjamin, 2000). Sobre a famosa *aura*, referida no ensaio de 1936 intitulado A *obra de arte na era da sua reprodutibilidade técnica*, afirmava o seguinte: «A singularidade é idêntica à sua forma de se instalar no contexto da tradição. Esta tradição, ela própria, é algo de inteiramente vivo, de extraordinariamente mutável. Uma estátua antiga de Vénus, por exemplo, situava-se num contexto tradicional diferente para os gregos, que a consideravam um objeto de culto, e para os clérigos medievais, que viam nela um ídolo nefasto. Mas o que ambos enfrentavam da mesma forma era a sua singularidade, por outras palavras, a sua *aura*»... O talento analítico de Benjamin expressou-se no modo como soube entrever relações entre tudo o que parecia disperso e amalgamado, numa grande capacidade de perceber as relações, afinal estreitas e clarificantes, entre a matéria bruta e o imaginário da produção de bens de consumo([7]). São valores fadados para longa sobrevivência, que interessam à prática da história e da crítica das artes e que explicam, de certo modo, os mecanismos paragonais de gosto e de repulsa, de marginalidade e de massificação, de deriva repressiva e de rutura vanguardística.

As novas gerações de historiadores e críticos de arte da era da globalização aprendem com estas lições, oriundas em muitos casos da esfera da sociologia da arte, da psicologia, da antropologia e da filosofia marxista, e que se tornam de evidenciada utilidade para a definição desta nossa disciplina. Bem vistas as coisas, a história-crítica da arte, ao mostrar a sua utilidade perene, ao falar das obras de arte como *obras em aberto* (como as definiu Umberto Eco), progrediu de modo significativo no contexto de um mundo em globalização. Alargou capacidades de análise crítica, recentrou interesses regionais, atraiu jovens investigadores, disponibilizou apoios dos poderes instituídos, redefiniu outros objetos de estudo no enfoque microartístico, amadureceu a sua visão patrimonialista sem as antigas peias automenorizadoras e reforçou, sobretudo, esse seu entendimento (que só ela pode ter...) do *discurso da arte* como um fenómeno que é, em todas as circunstâncias, inesgotável e, por isso mesmo, *transcontemporâneo.*

III – Perspetivas antigas, discursos novos

São tempos de crise e são, por isso também, tempos de alargada reflexão sobre o sentido das artes e a sua capacidade de intervenção estética.

Para Stuart Hall (Hall, 1999), a crise das identidades culturais e a direção que estas tomaram com a pós-modernidade (sentimento de fragmentação do indivíduo e surgimento de

---

([7]) Veja-se, W. Benjamin,«A obra de arte na era da sua reprodutibilidade técnica», publicado na revista do *Institute for Social Research*, de 1936 (trad. port.: Walter Benjamin, *Sobre arte, técnica, linguagem e política*, introd. de T. W. Adorno, Lisboa: Relógio de Água, 1992, p. 82).

novas identidades sujeitas ao plano da história, da política, da representação e da diferença) impuseram, para já, um novo procedimento analítico para explicar a mudança das estruturas tradicionais ocorrida nas sociedades modernas e pós-modernas que interessa, naturalmente, ao papel das artes nelas produzidas, fruídas, valorizadas, analisadas e estudadas.

Numa cultura entendida a nível global, que não é já só uma cultura de massas (que se consolida após o horror generalizado da Segunda Grande Guerra), mas um verdadeiro sistema-mundo cultural que acompanha o sistema-mundo económico-financeiro, reforçam-se alguns dos valores da chamada pós-modernidade no seio da indústria cultural, como a fragmentação, a multiplicidade, a des-referencialização e a entropia, permitindo, assim, o acolhimento generalizado das linguagens estéticas (com a natural heterogeneidade de resultados, como em qualquer época sucede) e o alargamento (com maior eficiência) dos novos mercados consumidores (Lyotard, 1984). Neste modelo pós-industrial de produção que privilegia os serviços e a informação sobre a produção material, ensina-nos Stuart Hall, a indústria cultural pôde ganhar um estatuto determinante na difusão de valores e ideias do novo sistema global.

Esse novo quadro de referências surge já polemicamente refletido, em 2001, quando o historiador marxista Eric Hobsbawm, numa luminosa conferência publicada sob o título *Behind the Times – the decline and fall of twentieth-century avant-gardes*, analisou o processo de criação e fruição das artes à luz das novas contingências da globalização (Hobsbawm, 2001). Baseando o seu discurso na constatação de que a modernidade viera impor em todos os domínios, e também no campo das artes e das ciências, o *paradigma do progresso* dinamizado através de vanguardas ativas em nome da inovação e da rutura, verifica como os cortes com o passado se extremaram, ora desafiando convenções instituídas num afã de revolucionar o mundo, ora contestando ortodoxias e academismos, assim desenhando uma «expressão característica (embora com frequência desnorteante e desnorteada)» no campo das artes, no seio da qual a própria dimensão das vanguardas se tende a esfumar (Hobsbawm, 1998, p. 306).

Nunca é demais lembrar, frisou Eric Hobsbawm, o modo como a publicidade, a fotografia e, sobretudo, o cinema, arte por excelência da revolução tecnológica baseada no mercado de massas, acolheram os expoentes das artes de vanguarda de Novecentos, através das chamadas artes aplicadas, influenciadas pelos movimentos *Arts-and-crafts* e *Art Nouveau* e pela escola Bauhaus, tornando-se instrumentos ideológicos poderosos. Para Hobsbawm, este «lazer industrializado de massas» revolucionou as artes do século XX de modo separado e independente das vanguardas, forçando o seu temporário mas inevitável declínio (Hobsbawm, 1998, p. 337). A morte anunciada da arte (com a morte, por inútil, da história-crítica que a analisa) é um mal-entendido da chamada pós-modernidade: existiram, de facto, linhas artísticas cujos manifestos advogaram o fim da própria arte em si, como se ela tivesse atingido uma etapa de *insuperabilidade* (e de insustentatibilidade)... Importa refletir, entretanto, como idênticos fenómenos totalizantes de *fim da história* se sucederam já noutras fases da história das artes, com resultados globalizadores por vezes portentosos, fossem pela definição de «gostos insuperáveis», com estímulo à iconofilia – estou a lembrar-me de um movimento como a *pittura senza tempo* da Contra-Reforma católica (espécie de «fim da pintura»), tão bem estudada por Federico Zeri a respeito da arte romana da segunda metade do século XVI) (Zeri, 1957) – ou das experiências do construtivismo das vanguardas russas de início de Novecentos (Tatlin, Lissitzky, Rodschenko) e a noção de dissolução e desmaterialização do objeto artístico.

É de referir a este propósito também (no que constitui uma interessante via de pesquisa) como a mesma ideia de insuperabilidade acarreta tentações totalitárias através de comportamentos xenófobos exacerbados no estímulo à iconoclastia, muito poderosos no seu impacto perante públicos massificados, como foi o caso da arte nacional-socialista hitleriana no seu afã de apagar fisicamente as chamadas «artes degeneradas» (repressão de artistas como Otto Dix, destruição de obras, imposição de modelos oficiais, etc.). Os totalitarismos domésticos do século passado abriram-se a similares tendências comportamentais de exclusão, iconofilizando modelos de regime e defendendo, mais moderadamente embora, práticas de iconoclasma (França, 2010). As políticas de restauro «purista» do Estado Novo salazarista, a sua má relação com o neorrealismo e o surrealismo, a repressão do fluir livre das criações situam-se neste contexto ideológico preciso...

As tendências de globalização da segunda metade do século XX e a subsequente desterritorialização da produção artística encontraram nova força através de movimentos artísticos localizados, como (cito sem demasiadas preocupações de síntese) a Transvanguardia italiana com o famoso manifesto de Achille Bonito Oliva, o Neoexpressionismo alemão e holandês, a Pattern ou Bad-Paiting nos EUA, etc., buscando novas dimensões possíveis para a internacionalização das artes e para os seus circuitos de influência. Neste sentido, os artistas na viragem para o século XXI podem atentar mais, dentro do seu campo de opções, aos fragmentos e sinais de uma contínua mutação – que os transportam, e a nós, a uma espécie de lastro de memória migratória e a uma consciência identitária, algo afim ao conceito da *nachleben* de Aby Warburg e que mais uma vez põe a tónica na iconologia como campo eficaz de perceção de novas linguagens (Didi-Huberman, 2002).

IV – Fortuna crítica da globalização

A realidade que se sucedeu, sobretudo na Europa e nos Estados Unidos, com as políticas de bem-estar postas em prática com a vitória sobre o nazi-fascismo na Segunda Grande Guerra, bem como o crescimento económico acelerado, a aparente força de autocontrolo do capitalismo, a ascensão industrial, a renovação arquitetónica e urbanística e as novas condições de divisão do trabalho e de compartimentação de classes, acarretaram alterações radicais no tradicional sentido de inovação e de rebelião artística, despolitizando e condicionando o discurso dos produtores (no caso de um centro cultural como Nova Iorque, por exemplo) em nome de uma ideia de arte que, num contexto de divisão do mundo com a Guerra Fria, seria totalmente livre, autónoma e criativa, naturalmente assimilada pelo *establishment* político e cultural como arma ideológica utilizada durante a Guerra Fria.

A primeira globalização, não o esqueçamos, leva-nos a recuar alguns séculos e a viajar até à era dos Descobrimentos – os novos impérios espanhol e português, o virar de página sobre a medievalidade, o novo poder transmitido pela imprensa e pela difusão do livro (e da gravura), o conhecimento mundializado, as trocas intercontinentais, o aprimoramento de ideais como o belo (*venustà*), a liberdade criadora (*liberalità*), a dignidade do homem (*virtù*), o conhecimento utópico do *all'antico* de que o humanismo renascentista se fez espaço criativo – mas que é também era de esclavagismo, de repressão, de intolerância religiosa e de cobiça desenfreada... Aí descobrimos mecanismos com objetivos idênticos destinados à apreensão do mundo, à multiplicação do conhecimento em rede, para afirmação de interesses pretensamente superiores, fossem militares, económicos e mercantis, ou valores religiosos. Claude-Gilbert Dubois estudou bem esse fenómeno, em singular cotejo com a realidade global do novo milénio, encontrando idênticos pressupostos de ação entre a realidade dos séculos XV–XVI e a do dealbar do XXI no uso e configuração de uma dimensão estética (Dubois, 2001).

...O desabar das experiências realizadas a leste em nome do socialismo (onde os princípios da Revolução de Outubro, com sua aura emancipadora, descambaram nas derivas totalitárias do estalinismo) colocou o mundo face a desequilíbrios e contradições ainda hoje irresolúveis. Num dos últimos ensaios de Hobsbawm, *Tempos interessantes*, de 2002 (Hobsbawm, 2001, p. 337), o grande historiador dos totalitarismos contemporâneos analisou este fenómeno e expressou as suas reservas em relação aos modismos históricos mais recentes, nos contextos do cenário historiográfico exaltando o *fim da história* e a subsequente dependência da produção cultural à massificação descaracterizadora. Hobsbawm nota, por exemplo, como a busca de um vínculo permanente, de uma fertilização mútua entre história, ciências sociais e antropologia cultural (seguindo aqui o legado de Marx e uma sociologia marxista do conhecimento), não tem sido acompanhada no campo dos estudos económicos. Depois de um largo tempo em que o próprio conceito de «ideologia» submergiu numa espécie de limbo de fim de história, outros conceitos operativos utilizados pela história da arte, como o de *ideologia imagética,* polemicamente avançado há quarenta anos por Nicos Hadjinicolaou (Hadjinicolaou, 1973), voltam a emergir, revistos e depurados do lastro de um «marxismo vulgar», como úteis para a perceção do chamado *facto artístico.*

No campo das artes, Hobsbawm verifica como estas foram muitas vezes rejeitadas pelo público, que não as entendia e que, em alternativa, se voltava para a fruição e revalorização das obras clássicas, ou mesmo para as «artes populares», transformadas e incorporadas, entrementes, pela indústria cultural (Hobsbawm, 1998, p. 322). A verdade é que o público consumidor das artes de vanguarda sempre se tem situado nas camadas mais prósperas, mais intelectualizadas (mas não necessariamente mais cultas ou informadas) das sociedades contemporâneas, nas quais encontra símbolos utilizados como indicadores de *status,* que deixam, entretanto, a sua marca na vida das comunidades. É notório que, neste quadro de globalização, com tudo o que tem de contraditório e descontrolado, com o ascenso de novos «poderes apátridas» e em que a exploração do homem pelo homem se acentua, a apreciação estética continua presente e a constituir *espaço de cultura.* Retomando por valiosa uma definição do pensador marxista George Lukács, a apreciação das artes continua a propor refletir sobre «um mundo essencialmente do plano dos homens que não se confunde com o processo oficializado de "estetização", próprio de uma estética da mercadoria com ênfase no discurso das formas» (Lukács, 1966). A globalização, com todas as suas contradições, derivas totalitárias e aplicações distorcidas, deflagrou um facto inequívoco: as novas possibilidades de *olhar e de ver o fazer,* pois o papel do singular, do regional, do microcultural assumiu essa possibilidade nova de se projetar num plano transnacional – o que vem ao encontro desse desejo profundo da história-crítica da arte de encontrar no particular o universal – ou, como diriam Warburg e Panofsky, Deus está no pormenor…

Creio que, no campo específico da história e da crítica das artes, tal formulação continua a ser válida nos dias globalizados do presente.

V – O consumismo e o discurso das artes

A produção da arte, apta a explorar novas sensibilidades no mercado da era global, revela contudo um aspeto que Hobsbawm denegou: que as vanguardas artísticas de Novecentos, afinal, não esgotaram a criatividade das formas tradicionais da arte. Nesse aspeto, o vaticínio do grande historiador sobre a crise e esgotamento das vanguardas não foi certeiro.

Numa primeira fase do pós-modernismo, é certo, os artistas repudiam as linguagens tradicionais (como a escultura e a pintura), encaradas como vias dependentes do mercado de arte. A crise de representação, como se denominou, buscou superar os referenciais da arte, tal como a conhecíamos desde o Renascimento, seguindo caminhos artísticos que valorizaram a liberdade criadora, a liberalidade estatutária e um certo sentido da *venustà* da beleza clássica reconhecível. Pelo contrário, remontando ao movimento do dadaísmo e ao pensamento de Duchamp, que valorizavam a entropia e discriminavam a pintura por se assumir como «bom gosto» da burguesia, e o impacto de propostas, como os *ready-made,* na fruição e no debate das ideias estéticas, a arte dos anos setenta–oitenta do último século explorou meios anartísticos (o postal, o carimbo, o faxe, a holografia, a instalação, o serviço dos meios audiovisuais como o vídeo), etc. Mas era inevitável o retorno ao prazer da arte – na pintura, por exemplo, que nos anos oitenta e noventa ressurge com valências de retoma (cores violentas, formatos grandiosos, recurso a objetos do quotidiano como suporte) e com comportamentos ligados à gestualidade, ao figurativismo e ao expressionismo, unindo a inovação vanguardista à própria tradição que a história da arte sempre valorizou.

É certo que a arte da chamada «pós-modernidade» se multiplicou em linguagens e tendências sem uma aparente unicidade formal, mas a comunicação desse «mundo das artes» entre artistas, mercados e públicos, fruto da globalização, cresceu de modo insuperável, com progressos, dificuldades e contradições diversíssimas, que conduzem à pulverização de linguagens artísticas e de vias criadoras, mas, também, a novas possibilidades de produzir discurso crítico no seio do «mundo das artes» (recorrendo de novo ao conceito de Danto, e Belting) (Belting, 2009). A homogeneização das relações de produção e dos hábitos de consumo, característica da sociedade global, tendeu a estimular nos artistas e nas obras de arte comportamentos neo-historistas (na verdade, um não-historismo, na medida em que neles se misturam vários referenciais artísticos através de produções que não têm um exato sentido intrínseco, autodefinidor dos seus valores). Ciente desse «estado de alma», Ernest Gellner, no seu famoso *Pós-modernismo, razão e religião* (1992), viu no pós-modernismo um movimento que, sendo «forte» e «que está na moda» (*happenings*, instalações, *ready-made*), baseou a sua força num quadro geral de desideologização e ambiguidades: «Não é completamente claro o que seja. A definição de princípios não se encontra entre os seus principais atributos. Falha, não só em não saber usar a claridade, mas no facto de, em muitas ocasiões, a repudiar» (Gelliner, 1994).

A influência do movimento pós-moderno, ao privilegiar o relativismo, na sua deliberada ausência de «claridade», hostil à ideia de uma verdade exclusiva, objetiva, externa ou transcendente, abriu-se a conceitos de uma arte intimista, ilusória, polimórfica, muitas vezes com contornos neoconservadores. O discurso remete para um certo peso ambíguo do *significado*: o significado é tudo, e a hermenêutica o seu deus, escreveu alguém a propósito, numa espécie de álibi totalizante... O conceito foucaultiano de *heterotopia* dá a imagem desse esforço pós-moderno de capturar que a ficção se esforça por descrever, numa espécie de «coexistência num espaço impossível» de muitos «mundos fragmentários» e incomensuráveis. O consumismo das artes (e não só das artes) da viragem de milénio alimentou-se muito desta contradição feroz.

VI – Globalização e progresso

Em tempos difíceis em que os homens vivem o alargamento desenfreado de uma globalização com aspetos plurais e heterogéneos, em que a própria fisionomia do *tempo* se tende a redesenhar – a par de um processo em que a *desmemória* se enraíza, tal como o espaço das grandes diferenças e das grandes exclusões se tende a tornar uma coisa banal, em nome da cultura alienante do efémero –, parece-me ser importante devolver à história uma das suas linhas mais operativas de atuação: ajudar a ver os *factos* (e as obras de arte são factos) à luz da sua contribuição o mais possível aproximada, sempre em abordagens que unam o enfoque microcontextualizado e a dimensão transcontextual que lhes está imanente.

No caso da história-crítica da arte, assim revivificada com as crises decorrentes do mundo global, o que se coloca é saber reavaliar o sentido de todas as obras, as «antigas» e as de «hoje» (que são já de «ontem» também), devolvendo-lhes entendimento *artístico,* a memória do que eram as suas próprias funções, redescobrindo as estratégias de sedução que o tempo desvitalizou e, sobretudo, refocalizando o *caudal de memórias* que, afinal, elas nunca deixaram de transportar.

Quando volto a admirar certas obras de Alberto Carneiro (que tomo como exemplo entre muitos dos criadores dos nossos dias com quem pode existir um lastro inesgotável de emoções), recordo o quanto as suas pesquisas dos anos sessenta e setenta sobre o trabalho rural e as suas práticas estéticas – numa pesquisa tangente à da monumental recolha etnomusical de Michel Giacometti – vieram proporcionar algumas das melhores peças de instalação-escultura da arte contemporânea produzidas entre nós, assim assumidas como rutura, como novidade e, de certa maneira, como vanguarda: o uso das espigas de trigo, o milho, as canas, a madeira de pinho, a pedra, a madeira, o metal, o vidro proporcionam peças marcantes no contexto da arte portuguesa, como *Uma Floresta para os teus sonhos*, a *Memória do corpo sobre a terra*, ou o *Canavial*, onde a reflexão consequente sobre a natureza, vista como paisagem viva, quase como um *ars naturans* adequado ao *locus amoenus* renascentista, se traduz numa carga político-ecológica eficaz, numa espécie de *non-site* sobrepondo signos diversos de muitas paisagens para o espaço da galeria (Lapa, 2010, pp. 29-30) ([8]). Esse tipo de conceção animista (e ontológica) no (e sobre) o mundo globalizado define uma das linhas-mestras da produção das artes naquilo que ela traz de perene: a impressão que se renova, o debate em aberto, o mundo de problemas que se agita, a marca das formas, do cheiro, da tatibilidade, de um movimento contínuo algures entre o efémero e o inesgotável.

É esse, no fundo, o discurso das artes. E é essa, também, a justificação da história-crítica da arte, cuja vitalidade reside, afinal, na persistência de um afã criativo que se preserva desde há cerca de 30 000 anos, buscando sentidos, afinal, para os mesmos problemas: a vida e a morte, o mistério da existência, o diálogo com o espiritual e o inefável, a busca de consensos entre os elementos, a pesquisa sobre o amor, o exercício do poder, a possibilidade de indagação, de protesto ou de síntese. A pintura, a escultura, as artes decorativas, as instalações, as artes do espetáculo, a efemeridade das solenidades rítmicas, os contornos do mundo da magia sempre nos falaram desses temas. Desde a arte pré-histórica, passando pela Idade Média e pela arte do tempo dos Descobrimentos e dos seus impérios coloniais, e, tal como Kandinsky percebeu em *O espiritual na arte* e Aby Warburg desenvolveu com análises de escopro sobre os contornos do folclore e os lastros de memória em que mergulham os seres viventes, eis um território em que a arte e a sua própria história se continuam a fundir como uma necessidade vital. Francisco de Holanda chamou-lhe campo das *Águias da Pintura*, Arthur Danto chamar-lhe-ia *mundo da arte*, eu gostaria de reivindicar mais a sua dimensão de *antropologia das artes*, pois é do homem como ser criador e ser fruidor que se trata, no fim de contas, de saber apreciar os resultados, de saber contextualizá-los em conjunturas de continuidade…

([8]) À luz do conceito de *experimentum linguae* de Giorgio Agamben, relacionando linguagem e experiência.

Não são de rosas, naturalmente, estes tempos de globalização. Num tempo como o nosso, em que existem perigos de os homens se aproximarem da indiferença e de uma espécie de esquecimento global, urge dar sentido a estas atividades de que falo, como a história da arte, a antropologia, a arqueologia ou a sociologia, cujo *métier* é justamente saber explicar (tanto ou mais do que saber descrever ou saber preservar) o sentido profundo encerrado nos seus objetos de análise, isto é, a transmemória acumulada nos traços vivos da produção cultural dos homens. Por isso, o *olhar iconológico* reassume uma importância crescente na nossa *praxis* de hoje, e a sua articulação com a *fortuna crítica* (no seu sentido mais positivo, e menos positivista) passa a ser, cada vez mais, um campo de estruturação a cumprir de modo sério e responsável.

A história da arte precisa de uma força renovada de bases conceptuais a enquadrar o seu espaço de intervenções, e estas cada vez mais devem saber alargar o seu campo de abordagens, sem peias nem restrições de qualquer espécie, combatendo visões elitistas ou uma redução deformadora. Assim, o conceito que referi de *transmemória dos códigos imagéticos*, ao incorporar legados sempre inesgotáveis como a dimensão iconológica de Warburg e a perspetiva sociológica de Benjamin, permite à história-crítica da arte ver as obras de arte como produções aptas a criar tanto o seu próprio tempo como a ocupar espaços transcontextuais onde se projeta a sua própria dimensão criadora mais ou menos qualificada, já de si um ato imbuído de transbordante dimensão memorial. Neste esforço de perceção, que a era global amplificou com as suas intrincadas redes de conhecimento, recordo também o que escreveu Georges Didi-Huberman, no livro *L'image survivante* (Didi-Huberman, 2002) ([9]), ao lembrar que todas as obras de arte, por definição, estão aptas a criar o seu próprio tempo e a renová-lo sempre face a novos públicos e fruídores.

([9]) Veja-se, sob o seu conceito de *visibilidade* e sobre os dilemas do visível, G. Didi-Huberman, «Ce que nous voyons, ce qui nous regarde», Paris, 2007.

A abordagem global das obras de arte segundo a perspetiva do seu traço dinâmico de memórias é um espaço que se abriu e que confirma a sua validade, contrariando todos os vaticínios que a condenavam a um mero instrumento inventarial ou de *fortunes critiques* restritas. Pelo contrário, a história-crítica da arte vem-se mostrando instrumento operativo de inestimável utilidade na boa prática da sua exegese crítica e que vantajosamente interessará à *praxis* de outras disciplinas das ciências sociais([10]). O espaço para a chamada nova iconologia veio assumir o contributo fundamental para o estudo integrado daquilo que se designa por *programa estético das obras de arte* – a polissemia das imagens e a consequente multiplicidade das suas interpretações e perceções –, apontando para a compreensão dos vários significados das obras de arte e advogando a sua independência, como método, face à cultura escrita (tomada, por erro, como sinónimo de «cultura» no seu sentido lato). A nova prática iconológica procura explicar o sentido dos códigos artísticos de forma microcontextual, tentando perceber quais as expectativas dos diferentes públicos e quais as funções sociais que as imagens desempenharam, e desempenham, em determinadas circunstâncias.

Neste sentido, a nova iconologia procura libertar-se do intelectualismo livresco que tornou a iconologia uma atividade alheia à realidade social em que as obras são produzidas e procura libertar-se, também, do pesado lastro hegeliano (como na via mais reducionista do legado de Erwin Panofsky), em que a imagem é apenas vista como condensação visual, holista, do «espírito de uma época» (*Zeitgeist*). Esta abordagem complementa-se com os novos sentidos de enquadramento, e entendimento ideológico mais preciso, da sociologia da arte, à luz de determinados postulados marxistas (a caracterização do tecido laboral, ou a dimensão ideológica e «comprometida» das

---

([10]) Cito a perspetiva cultural de *fazer mundo* de Oliveira Jorge, V. *Fragmentos, memórias, incisões. Novos contributos para pensar a arqueologia como um domínio da cultura* (Colibri: Lisboa, 2006), onde analisa os conceitos de *espaço, paisagem, território, região, lugar* e *memória.*

obras) que melhor se reajustam com o novo olhar iconológico. Enfim, este deve alargar-se ainda à produção artística desaparecida e até àquela que foi tão-só projectada, mas nunca realizada (dando aqui ênfase à chamada *cripto-história da arte*), assim rasgando novos caminhos e possibilidades à indagação iconológica (Serrão, 2001).

Em suma: num mundo globalizado em que o conhecimento em rede é possível e a *capacidade de partilha das emoções estéticas* um campo em aberto, a nova iconologia será decerto um aglomerado de perspetivas experimentais que oscilam entre a análise quantitativa e qualitativa, a contextualização histórica e a contextualização percetiva – mais do que um rígido programa teórico-metodológico que vise instituir-se, com os seus consensos internos, quase como «superdisciplina» das ciências sociais e humanas. O seu fascínio reside, precisamente, no desconhecimento do que está diante do olhar e na criação de formas imaginativas de encontrar o programa estético das obras em presença, sem a ingenuidade (ou arrogância) de se apresentar livre de preconceitos ideológicos conotados com o humanismo e de advogar uma agenda política comprometida com os estudos patrimoniais e identitários.

Desta forma, existirá aqui um contraste evidenciado entre esta prática, que condensa vias de conhecimento e de partilha, e os dogmatismos das certezas férreas que pululam nos textos militantes de diversas correntes que se reclamaram do pós-estruturalismo (desde o feminismo, aos estudos visuais, ao pós-colonialismo, aos *lesbian and gay studies*, à psicanálise, à semiótica, etc.), que na sua aparente modernidade [escudados na crítica da objetividade científica de Thomas Khun e de outros pensadores pós-modernos, na sua definição redutora de «paradigma» (Khun, 2003)] pretenderam cristalizar e institucionalizar as suas certezas de uma forma totalizadora. Efetivamente, este tipo de movimentos mostra-se frágil quando abdica (dir-se-ia que *contra natura*) da consideração da polissemia, da ambivalência e da ambiguidade que encerram todas as obras de arte, sejam elas obras-primas ou produtos ditos «menores», reclamando que a sua abordagem e a sua narrativa é a única possível e «verdadeira» –, precisamente o inverso do que se propôs fazer uma *nova iconologia*, que se oferece como um discurso em nome da reflexão inevitavelmente aberta em torno da *inesgotabilidade* e da *transcontextualidade*, que (como defendeu Arthur C. Danto) são características essenciais de todas as obras de arte e as tornam, por isso, um fascinante instrumento de morosa contemplação, de profícua reflexão e de constante debate.

VII – *Eppure si muove...*: últimas reflexões sobre arte e globalização

Esta é uma análise parcelar numa reflexão sem fim. Percebem-se contornos, diagnosticam-se problemas, mas é difícil definir rumos neste dealbar de novo milénio sob a realidade da globalização à escala planetária. Quais os quadros de referência e as bases instituídas que podem dinamizar o «mundo das artes»? A análise de Eric Hobsbawm na conferência *Behind the Times – the decline and fall of twentieth-century avant-gardes* pareceu-me, pelo que contém de polémico (mas, por essa mesma razão, luminoso), a abertura plausível para ensaiar uma reflexão sobre o sentido das vanguardas ativas nas artes de hoje e, principalmente, sobre o grau de intervenção da história-crítica da arte, submetida a um mundo globalizado (Hobsbawm, 2001).

Face a uma inusitada ascensão da história global, destaca-se à evidência que dispomos hoje de bases genuínas para analisar a especificidade da civilização europeia ou atlântica, as novas realidades decorrentes do pós-colonialismo, a ascensão de um capitalismo ultraliberal agressivo e sem regulação, num mundo que se apresenta desideologizado e, por isso, mais vulnerável aos efeitos da ganância e da exploração sem peias. As artes, todavia, continuam a fluir. Nunca o «mundo da arte» se mostrou um espaço tão interventivo, tão globalizado, tão apto a repensar o seu papel de *identidade-memória* e *intervenção-sinal*. Se pensarmos em termos de que são «os homens (que) fazem a sua própria história», um postulado do marxismo que nos abre às grandes questões da contemporaneidade, verificamos o seguinte: durante gerações da história, foram muitas as comunidades e sistemas sociais que buscaram a estabilização e a reprodução criando mecanismos para prevenir o futuro, acautelando os perigos do desconhecido (os grandes saltos nas brumas de um futuro incerto) e criando a resistência às transformações, fossem elas quais fossem. A globalização mundial veio agitar, com as suas contradições, os seus riscos, as suas «etapas» desreguladas e o seu consumismo insano, novos «saltos no escuro» que estimulam o autoconhecimento, a criação artística e as dinâmicas que podem criar uma cidadania de valores. Quero crer, portanto, que as produções artísticas ganham novos estímulos, os equipamentos de crítica nova frescura de debate, os objetos de estudo dos historiadores de arte novas possibilidades de investigação, as incidências do mercado das artes novas dinâmicas de crescimento. Principalmente, esse *Artworld* definido por Danto ganha um espaço plural de redefinição.

Face à imprevisibilidade dos amanhãs, a produção das artes, e a história-crítica que a analisa, estuda, valoriza e promove, continuam firmes. Criam obra, exprimem ideias, agitam o «mundo das artes», conferem-lhe qualidade. Ou seja, oferecem a imagem de um espaço operativo reforçado – porque útil, socialmente interventivo, capaz ainda e sempre de gerar emoções.

Referências bibliográficas

Arasse, D. (2000). *On n'y voit rien.* Paris: Denoel.

Argan, G.-C. (1995). *Arte e crítica de arte.* Lisboa: Estampa.

Argan, G.-C. (1986). *Immagine e persuasione.* Milão.

Belting, H. (2009). *The Global Art World. A critical estimate.* Ostfildern: Andrea Buddensieg.

Benjamin, W. (2000). *Le livre des passages, col. Paris capitale du siècle XIX.* (J. Lacoste, Trad.) Paris: Cerf.

Besançon, A. (1994). *L'image interdite. Une histoire intellectuelle de l'iconoclasme.* Paris: Arthème Fayard.

Bolvig, A., & Lindley, P. (2003). *History and Images. Towards a new iconology*. Turnhout: Brepols.

Cassidy, B. (1993) *Iconography at the Crossroads*. Princeton: Princeton University.

Christin, O. (1991) *Une révolution symbolique. L'iconoclasme protestant et la reconstruction catholique*. Paris: .

Danto, A. C. (1987). *After the End of Art. Contemporary art and the pale of history*. Princeton: Princeton University Press.

Didi-Huberman, G. (2002). *L'image survivante. Histoire de l'art et temps des fantômes selon Aby Warburg*. Paris .

Dubois, C.-G. (2001). *Le bel aujourd'hui de la Renaissance – Que reste-t-il du XVIe siècle?* Paris: Seuil.

França, J.-A. (2010). *O ano X. Lisboa, 1936. Estudo de factos socioculturais*. Lisboa: Presença.

Freedberg, D. (1989). *The Power of Images*. (e. C. El Poder de las Imágenes. Estudios sobre la historia y la teoría de la respuesta, Trad.) Chicago: University of Chicago.

Gelliner, E. (1994). *Pós-modernismo, razão e religião. Sobre as principais correntes de pensamento atuais*. Lisboa: Instituto Piaget.

Ginzburg, C. (1992). *A micro-história e outros ensaios. Diogo Ramada Curto* (dir.), *trad. de António Narino*. Lisboa: Difel.

Hadjinicolaou, N. (1973). *Histoire de l'art et lutte des classes*. Paris: Maspero.

Hall, S. (1999). *Questions of Cultural Identity*. Rio de Janeiro: A Identidade Cultural na Pós-Modernidade.

Hobsbawm, E. (1998). *A era dos extremos: o breve século XX, 1914-1991*. Porto: Campo das Letras.

Hobsbawm, E. (2001). *Atrás dos tempos: declínio e queda das vanguardas do século XX*. (R. Mouta, Trad.) Porto: Campo das Letras.

Khun, T. (2003). *A estrutura das revoluções científicas*. São Paulo: Perspetiva.

Lapa, P. (2010). *Linguagem e experiência. Obras da coleção da Caixa Geral de Depósitos*. Lisboa: Culturgest.

Lukács, G. (1966). Arte y verdad objectiva, Problemas del realismo. *Fondo de Cultura Económica*, 2, pp. 471-472.

Lyotard, F. (1984). *The Postmodern Condition (1979)*. Manchester: Manchester University Press.

Serrão, V. (2001). *A cripto-história da arte. Análise de obras de arte inexistentes*. Lisboa: Livros Horizonte.

Serrão, V. (2007). *A trans-memória das imagens. Estudos iconológicos de pintura portuguesa*. Lisboa: Cosmos.

Warburg, A. (1990). *Essais florentins*. Paris: Klincksieck.
Warburg, A. (1999). *The Renewal of Pagan Antiquity*. Los Angeles: The Getty Research Institute.
Zeri, F. (1957). *Pittura e controriforma. L'arte senza tempo de Scipione Pulzone da Gaeta*. Turim: Einaudi.

Museu e interrogações num mundo global

JOAQUIM PAIS DE BRITO

Os museus com coleções etnográficas estão cheios de fragmentos do mundo. Com eles se construiu parte do conhecimento que deu corpo à antropologia, a disciplina que lhes está na origem e que com eles se desenvolveu. Nos últimos 30 anos, alguns dos mais importantes de entre eles, em vários continentes, foram abandonando o nome que definia a sua origem e o seu campo de intervenção. Museu de antropologia, etnologia e etnografia, ou mesmo de artes e tradições populares, passaram a museu das culturas do mundo, museu da ou das civilizações.

Neste percurso de quase dois séculos de existência – bastante mais, se atendermos aos gabinetes de curiosidades e coleções privadas ou públicas que os antecederam –, os objetos que guardam foram sujeitos a leituras de múltiplos sentidos que acompanharam as certezas ou a insatisfação do saber que os interrogava e o olhar lançado para os locais e sociedades de onde provieram. São esses os fragmentos de um mundo fragmentado que uma reflexão sobre os museus ajuda a entender no longo percurso que da expansão do Ocidente veio até ao mundo globalizado dos nossos dias.

Estes museus começaram por ser caixas de espreitar a estranheza, o desconhecido, a singularidade, onde se confundiam amostras de uma natureza surpreendente e longínqua com artefactos revelando os lugares habitados onde as viagens dos descobrimentos iam chegando.

Naqueles começos, lembrando Lucien Febvre, «o impossível ainda não existe». O imaginário próprio da cultura europeia vai perdurar no tempo, com as inesgotáveis formas que o maravilhoso pode tomar, entre elas todo o tipo de monstros. São também estes que são chamados a classificar a humanidade desconhecida que vai sendo descoberta, e à qual só com grande resistência foi devolvido o estatuto de humanidade. É um mundo novo onde tudo se equivale pelas diferenças em relação ao mundo conhecido de onde vêm os tripulantes das naus, e nesse plano se encontram as especiarias, as madeiras, as matérias-primas, os artefactos e as criaturas, esses homens e mulheres que demoraram tanto tempo a serem considerados homens e mulheres. Nessa longa assimetria de séculos de dominação, dependência e interdependência, algo terá entrado insidiosa e subtilmente na instituição fortemente humanista e otimista do saber que é o museu.

A partir do último quartel do século XIX, os museus tornaram-se espaços para olhar atentamente, para conhecer e dar a conhecer. A ciência positiva modelou a sua estrutura e o seu funcionamento, a constituição das coleções, o seu estudo e os modos da sua divulgação; foram também espaços de investigação e ensino. São muitos os contributos da bibliografia que nos situam no contexto mais eufórico e determinado, e em muitas situações claramente obsessivo, da procura de objetos e dos efeitos gerados por esta sistemática e ininterrupta busca, em geral em clima de forte competição entre coletores e instituições. Lembremos os contextos da costa noroeste da América (Cole, 1995) (Clifford, 1999), o Pacífico (Thomas, 1991) ou a África Central (Schildkrout & Keim, 1998), onde assistimos a uma fabricação internacional e continuada de objetos com destino aos visitantes que os procuram e também à emergência de projetos locais de constituição de coleções como expressão cultural própria, quase um século antes dos movimentos patrimoniais e de ativa afirmação identitária das últimas duas décadas.

É também naquela segunda metade do século XIX que vão ter lugar as grandes exposições universais em que o exótico, a exibição das aparências da diversidade das culturas, a exaltação dos impérios coloniais, das capacidades produtivas, do valor dos bens são a face mais espetacular, e de ressonância popular destes acontecimentos, em contraste com os empreendimentos, mais discretos e medidos, por outros parâmetros, que decorrem no âmbito dos museus([1]).

Desde a sua criação e até meados do século seguinte, estes museus estão praticamente sempre articulados ao desenvolvimento da antropologia, tanto na dimensão da investigação como na do ensino. Por isso, foram sendo a montra que reflete as duas grandes correntes da antropologia, que marcaram de forma mais acentuada e estruturante a instituição museu: o evolucionismo e o funcionalismo.

Pelo primeiro deu-se importância às séries de objetos, formas, tipologias, sequências capazes de ilustrar o caminho evolutivo das sociedades humanas, independentemente da procedência dos objetos e dos seus contextos de produção e significação, e explorando a possibilidade decorativa da sua apresentação pública, das panóplias, simetrias, etc.

Pelo segundo os objetos vão passar a estabelecer relações entre si no contexto da mesma cultura e terrenos de recolha e, por isso mesmo, surgem novos meios de os pôr em relevo e fazer significar, entre os quais o destaque vai para o diorama.

Até à Segunda Guerra Mundial, os museus são o lugar da investigação em antropologia, aí tendo começado muitas das primeiras cadeiras do que seria o ensino académico universitário, onde se experimenta todo o tipo de laços entre as duas instituições.

Há assim sentidos óbvios que parecem projetar o museu como lugar de conhecimento de universos que dificilmente se podem encontrar noutros espaços ou meios de comunicação, a que o público pode aceder porque também nele se preparam modos de dar a conhecer o seu acervo e as propostas de leitura para ele.

Quer isto dizer que o museu parece cumprir papéis que nenhuma outra instituição está ainda preparada para fazer, em torno de informação que ainda não havia gerado outros modos

---

([1]) Sobre as exposições universais em França, ver Demeulenaere--Douyère, 2010, e L'Estoile, 2007. Outros exemplos ainda em Boswell & Evans, 1999.

de se dar a conhecer e, até, de se disseminar no conhecimento alargado, mesmo que superficial, na sociedade ocidental.

Por isso, o museu guardou um estatuto de relevo, de prestígio e de atração que, mesmo não tocando largos públicos, reforçava a sua posição como instituição científica e cultural.

Estes aspetos mantêm-se ainda no pós-guerra, quando já eram outros os paradigmas a desenhar-se na antropologia, e também, sobretudo, com o estruturalismo e uma autonomização progressiva do ensino e investigação a partir das universidades. É também com o estruturalismo que no plano da museografia e da valoração do objeto os aspetos simbólicos e o tratamento formal e estético se evidenciam([2]).

O museu perderia importância como lugar da reprodução da disciplina e teria de se pensar cada vez mais em função dos públicos que pode atrair e que pode alcançar; mesmo quando ainda nele se mantêm protagonistas importantes da história da disciplina, centros de investigação e, em alguns casos, campanhas de terreno em que a disciplina continua a ser o vetor da pesquisa.

Ao longo da segunda metade do século XX, os museus viriam a tornar-se lugares abertos atravessados por uma diversidade de públicos e solicitações. Os novos *media*, em especial aqueles que se construíram e que desenvolvem a sua ação com recurso à imagem, são um fator importante da sua promoção, mas vão tornar-se também concorrentes sobretudo quando o vasto alcance que têm junto da população e a interatividade que possibilitam e estimulam são canais que permitem aceder à informação, à descoberta, ao divertimento e mesmo a uma aproximação cada vez mais sugestiva à própria materialidade dos objetos. Fator que na última década igualmente contribuiu para a crise e para os processos de transformação de grandes museus, é também uma dimensão que estes integram hoje nos seus quotidianos, tanto no plano da constituição dos arquivos e do inventário das suas coleções como nos modos de se revelarem

---

([2]) Desenvolvemos noutro local a relação das correntes teóricas da antropologia com o tratamento das coleções e a sua exibição (Brito, 2006).

e de se manterem em contacto para fora dos seus muros, na cena internacional ou nacional, como nessa dimensão fundamental da ação do museu que são as suas propostas museográficas e a interação com os seus visitantes.

Mas o plano das tecnologias da informação é um aspeto que se prende com uma das vertentes da globalização mais presentes nas nossas rotinas, sendo outras as principais causas que vieram a incidir nos processos complexos da transformação de que são protagonistas estes museus. As independências das antigas colónias, as construções das identidades nacionais, as tomadas de consciência dos povos autóctones, as reivindicações junto dos Governos do mesmo país a que pertencem, as negociações subsequentes para acesso a documentos e elementos instituídos em valor patrimonial de forte carga simbólica, a célere circulação da informação e a inscrição de novos valores no discurso político no plano internacional vão trazer consequências antes imprevisíveis no modo como os museus vão refletir sobre a sua própria história, a história das suas coleções e as condições da sua afirmação como instituições do presente.

De algum modo, sem nunca alguém o dizer explicitamente, é a própria ideia de museu tal como foi construído pelo olhar do Ocidente, e no modo como foi acumulado o seu acervo, que é posta em causa. O que parecia impossível – contestar ou beliscar a autoridade, legitimidade de opções do museu, esse lugar que quer ser o espelho ou a caixa de surpresas em que o mundo se revela – tomou-se agora possível. Tornou-se mesmo necessário para a própria legitimidade do museu. Invertem-se os sentidos dos discursos. Aqueles cujos antepassados foram os autores e utilizadores, num diálogo feito de desequilíbrios, dos objetos que o museu guarda são agora os sujeitos e os interlocutores legítimos que vão interferir nas condições e estatuto de existências desses objetos. Os primeiros passos foram dados no Canadá, no plano legal e na prática museológica, fortemente participada pelas autoridades das primeiras nações, solicitando os objetos para uso ritual ou para devolução definitiva (por exemplo, ossadas para enterramento) e sendo ouvidos para a sua utilização museográfica por parte dos museus.

A atualidade dos grandes museus objeto de profundas reformulações de identidade, imagem e programa é marcada por questionamentos que decorrem do que temos dito e pela procura de novos sentidos para a sua ação num movimento que se pode afirmar como renovação ou refundação do museu. Para além da espetacularidade e da intervenção mediática voltadas para a conquista de públicos, indispensável na vida de instituições com grandes custos, talvez se possa destacar a ênfase na exaltação formal colocada nos objetos e a criação destes como algo que transcende o tempo e permite estabelecer relações diretas com os criadores atuais. As intervenções nos encontros que acompanharam a inauguração do Museu do Quai Branly (Latour, 2007) são bem reveladoras desta busca de sentidos que se inscreve no contemporâneo, pela mediação dos objetos, sejam eles provenientes de um tempo há muito passado e sem autor conhecido ou de um criador reconhecido dos dias de hoje. De algum modo, a questão sempre presente nos museus de etnografia, a da identidade e da alteridade, parece querer hoje deslocar-se para um plano mais afirmativo de uma pertença comum em que nos confundimos com o outro que connosco se confunde. Obviamente que este movimento se dá num mundo fortemente globalizado onde a atenção que nos é exigida não permite dizer que não vemos e onde no entanto continua a ser difícil lidar com aquilo que estamos a ver. Os museus estarão sempre no eixo desta dificuldade e desta inquietação.

Referências bibliográficas

Boswell, D., & Evans, J. (1999). *The Open University Representing de Nation: a reader. Histories, heritage and museums.* Nova Iorque/Londres: Routledge.

Brito, J. P. (2006). «O museu entre o que guarda e o que mostra», in A. S. Lopes, *Museus, discursos e representações.* Porto: Afrontamento.

Clifford, J. R. (1999). *Travel and Translation in the Late Twentieth Century.* Cambridge/Londres: Harvard University Press (1997).

Cole, D. (1995). *Captured Heritage. The scramble for Northwest coast artifacts.* Vancower: UBC Press (1985).

Demeulenaere-Douyère, C. (2010). *Exotiques expositions... Les expositions universelles et les cultures extra- européennes. France, 1855-1937.* Paris: Paris Archives Nationales/Somogy Editions d'Art.

Karp, I., & Lavine, S. D. (1991). *Exhibiting Cultures. The poetics and politics of museum display.* Washington/Londres: Smithsonian Institution Press.

L'Estoile, B. d. (2007). *Le goût des autres. De l'exposition coloniale aux arts premiers.* Paris: Flammarion.

Latour, B. (2007). *Le dialogue des cultures. Actes des rencontres inaugurales du Musée du Quai Branly (21 juin 2006).* Arles: Actes Sud-Leméac.

Schildkrout, E., & Keim, C. A. (1998). *The Scramble for Art in Central Africa.* Cambridge: Cambridge University Press.

Thomas, N. (1991). *Entangled Objects. Exchange, material culture and colonialism in the Pacific.* Cambridge/Londres: Harward University Press.

6.

Índices remissivos

Índice temático

Índice onomástico

Índice geográfico

HISTÓRIA & SOCIEDADE

1. *Morfologia Social*, Maurice Halbwachs

2. *A Distinção. Uma Crítica Social da Faculdade do Juízo*, Pierre Bourdieu

3. *O Estado Novo em Questão*, AAVV, sob a direcção de Victor Pereira e Nuno Domingos

4. *História Global da Ascensão do Ocidente. 1500-1850*, Jack Goldstone

5. *As Origens Sociais da Ditadura e da Democracia. Senhores e Camponeses na Construção do Mundo Moderno*, Barrington Moore, Jr.

6. *O Poder Simbólico*, Pierre Bourdieu

7. *Imperialismo Europeu. 1860-1914*, Andrew Porter

8. *A Grande Transformação*, Karl Polanyi

9. *Comunidades Imaginadas. Reflexões sobre a Origem e a Expansão do Nacionalismo*, Benedict Anderson

10. *O Império Colonial em Questão (Sécs. XIX-XX)*, org. de Miguel Bandeira Jerónimo

11. *A Grande Divergência*, Kenneth Pomeranz

12. *Cidade e Império. Dinâmicas Coloniais e Reconfigurações Pós-Coloniais*, AAVV, sob a direcção de Nuno Domingos e Elsa Peralta

13. *Estudos sobre a Globalização*, org. de Diogo Ramada Curto

14. *Histórias de África. Capitalismo, Modernidade e Globalização*, Frederick Cooper